Das Neusser Lukaskrankenhaus

Geschichte und Gegenwart

Christian Frommert

DAS NEUSSER LUKASKRANKENHAUS

Geschichte und Gegenwart

Recherche, Text, Redaktion	Dr. Christian Frommert
Herausgeber	Städtische Kliniken Neuss – Lukaskrankenhaus – GmbH
Verantwortlich	Prof. Dr. med. Peter Czygan
Mitarbeit	Dr. Karl-Heinz Munter Uly Wismann
Gestaltung, Design, Koordination und Produktion	Hüsch& Hüsch GmbH, Konzeption – Design – Werbung Mühlradstraße 3-5, 52066 Aachen
Druck	Steinmeier, Nördlingen
ISBN	3-934794-04-1
Redaktionsschluss	Januar 2005

Neuss, 2005, 1. Auflage

Zitate sind *kursiv* gekennzeichnet.

Das Lukaskrankenhaus in Neuss

Die Städtische Kliniken Neuss – Lukaskrankenhaus – GmbH dient den Menschen durch guten Rat und hilft ihnen durch ihr Können und ihre Erfahrung. Das ist nun mehr als 100 Jahre so.

Angefangen hat es mit dem katholischen Frauenorden der Barmherzigen Schwestern nach der Regel des hl. Augustinus. Sie schufen aus dem anfangs kleinen Haus ein großes, angesehenes, beliebt und viel gefordert. Damit schufen sie aber auch selbst Konkurrenz zu ihrem Herz-Jesu-Krankenhaus, wohlwissend, dass, wenn mehrere Krankenhäuser in der gleichen Stadt arbeiten, sie dem Bürger besser helfen. Die Ordensschwestern haben unter dem Dritten Reich sehr gelitten. Das hat sie nicht davon abgehalten, nach Kriegsende in tiefer Not und mancher Verzweiflung sofort wieder das Krankenhaus nicht nur zu erneuern, sondern auch durch mehrere Disziplinen auszuweiten. Als erkennbar wurde, dass das Ausbleiben neuer Ordensberufungen auch die Kraft des Ordens erschlaffen lassen könnte, übernahm die Stadt Neuss den Betrieb des Krankenhauses, dessen Gebäulichkeiten ohnehin ihr Eigentum waren, in die eigenen Hände. Jetzt steht ‚Lukas' – so wie die Neusser liebevoll die Städtische Kliniken Neuss – Lukaskrankenhaus – GmbH nennen, noch stärker da als zuvor. Ein gewachsenes medizinisches Wissen und ungemein vergrößerte ärztliche Kunst, ebenso wie in der Qualität immer wieder gesteigerte Pflege, hervorragende medizinische Technik, eine leistungsfähige Verwaltung und finanzielle Verantwortung zeichnen den jetzigen Stand aus. Trotzdem ist es gut, auch einen Blick zurück in die Vergangenheit zu werfen um zu wissen, woher die jetzigen Kliniken kommen und welche Verpflichtungen sie für die Zukunft haben. Wir wollen den Menschen dienen mit höchster ärztlicher Kunst, bester Pflege, hervorragender Ausstattung und angenehmer Umgebung. Unser Ziel ist es zu heilen, zu lindern, zu helfen, jungen Müttern beizustehen und neuem Leben den Eintritt in die Welt zu ermöglichen – aber auch zu begleiten und zu trösten, wenn das Schicksal und Gottes Willen unabänderlich das Ende eines Lebens bedeuten. So ist es denn: Wir stützen uns auf eine starke und erfolgreiche Geschichte und wollen so die Probleme der Gegenwart meistern und zugleich die Grundlagen für eine gute Zukunft setzen.

Dieses Buch ist ein Beitrag, ein Rückblick und eine Beschreibung, was jetzt ist. Die Zukunft liegt offen vor uns. ‚Lukas' wird mit aller Kraft und all seinen Mitarbeiterinnen und Mitarbeitern und mit der Unterstützung des Stadtrates alles daran setzen, für die Menschen in unserer Stadt und darüber hinaus da zu sein.

Dr. Heinz Günther Hüsch
Vorsitzender des Verwaltungsrates

Ein modernes Krankenhaus mit mehr als 700 Jahren Geschichte

Das deutsche Gesundheitswesen befindet sich seit gut einem Jahrzehnt in einem tief greifenden Strukturwandel. Davon sind in erhöhtem Maße auch die Krankenhäuser betroffen. Angesichts dieser einschneidenden Veränderungen stellt sich natürlich zuerst die Frage nach der Zukunft der Krankenhäuser, also auch nach der Zukunft des Lukaskrankenhauses in Neuss: Wie werden sich die veränderten Rahmenbedingungen auf die Struktur des Hauses, seine Leistungen und seine Potenziale auswirken? Und inwieweit werden vor allem die Patienten davon profitieren? Gesicherte Antworten auf diese drängenden Fragen können heute noch nicht gegeben werden, doch eines ist gewiss: Das Lukaskrankenhaus, die größte medizinische Einrichtung im Rhein-Kreis Neuss, hat schon vor einiger Zeit die Herausforderungen der Zukunft angenommen und sich ihnen gestellt. Deshalb wird es auch einem langfristigen Strukturwandel gewachsen sein und die Gesundheitsversorgung für die Menschen in der Region sicherstellen.

Angesichts des Strukturwandels erscheint aber nicht nur die Frage nach der Zukunft gerechtfertigt, sondern auch die Frage nach der Vergangenheit und nach den Wurzeln des ‚Lukas', wie es in Neuss liebevoll genannt wird. Diese – fast 700-jährige! – Geschichte ist in diesem Buch dargestellt. Das Lukaskrankenhaus ist damit die älteste, noch bestehende städtische karitative Einrichtung in Neuss. Diese Erkenntnis hat uns dazu bewogen, eine Darstellung der Geschichte des Hauses in Auftrag zu geben, denn an der Entwicklung des Krankenhauses lässt sich gleichzeitig die Entfaltung des Gesundheitswesens in Neuss ablesen. Damit ist dieses Buch auch ein bedeutender Beitrag zur Geschichtsschreibung über die Stadt Neuss.

Viele Menschen haben an der Entstehung dieses Buches mitgewirkt. Verantwortlich für die Darstellung der Geschichte unseres Hauses ist der Historiker Dr. Christian Frommert. Seine Recherche in den Archiven und die Sichtung des Aktenmaterials haben viele Fakten, Daten und Geschichten zutage gefördert, die bis heute in Neuss nicht bekannt sind. Aus der Recherche ist ein ausgiebig bebildertes Buch entstanden, das sich sowohl an ein Fachpublikum als auch an diejenigen wendet, die sich für diesen wichtigen Aspekt der Geschichte der Stadt Neuss interessieren. Diese Geschichte hat die Agentur Hüsch & Hüsch, Aachen, in eine anschauliche und ästhetisch ansprechende Form gebracht. Weiterer Dank gilt Dr. Karl-Heinz Munter für seine Unterstützung am Projekt. Uly Wismann danke ich für die Durchsicht und kritische Lektüre des Manuskriptes und die dadurch entstandenen Anregungen. Aber nicht zuletzt: ein solches umfangreiches Buch wäre ohne die Zusammenarbeit und Unterstützung der Belegschaft und der Chefärzte und Leitungen im Lukaskrankenhaus nicht möglich gewesen.

Prof. Dr. med. Peter Czygan
Ärztlicher Geschäftsführer des Lukaskrankenhauses

Einleitung

Die Geschichte der ältesten, noch bestehenden städtischen karitativen Einrichtung in Neuss ist Thema dieses Buches. Die Zeitspanne der Untersuchung reicht vom späten Mittelalter bis in die Gegenwart. Das Gebäude an der Preußenstraße wurde zwar erst im Jahre 1911 bezogen, aber die Wurzeln der Institution reichen bis in das Jahr 1320 zurück. Damit bezeichnet die Geschichte des Krankenhauses den Weg, den die Entwicklung des öffentlichen Gesundheitswesens in Neuss genommen hat. Diese Entwicklung haben viele Faktoren beeinflusst, und deshalb muss auch das politische, soziale, ökonomische und medizinische Umfeld in die Betrachtung einbezogen werden. Denn erst in ‚größeren Zusammenhängen' werden viele Ereignisse und die Entscheidungen der verantwortlichen Gremien verständlich.

Allerdings werden hier manche Fragen unbeantwortet bleiben. Bereits bei der Vorrecherche stellte sich heraus, dass das Thema ‚Gesundheitsversorgung' in der neueren Geschichtsschreibung zu Neuss recht stiefmütterlich behandelt worden ist. Bis auf drei schmale und ideologisch verblendete medizinhistorische Dissertationen aus der NS-Zeit gibt es keine ausführliche Darstellung der Geschichte des Gesundheitswesens in Neuss. Ich hoffe, dass die vorliegende Arbeit diese Lücke ein wenig schließt.

Mein aufrichtiger Dank gilt allen, die die Arbeit gefördert und unterstützt haben. An erster Stelle zu nennen sind Claudia Chehab, Gerhard Stamm und Dr. Jens Metzdorf vom Stadtarchiv Neuss, die mir die Recherche sehr erleichterten und mir dabei einige Privilegien einräumten. Außerdem haben die vielen Gespräche mit ihnen meinen Blick für die ‚größeren Zusammenhänge' sehr geschärft. Dr. Karl Emsbach vom Kreisarchiv Neuss ließ mir ebenfalls große Unterstützung bei der Recherche zukommen, und seine Antworten auf meine Fragen haben mein Verständnis für Politik und Gesellschaft in der NS-Zeit sehr vertieft. Die Neusser Augustinerinnen stellten viele Akten und Fotos zur Einsicht bereit; ohne diese Archivalien wäre der Text über die Zeit zwischen 1945 und 1986 kaum zu schreiben und zu bebildern gewesen. Die Fotos und das Gemälde vom alten Hospital hat mir Dr. med. Karl Ernst Klepper zugespielt – ein Glücksfall, denn die Bilder werden hier erstmals reproduziert! Die Chefärzte, die Geschäftsführer und die Abteilungsleiter des Hauses haben sich viel Zeit für Gespräche mit mir genommen. So ist ein vollständiges Bild des heutigen Lukaskrankenhauses entstanden, in das viel ‚Insider-Wissen' eingeflossen ist. Ein großer Dank gilt schließlich Heinrich Hüsch und seinem Team: Sie haben das Projekt mit liebevollem Druck vorangetrieben und einen bedeutenden Aspekt der Neusser Geschichte und Gegenwart greifbar und anschaulich gemacht.

Dr. Christian Frommert

KAPITEL I

I. VON DEN MITTELALTERLICHEN ANFÄNGEN BIS 1794

Die Ursprünge

Die Anfänge des abendländischen Krankenhauswesens gehen bis ins frühe Mittelalter zurück. Auf dem Boden des aufblühenden Christentums mit seiner Idee der Nächstenliebe und Barmherzigkeit, wie sie im Matthäusevangelium beschrieben wird, entstanden die ersten karitativen Wohlfahrtseinrichtungen. In den so genannten Fremdenherbergen, ‚Xenodochien', an den Heerstraßen, Pilger- und Reiserouten wurden Pilgern, Reisenden und Bedürftigen Unterkunft und Fürsorge gewährt. Mit der weiteren Entfaltung des Christentums wandelten sich diese ‚Gasthäuser' in sozial-karitative Institutionen, in denen man Armen und Kranken Hilfe und Pflege gewährte. Nach und nach bürgerte sich für diese von der christlichen Idee getragenen Unterkünfte die von *hospitale* – gastlich – entlehnte Bezeichnung ‚Hospiz' oder ‚Hospital' ein. In den Hospitälern entstand somit die Keimzelle stationärer Krankenpflege im europäischen Abendland.

Anders jedoch als in Italien oder Frankreich, wo schon in der Spätantike und im frühen Mittelalter selbstständige Armenanstalten errichtet wurden, hat sich das deutsche Hospitalwesen an den Klöstern und Stiftskirchen entwickelt. Vor allem an den Kanonissenstiften sind bereits im Hochmittelalter Hospitäler gegründet worden, für deren Aufwand die geistlichen Institutionen aufkamen. Ihre Einrichtung war den Kanonissen schon vom Aachener Konzil des Jahres 816 ausdrücklich vorgeschrieben worden.[1] Mit dem Entstehen vieler Städte seit dem 13. Jahrhundert wuchs der Bedarf nach Gasthäusern und Hospitälern, weil die Haus- und Familienverbände, die bisher fast ausschließlich für die Alten- und Krankenversorgung verantwortlich waren, dazu auf Dauer in der städtischen Gesellschaftsordnung nicht mehr in der Lage waren. Deshalb kommt besonders den in den Städten gelegenen geistlichen Wohlfahrtseinrichtungen für die Entwicklung des Hospitalwesens große Bedeutung zu. Im Laufe des Mittelalters und der frühen Neuzeit nahmen die Stadtverwaltungen zwar einen immer stärkeren Einfluss auf die bestehenden Hospitäler, ihren weltlichen Besitz und ihre Verwaltung oder gründeten eigene Einrichtungen, doch konnten diese ihre geistliche Wurzel nicht verleugnen.

Diese Entwicklung vom Gasthaus in kirchlicher Trägerschaft zum Bürgerhospital unter städtischer Verwaltung lässt sich in Neuss besonders gut erkennen.[2] Ursprünglich gehörte das älteste Gasthaus der Stadt zum Kanonissenstift St. Quirin. Die Verwaltung des Hospitals, seiner Besitzungen und Einkünfte standen zunächst uneingeschränkt der Äbtissin von St. Quirin zu, auch wenn dies bereits um 1260 durch verschiedene Aktivitäten seitens der Bürgerschaft in Frage gestellt wurde. Wie viele andere gleichartige Einrichtungen im mittelalterlichen Deutschland war auch das Gasthaus an St. Quirin dem Heiligen Geist geweiht. Dies hing mit der Popularität des im 12. Jahrhundert von Guido von Montpellier gegründeten Ordens der ‚Brüder vom Heiligen Geist' zusammen, der sich gänzlich der Krankenpflege verschrieben und diese zum obersten Gebot seiner Ordensregel gemacht hatte. Viele Hospitalgründungen, beispielsweise die in Lübeck (1256), Augsburg und Neuss übernahmen den Namen, obwohl sie weder mit dem Mutterhaus in Rom noch mit dem Orden in Verbindung standen.[3]

Bereits zu Beginn des 14. Jahrhunderts muss die Stadtverwaltung einen beträchtlichen Einfluss auf das alte Gasthaus gehabt haben. Bei einem Vermögensgeschäft zugunsten des Hospitals im Jahre 1314 stimmten seitens der Stadt ein Bürgermeister, acht Schöffen und vier Ratsleute zu.[4] Doch die eigentliche Verfassungsurkunde des Heilig-Geist-Spitals stammt aus dem Jahre 1320: Aus Anlass einer Verlegung des Hospitals in ein neues Haus traf die Stadt mit der Äbtissin und dem Konvent von St. Quirin sowie dem Neusser Pfarrer Lambert eine Neuregelung. Zunächst wird in der Urkunde festgestellt, dass das alte Hospital neben dem Rathaus sehr beengt und von schlechter Luft erfüllt gewesen sei. Deshalb stellte die Stadt im Tausch gegen das alte Gebäude ein neues großes Grundstück zur Verfügung. Die Eheleute Tilman und Sophia Mönch stifteten 200 Mark für einen Neubau – eine ansehnliche Summe, die allerdings nicht ganz ausgereicht hat. Weiter heißt es in der Urkunde, die hier in einer Abschrift aus dem 16. Jahrhundert zitiert wird:

A primava fundatione ist das Hospital zu Neuß christlicher Frau Aebtissin und Stift St. Quirinus zugehörig gewesen, 1320 hat Heinrich, Erzbischof zu Köllen, erlaubt, daß das Gasthaus von der alten Platzen aus der oberen Straßen auf den jetzigen Ort mit Bewilligung zeitlicher Frau Aebtissin transferiert, daselbst ein Altar aufgerichtet und geweihet werden solle, wie dem auch geschehen. Bei welcher Translation folgender Kontraktus eingegangen und von [...] approbiert und konferiert worden:
1.) Zeitlicher Frau Aebtissin solle wie vor Zeiten also auch künftig und zu ewigen Zeiten dem Altar einen geweiheten Priester konferieren und alleine darzu Recht und Gerechtigkeit haben.
2.) Im obigen Gasthaus sollen vierzig Armen, als Blinde, Lahme, Daube und welche sich von ihrer Handarbeit nicht ernähren können, und sonsten keine von der Aebtissin, Rat und Bürgermeistern zu Neuß auf und angenommen werden.
3.) Sollen zwei Provisores, deren einer aus den Schöffen und einer aus der Gemeinde ist, von der Abtissin, Schöffen und Bürgermeistern gewählt werden, welche dem Gasthaus und denen Armen vorstehen, die Renten empfangen und ausspenden sollen. Am Ende des Jahres müssen die Provisoren der Aebtissin und dem Rat der Stadt Rechnung über ihre Verwaltung ablegen.
Hat höchst Dero Erzbischof das Gasthaus von aller weltlichen Jurisdiction befreit, demselben alle christliche Freiheit mitgeteilt, mit dieser Verordnung, daß gleiche wie es vorhin auf seinem alten Ort stehend der Aebtissin und St. Quirinusstift zugehörig gewesen, also hinfortan auf seinem neuen Ort gewelter Aebtissin und Stift zugehörig verbleiben, auch alle seine Renten und Güter erhalten solle.[5]

Es sollten also nicht mehr als 40 blinde, lahme, taube und andere gebrechliche Personen aufgenommen werden, die sich weder durch eigene Arbeit noch durch Unterstützung anderer Leute ernähren konnten. Zudem behielt die Äbtissin das Patronatsrecht – dies bedeutete, dass sie beim Freiwerden der Stelle des Hospitalsgeistlichen dessen Nachfolger definitiv benennen konnte. Wichtig für die Stadt hingegen sind die Bestimmungen über die Verwaltung des Hospitals. Äbtissin, Schöffen und Rat setzten gemeinsam zwei Verwalter oder ‚Provisoren' ein, von denen der eine aus Schöffen und Rat, der andere aus der Gemeinde kommen sollte. Diese beiden Männer verwalteten den Besitz, sorgten für den Unterhalt der Bedürftigen, durften ohne die vorherige Genehmigung des Rats und der Äbtissin keine Schulden machen und hatten schließlich einmal im Jahr vor Äbtissin, Schöffen und dem Stadtrat einen ‚Geschäftsbericht' zu erstatten. Nichts gesagt wird indes über den Gasthausmeister, der ja die eigentliche, häufig unangenehme Arbeit im Hospital zu verrichten hatte.[6] Von ihm wird noch ausführlich zu reden sein.

Die Vereinbarung von 1320 bedeutete einen entscheidenden Schritt in der Entwicklung des Neusser Hospitals. Denn von diesem Zeitpunkt an war der Einfluss der städtischen Organe auf seine Verwaltung schriftlich und rechtsverbindlich festgelegt. Das Heilig-Geist-Spital war nun rechtsfähig und besaß eigenes Vermögen, das vom Vermögen der Stadt getrennt war.

Das alte Hospital befand sich an der (heutigen) Ecke P.-W.-Kallen-Straße und Oberstraße.

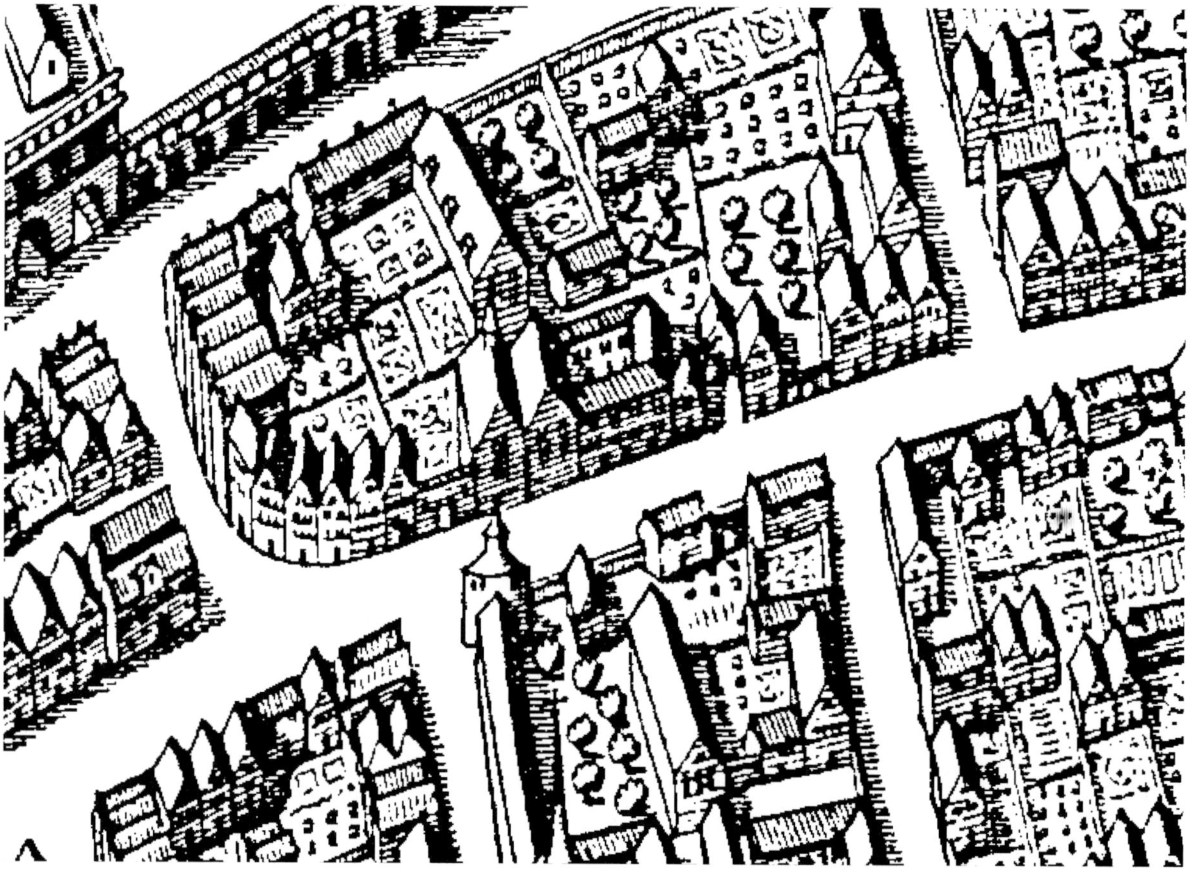

Die wirtschaftlichen Grundlagen

Das Hospital sollte seinen Insassen Unterkunft, Verpflegung und im Krankheitsfall auch Pflegedienste als Pfründe gewähren. Für Bedürftige wurden diese vor allem aus dem Hospital-Vermögen geleistet. Es lohnt sich deshalb ein kurzer Blick auf die wirtschaftliche Entwicklung von 1320 bis zum Ende des 17. Jahrhunderts. Eine präzise Übersicht über das Vermögen und die Einkünfte findet sich allerdings erst in den im Jahre 1580 einsetzenden Rechnungen, bis dahin sind die vorhandenen Quellen nur recht spärlich überliefert.[7]

Das wichtigste Vermögensobjekt war der Zehnte zu Grefrath, der regelmäßig verpachtet wurde. Wie der Zehnte in den Besitz des Gasthauses gekommen ist, lässt sich heute nicht mehr sagen, er erbrachte jedoch bis zum Ende des 18. Jahrhunderts beachtliche Einnahmen.[8] Hinzu kamen zahlreiche kleinere Stiftungen der Bürgerschaft sowie Einkünfte aus einer Anzahl von Häusern innerhalb der Stadtmauern: Im Rechnungsjahr 1581/82 waren es ungefähr 50, im Rechnungsjahr 1694/95 nur 20, deren Abgaben im Etat allerdings kaum noch eine Rolle spielten. Weitere Einnahmen stammten aus zahlreichen kleineren Landparzellen und Häusern außerhalb der Stadt. Diese Grundgelder und Grundrenten erbrachten dem Etat des Gasthauses im Rechnungsjahr 1694/95 gut 2.650 Gulden, die Verpachtung von Gärten 102 Gulden. An gelieferten Naturalien verzeichnet die Rechnung gut 200 Malter Roggen, 12 Malter Weizen und 17 Malter Gerste. Immer wichtiger wurden vor allem die Zinsen von ausgeliehenen Kapitalien. Etwa seit der ersten Hälfte des 16. Jahrhunderts verlieh das Gasthaus Gelder in beträchtlichem Umfang. Gegen Ende des 18. Jahrhunderts summierten sich die Zinsen von mehr als 10.000 Talern ausgeliehener Kapitalien auf gut 400 Reichstaler pro Jahr.[9] Zahlungsunfähige Schuldner glichen ihre Rückstände gelegentlich dadurch aus, indem sie ihre Ländereien dem Gasthaus übereigneten.

Die innere Organisation

Die Frage nach der inneren Organisation des Heilig-Geist-Spitals lässt sich erst aus Quellen des 16. Jahrhunderts wie den Ratsprotokollen und Rechnungen beantworten, denn dort werden das Amt des Gasthausmeisters, der Personen der Verwaltung und das Hilfspersonal genannt. *Zweifellos ist das Amt [des Gasthausmeisters] so alt wie das Gasthaus, denn es ist ausgeschlossen, dass sich die vornehmen Provisoren bei der Sorge um die Armen die Hände schmutzig gemacht haben, was häufig genug erforderlich gewesen sein dürfte.*[10]

Den besten Überblick über seine Tätigkeit im Hospital bieten die Gasthausrechnungen. Er sorgte für den korrekten Eingang der Einkünfte, für die Beschaffung der notwendigen Lebensmittel, die Herstellung des Biers, für die Reparaturen an Gebäuden und Einrichtungen und die Rechnungsführung. Außerdem musste er die Deputate an die ‚Hausarmen', also jene Bedürftigen, die nicht im Gasthaus wohnten, verteilen. Da das Gasthaus stets auch Kranke aufnahm, kam er häufig in Kontakt mit Personen, die an ansteckenden Krankheiten wie der Pest litten. Dafür erhielt er ein angemessenes Gehalt und eine Wohnung im Gasthaus. Als Hilfskräfte werden in den ältesten Rechnungen zwei Mägde genannt. Die ‚Kochmagd' besorgte die Küche, und die eigentliche ‚Gasthausmagd', die den weit schwierigeren Dienst hatte, kümmerte sich um die Kranken. Da der Barlohn der Mägde zum Leben nicht ausreichte, erhielten sie ihre Verpflegung im Gasthaus, hinzu kamen noch je drei Paar Schuhe und Bekleidung.

Über die Aufnahme von Personen und die Verleihung der so genannten ‚Gasthauspfründe' entschied alleine der Stadtrat. Im 16. Jahrhundert schien eine besondere Gebrechlichkeit, wie dies in der Urkunde von 1320 festgeschrieben worden war, nicht mehr die unbedingte Voraussetzung für die Aufnahme zu sein. Bei der Vergabe der Pfründe wurde vor allem das niedere städtische Dienstpersonal bevorzugt, das nur ein geringes Einkommen hatte und sich gegen Alter und Krankheit kaum absichern konnte.[11] Neben den Pfründnern fanden auch die armen

Kranken eine zeitlich begrenzte Aufnahme – sie erhielten Verpflegung, ärztliche Betreuung und Medikamente. Eine dritte Gruppe von Menschen, die die Hilfe des Hospitals in Anspruch nehmen konnten, waren die so genannten Hausarmen. Zum größten Teil handelte es sich bei ihnen um Witwen und alte erwerbsunfähige Männer, die Wochenspenden an Brot, Butter, Bier und gelegentlich auch Geld erhielten, aber nicht im Gasthaus wohnten. In den 1580er Jahren belief sich ihre Zahl auf rund 50 Personen, um 1750 war die Anzahl der Hausarmen auf 24 abgesunken. Außerdem unterstützte das Gasthaus durchreisende Fremde und auswärtige Arme und Bettler.[12]

Die Einnahmen des Gasthauses wurden hauptsächlich für Speisen und Getränke verwendet. Erich Wisplinghoff hat in einer Analyse der mit dem 1. Oktober 1581 beginnenden Jahresrechnung den Verbrauch des Gasthauses ermittelt. Seine Ergebnisse[13] erlauben einerseits Erkenntnisse über das Leben im Gasthaus, andererseits vermitteln sie einen Eindruck über die Ernährungsgewohnheiten des Bürgertums am Ende des 16. Jahrhunderts.

Neben neun Pfründnern wurden im Heilig-Geist-Spital noch eine Anzahl weiterer Personen verpflegt: Der Gasthausmeister und seine Familie, die Mägde sowie gelegentlich dort arbeitende Handwerker, im Durchschnitt also 16 Personen. Diese verbrauchten im Jahr rund 1.270 Pfund Rindfleisch, 260 Pfund Kalbfleisch, etwa 105 Pfund Schweinefleisch und je 40 Pfund Hammel- und Pökelfleisch. Das machte mehr als sieben Pfund Fleisch pro Tag. Größtenteils wurde das Fleisch gekocht oder gebraten, in geringen Mengen wurde daraus auch Wurst hergestellt. Geflügel stand hingegen nur selten auf dem Speisezettel. Dafür belief sich der Verbrauch von Fisch auf 440 Pfund und 85 Heringe. Seefisch stand auch im Hochsommer regelmäßig auf dem Speiseplan, wenn auch nicht so häufig wie in den übrigen Jahreszeiten. Der Pro-Kopf-Verbrauch an hochwertigen Lebensmitteln betrug also ein halbes Pfund Fleisch und Fisch täglich.

An verschiedenen Käsesorten verbrauchten die Bewohner des Gasthauses rund 315 Pfund. Hinzu kamen 41 Pfund Butter, rund

90 Liter Öl; Speisefett lieferten die gekauften oder selbstgemästeten Schweine. Gemüse wurde nur für geringe Beträge gekauft, denn aller Wahrscheinlichkeit nach baute man es im Garten am Hospital selbst an. Die Pfründner ebenso wie die Hausarmen erhielten pro Woche ein siebenpfündiges Brot sowie einige Backwaren. Zucker wird nur als ‚brustzucker', als Medizin genannt, auch Honig gab es nur selten. Gewürzt wurden die Speisen unter anderem mit Pfeffer, Ingwer, Kapern, Wacholderbeeren, Safran, Kümmel und Essig. Erstaunlich ist der enorme Verbrauch von Salz: Drei Sack Salz pro Jahr entsprechen einigen Zentnern!

Das tägliche Getränk war das Bier, das das Gasthaus etwa alle vier Wochen in einer der Neusser Brauereien brauen ließ. Das tägliche Quantum dürfte rund $1\ ^{1}/_{2}$ Liter pro Kopf betragen haben. Wein gab es nur an besonderen Feiertagen, rund ein $^{3}/_{4}$ Liter wurde zu diesem Anlass an jeden Pfründner ausgegeben. Häufig verabreichte man den Kranken ein gutes Glas Wein zur Stärkung. In der zweiten Hälfte des 17. Jahrhunderts heißt es in den Rechnungen mehrmals, man habe den Kranken eine ‚warmbd' zukommen lassen: Dies war ein Heißgetränk aus Bier und Wein, zu dem noch Butter, Eier, ‚gekraut' und Weißbrot gereicht wurden.[14] Der Speiseplan des Hospitals war offensichtlich nichts für Magenkranke. Bemerkenswert ist der hohe Eiweißanteil in der Nahrung, und der Verzehr von Gemüse und Obst dürfte ebenso ausreichend gewesen sein. Doch die verbrauchten Mengen an Gewürzen und Salz entsprechen keineswegs unseren heutigen Vorstellungen von einer gesunden Ernährung. Erstaunlich ist außerdem, dass das Hospital die Dienste der Ärzte und ‚Barbiere', wie sie in den Gasthausrechnungen genannt werden, nur selten in Anspruch genommen hat: Im Rechnungsjahr 1580/81 war dies nur drei Mal der Fall.[15] Über Arzneilieferungen seitens der Apotheken an das Gasthaus ist aus dieser Zeit nichts bekannt.

Die Neuerungen im 17. und 18. Jahrhundert

Nach der Eroberung der Stadt durch Herzog Alexander Farnese im Juli 1586 brach in Neuss ein verheerender Brand aus. Dieser zerstörte auch das in der Stadtmitte gelegene Heilig-Geist-Spital. Mit dem Wiederaufbau begann die Stadt erst in den Jahren 1598/99, die Baumaßnahmen dürften im Jahre 1608 abgeschlossen gewesen sein.[16] Vermutlich hat das Hospital in diesen Jahren seine Gestaltung erhalten, wie sie Tücking nach einem Revisionsprotokoll aus dem Jahre 1700 beschrieben hat.[17] Im Erdgeschoss befanden sich neben der Kapelle eine Armen- und Gasthausküche sowie eine Armen- und Gasthausstube. Darüber sollen sich eine Kammer ohne feste Funktion, vier Kammern zur Krankenpflege, zwei Zimmer für den Rektor der Gasthauskapelle und ein Zimmer für den Gasthausmeister befunden haben. Die lange Bauzeit dürfte auch auf die Tatsache zurückzuführen sein, dass unter den widrigen Umständen der Nachkriegszeit die Einnahmen des Gasthauses erheblich zurückgegangen waren. Damit standen für die Armen und Kranken nun wesentlich weniger Mittel zur Verfügung, obwohl sich die Zahl der Hilfsbedürftigen trotz des starken Rückgangs der Einwohnerzahl kaum vermindert hatte. Dennoch wurde um 1600 der größte Teil der Einnahmen an durchreisende Arme, für die Pflege von Kranken und sonstige dringende Notfälle ausgegeben.

Im Laufe des 17. Jahrhunderts wurde die Pflege der Kranken mehr und mehr zur zentralen Aufgabe des Hospitals, denn Gasthauspfründner sind seit 1598 weder zahlenmäßig noch mit Namen in den Rechnungen erwähnt. Dennoch dürften stets etwa vier oder fünf Arme im Gasthaus gewohnt haben. Die Krankenpflege mag an dieser Stelle ein Einzelfall illustrieren:

Manchmal scheinen die Kunden des Gasthauses recht anspruchsvolle Gesellen gewesen zu sein. Einer dieser Leute erscheint in der Rechnung des Jahres 1605/06. Es war ein Wagenknecht aus des Königs Volk, also mit anderen Worten ein Trossknecht in spanischen Diensten, der sich ein Bein gebrochen hatte. Er erhielt am 6. Juli 1606 ein Quart [1 1/2 Liter] besten Biers, zwei Pinten Wein, 1/2 Pfund

Butter, am nächsten Tag zwei Pinten Wein, ein Quart Bier, Röggelchen und Weck, also Backwaren anstelle des gewöhnlichen wesentlich billigeren Brotes, und in diesem Stil ging es weiter. Man darf bezweifeln, dass es dieser Mann bei seiner Truppe auch nur annähernd so gut hatte. Andererseits war ein solcher Patient noch relativ einfach und gefahrlos zu behandeln, zumal er wegen seiner Verletzung nicht gewalttätig werden konnte. Das war möglicherweise bei den fünf Kranken, die sich in der Vorweihnachtszeit 1605 im Gasthaus befanden, anders und ganz sicher bei dem drei Wochen später erscheinenden an den ‚bösen Pocken' erkrankten Soldaten. Die Gasthausmeister, die den Ansteckungsgefahren ganz unmittelbar ausgesetzt waren, müssen schon recht widerstandsfähige Naturen gewesen sein, wenn sie über längere Jahre hinweg ihren Dienst versehen wollten.[18]

Dies gilt besonders für das Pestjahr 1634/35, in dem einige Menschen im Hospital an dieser furchtbaren Krankheit starben.

Grundlegende Veränderungen erfuhr das Hospital allerdings erst am Anfang des 18. Jahrhunderts. In einer Anweisung für den Gasthausmeister Johann Wilhelm Borgs vom 21. Juni 1721 [19] werden die Grundsätze genau festgelegt, nach denen das Gasthaus geführt werden sollte. Demnach durfte der Gasthausmeister keinen Fremden länger als eine Nacht ohne die Erlaubnis der Provisoren beherbergen und keinem Einheimischen ohne ihre Erlaubnis Geld oder Getreide ausgeben. Bier sollte nur noch drei bis vier Mal im Jahr von jeweils sechs Maltern Getreide gebraut werden. Für die Verpflegung der im Hospital weilenden Kranken sollte ein Reichstaler im Monat ausreichen. Außerdem wurde der Verbrauch an Getreide für die Brotspenden an die Armen an Ostern, Pfingsten, Weihnachten und am Achatiustag genau festgelegt. Es stellte sich jedoch bald heraus, dass der Verpflegungssatz für die Kranken zu niedrig angesetzt war, denn später rechnete man je Person und Monat mit drei Reichstalern.[20] Dies muss sogar in Zeiten hoher Getreidepreise ausreichend gewesen sein. Manche Bemerkungen in den Rechnungen lassen freilich vermuten, dass neben Wein, Zucker oder Milch ein ordentliches Stück Fleisch als beste Krankenkost angesehen wurde.[21]

In der zweiten Hälfte des 18. Jahrhunderts waren vor allem die Ausgaben für die von den Apothekern hergestellten Arzneien ein beträchtlicher Kostenfaktor in den Finanzen des Gasthauses. Eine ausführliche Rechnung des Apothekers J. J. Sels für zwischen dem 17. September und 7. November

1781 an das Gasthaus gelieferte Arzneien weist einen Gesamtbetrag von 127 Reichstalern aus. Die Rechnung listet unter anderem Laxiergetränke, schmerzstillenden Sirup und Tropfen, stärkende Pulver und Mixturen, abführende Mittel und Brechpulver, lindernden Saft und Rhabarbertinktur auf. Es lässt sich indes nicht sagen, ob der Medikamentenverbrauch im Hospital immer so hoch war.[22] Jedenfalls deutet vieles darauf hin, dass die Pflege und Versorgung der Kranken in der zweiten Hälfte des 18. Jahrhunderts zur zentralen Aufgabe des Heilig-Geist-Spitals geworden war.

1 Vgl. Wisplinghoff 1975: 692.
2 Die folgende Darstellung basiert im Wesentlichen auf den Forschungsergebnissen in Wisplinghoff 1975, passim.
3 Vgl. Murken 1988: 14-15.
4 Vgl. Wisplinghoff 1975: 694.
5 Zitiert nach Lipps 1934: 12-13.
6 Vgl. Wisplinghoff 1975: 695.
7 Vgl. Wisplinghoff 1975: 696.
8 Genaue Angaben bei Wisplinghoff 1975: 696.
9 Vgl. Wisplinghoff 1975: 697.
10 Wisplinghoff 1975: 697.
11 Vgl. Wisplingoff 1975: 701.
12 Vgl. Wisplinghoff 1975: 302-303.
13 Vgl. zum Folgenden Wisplinghoff 1975: 703-705.
14 Vgl. Wisplinghoff 1975: 709.
15 Vgl. Wisplinghoff 1975: 556.
16 Vgl. Wisplinghoff 1975: 706-707.
17 Tücking 1890: 278-279.
18 Wisplinghoff 1975: 708.
19 Vgl. StA Neuss VII 219.
20 Vgl. eine spätere Instruktion vom 28. August 1767 in StA Neuss VII 178a.
21 Vgl. Wisplinghoff 1975: 710.
22 Vgl. Wisplinghoff 1975: 560.

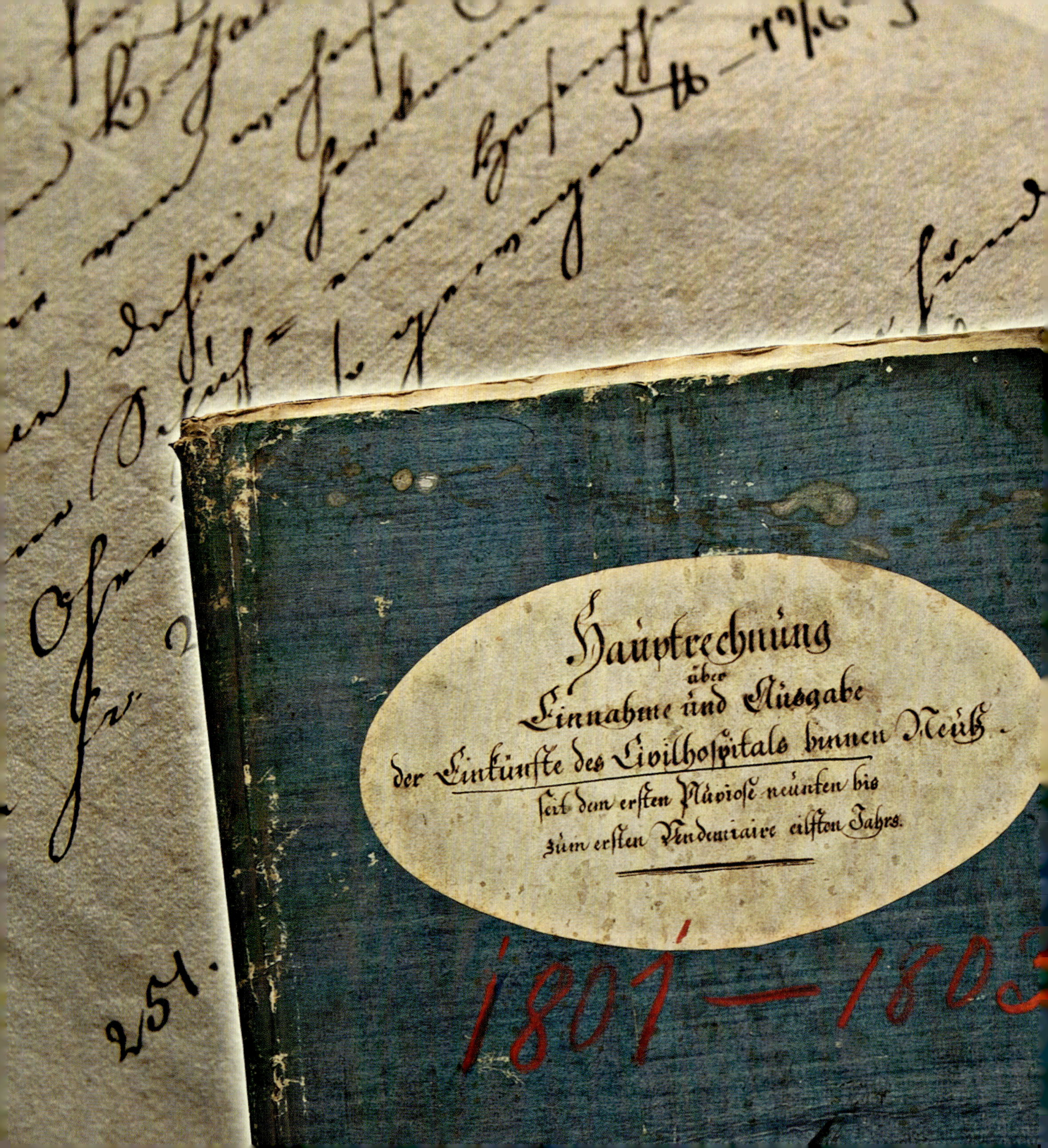
Hauptrechnung
über
Einnahme und Ausgabe
der Einkünfte des Civilhospitals binnen Neuß
seit dem ersten Pluviose neunten bis
zum ersten Vendemiaire eilften Jahrs.
1801 — 1803
251.

KAPITEL II

II. DIE FRANZÖSISCHE BESATZUNG 1794-1813

Die Neuorganisation des Gesundheitswesens

Mit dem Einmarsch der französischen Revolutionstruppen am 5. Oktober 1794 begann in Neuss das Ende des Mittelalters. Die Jahre der französischen Herrschaft in Neuss von 1794 bis 1813 bedeuteten vor allem im wirtschaftlichen und politischen Leben der Stadt einen markanten Wendepunkt. Mit der Abschaffung des Zunftwesens und der an seine Stelle gesetzten Gewerbefreiheit wurde eine wesentliche Grundlage für den Aufschwung der Stadt im 19. Jahrhundert gelegt. Außerdem schufen die Franzosen eine stark zentralisierte und straff organisierte Verwaltung, in die auch die Stadt Neuss eingebunden war. Von den Veränderungen und Umgestaltungen, die die französische Herrschaft über die Länder zwischen Maas und Rhein mit sich brachte, hat auch das Hospital- und Armenwesen erheblich profitiert.

Die gesundheits- und sozialpolitischen Maßnahmen beschränkten sich zunächst auf eine Neuorganisation des städtischen Gesundheitswesens und der Armenversorgung, was den Einfluss der Stadt auf das Hospital wesentlich verstärkte. So erging am 10. Februar 1801 eine Anordnung des Unterpräfekten in Krefeld an alle Gemeinden im Arrondissement, je eine Kommission für die Kranken- und Armenpflege zu bilden. Diese sollten jeweils aus fünf Bürgern bestehen und die Güter, Einkünfte und Ausgaben der bürgerlichen Spitäler und Armenhäuser verwalten.[1] Damit war eine straffe Vereinheitlichung der vielen, bisher stark isolierten Fürsorgemaßnahmen und eine Zusammenfassung der verschiedenen, karitativen Zwecken dienenden Vermögensmassen beabsichtigt. Die Einrichtung einer Kommission war also eine zweckentsprechende Maßnahme, um die Bewältigung der Aufgaben in der Kranken- und Armenpflege effektiv zu bündeln.

An den Finanzen des Hospitals änderte sich in den ersten Jahren der Franzosenherrschaft nichts Wesentliches. Die Einnahmen bestanden wie in früheren Zeiten aus Zinsen von verliehenen Kapitalien, Erbrenten für ‚Hausplätze' und Pachten für die Gärten vor dem Niedertor. Hinzu kam der Erlös aus dem Verkauf von Roggen, Weizen, Gerste und Hafer, ebenso blieb der Grefrather Zehnt weiterhin im Besitz des Hospitals, denn im Januar 1801 musste der Schmied Fleckhausen für Reparaturen an der *Zehnten Scheun zu Grefrath* entlohnt werden.[2] Auch an den Aufgaben des Hospitals änderte sich zunächst einmal nichts. Das Hospital musste aus seinen Einnahmen wöchentliche und monatliche Spenden an Arme und gelegentliche Almosen an ‚Passanten', also mittellose Reisende, ausgeben. Es finanzierte die Begräbnisse der Armen und zahlte die Kosten für die Messen, die Särge und den Lohn des Totengräbers. Hinzu kamen die Unterhaltung der Gebäude, die Anschaffung von Geräten und Geschirr und die Löhne für die Bäcker, die das Brot für das Gasthaus herstellten. Regelmäßig zahlte das Hospital kleinere Beträge an verschiedene Frauen für die Reinigung der hospitaleigenen Bettwäsche, Handtücher und Krankenhemden. In den Jahren 1794 bis 1797 schlugen die Verpflegungskosten für die Besatzungstruppen erheblich zu Buche, denn die gelegentlich einquartierten französischen Soldaten waren in ihren Forderungen nicht gerade anspruchslos: So erhielt der Gasthausmeister am 4. Juli 1797 *vier Husaren zur Einquartierung,* und diese habe er *aufs Beste ernähren müssen.* Zwei Tage lang beköstigte er sie mit 16 Pfund Rind- und Hammelfleisch, 2 1/2 Maß Brandwein und 24 Maß Bier; außerdem habe er *denselben aus Zwang 3 mal guten Kaffee hergeben müssen mit Weißbrod, und mit einem Pfund Gutzucker.*[3]

Der größte Teil der Einnahmen wurde jedoch für die Aufwendungen zur medizinischen Versorgung und zum Lebensunterhalt der Kranken verwendet – in den Hospitalrechnungen wird dies ‚Aufwartung der Kranken' genannt. Nur in seltenen Fällen wird die Art der medizinischen Behandlung präzise bezeichnet, so beispielweise im August 1794, als das Hospital *für Aderlaß und Applizierung eines Klistiers 1 Taler 37 Stüber 8 Heller* ausgeben musste.[4] Häufig wurden verwundete Soldaten behandelt, die manchmal nur ein oder zwei Tage, gelegentlich aber auch mehr als zwei Wochen vom Hospital versorgt wurden. Die überwiegende Mehrzahl der Patienten dürfte freilich aus Zivilpersonen bestanden haben; hin und wieder war auch ein ‚kränkliches Findelkind'

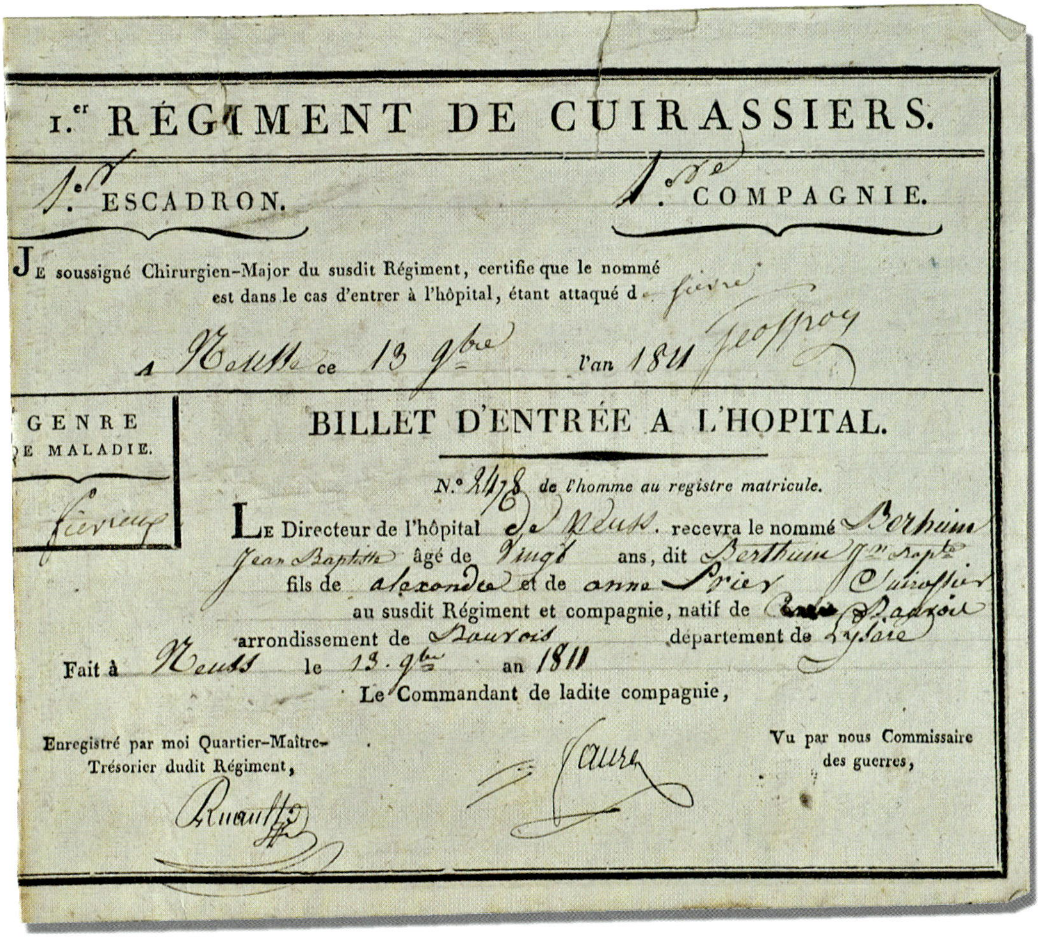

1.er RÉGIMENT DE CUIRASSIERS.

1.er ESCADRON. 1.ère COMPAGNIE.

Je soussigné Chirurgien-Major du susdit Régiment, certifie que le nommé
est dans le cas d'entrer à l'hôpital, étant attaqué de fièvre
à Neuss ce 13 9bre l'an 1811 Geoffroy

GENRE DE MALADIE. fièvreux

BILLET D'ENTRÉE A L'HOPITAL.

N.° 2478 de l'homme au registre matricule.

Le Directeur de l'hôpital de Neuss. recevra le nommé Berthuin Jean Baptiste âgé de vingt ans, dit Berthuin
fils de alexandre et de anne Prier
au susdit Régiment et compagnie, natif de Beauvois
arrondissement de Beauvois département de l'Oise

Fait à Neuss le 13. 9bre an 1811

Le Commandant de ladite compagnie,

Faure

Enregistré par moi Quartier-Maître-Trésorier dudit Régiment,

Renault

Vu par nous Commissaire des guerres,

Bereits die in Neuss stationierten französischen Soldaten benötigten eine Überweisung für die Behandlung im Hospital.

darunter. Erwähnenswert ist der Fall eines als ‚unsinnig' und ‚wahnsinnig' bezeichneten Mädchens, das im Frühjahr und Sommer des Jahres 1800 im Hospital betreut und verpflegt wurde. Ein ähnlicher Fall war der des ‚wahnsinnigen Christian Neuenhausen', für dessen *Beköstigung und Verpflegung* und den *Wasch- und Rasierlohn* die Alexianer größere Beträ-

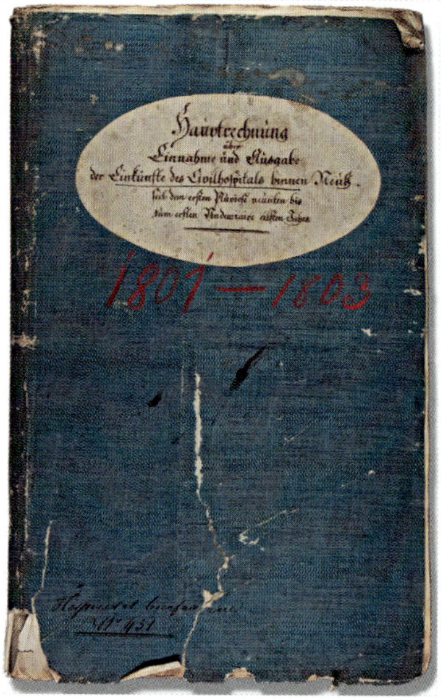

Rechnungsbuch des Hospitals, 1801 – 1803

ge aus dem Etat des Gasthauses erhielten. Für diese beiden Patienten ließ das Hospital außerdem Hemden aus Leinentuch anfertigen.[5] Ab dem Jahre 1800 hatte das Hospital sogar die Krankentransporte zu finanzieren, die der städtische Fuhrmann durchführte. Verzeichnet sind in der Hospitalrechnung von 1801 bis 1803 beispielsweise die *Fortbringung eines blessierten Soldaten nach Gulich* [Jülich], die *Transportierung einer armen Frau nach Creyfeld* [Krefeld] und die *Transportierung eines kranken Militair nach Cölln.*[6]

Im Jahr Elf des französischen Revolutionskalenders (1802/03) versorgte das Hospital 52 Personen, von denen sich jedoch nicht alle im Hospitalgebäude aufhielten, da dort für eine so hohe Anzahl keine Unterbringungsmöglichkeiten bestanden. Manche der Kranken wohnten zu Hause, manche von ihnen waren offenbar arbeitsfähig, was die Kosten für ihren Unterhalt wesentlich verringerte.[7] Nachdem 1803 die Zahl der vom Hospital versorgten Kranken auf 67 angestiegen war, sank ihre Zahl in den folgenden Jahren stark ab: 1811 mussten 33, 1813 41 Patienten versorgt werden. Die Gründe dafür sind aus den vorhandenen Quellen leider nicht zu ermitteln.

Interessanter indessen ist ein Blick auf die ‚Gehaltsliste' des Hospitals. Die Gehälter wurden in Naturalien, zumeist in Roggen, und in Geld ausbezahlt. So erhielten die Doktoren Johann Gregor Elfes und Anton Marcel Greuter im Rechnungsjahr 1798/99 pauschal je vier Malter Roggen, wofür sie die im Hospital untergebrachten Kranken kostenlos behandelten. Der größte Teil der Einnahmen der beiden Ärzte dürfte freilich aus ihrer privaten Tätigkeit gekommen sein, worüber jedoch keine Einzelheiten bekannt sind. Der Wundarzt oder ‚Chirurgus' Fibus hingegen erhielt zur unentgeldlichen Bedienung der städtischen Armen nebst den 5 Malter Roggen 5 Reichstaler. Auch dieser Wundarzt wird eine eigene Praxis besessen haben. Die ‚Küsterin' Dunbier erhielt für ihre Dienste als *Aufwärterin der kranken Frauenzimmer und Besorgerinn der Kirchen in verschiedenen Gefällen 38 Taler nebst freiem Brand und Oel und zu ihrer Consumtion ein Garten.*[8] Ein Betrag von fünf Reichstalern stand der Hebamme Fabry für die Geburtshilfe bei armen Frauen zu, eben-

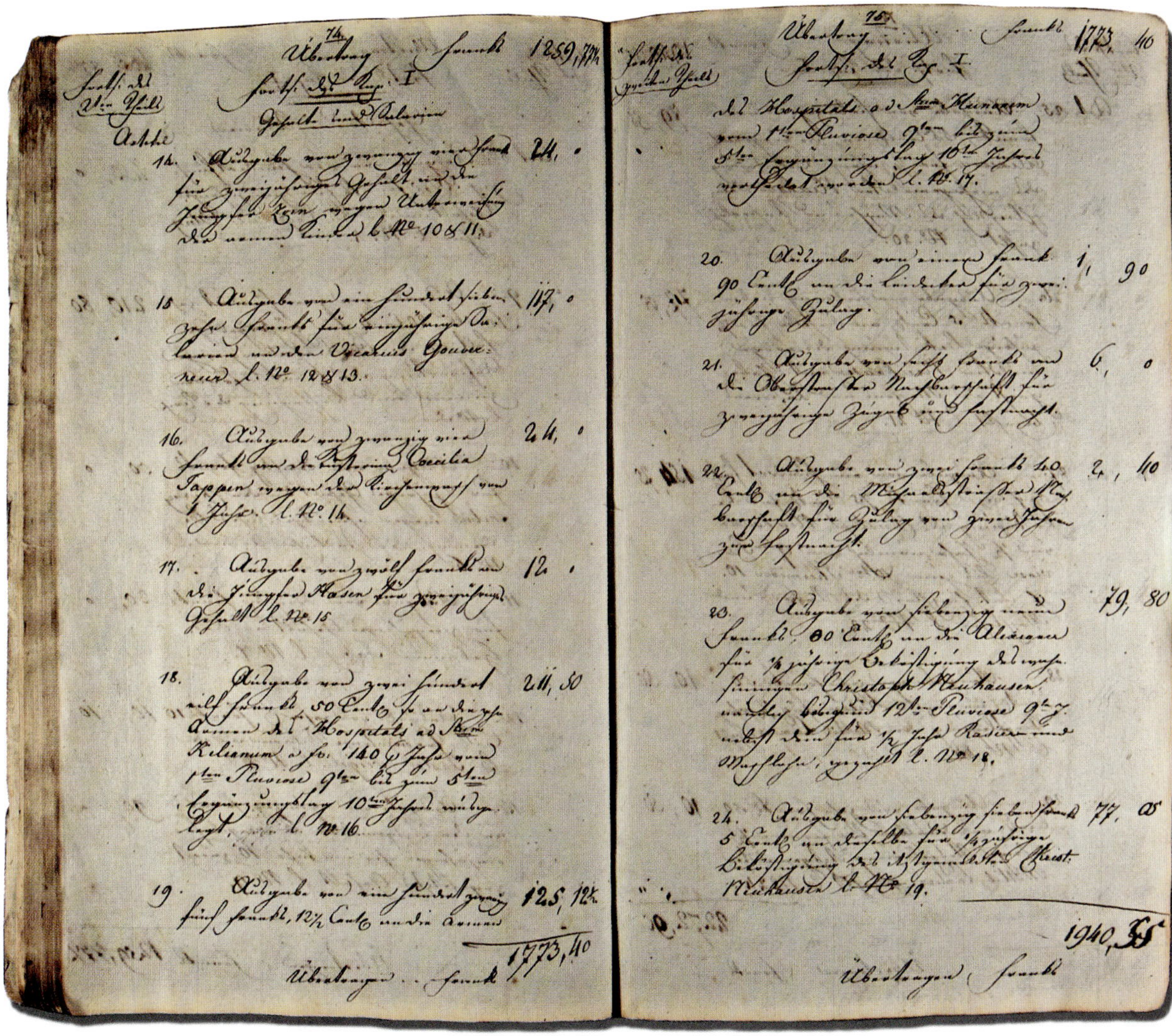

Die Rechnungsbücher geben einen guten Einblick in den Haushalt und die Dienstleistungen des Hospitals.

so einer Jungfer Zorn, die für den Unterricht von Kindern, deren Eltern das Schulgeld nicht bezahlen konnten, eine Pauschale von vier Reichstalern erhielt. Nicht zu vergessen sind der Gasthausmeister mit einem zwischen 55 und 78 Reichstalern schwankenden Gehalt sowie der Pastor des Gasthauses. Die Arbeit des übrigen Dienstpersonals wurde nach Tagessätzen vergütet, die wöchentlich oder monatlich ausbezahlt wurden. Auch die Aufwendungen der Alexianer für die Pflege des einen oder anderen Geisteskranken wurden aus dem Etat des Hospitals beglichen, sofern dieser nicht selbst die Kosten für Verpflegung und Unterkunft aufbringen konnte.

Eine grundlegende Veränderung der städtischen Krankenpflege bahnte sich am Ende des Jahres 1802 an: Das Hospital sollte bald ein neues Gebäude beziehen, das über 100 Jahre lang die älteste, städtische karitative Einrichtung beherbergen sollte, bis sie im Jahre 1911 in die Städtischen Krankenanstalten an der Preußenstraße verlegt wurde. Die Einrichtung eines neuen Hospitals im ehemaligen Kloster der Sepulchrinerinnen war jedoch ein langwieriger Prozess, der sich über zwei Jahrzehnte hinzog, denn erst im Jahre 1822 gingen das Grundstück, die Gebäude und die Inneneinrichtung endgültig in das Vermögen der Hospitalverwaltung über.

Doch zurück ins Jahr 1802. Nachdem die französische Regierung die katholischen Orden und Klöster aufgelöst hatte und deren Eigentum in den Besitz Frankreichs übergegangen war, stand auch das kleine Kloster der Sepulchrinerinnen leer, die seit 1662 in Neuss ansässig waren. Die zum Klosterkomplex gehörenden Gebäude und Grundstücke an der Brückstraße waren bis 1680 vom Orden erworben worden, manche Gebäudeteile sollen jedoch erst in den 1750er Jahren errichtet worden sein. Angesichts der nach 1800 rasch ansteigenden Einwohnerzahl und der erhofften wirtschaftlichen Anziehungskraft, die nicht zuletzt durch den Bau des Nordkanals bewirkt werden sollte, war es also unerlässlich, ein größeres und ‚modernes' Hospital in der Stadt zu errichten. Deshalb baten der Bürgermeister und die Hospitalkommission den Präfekten in Aachen, das alte Hospital gegen die nunmehr in Staatsbesitz befindlichen Klostergebäude der Sepulchrinerinnen zu tauschen. Dieser Vorschlag wurde vom Innenministerium in Paris, dem die Verwaltung aller staatlichen Güter unterstand, nicht genehmigt. Der Präfekt hatte zwar eine Unterbringung und Versorgung der Kranken in dem ehemaligen

Nonnenkloster genehmigt, aber die Eigentums- und Verwaltungsfrage blieb zunächst ungeklärt. Für die Stadt begann damit ein zäher Verhandlungsmarathon, denn der Dienstweg vom Bürgermeister in Neuss über die Präfekten in Krefeld und Aachen bis in die Ministerien in Paris war lang.

Die Notwendigkeit zur Einrichtung eines neuen Hospitals untermauerte ein Bericht des in städtischen Diensten stehenden Arztes Dr. Anton Marcel Greuter. Er schrieb am 29. Oktober 1803 über das alte Gasthaus:

Da mir Endes unterschriebenen die Obsorg der Kranken im gast-hauß allhier zu Neuss als Medicus vor einigen 30 Jahren her übertragen ist, und ich gemäß Eid und Pflichten verbunden bin, alles beyzutragen, was zur Verpflegung, erleichterung und geschwinderenen Genesung der armen Krancken erforderlich ist, so habe ich hierdurch nochmahlen das Jenige was ich schon vor Jahren den damahligen angeordnenten Revisoren meldete und anzeigen wollen, daß das hiesige bürgerliche Hospital ~~Gasthauß~~ vor die Krancke schlecht gebaut, schlecht eingerichtet, nicht geräumig genug vor Krancke und Aufwärter seyn, daß darin den Krancken die so sehr nöthige, reine Luft fehle, daß man dieselbe in den Zimmern weder erneuern, weder verbeßeren könne, da die wenige darin befindliche Zimmer ihre Fenster in eine ganß enge, zugebaute Straße gehen, und daher dieselbe feucht, und übelriechend seyn müßen, daß man dieses mitten in der Stadt gelegene Gebäude in ansteckenden Kranckheiten wegen allgemeiner Sicherheit gar nicht brauchen dürfte. Kürzlich erkläre ich und bezeuge, daß das zum gasthauß genannte Hospital ganß ungesundt seye, und daß diesem gebäude alles nöthige fehle und bey selbem nicht anzubringen seye, was zu einem wohl eingerichteten Hospital erforderlich ist.[9]

Trotz dieses negativen Befundes ließ sich die französische Regierung zunächst nicht zu einer Übereignung der Klostergebäude an die Stadt bewegen. Offensichtlich hoffte man, die Gebäude gewinnbringend an einen Unternehmer verkaufen zu können. Stattdessen sollte das Hospital im Kloster der Alexianer und im Kilianskonvent untergebracht werden. Diese Idee der französischen Behörden stieß bei der Neusser Hospitalkommission jedoch auf wenig Gegenliebe. Deshalb machte Bürgermeister Franz Carroux in einem Brief an das Innenministerium vom 20. Dezember 1806[10] den Vorschlag, die Gebäude der Sepulchrinerinnen für 200 Francs jährlich an die Hospitalkommission zu vermieten, da sie bereits einige hundert Francs für Reparaturen am Gebäude ausgegeben habe. Eine andere Lösung des Problems könne darin bestehen, die Hospitalkommission zu ermächtigen, das Alexianerkloster und den Kilianskonvent zu verkaufen, die mittlerweile in den Besitz der Stadt Neuss übergegangen waren; aus dem Verkaufserlös könne sie dann das Sepulchriner-Kloster vom französischen Staat erwerben. Außerdem sei es sinnvoll, die Hospitalverwaltung gänzlich von Pachtzahlungen zu befreien, denn ihre Einkünfte seien weit unter dem notwendigen Bedarf, um ein geeignetes Krankenhaus zu unterhalten. Eine einwandfreie Versorgung aller Kranken der Stadt sei in einem Hause nicht möglich, in dem die Stadt zahlreiche Soldaten habe aufnehmen müssen, die nicht sofort geheilt werden könnten und deren Zustand es nicht erlaube, sie in das Hospital im 70 Kilometer entfernten Aachen zu transportieren. Vor allem die Überbelegung mit verwundeten Soldaten sei letztlich ein Umstand, der die Notwendigkeit zeige, das städtische Hospital im Kloster einzurichten. Dieses Gesuch brachte der Stadt schließlich den gewünschten Erfolg: Die französische Regierung vermietete der Hospitalkommission die Gebäude für einen jährlichen Pachtzins von 200 Francs und räumte ihr bei einem beabsichtigten Verkauf ein Vorkaufsrecht ein. Das alte Gasthaus zum Heiligen Geist wurde von diesem Zeitpunkt an nicht mehr als Hospital benutzt und im Jahre 1824 zu einem Preise von 2.350 Talern an den Fabrikanten Johann Peter Kallen verkauft. Damit endete in Neuss eine mehr als 500 Jahre währende Episode in der Geschichte der städtischen Gesundheitsversorgung – die neue Episode hatte in der Zeit der französischen Herrschaft begonnen und sollte bis zum Jahre 1911 dauern.

1 Vgl. StA Neuss A 2 / 417.
2 StA Neuss A 2 / 450.
3 Einige andere Fälle dieser Art in StA Neuss A 2 / 444, 445, 446.
4 StA Neuss A 2 / 444.
5 Vgl. StA Neuss A 2 / 450.
6 StA Neuss A 2 / 451.
7 Vgl. Wisplinghoff 1987: 138.
8 StA Neuss A 2 / 449.
9 StA Neuss A 2 / 433.
10 Vgl. StA Neuss A 2 / 433.

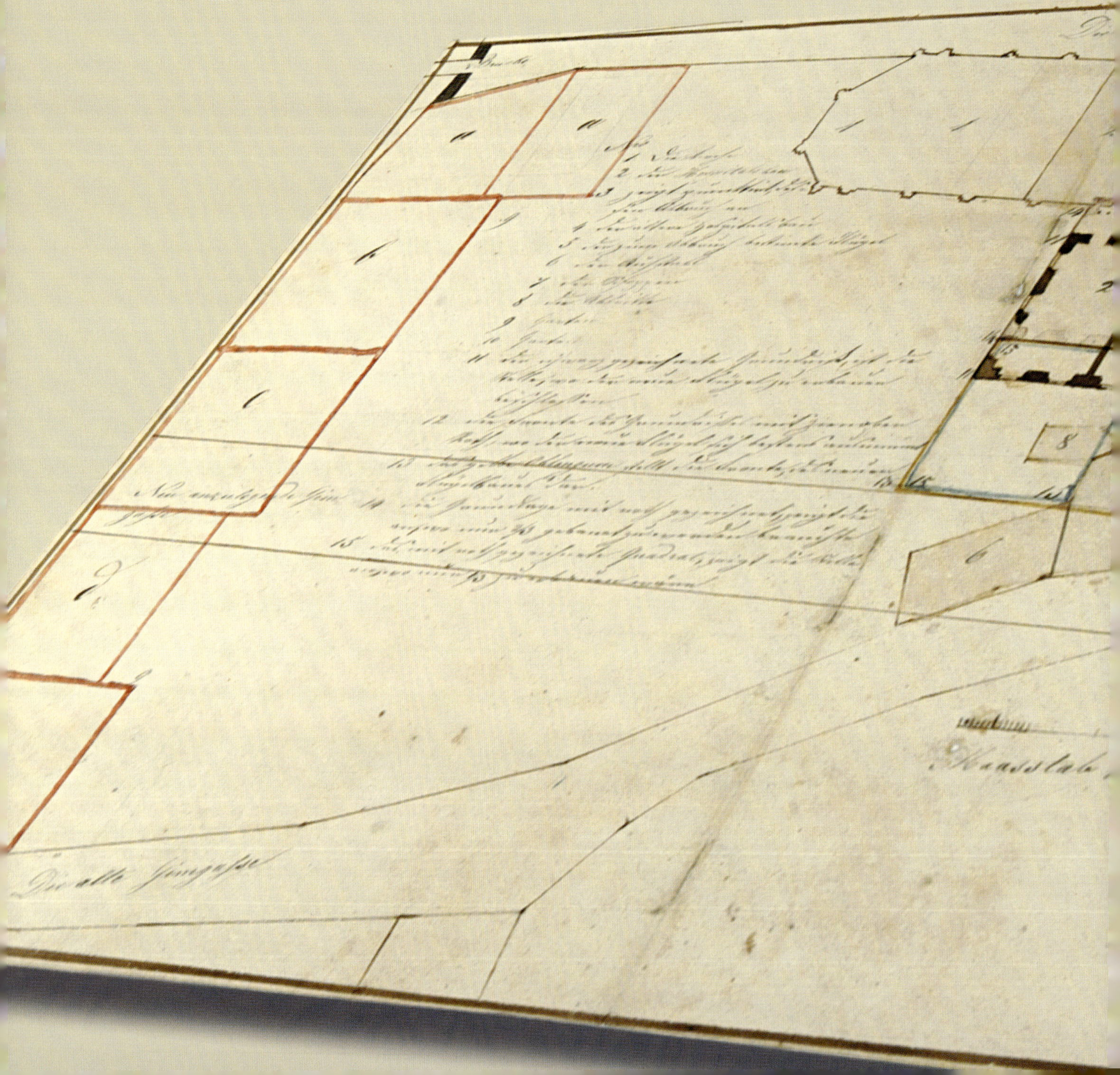

KAPITEL III

III.

DAS BÜRGER-HOSPITAL 1814-1911

Die Niederlage Napoleons in der Völkerschlacht bei Leipzig im Oktober 1813 läutete das Ende der französischen Herrschaft in den linksrheinischen Gebieten ein. Im Januar 1814 überschritten die Alliierten den Rhein und errichteten zunächst eine provisorische Verwaltung, die in den Rheinlanden von preußischen Beamten geleitet wurde. Die unter französischer Besatzung gezogenen Verwaltungsgrenzen blieben ebenso bestehen wie die Behörden, deren Beamte lediglich andere Bezeichnungen erhielten. Diesen provisorischen Zustand beendete die Wiener Kongressakte vom 8. Juni 1815, mit der die Rheinprovinz (Kurtrier, Kurköln, Aachen, Jülich, Berg) dem preußischen Staat eingegliedert wurde. Knapp ein Jahr später trat eine Neuordnung der Verwaltung in Kraft: Die Rheinprovinz wurde in Regierungsbezirke untergliedert, die wiederum in Kreise aufgeteilt waren. Die Bürgermeisterei Neuss bildete mit 14 weiteren Bürgermeistereien den Kreis Neuss im Regierungsbezirk Düsseldorf. Diese hierarchische Verwaltungsorganisation bedeutete freilich eine weitgehende Einschränkung der städtischen Selbstverwaltung: Der Bürgermeister war Staatsbeamter und der Stadtrat hatte lediglich eine beratende Funktion, eine Mitwirkung an der Stadtverwaltung stand ihm nicht zu.[1] Die Oberaufsicht über alle Verwaltungsangelegenheiten und über das Gesundheitswesen führte das Regierungspräsidium in Düsseldorf.

Der neue Hospitalbau

Für einzelne Bereiche der Verwaltung wurden schon 1815 Spezialkommissionen gebildet, in denen außer den Stadträten Vertreter der Neusser Bürgerschaft mitarbeiteten; zu diesen Kommissionen gehörten unter anderem die Schulkommission, die Wohltätigkeitskommission und die Hospitalkommission. Letztere war für die Pflege und den Unterhalt der völlig Unbemittelten, der alten oder gebrechlichen Personen, der Waisen und anderer unversorgter Kinder zuständig. Das aus Stiftungen herrührende Grundeigentum und die Kapitalien der Hospitalverwaltung waren Teil des Gemeindevermögens. Das Hospital in der Brückstraße gehörte im Jahre 1816 allerdings nicht zum Vermögen der Hospitalverwaltung, denn mit der Einverleibung der Rheinlande war das ehemalige Sepulchriner-Kloster aus französischem Besitz in preußisches Staatseigentum übergegangen. Deshalb hatte die Hospitalverwaltung für die vorerst provisorische Nutzung des Klosters als Kranken-, Armen- und Waisenhaus einen jährlichen Pachtzins von 52 Talern und 12 Silbergroschen zu entrichten. Dies bedeutete, dass die Hospitalkommission keine baulichen Veränderungen planen und ausführen durfte, obwohl diese zu jenem Zeitpunkt dringend notwendig waren, weil Teile des Gebäudekomplexes sich in einem recht baufälligen Zustand befanden.

Es lag also nahe, die Gebäude und das Grundstück in den Besitz der Hospitalverwaltung und der Stadt zu überführen. Deshalb baten Bürgermeister und Stadtrat im Jahre 1817 die Regierung in Berlin, der Stadt das Sepulchriner-Kloster als Schenkung zu übereignen, da es unzweifelhaft wohltätigen Zwecken wie der Aufnahme und Pflege einheimischer und durchreisender Kranker diente. Doch diese Idee fiel in Berlin nicht auf fruchtbaren Boden, im Gegenteil: Die preußische Regierung beabsichtigte, das Kloster, ähnlich wie viele andere ehemalige Kirchen- und Klostergüter, zu verkaufen; außerdem kam eine Schenkung aus gesetzlichen Gründen nicht in Frage. Dies rief in der Stadtverwaltung einige Besorgnis hervor, und so schrieb Bürgermeister Heinrich Momm am 5. August 1819 an den Regierungspräsidenten in Düsseldorf:

Allein die hohe Regierungs-Verfügung vom 22 Mai [1819], welche der Hospital-Verwaltung zwar die Autorisation erteilt, dieses Kloster bei dem künftigen öffentlichen Verkauf an sich zu steigern, vereitelt nicht nur diese Erwartung [auf eine Schenkung] ganz, sondern giebt auch der bangen Besorgnis Raum, daß Menschen, denen das Wohl der Armen wenig zu Herzen geht, von schnödem Eigennutze angetrieben, für dieses Gebäude solche Summen bieten könnten, die die Hospital-Verwaltung bei ihren beschränkten Mitteln unmöglich zu erschwingen im Stande ist. Es würde überflüssig seyn, die Verlegenheit der Hospital-Verwaltung bei einem solchen, leider nur zu sehr möglichen Falle zu schildern, überflüssig hier die traurige Lage der Armen selbst näher zu beleuchten, die dadurch Obdach und unentgeldliche Pflege verlieren und trostlos umherirren müßten. Die Hospital-Verwaltung, der aus diesen unverkennbar wichtigen Gründen alles daran gelegen seyn müßte, einer so schrecklichen Lage auszuweichen, nimmt daher in einer heute an mich eingegangenen Vorstellung das abschriftlich anliegende, auch in den Praefektur Akten des Jahres 1808 abgedruckte Gesetz vom 3. Dez. 1808 in Anspruch, wodurch der Praefect ermächtigt wurde, das gedachte Sepulchriner Kloster der Hospital-Verwaltung gegen 8000 frcs zu verkaufen.[2]

Doch auch diesem Ersuchen wurde zunächst nicht entsprochen, denn noch im Frühjahr 1820 war über den Kaufantrag nicht entschieden. Im Februar 1821 wurde Landrat von Bolschwing vom Regierungspräsidenten beauftragt, die Hospitalkommission von ihrem Kaufgebot zu entbinden, da das Kloster als Kaserne genutzt werden sollte: Das Verfahren blieb ein weiteres Jahr in der Schwebe, bis zu Beginn des Jahres 1822 die Hospitalkommission endlich ermächtigt wurde, den Klosterkomplex vom preußischen Staat zu erwerben.

Der Kaufvertrag zwischen der Hospitalkommission und der preußischen Regierung, vertreten durch den Regierungspräsidenten in Düsseldorf, wurde am 10. April 1822 unterzeichnet. Mit ihm übertrug die Königliche Regierung der städtischen Hospitalverwaltung *das zu Neuss belegene domaniale, vormalige Sepulchriner Kloster, bestehend aus der Kirche, den Kloster- und Oekonomie Gebäuden, mit dem dazu gehörigen Hofraum und zweyen unmittelbar daran gelegenen Gärten – in dem Zustande, wie die Gesammtheit sich am vier und zwanzigsten Dezember 1820 eins bestand, - ohne für irgend etwas anderes, als dafür, daß dieselbe wirkliches Staats-Eigenthum und von Hypotheken frey ist, gewähr zu leisten; so, wie sie die Hospital Verwaltung bisher als Pächterin besaß oder besitzen sollte und konnte.*[3]

Rückwirkend zum 1. Januar 1822 endete die Pachtung des Gebäudes, der Kaufpreis betrug 3.755 Taler, der in vier Jahresraten zu 938 Talern, 22 Silbergroschen und 6 Pfennigen preußischer Währung entrichtet werden sollte. Eine zwischen der Hospitalkommission und dem Stadtrat vereinbarte Bedingung für den Erwerb des ehemaligen Klosters besagte ferner, dass im Falle einer Begradigung der unmittelbar am Hospitalgrundstück gelegenen Hymgasse die Hospitalkommission den benötigten Grund und Boden unentgeltlich abzutreten habe. Mit der Unterzeichnung des Kaufvertrages war also die Zeit des Hospital-Provisoriums beendet – Neuss besaß wieder ein eigenes Krankenhaus, das sich freilich nicht in einem guten baulichen Zustand befand.

Unverzüglich machte sich die Hospitalkommission an die Planungen für den notwendigen Neu- und Umbau des Klosters, da Teile des alten Gebäudes einzustürzen drohten. Um die Finanzierung des Umbaus zu sichern, beauftragte der Stadtrat die Hospitalverwaltung, das alte Gasthaus zu verkaufen. Im Jahre 1824 wurde das alte Gasthaus an den Kaufmann Johann Peter Kallen zwar zu einem Preis von 2.350 Talern verkauft, doch der Kostenvoranschlag für den neu zu errichtenden Flügel des Hospitals belief sich auf rund 8.100 Taler – also mehr als das Doppelte des Kaufpreises für Grundstück und Gebäude! Ohne einen Zuschuss aus der Stadtkasse konnten die geplanten Baumaßnahmen also nicht verwirklicht werden; die wichtigste Bedingung für diesen Zuschuss war übrigens, dass die Hospitalverwaltung die innere Einrichtung des Hauses ausnahmslos aus eigenen Mitteln zu finanzieren hatte. Die Baupläne mussten zwar mehrmals auf Veranlassung des Stadtrates und der Regierung in Düsseldorf geändert werden, aber im Frühjahr des Jahres 1825 konnten die von Bauinspektor Westphalen geleiteten Bauarbeiten endlich beginnen.

Ein Vergleich der Bauaufnahme aus der französischen Zeit mit dem Bauplan aus dem Jahre 1824 macht sowohl den Umfang des Klosterkomplexes als auch den geplanten und ausgeführten Umbau deutlich. Die Gebäude befanden sich auf einem unregelmäßigen, nach Norden hin breiter werdenden Grundstück, das im Westen durch die Hym-

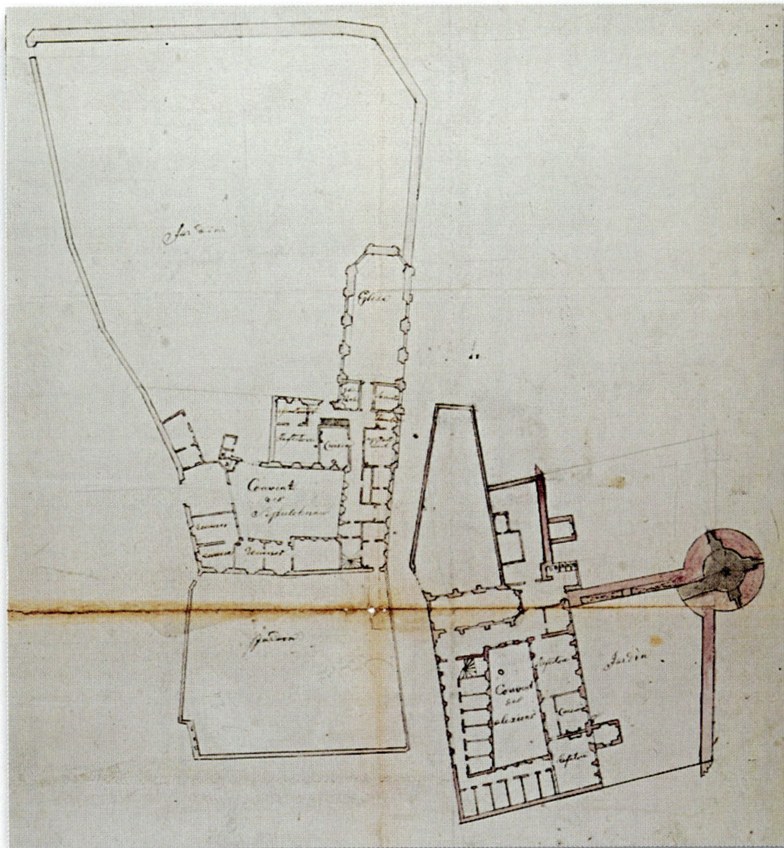

Die Bauaufnahme aus der französischen Besatzungszeit zeigt links das Grundstück und die Gebäude des Sepulchriner-Klosters, rechts die des nahegelegenen Alexianer-Klosters.

gasse und im Osten durch die Brückstraße begrenzt wurde. Im Südosten, ebenfalls an der Brückstraße, lag das Kloster der Alexianer, nördlich davon das städtische Schlachthaus. Im Norden des Grundstückes befand sich ein großer Garten, im Süden ein kleinerer. Wohngebäude, Refektorium, Ställe und Schuppen gruppierten sich um einen Hof, die große Klosterkirche ragte in den nördlichen Garten und verlief in der Fluchtlinie der östlichen Grundstücksmauer. Aus dem Umbauplan ist zu ersehen, dass in erster Linie die südlichen Gebäude des alten Klosters

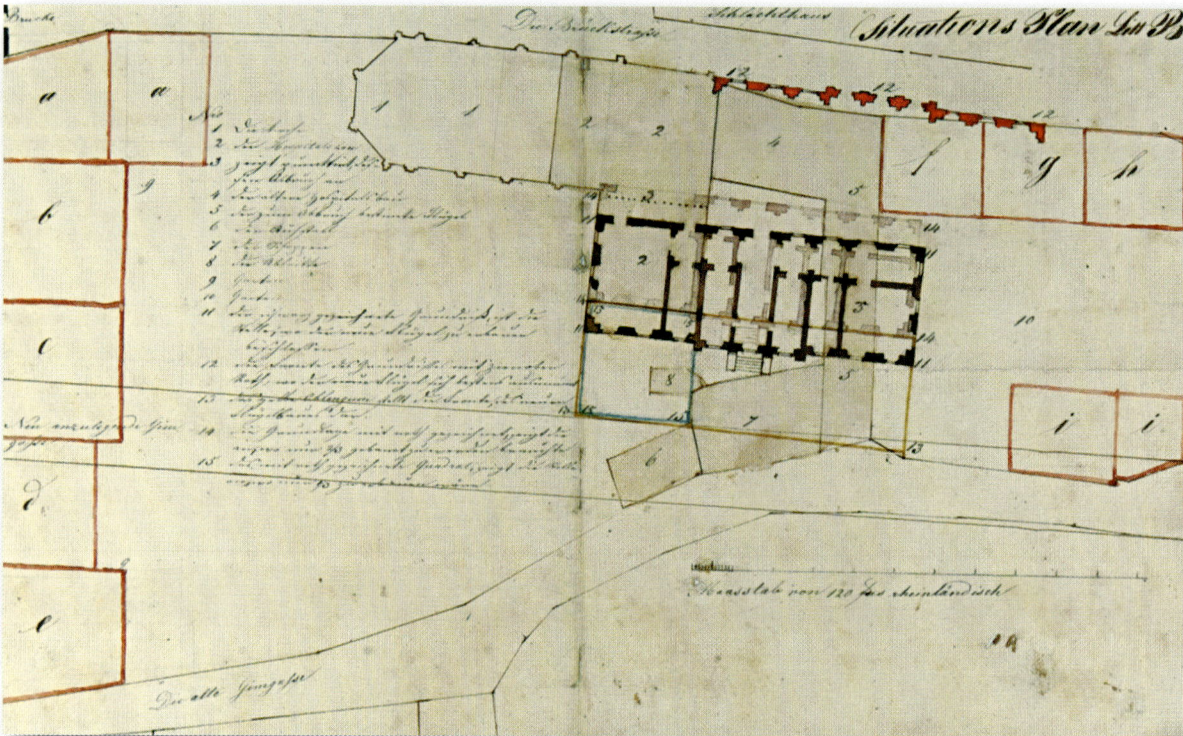

Das ehemalige Klostergebäude ließ sich mit relativ geringem Aufwand zu einem Hospital umbauen, wie der Bauplan aus dem Jahre 1824 deutlich macht.

niedergelegt werden sollten. Nachdem dies geschehen war – ein Teil der Baumaterialien wurde übrigens zum Neubau wiederverwendet – setzte man den neuen, symmetrischen Flügel des Hospitals[4] auf den ehemaligen Innenhof des Klosters. Die Vorderfront verlief damit parallel zur wenige Jahre später begradigten Hymgasse. Die vorgeschlagene Verlegung der Eingangsfassade an die Brückstraße (im Plan von 1824 die Nr. 12) war vom Regierungspräsidenten in Düsseldorf aus Kostengründen nicht genehmigt worden. Man errichtete außerdem neue Begrenzungsmauern um die Gärten, pflasterte die Höfe und setzte ein neues Gittertor ein. Vollständig erneuert wurde auch die Inneneinrichtung des Hos-

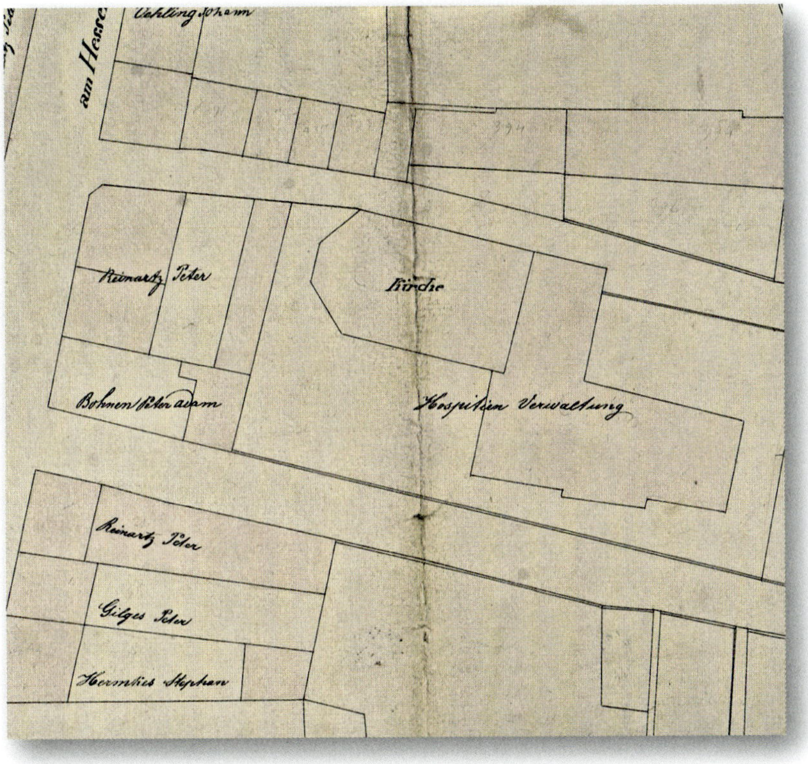

Der Katasterplan aus dem Jahre 1865 zeigt, dass das Grundstück des Hospitals nach Begradigung der Hymgasse erheblich geschrumpft war.

pitals: Die Kostenanschläge des Schreiners vermerken unter anderem 36 Bettgestelle, 36 Bettladen, 48 Stühle, zwei große Tische für den Speisesaal sowie zahlreiche Schränke, Bänke und anderes Mobiliar. Die Arbeiten am ‚neuen' Hospital dürften zu Beginn des Jahres 1827 abgeschlossen gewesen sein. Insgesamt beliefen sich die Kosten für Neubau und Inneneinrichtung einschließlich des Kaufpreises auf rund 13.400 Taler, die aus dem Verkauf des alten Gasthauses und seiner Nebengebäude, der Veräußerung einiger Grundstücke sowie aus Zuschüssen der Stadtkasse und Eigenkapital der Hospitalverwaltung gedeckt wurden. Die Pflege der männlichen Kranken übernahmen die Brüder des nahegelegenen

Alexianer-Konventes, für die Pflege der weiblichen Kranken sorgten ältere, aber arbeitsfähige Bewohnerinnen des Hospitals, so genannte Hospitalitinnen. Zudem waren ein Mann für die Hauswirtschaft und eine Köchin auf Rechnung der Hospitalverwaltung angestellt. Zu dieser Zeit dürfte das Hospital für rund 40 – 50 Menschen Platz geboten haben. Verglichen mit anderen in Deutschland zwischen 1820 und 1830 gebauten Krankenhäusern entsprach das Neusser Bürgerhospital durchaus dem zeitgenössischen Standard.[5] Somit gab es vom Jahre 1827 an ein zeitgemäß eingerichtetes Kranken-, Armen- und Waisenhaus in Neuss, das in den nächsten Jahrzehnten den Ansprüchen und Bedürfnissen genügte.

Die Cholera in Neuss

Wie notwendig ein der rasch ansteigenden Bevölkerungszahl angemessenes und ‚modern' eingerichtetes Krankenhaus in Neuss war, sollte sich bald herausstellen: Mit dem Herannahen der asiatischen Cholera aus Osteuropa im Jahre 1831 bedrohte eine der gefährlichsten Seuchen die Menschen im Rheinland. Bereits im Sommer 1831 waren zahlreiche Neusser Bürger einem Aufruf gefolgt, den Opfern der Cholera in Danzig mit großzügigen Geldspenden beizustehen.[6] Da die Seuche zum ersten Mal in epidemischem Ausmaß in Europa auftrat, sah sich die preußische Regierung veranlasst, Verordnungen und Durchführungsbestimmungen[7] zur Eindämmung der Cholera und zur Behandlung der Infizierten zu erlassen. Diese Vorschriften vom 1. Juni 1831 bezeichnen den Beginn der deutschen Gesundheitsgesetzgebung, die später auch auf den Bau und den Betrieb der Krankenhäuser ausgeweitet wurde.

Die Regierungsverordnung schrieb vor, dass in jeder Ortschaft und jedem Landkreis auf preußischem Boden eine Orts-Kommission zu bilden war, sobald im Umkreis von zehn Meilen die ersten Cholerafälle auftraten. Der Kommission sollten neben anderen verantwortungsvollen Bürgern ein Arzt oder Wundarzt sowie der Vorstand der Orts-Polizei-Behörde angehören. Wenn im Ort ein im Staatsdienst stehender Arzt wohnte, so war dieser von Amts wegen verpflichtet, in der Kommission mitzuarbeiten. Die wichtigste Aufgabe der Orts-Kommission vor einem Ausbruch der Cholera war es, die Öffentlichkeit über die Maßnahmen zu unterrichten, wie ein Ausbruch der Seuche zu verhindern sei. *Von besonderer Wichtigkeit hierbei ist die nicht genug zu empfehlende Sorge für die Reinheit und gesunde Beschaffenheit der Luft, sowohl am Orte überhaupt, als auch in den Häusern der einzelnen Bewohner. Die Orts-Kommission hat hierauf ihre vorzügliche Aufmerksamkeit zu richten, und daher überall die zweckdienlichsten, mit aller Strenge auszuführenden Anordnungen zu treffen, daß alle Straßen und öffentlichen Plätze alltäglich auf das Sorgfältigste gereinigt, und alles dasjenige von denselben entfernt werde, durch dessen Ausdünstung die Luft verunreinigt werden könnte, daß die Straßenrinnen stets rein und der gehörige Abfluß in denselben erhalten werde. Auf gleiche Weise hat die Kommission auch über die Erhaltung der erforderlichen Reinlichkeit innerhalb der Häuser und Hofräume der einzelnen Bewohner zu wachen, und nöthigen Falls dieselben durch die ihr zu Gebote stehenden Zwangsmaaßregeln dazu anzuhalten.*[8] Die reine und gesunde Luft gehörte in dieser Zeit auch in den Krankenhäusern zu den üblichen hygienischen Maßnahmen, um den Gesundungsprozess der Patienten zu unterstützen und zu beschleunigen.

Weiterhin schrieb die Verordnung vor, *möglichst isolirt und luftig gelegene Hospitäler einzurichten,* um diejenigen Kranken unterzubringen, die nicht in ihren Wohnungen bleiben konnten. Dies betraf vor allem die Menschen der Unterschicht und die Bewohner kleiner und enger Wohnungen. Außerdem waren für die Hospitäler die *erforderlichen Aerzte, so wie das nöthige Verwaltungs-Personal und eine hinreichende Anzahl von Reinigungs-Knechten, die zugleich als Krankenwärter dienen können, anzustellen.*[9] Hinzu komme die Bereitstellung von Medikamenten sowie verschiedene Quarantäne-Maßnahmen, die sowohl die Häuser erkrankter Menschen wie auch ganze Ortschaften betreffen können. Sobald der erste Cholera-Kranke in das Hospital gebracht worden sei, müsse auch dieses unter strengste Quarantäne gestellt werden. Der Paragraph 40 der Verordnung besagte schließlich folgendes:

Nach erfolgter Genesung müssen die Krankgewesenen noch einer 20-tägigen Contumaz[10] *unterworfen werden. Zu diesem Ende müssen für die in den Hospitälern gewesenen Kranken in der Nähe dieser letzteren eigene Contumaz-Gebäude eingerichtet werden, welche mit einem Aufseher und dem erforderlichen Diener-Personale zu versehen, und durch Militair auf das Genaueste abzusperren sind. Die Genesenen werden in diese Contumaz-Anstalten gebracht, nachdem sie zuvor in den Hospitälern gebadet und mit reiner Leibwäsche versehen worden sind. Irgend etwas von Sachen aus den Hospitälern in die Contumaz-Anstalten mit hinüberzunehmen, ist in keinem Falle gestattet. Während ihres Aufenthaltes in den Contumaz-Anstalten werden die Genesenen noch einige Male gebadet, mit salpetersauren Dämpfen geräuchert, von einem mit der ärztlichen Aufsicht über diese Contumaz-Anstalten beauftragten Arzte in Hinsicht auf ihren Gesundheitszustand öfters untersucht und nach Ablauf von 20 Tagen entlassen, wenn sich bis dahin irgend eine neue Krankheitserscheinung bei ihnen nicht gezeigt hat.*[11]

Das stark idealisierende Gemälde des Neusser Malers Josef Kohlschein d. J. (1884-1958) zeigt das Gebäude und den kleinen Garten des Hospitals aus südlicher Richtung.

Am 3. Oktober 1831 versammelte sich der Stadtrat von Neuss, um die vorgeschriebene Orts-Kommission zu bilden.[12] In diese wurden Bürgermeister Carl Conrad Loerick, Kreisphysikus Dr. Johann Gregor Elfes, Kaplan Endres, der Präsident der Hospitalverwaltung Franz Gerard Rottels, Polizeikommissar von Woringen und sieben andere Neusser Bürger gewählt, für jedes Mitglied wurde zudem ein Stellvertreter benannt. Den Ärzten wurde ein Honorar von zwei Talern für ihre Mitgliedschaft in der Kommission sowie ein Entgelt von sechs Talern für die Behandlung der armen Kranken beim Ausbruch der Seuche zugesichert.

Um 1900 sorgten die städtebaulichen Verhältnisse um das Hospital herum nicht gerade für viel Licht und gesunde Luft. Hier ein Blick in die Brückstraße aus südlicher Richtung; links die Garten- und Hofmauer, im Hintergrund die Hospitalkirche.

Um für den Ernstfall gerüstet zu sein, beschloss der Stadtrat die Bereitstellung von 500 Talern, die der Sparkasse entnommen werden sollten.

Die Mitglieder der Orts-Kommission traten am 8. Oktober 1835 zum ersten Mal zusammen. Zunächst bestimmten sie, die Cholera-Patienten im Bürgerhospital in der Hymgasse unterzubringen, das *durch seine humane Bestimmung, von Wohnungen entfernt und gesunde Lage, leichte Absperrung von Zugängen, schöne und zweckmäßige Bauart, und zweckmäßige Einrichtung und Geräumigkeit nicht allein zum Cholera-Hospital, sondern zugleich auch zu einer Contumaz-Anstalt vor allen anderen Gebäuden in der Stadt sich ganz vorzüglich eignet, worin auch das Verwaltungs-Personal mit allen zum Hauswesen erforderlichen Utensilien vorhanden ist.*[13] Binnen drei Wochen sollten vier Krankenwärter und zwei Krankenwärterinnen für das Hospital verpflichtet werden, die jung, gesund, stark und unverheiratet sein mussten. Weiterhin wurde die Anschaffung zahlreicher medizinischer Geräte wie Skalpelle, Klistierbuchsen, Thermometer und eines Schröpf-Apparates beschlossen. Hinzu kamen zwei Tragbahren zum Transport der Kranken sowie 20 Bettstellen, 80 Wolldecken, 80 Leintücher und zwei Badewannen; zweckmäßige Kleidung für die Kranken und das Pflegepersonal vervollständigten die Liste. Die im Cholerajahr 1831 gemachten Anschaffungen bildeten in den folgenden Jahren einen Teil des Hospitalinventars.

Doch mit der Entscheidung, das Hospital als ‚Cholera-Lazarett' zu nutzen, war die Hospital-Kommission nicht einverstanden. In einem Schreiben an Bürgermeister Loerick[14] sieht sie den eigentlichen Zweck des Hauses gefährdet und fragt, wo denn die *kränklichen Männer und Weiber wie auch die unmündigen Kinder untergebracht* werden sollten, was aus den Ökonomie-Geräten, dem Vieh und den Vorräten des Hauses werden solle und wo Reisende verpflegt werden könnten. Außerdem sei das Haus wegen der Ansteckungsgefahr auch nach dem Ende der Seuche lange Zeit nicht zu gebrauchen. Schließlich sprachen noch drei weitere Argumente dafür, das Hospital nicht für die Unterbringung der Cholerakranken zu benutzen: Erstens befänden sich zu viele Wohnhäuser und vor allem die Alexianer-Anstalt in unmittelbarer Nähe; zweitens *ist die Luft im Hospital durchgängig von den faulen Ausdünstungen des Schlachthauses sehr unrein und durchaus am allerwenigsten geeignet, Cholera Kranke mit Erfolg zu behandeln, da der Ansteckungsstoff hier mehr Nahrung findet & seinen feigen Sitz aufstellen kann, woher sich das Gift, sozusagen zum Mittelpunkte der Stadt, verbreiten würde;* drittens sei das Hospital für diesen Zweck im Hinblick auf die Bevölkerung und der geschätzten Zahl der Erkrankten viel zu geräumig. Deshalb schlug die Hospital-Verwaltung vor, entweder das alte Gymnasium, das Gütchen vor dem Obertor oder das alte, zu diesem Zeitpunkt offensichtlich leer stehende Kaufhaus als Cholera-Lazarett zu verwenden.

Doch die Einwände und Vorschläge der Hospital-Verwaltung fruchteten nicht. Im Protokoll der Sitzung der Orts-Kommission vom 10. Dezember 1831 ist zu lesen, dass das obere Stockwerk im neuen Flügel des Hospitals innerhalb von zwei Wochen so eingerichtet werden könne, dass dort mindestens zwölf Cholerapatienten untergebracht werden könnten, außerdem seien Betten, Bettwäsche und medizinische Geräte in hinreichender Anzahl vorhanden. Auch wenn die *wandernde Weltseuche* im Winter scheinbar zum Stillstand gekommen sei, so müsse im Frühjahr des nächsten Jahres mit einem erneuten Ausbruch gerechnet werden. Sollte die Epidemie Neuss verschonen, *so sind die Auslagen, welche die Vorbereitungen zum Empfange derselben erheischen, gar nicht in Beschlag zu bringen. Die meisten Anschaffungen würden dann dem Bürger Hospital und der Wohltätigkeits Anstalt von bleibendem Nutzen sein.*[15]

Im Winter 1831/32 schien die Epidemie zunächst nicht weiter auf Neuss vorzurücken, auch im Frühjahr und Sommer 1832 traten in der unmittelbaren Umgebung keine Cholera-Erkrankungen auf. Bei einer Besichtigung des Neusser Hospitals im September 1832 äußerte der Regierungspräsident, dass dieses *besser sey und den Vorzug vor der Lazareth-Einrichtung zu Düsseldorf verdiene.*[16] Dennoch gab Landrat von Bolschwing zu bedenken, dass ein zweites Haus für Cholera-Kranke notwendig werden könne. Außerdem sollte weiteres Pflegepersonal zur Betreuung der Kranken in Privathäusern ausgebildet werden. Die Bedrohung durch die Seuche war auch im Jahre 1833 gegenwärtig. Erst im April des Jahres 1834 gab der Landrat Entwarnung: Mit einem Ausbruch der Cholera sei von nun an nicht mehr zu rechnen, und es erfülle ihn und die Mitglieder der Gesundheits-Kommission mit Zufriedenheit, *alle Bemühungen gerne vergebens geleistet zu haben, wenn der Kreis von der Cholera verschont bleibt. Dieses ist nun Gottlob in Erfüllung gegangen*[17]: In Neuss war niemand der Cholera zum Opfer gefallen.

Doch dies sollte bei einem erneuten Ausbruch der Seuche im Sommer des Jahres 1848 anders werden. Im August verfügte das preußische Innenministerium, innerhalb von drei Wochen Krankenanstalten für Cholera-Infizierte bereitzustellen, da die Seuche an mehreren Orten in Preußen aufgetreten war. Außerdem seien entsprechende Geldmittel bereitzustellen, auch wenn man die Hoffnung hege, verschont zu bleiben. *Es ist hierbei jedoch nicht zu übersehen, daß die im Anfange des vorigen Jahrzehnts errichteten Anstalten zu eben diesem Zwecke in vielfacher Beziehung eine bleibende Wohlthat für die leidende Menschheit geworden sind, indem die bestehenden allgemeinen Kranken- und Verpflegungs-Anstalten zu jener Zeit in Veranlassung grade dieses Zweckes vielfach erweitert und besser eingerichtet wurden.*[18] Im Hinblick auf die Entwicklung des Hospitalwesens in Preußen hatten die während der ersten Cholera-Epidemie gemachten Erfahrungen also einige Verbesserungen bewirkt. Diese konnten jedoch einen erneuten Ausbruch der Seuche mit zahlreichen Opfern nicht verhindern.

Am 3. September 1848 trat auf Anordnung des preußischen Innenministeriums die neu gewählte Sanitätskommission zusammen. Ihr gehörte auch der Arzt und Stadtrat Dr. Conrad Rheindorf (1802 – 1872) an, der in der Sitzung vorschlug, sofort ein geeignetes Haus zur Aufnahme der Kranken bereitzustellen. Medikamente und medizinisches Gerät hingegen könnten aus dem Hospital beschafft werden. Die Mitglieder der Sanitäts-Kommission entschieden, die *auf dem alten Kirchhofe gelegene Elementar-Mädchenschule für den besagten Zweck disponibel zu stellen, da dieses Lokal dafür ganz geeignet erscheine.*[19] Ferner wurde beschlossen, mit dem Vorstand des Alexianer-Klosters und den barmherzigen Schwestern[20] am Hospital Rücksprache zu nehmen, um die Pflege der Kranken zu sichern. Mitte September 1848 wurden die ersten Todesfälle aus Jülich gemeldet, im November hatte die Seuche Rotterdam, Wesel und Emmerich erreicht. Es war also damit zu rechnen, dass die Cholera über kurz oder lang Neuss erreichen würde, denn durch die Dampfschifffahrt auf dem Rhein, der Lebensader von Neuss, hatte sich die Ausbreitungsgeschwindigkeit der Seuche im Vergleich zu früheren Jahrzehnten nachhaltig erhöht.

Die Meldungen über Cholerafälle veranlassten die Sanitätskommission, erneut über ein geeignetes Gebäude für Cholera-Erkrankte nachzudenken. Aus verschiedenen Gründen entschied man sich, die einklassige evangelische Schule, die etwas außerhalb des Stadtzentrums auf dem Hamtorwall lag, als ‚Seuchenhaus' zu beschlagnahmen. Damit erklärte sich auch die Schulkommission einverstanden. Im Winter 1848/49 jedoch schien die bedrohliche Epidemie zum Stillstand zu kommen. Erst im April 1849 wurden neue Cholerafälle in Venlo bekannt, im Juli in Köln, Mülheim an der Ruhr und Duisburg.

Die erste Cholera-Erkrankung in Neuss meldete der stellvertretende Kreisarzt Dr. Conrad Rheindorf am 16. August 1849 an Bürgermeister Heinrich Thywissen: *Dem Herrn Bürgermeister [...] beehre ich mich, ergebenst anzuzeigen, daß, nachdem in der letzeren Zeit an hiesigem Orte Brechdurchfälle (Cholerien) unter den verschiedenen Geschlechtern und bei allen Altersklassen vorgekommen sind, heute vormittag die Ehefrau des Schreiners Rheit 43 Jahre alt, wohnhaft in der Wallstraße rechts am Viehmarkte unter Erscheinungen erkrankt ist, welche den bösartigen Charakter des Leidens (asiatische Cholera) nicht bezweifeln lassen, u. als solcher auch von den Kollegen Dr. Hellersberg [und] dem Kreis-Chirurgus Rheins anerkannt worden ist.*[21] Das erste Choleraopfer in Neuss war jedoch trotz ärztlicher Hilfe und des Beistandes einer barmherzigen Schwester aus dem Hospital nicht mehr zu retten – die Frau starb einen Tag später. Sie hatte sich übrigens geweigert, in das ‚Cholera-Spital' überführt zu werden. Am 28. August die nächste Erkrankung: Bei der Ehefrau des Tagelöhners Jacob Weiss wurde ebenfalls asiatische Cholera diagnostiziert. *Bei der Dürftigkeit der Eheleute Weiss ist die Kranke gleich in das von der Gemeinde bereit gestellte besondere Cholerakrankenlokal aufgenommen worden, worin dieselbe einer sorgfältigen Pflege und Behandlung genießt.*[22] Eine Behandlung der Patientin im Cholerakrankenhaus erschien den Ärzten notwendig, da die Familie Weiss mit vielen anderen Familien in einem Haus wohnte – nur durch eine ‚Isolierung' habe eine weitere Verbreitung der Krankheit zunächst verhindert werden können.[23]

Zwischen dem 16. August und dem 27. September 1849 – dem Tag des letzten Erkrankungsfalles – erkrankten in Neuss elf Männer und zwölf Frauen an der Cholera. Von den insgesamt 23 Kranken wurden acht im ‚Cholera-Spital' behandelt, die übrigen konnten in ihren Wohnungen gepflegt werden. Zwölf Menschen starben, elf erholten sich wieder von dieser heimtückischen Krankheit. Die meisten Erkrankten gehörten der Altersgruppe zwischen 30 und 45 Jahren an, nur fünf Kinder unter zehn Jahren und zwei Menschen im Alter von über 60 Jahren wurden von der Seuche angesteckt. Auffallend ist jedoch, dass alle Cholera-Erkrankten der mehr oder weniger verarmten Unterschicht angehörten.[24] Es verwundert deshalb nicht, dass die Sanitäts-Kommission die Neusser Armenverwaltung und die ortsansässigen Ärzte mehrmals aufforderte, *für gehörige Reinlichkeit der Armen-Wohnungen, für frisches Lagerstroh in denselben, für reinliche Bettungen bei Armenkranken und Beseitigung der übeln Ausdünstungen in den Wohnungen der Dürftigen möglichste Sorge zu tragen, damit auf diese Weise einer größeren Gefahr von Verbreitung der Cholera vorgebeugt werde.*[25]

Die Maßnahmen schienen einigermaßen erfolgreich gewesen zu sein, denn ab Oktober 1849 waren in Neuss keine weiteren Cholerafälle zu beobachten. Das provisorische ‚Cholera-Spital' wurde nach der *vorschriftsmäßigen Desinfection* wieder als Schule in Gebrauch genommen. Dennoch rechnete die Sanitäts-Kommission weiterhin mit einer Wiederkehr der Krankheit, weil sie noch nicht vollständig aus der Umgegend verschwunden sei. Man beschloss deshalb, ein anderes Gebäude zur Verfügung zu stellen, *weil es sich durch die Erfahrung erwiesen habe, daß die evangelische Schule, die auch nur deshalb als Spital benötigt wor-*

den, weil kein anderes passendes Lokal vorhanden gewesen, als ein zweckmäßiges Spital nicht betrachtet werden könne, zumal dieselbe bei einer Kranken-Anzahl von etwa 20 nicht mehr ausgereicht haben würde.[26] Doch es erwies sich als schwierig, ein geeignetes städtisches Gebäude für den Fall des erneuten Ausbruchs der Cholera oder einer anderen Seuche ausfindig zu machen. Deshalb beschloss der Gemeinderat am 23. September 1850, das künftige ‚Cholera-Spital' in einem Flügel des Bürgerhospitals einzurichten. Angesichts der stetig anwachsenden Bevölkerung von Neuss und einer damit einhergehenden steigenden Zahl von Krankenhauspatienten bot das Hospital zu Beginn der 1850er Jahre indes nicht mehr den Raum für eine Isolierstation. Diese Tatsache sollte schließlich zum Entschluss führen, im Jahre 1853 mit dem Anbau eines weiteren Flügels an das Bürgerhospital zu beginnen. Doch zunächst muss eines der wichtigsten Kapitel in der Geschichte des Städtischen Krankenhauses aufgeschlagen werden: Die Berufung der barmherzigen Schwestern nach Neuss.

Die Berufung der Barmherzigen Schwestern

Schwester Johanna Etienne, die Gründerin der Neusser Augustinerinnen

Dieses Kapitel beginnt mit einer Rüge. Nachdem Regierungsrat Dr. Friedrich Adolph Matthieu das Hospital im Oktober 1841 besichtigt und dem Regierungspräsidenten einen keineswegs positiven Bericht erstattet hatte, schrieb dieser an Landrat von Bolschwing: Man habe *ungern ersehen, daß die Verwaltung dieser Anstalt noch vieles zu wünschen übrig läßt. Ueberall wurde Mangel an Ordnung und Reinlichkeit wahrgenommen, wiewohl das Gebäude Raum im Überfluß gewährt, so waren doch einzelne Zimmer, so wie auch ein Schlafsaal mit Betten überfüllt, während dagegen andere gänzlich leer standen [...]. Ebenso fand eine gehörige Absonderung des Geschlechtes nicht statt, wiewohl solche bei der Räumlichkeit des Gebäudes sehr leicht zu bewerkstelligen sein würde. Die Wahrnehmungen bekunden einen großen Mangel an Aufsicht seitens der Hospital-Verwaltung, [...].*[27]

Die Hospital-Kommission und das Dienstpersonal des Hauses schienen mit einer effektiven Organisation des Hospitalbetriebes einigermaßen überfordert gewesen zu sein. Deshalb machte die Kommission im Dezember 1841 den Vorschlag, das ‚Hauswesen' des Hospitals durch zwei barmherzige Schwestern des Cellitinnen-Ordens führen zu lassen, wofür sie die Genehmigung der Regierung erbat. Zunächst wurden im April 1842 jedoch eine neue Haushälterin angestellt sowie neue Schränke *zur besseren Aufbewahrung des Bettzeuges, der Kleidungsgegenstände und sonstigen Geräthschaften* angeschafft. Außerdem wurden die Ärzte zu einer besseren Aufsicht über das Krankenhaus angehalten. Im Oktober 1842 bekundete das Regierungspräsidium schließlich seine Zufriedenheit über den *ordnungsmäßigen und vollkommen entsprechenden Zustand*[28] des Hospitals.

Doch damit war der Vorschlag keineswegs überflüssig geworden, zwei barmherzigen Schwestern eines Krankenpflegeordens die Leitung des Hospitals zu übertragen. Noch bevor die Regierung in Düsseldorf die Genehmigung erteilt hatte, begannen Anfang März 1844 zwei Schwestern aus dem Cellitinnen-Kloster in Düsseldorf mit ihrer Arbeit am Neusser Hospital: Johanna Etienne und Francisca Gielgens. Bereits innerhalb weniger Monate erwiesen sich Wirtschaftsführung und Krankenpflege der beiden Schwestern als äußerst effektiv und erfolgreich. Deshalb wurde seitens der Schwestern und der Hospitalkommission im Herbst 1844 der Wunsch geäußert, eine klösterliche Gemeinde von barmherzigen Schwestern im Bürgerhospital zu gründen. Für diese Idee sprachen eine ganze Reihe von Argumenten, wie die Hospitalverwaltung in einem Schreiben[29] an Bürgermeister Loerick ausführt. Zunächst könne man sich von einer selbstständigen Klostergemeinschaft *ein regeres, freudigeres und darum auch gedeihlicheres Zusammenwirken versprechen, als wir von einer Gesellschaft barmherziger Schwestern erwarten können, die nur auf gewisse Zeit aus ihrem Mutterhause gleichsam geliehen, und für die zu leistenden Dienste gedungen ist.* Weiterhin bestehe die Gefahr, dass die Schwestern jederzeit von ihrem Mutterhause abberufen werden und ausgetauscht werden könnten, was einer effektiven Arbeit sehr abträglich sein würde. Mit der Ordensgründung verknüpfte die Hospital-Kommission die Überlegung, die bei Pflegefamilien in der Stadt untergebrachten Waisenkinder wieder im Hospital wohnen zu lassen. Viele Kinder seien geistig und körperlich verwahrlost, da ihre Pflegefamilien in der Regel der *unteren Volksklasse* angehörten. *Jedenfalls haben die Pflegeeltern solcher Kinder bei deren Aufnahme meistens nur ihr eigenes Interesse im Auge, während das eigentliche Beste, die sittlich-religiöse Erziehung ihnen nur Nebensache ist.* Deshalb seien die Kinder unter der Aufsicht und Erziehung einer Gemeinschaft von barmherzigen Schwestern weitaus besser aufgehoben. Dadurch würden außerdem die Kostgelder an die Pflegefamilien eingespart, die man besser als Jahresgehalt von 40 Talern an die Schwestern auszahlen solle. *Fasst man hierbei die gute Sache selbst in's Auge, deren Gelingen für die unglücklichen Waisen, für die Anstalt selbst und sogar auch für die Einwohnerschaft von den gedeihlichen Folgen sein wird, so kann unseres Erachtens kein Bedenken obwalten, die vorliegend projectirte Begründung einer selbstständigen klösterlichen Gemeinde von vorläufig sechs barmherzigen Schwestern am hiesigen Orte, und sogar im Hospitale, in's Leben treten zu lassen, wovon es am Ende auch abhängen wird, ob die jetzt hier anwesenden, einsichtsvollen und für unsere Anstalt ganz besonders helfenden beiden Schwestern hier bleiben oder nicht.*

Doch eine Klostergründung war nicht ohne weiteres zu bewerkstelligen, denn jede Gründung einer geistlichen Gemeinschaft bedurfte der Zustimmung durch die preußische Regierung. Diese wollte bekanntlich den Einfluss der katholischen Geistlichkeit auf die Gesellschaft nicht allzu groß werden lassen. Zwischen der Neusser Hospital-Kommission und den beiden Schwestern musste deshalb ein Vertrag abgeschlossen werden, der den Behörden zur Genehmigung vorzulegen war. Ein erster im Jahre 1844 ausgearbeiteter und aus 15 Paragraphen bestehender Vertragsentwurf wurde nicht genehmigt. Anlässlich des Vertrages zwischen den Schwestern und der Hospitalkommission entzündete sich ein jahrelanger Streit zwischen der preußischen Regierung, der Stadt Neuss und dem Erzbischof von Köln Johannes von Geissel, der die Aufsicht über alle geistlichen Gemeinschaften im Bistum führte. Dabei ging es vor allem um Vermögensfragen und die Kontrolle der weltlichen Behörden über den Orden. Mehrmals erklärten sich sowohl der Erzbischof als auch das Ministerium für geistliche Angelegenheiten in Berlin mit den entsprechenden Paragraphen in den vorgelegten Vertragsentwürfen aus den Jahren 1846 bis 1850 nicht einverstanden. Mittlerweile standen der Vorsteherin des Hospitals Johanna Etienne zwar drei Novizinnen und zwei Aspirantinnen beim Dienst im Hospital zur Seite[30], doch das umständliche Verfahren blieb nach wie vor in der Schwebe.

Der endgültige Vertrag, der gleichzeitig die Ordensregeln[31] enthält, wurde am 24. Mai 1851 unterzeichnet, knapp ein Jahr später erteilte die königliche Regierung die Genehmigung. Die inzwischen auf 42 Paragraphen angewachsene Vereinbarung regelte detailliert die inneren Angelegenheiten des Ordens sowie sein rechtliches Verhältnis zur Hospital-Kommission. Zunächst musste Johanna Etienne aus dem Düsseldorfer Kloster austreten, um in Gemeinschaft mit der Hospital-Verwaltung eine selbstständige Klostergemeinde gründen zu können. Diese befolgte die Regel des Heiligen Augustinus; als Ordenskleidung behielten die Schwestern diejenige der Cellitinnen zu Düsseldorf. Neben Johanna Etienne sollten vorerst *fünf andere fromme und taugliche Jungfrauen* in den Orden aufgenommen werden. Die Aufgabe der Schwestern im Hospital bestand darin, sämtliche männlichen und weiblichen Patienten und Invaliden zu pflegen, außerdem waren sie für die Pflege der weiblichen Kranken verantwortlich, die in ihren Wohnungen im Stadtgebiet von Neuss bleiben konnten. Für *diejenigen Dienste, welche für Krankenwärterinnen nicht schicklich sind,* wurde ihnen ein Gehilfe auf Kosten der Hospitalverwaltung zugestanden. Auch das übrige Dienstpersonal des Hospitals und des Klosters wurde aus dem Hospitaletat besoldet, unterstand jedoch den Anordnungen der Oberin. Hinsichtlich der Krankenpflege hatten sich die Schwestern nach den Anweisungen der am Hospital tätigen Ärzte zu richten. Die Schwestern waren jedoch nicht verpflichtet, Wöchnerinnen bei oder in den ersten fünf Tagen nach ihrer Niederkunft zu pflegen; ebenso hatten Patienten, die *an der Syphilis, Krätze oder sonstigen bösartigen ansteckenden Krankheiten* litten, keinen Anspruch auf die Pflege der Schwestern, solange es im Hospital keine Isolierstation gab.

Die wirtschaftliche und pflegedienstliche Leitung des Hauses hatte die Oberin wahrzunehmen, ihren Anordnungen hatten alle anderen Schwestern Folge zu leisten. Die Oberin wurde von einer Assistentin unterstützt, die vor allem das Amt der ‚Novizen-Meisterin' versah – diese war in erster Linie für die Erziehung und Ausbildung der Schwestern verantwortlich. Sobald die Novizinnen ihr Gelübde ablegten, verpflichteten sie sich *a) zur jungfräulichen Keuschheit, b) zu strengem Gehorsam gegen die Vorgesetzten, c) zur genauen Befolgung der Regeln und Vorschriften des Ordens, namentlich über die Pflege der Kranken und d) [...] auch zur evangelischen Armut.* Junge Frauen, die in den Orden aufgenommen werden wollten, mussten mindestens 19 Jahre alt sein, vor dem vollendeten 21sten Lebensjahr war ihnen jedoch die Ablegung des Gelübdes nicht gestattet. Bei der Aufnahme hatten sie eine so genannte Dote, also eine Art ‚Mitgift' von mindestens 50 und höchstens 200 Talern an den Orden zu entrichten sowie ein Zeugnis über ihre eheliche Geburt, über einen unbescholtenen Lebenswandel und ein Attest *über die erforderliche Gesundheit und körperliche Tauglichkeit zum Krankendienste* vorzulegen. Nachdem dies geschehen war, verbrachte die ‚Postulantin' zunächst eine dreimonatige Probezeit in Zivilkleidung im Hospital, danach folgte die einjährige Zeit als Novizin. Ihr Gelübde durfte sie erst dann ablegen, wenn sie von ihren Mitschwestern in geheimer Abstimmung für geeignet befunden worden war. Im Hinblick auf das gemeinschaftliche und geistliche Leben waren die Ordenschwestern den Anordnungen der Erzbischöflichen Behörde in Köln unterstellt. Dies galt übrigens auch für den Priester, der die Kirchendienste und die Seelsorge für die Ordensmitglieder und die Insassen des Hospitals wahrnahm. Dafür bekam er ein Jahresgehalt von 280 Talern und eine Dienstwohnung oder einen Mietzuschuss von 50 Talern.

Jede Schwester erhielt von der Hospitalverwaltung neben der nötigen Fußbekleidung ein Entgelt von 40 Talern preußischer Währung, das zur Bestreitung der Bekleidungskosten und anderer Bedürfnisse dienen sollte. Das ‚Gehalt' der Schwestern wurde der Oberin quartalsweise vom Rechnungsführer der Hospitalverwaltung ausgezahlt, diese stellte auch den vom Hospital getrennten Wohntrakt des ehemaligen Sepulchriner-Klosters und die Klosterkirche kostenlos zur Verfügung. Die Verantwortung für die ‚materiellen Interessen' und finanziellen Verhältnisse des Hospitals lag jedoch bei der Hospitalverwaltung. Das Kloster war aber berechtigt, eigenes Vermögen zum Unterhalt des Ordens zu bilden; die Zinsen durften indes nur zum Nutzen des Ordens und des Hospitals verwendet werden. Am ersten Juni eines jeden Jahres musste die Oberin der Hospitalverwaltung einen Kostenplan über die benötigten Geldmittel zur Genehmigung einreichen, außerdem hatte sie spätestens im Monat Mai Einnahmen und Ausgaben des vergangenen Jahres vor der Hospitalkommission und einem Vertreter der Erzbischöflichen Behörde offen zu legen. Dinge des alltäglichen Bedarfs wie Brot, Bier, Wein, Kohlen, Holz und Bettenstroh lieferte die Hospitalverwaltung *in Natura.* Alle übrigen Anschaffungen besorgten die Oberin oder die mit der Wirtschaftsführung des Hauses beauftragte

Schwester selbst, die Geldvorschüsse dafür mussten jeweils einzeln beantragt werden. Für die Pflege und den Erhalt des gesamten Inventars sowohl des Klosters wie auch des Hospitals war die Oberin zuständig, notwendige Neuanschaffungen hingegen waren Aufgabe der Hospitalverwaltung. Dies galt auch für Reparaturen und Erneuerungen an den Hospital- und Klostergebäuden, die nur aus den Mitteln der Kommission und keinesfalls aus dem ‚Klosterfonds' bezahlt werden durften.

Einige Paragraphen des Vertrages regeln schließlich die Verwendung des Vermögens im Falle einer Auflösung des Ordens. Sollte die Gemeinschaft durch eine geistliche Behörde aufgelöst werden, so sollte jede Schwester ihre eingebrachte Dote sowie den ihr zustehenden Anteil aus verzinsten Überschüssen ihres Jahreseinkommens von 40 Talern zurückerhalten. Das übrige Vermögen des Ordens ging in das Eigentum des Hospitals über. *Sollte aber die Auflösung der Congregation durch politische Ereignisse herbeigeführt werden, ohne daß von Staats wegen für die Existenz der noch lebenden Profeß-Schwestern die nöthige Vorsorge getroffen würde,* so war die Hospital-Verwaltung zum lebenslänglichen Unterhalt der Schwestern verpflichtet. Im Gegenzuge hatten diese allerdings auf eine Auszahlung ihrer Doten und Überschüsse zu Gunsten des Hospitals zu verzichten. Vertrag und Statuten enden schließlich mit der Bestimmung, dass sich die Oberin und ihre Assistentin regelmäßig in jedem letzten Monat eines Quartals mit dem Erzbischöflichen Kloster-Kommissar zu beraten hätten, und zwar in allen Angelegenheiten *der Krankenpflege, des Gottesdienstes und der Disciplin, damit überall das Schädliche ferngehalten und das Gute gefördert werde.*

Die im Jahre 1852 erfolgreich abgeschlossene Ordensgründung sollte eindrucksvolle positive Folgen für die Gesundheitsversorgung in Neuss haben. Im Hospital lebten neben den Kranken, Waisen und Invaliden auch zahlreiche weibliche Geisteskranke, die männlichen wurden im Alexianer-Kloster versorgt. Bereits im Mai 1858 stellte Johanna Etienne *angesichts der Mängel, welche mit der Pflege von Irren in einem nur für Invaliden und körperlich Erkrankte bestimmten Hospitale nothwendig verbunden sind,* den Antrag auf Einrichtung einer ‚Aufbewahrungsanstalt für weibliche Geisteskranke'. Diese wurde noch im gleichen Jahr am ,Gütchen' vor dem Obertor eröffnet, erhielt die Bezeichnung ,Privat-Pflege-Anstalt für Geistes- und Gemütskranke weiblichen Geschlechts' und ist heute unter dem Namen ,Heil- und Pflegeanstalt zum Hl. Josef (St. Josefskloster)' bekannt.[32] Nur zwei Jahre später gründeten die Neusser Augustinerinnen eine Filiale des Ordens am städtischen Krankenhaus in Viersen; ebenfalls in den 1860er Jahren übernahmen sie die Krankenpflege am Militärhospital in Köln.

Angesichts der raschen Expansion des Ordens sah sich die Hospitalverwaltung im Jahre 1870 veranlasst, mit der Genossenschaft einen neuen Vertrag abzuschließen, der alle gegenwärtigen und in der Zukunft möglichen Verhältnisse berücksichtigen sollte. Zum einen sollte mit dem neuen Vertrag der Genossenschaft *eine freiere Stellung zur gedeihlichen Entfaltung ihrer Kräfte*[33] gegeben werden, zum anderen wollte die Hospitalverwaltung sich der vertraglichen Bindung entledigen, im Falle einer Auflösung des Ordens *ein möglicher Weise mit Schulden überladenes Eigenthum und zugleich die Pflicht übernehmen zu müssen einer eventuell sehr großen Zahl Genossenschaftsmitglieder den lebenslänglichen Unterhalt zu gewähren.* Deshalb wurde vereinbart, dass die Gemeinschaft der Schwestern am Neusser Bürgerhospital nur noch als eine Filiale des Ordens anzusehen sei. Den Schwestern wurde weiterhin freie Unterkunft im Hospital gewährt, die Vergütung seitens der Hospitalverwaltung wurde auf 48 Taler jährlich erhöht. Sollte eine Schwester dauerhaft dienstunfähig werden, so musste sie in das Mutterhaus zurückkehren – einen Anspruch auf Unterhalt durch die Stadt hatte sie dann allerdings nicht mehr. An den dienstlichen Aufgaben der Schwestern änderte sich freilich nichts:

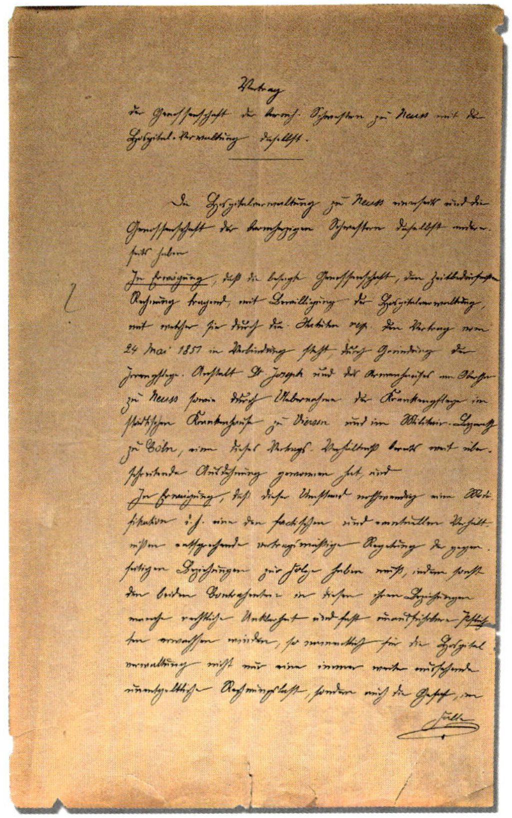

Der Vertrag zwischen der Genossenschaft der Barmherzigen Schwestern und der Hospital-Verwaltung regelte detailliert die Rechte und Pflichten der Vertragspartner; zugleich ist er die Gründungsurkunde des Ordens aus dem Jahre 1852.

Die Schwestern übernehmen mit Hülfe des nöthigen Gesindes die Führung des Hauswesens in der bisher üblich gewordenen Weise sowie die Krankenpflege bei allen dem Hospitale und dem von diesem aus bedienten besonderen Krankenhaus für Ansteckende angehörenden Pfleglingen ohne Unterschied des Geschlechts und der Confession. Für diejenigen Verrichtungen bei männlichen Kranken, welche für Krankenpflegerinnen nicht schicklich sind, bedienen sie sich männlicher Hülfe, deren Beschaffung und Entlassung ebenso wie jene des übrigen Dienstpersonals der Vorsteherin der Filiale, jedoch nur in den Grenzen des von der Hospitalverwaltung hierfür festgesetzten Besoldungs-Etats, vorbehalten bleibt.

Die Hospitalverwaltung behielt weiterhin die Finanzhoheit über die Bewirtschaftung des Hospitals und hatte den Bedarf des Hauses an *Kleidung, Bettung, Feuerung, Licht, Arzneien etc.* zu decken. Auch die Pflicht zur Instandhaltung der Gebäude und zur Anschaffung größerer Einrichtungsgegenstände blieb auf Seiten der Hospitalkommission. Eine wesentliche Änderung betraf hingegen den Eigentumsanspruch der Kommission auf das Vermögen der Genossenschaft, das sich übrigens am Ende des Jahres 1869 auf mehr als 7.026 Taler belief: Sollte der Orden durch die Geistliche Behörde oder ‚politische Ereignisse' aufgelöst werden, so falle das gesamte Vermögen dem Hospital zu. Dies gelte auch für den im Vertrag von 1851 nicht vorgesehenen Fall *des Aussterbens der Genossenschaft in Folge Mangels an neuen Mitgliedern oder Austritt sämmtlicher Mitglieder.* Gleichzeitig habe die Hospitalverwaltung jedoch das Recht, auf eine Übereignung des Vermögens zu verzichten, was sie von der Verpflichtung zum lebenslangen Unterhalt der Schwestern entbinde. Abschließend wurde vereinbart, dass der Vertrag an dem Tage in Kraft trete, *an welchem die zur Genossenschaft gehörende Schwester Magdalena Etienne, mit dem Klosternamen Johanna, auf deren Namen die [...] Irrenpflege-Anstalt St. Joseph und mehrere Gärten vor dem Oberthor im Kataster eingetragen sind, ihr gesammtes Mobilien- und Immobilienvermögen in rechtsverbindlicher Form auf die Genossenschaft überträgt.* Mit diesem Vertrag war der Verbleib der barmherzigen Schwestern in Neuss für die nächsten hundert Jahre gesichert. Am 1. Dezember 1901 eröffneten die Augustinerinnen ein weiteres Krankenhaus mit Augenklinik in Neuss: das so genannte Herz-Jesu-Kloster an der Michaelstraße. Erst am 1. Januar 1988, als die ‚Städtische Kliniken Neuss – Lukaskrankenhaus – GmbH & Co. KG' ihren Geschäftsbetrieb aufnahmen, zogen sie sich aus der Krankenpflege am Krankenhaus zurück. Die Idee, sie im Jahre 1844 nach Neuss zu berufen, und die Verdienste der Augustinerinnen um die Gesundheitsversorgung der Neusser Bevölkerung können deshalb nicht hoch genug eingeschätzt werden.

Das Pockenhaus

Doch kehren wir in die Mitte des 19. Jahrhunderts zurück. Es wurde bereits erwähnt, dass die Hospitalverwaltung aus guten Gründen es für notwendig erachtete, die Neusser Waisenkinder wieder im Hospital unterzubringen – dafür war freilich ein weiterer Ausbau des Hospitalgebäudes dringend notwendig.[34] Die grob veranschlagte Bausumme von 5.000 Talern sollte durch den Verkauf von hospitaleigenen, außerhalb der Stadt gelegenen und im Hinblick auf die Verpachtung wenig ertragreichen Grundstücken vollständig gedeckt werden. Da sich das Verfahren der Ordensgründung jedoch über einige Jahre hinzog, schien dieser Vorschlag zunächst im Sande zu verlaufen. Erst im April 1853 wurde er wieder aufgenommen, als der Hospitalarzt Dr. Franz Hellersberg einen Bericht über das Hospital vorlegte. Das Problem bestand in einer angemessenen Unterbringung der Waisenkinder und Geisteskranken und wurde durch die steigende Zahl von Patienten mit ansteckenden Krankheiten wie Pocken, Nervenfieber und Krätze noch verschärft. Der Bau einer Isolierstation war mehr als notwendig, außerdem fehlten ‚Abtritte' im Obergeschoss, ein weiteres Badezimmer sowie ein Raum für chirurgische Operationen.[35] Ferner sollten in den beiden neu zu bauenden Flügeln des Hospitals die Büros und die Wohnung des Hospital-Rektors eingerichtet werden.

Im Juni 1853 genehmigte der Gemeinderat den Anbau eines Flügels an das Gebäude, für einen zweiten Flügel sah er hingegen keine Notwendigkeit.[36] Gleichzeitig beauftragte er die Hospitalverwaltung, mit dem Hospitalarzt die Inneneinrichtung zu planen und für die Beschaffung des Baumaterials Sorge zu tragen. Die Ausschreibung der Erd-, Maurer-, Klempner- und Dachdecker-Arbeiten erfolgte im August 1853, und bereits Ende Januar des folgenden Jahres wurden die Verputz-, Schreiner-, Glaser- und Anstreicher-Arbeiten vergeben. Aller Wahrscheinlichkeit nach waren die Bauarbeiten und die Einrichtung der Räume im Juni 1854 abgeschlossen.[37]

Dennoch schien das Neusser Bürgerhospital bei einer Einwohnerzahl von gut 12.000 Menschen im Jahre 1865 nicht mehr ganz ausreichend gewesen zu sein. Vor allem die Bedrohung der Bevölkerung durch ansteckende Krankheiten veranlasste die Stadtverordneten-Versammlung, den nach der Cholera-Epidemie von 1849 geäußerten Vorschlag erneut zu diskutieren, ein spezielles Haus für Patienten mit ansteckenden Krankheiten zu errichten. Im Frühjahr 1865 beschlossen die Stadtverordneten, auf einem Grundstück der Hospitalverwaltung vor dem Zolltor ein kleines Krankenhaus zu bauen, das ausschließlich für Kranke mit ansteckenden Krankheiten benutzt werden sollte. Eine Baubeschreibung vom 1. April 1865[38] gibt über Lage und Gestaltung des Gebäudes genauere Auskunft. Das so genannte Pocken-Haus lag in unbebautem Gelände an der Parkstraße und war von allen Punkten der Innenstadt aus leicht zu erreichen. Rings um das zweigeschossige Gebäude befand sich ein kleiner, von einer Hecke umschlossener Garten. Das Erdgeschoss war in zwei Räume für jeweils drei bis vier weibliche Kranke und ein Zimmer für das Pflegepersonal aufgeteilt; hinzu kamen zwei mit Ziegelsteinfußböden versehene Räume, von denen der eine als Küche und Badezimmer, der andere je nach Bedarf als Leichenzimmer oder als ‚Holzgelass' gebraucht wurde. Im Obergeschoss waren ebenfalls zwei Krankenzimmer mit je drei bis vier Betten sowie ein Zimmer für das Personal und zwei für die Rekonvaleszenten eingerichtet. Insgesamt bot das Pockenhaus also Platz für mehr als 16 Patienten, die auch hier vom Personal des Hospitals betreut wurden. Sämtliche Zimmer hatten eine Grundfläche von 32 Quadratmetern und eine lichte Höhe von mehr als vier Metern. Damit war der für die Genesung notwendige Luftraum für jeden Patienten recht großzügig bemessen, denn in dieser Zeit hielt man vor allem eine mangelhafte Belüftung der Krankenzimmer für die Ursache des Wundfiebers (auch Hospitalbrand genannt) und anderer Krankenhausepidemien.[39] Die beiden Kammern auf dem Dachboden wurden als Kleidungs- und Wäschedepots benutzt, unter einem Teil des Gebäudes befanden sich große Kellerräume. Die Toiletten waren durch das Treppenhaus zu erreichen, die Wasserversorgung des Pockenhauses war durch eine Pumpe im Garten gewährleistet. Aus den Revisionsberichten des Kreisphysikus[40] ist indes ersichtlich, dass das Pockenhaus eher selten benutzt wurde.

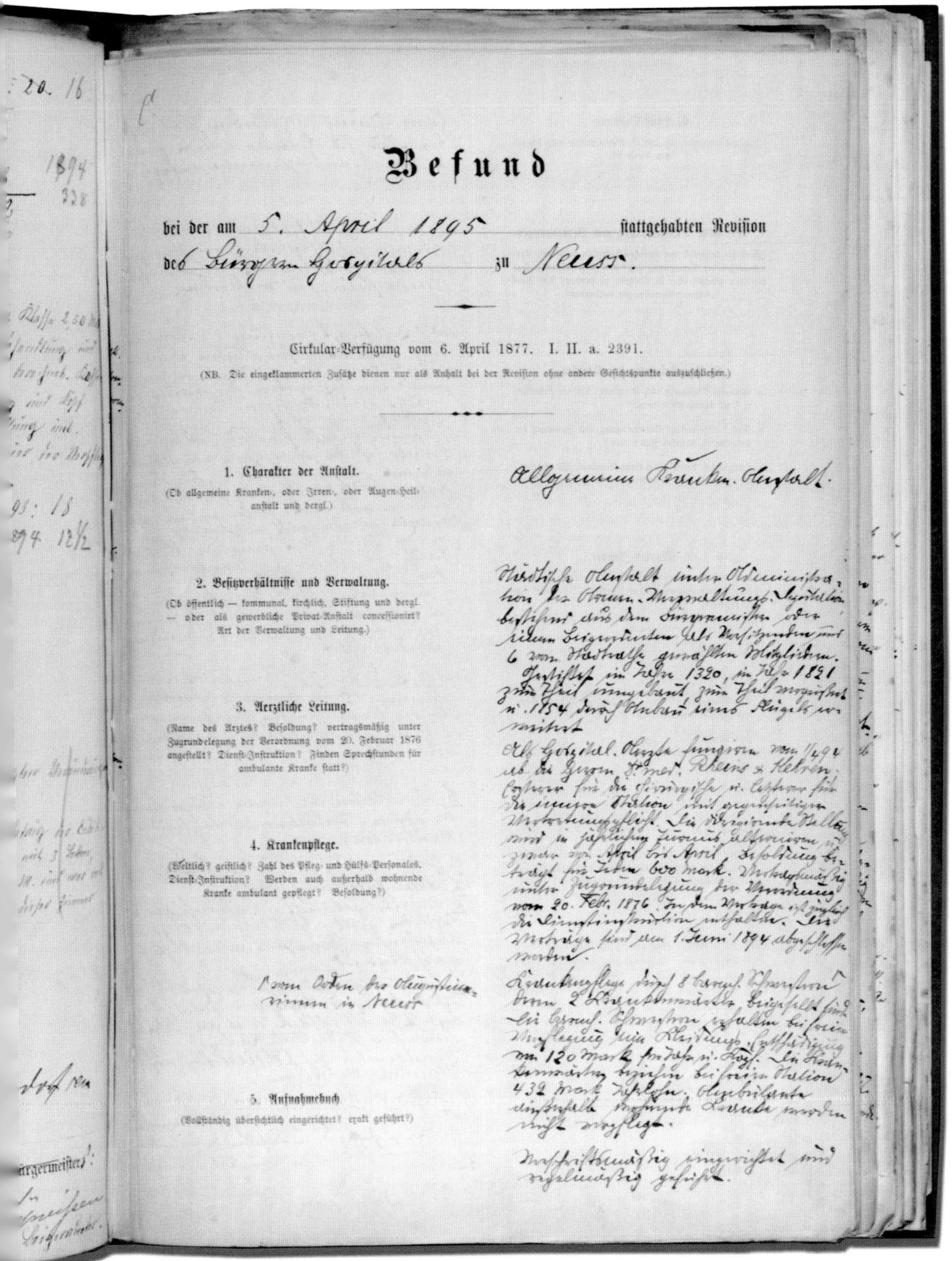

Befund

bei der am 5. April 1895 stattgehabten Revision

des Bürgerhospitals zu Neuss.

Cirkular-Verfügung vom 6. April 1877. I. II. a. 2391.

(NB. Die eingeklammerten Zusätze dienen nur als Anhalt bei der Revision ohne andere Gesichtspunkte auszuschließen.)

1. Charakter der Anstalt.

(Ob allgemeine Kranken-, oder Irren-, oder Augen-Heilanstalt und dergl.)

Allgemeine Kranken-Anstalt.

2. Besitzverhältnisse und Verwaltung.

(Ob öffentlich — kommunal, kirchlich, Stiftung und dergl. — oder als gewerbliche Privat-Anstalt concessionirt? Art der Verwaltung und Leitung.)

Städtische Anstalt unter Administration der Armen-Verwaltungs-Deputation bestehend aus dem Bürgermeister oder seinem Beigeordneten als Vorsitzenden und 6 vom Stadtrathe gewählten Mitgliedern. Errichtet im Jahre 1320, im Jahre 1821 zum Theil umgebaut, zum Theil neu errichtet u. 1854 durch Anbau eines Flügels erweitert.

3. Aerztliche Leitung.

(Name des Arztes? Besoldung? vertragsmäßig unter Zugrundelegung der Verordnung vom 20. Februar 1876 angestellt? Dienst-Instruktion? Finden Sprechstunden für ambulante Kranke statt?)

4. Krankenpflege.

(Weltlich? geistlich? Zahl des Pfleg- und Hülfs-Personales. Dienst-Instruktion? Werden auch außerhalb wohnende Kranke ambulant gepflegt? Besoldung?)

5. Aufnahmebuch

(Vollständig übersichtlich eingerichtet? exakt geführt?)

Vorschriftsmäßig eingerichtet und regelmäßig geführt.

Alle Krankenhäuser im Deutschen Reich hatten sich einer jährlichen ‚Revision' durch einen beamteten Arzt zu unterziehen, in Neuss tat dies der so genannte ‚Kreisphysikus'.

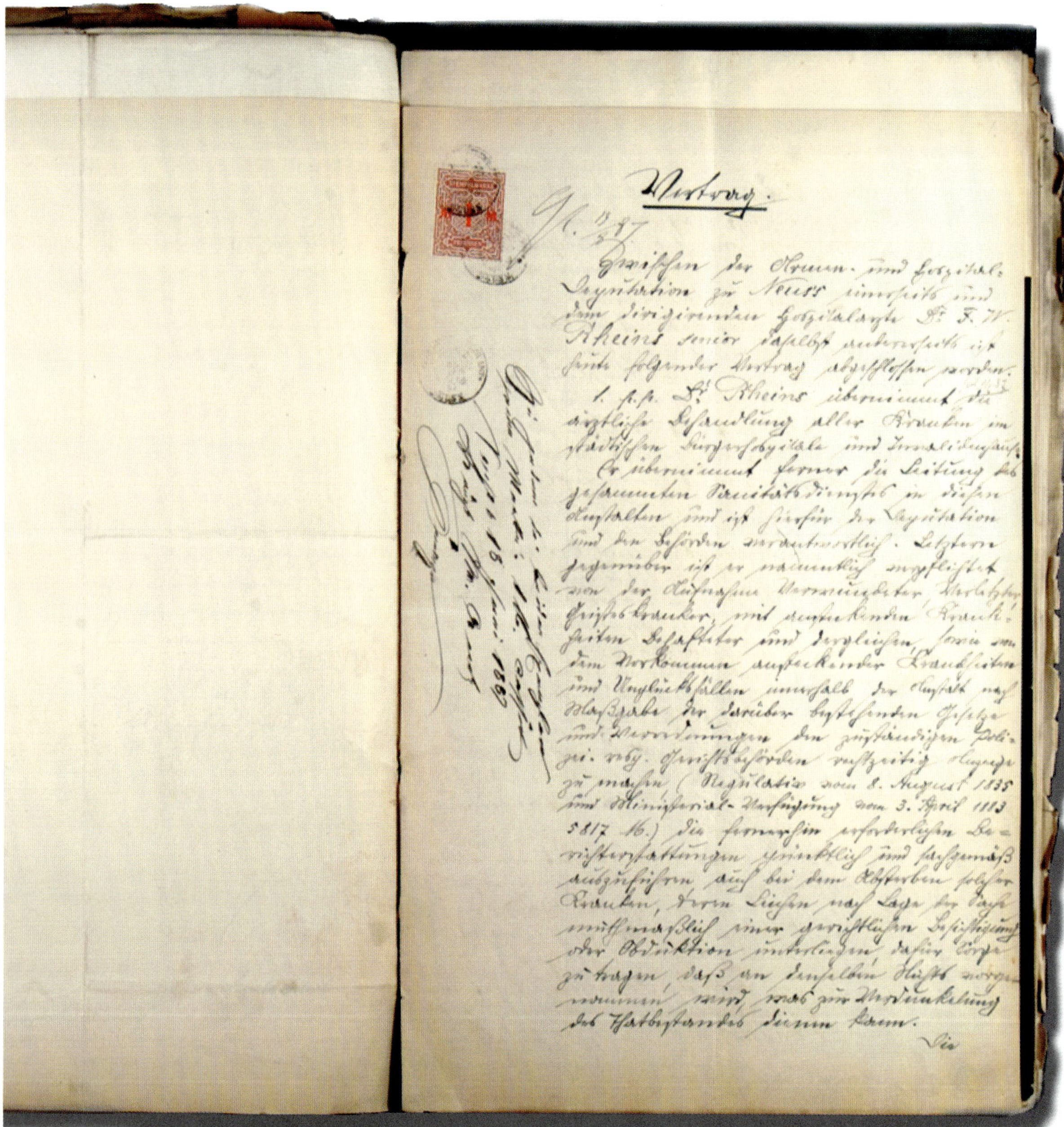

Vertrag.

Zwischen der Armen- und Hospital-Deputation zu Neuss einerseits und dem dirigierenden Hospitalarzte Dr. F. W. Rheins senior daselbst andererseits ist heute folgender Vertrag abgeschlossen worden.

1. §. Dr. Rheins übernimmt die ärztliche Behandlung aller Kranken im städtischen Bürgerhospitale und Invalidenhause.

Er übernimmt ferner die Leitung des gesammten Sanitätsdienstes in diesen Anstalten und ist hierfür der Deputation und den Behörden verantwortlich. Letzteren gegenüber ist er namentlich verpflichtet von der Aufnahme Verwundeter, Verletzter, Geisteskranker, mit ansteckenden Krankheiten Behafteter und dergleichen, sowie von dem Vorkommen ansteckender Krankheiten und Unglücksfällen innerhalb der Anstalt nach Maßgabe der darüber bestehenden Gesetze und Verordnungen den zuständigen Polizei- bzw. Gerichtsbehörden rechtzeitig Anzeige zu machen (Regulativ vom 8. August 1835 und Ministerial-Verfügung vom 3. April 1883 5817 M.) die fernerhin erforderlichen Berichterstattungen pünktlich und sachgemäß auszuführen auch bei dem Absterben solcher Kranken, deren Leichen nach Lage der Sache muthmaßlich einer gerichtlichen Besichtigung oder Obduktion unterliegen, dafür Sorge zu tragen, daß an denselben nichts vorgenommen wird, was zur Verdunkelung des Thatbestandes dienen kann.

Die

Die Situation um 1900

In der zweiten Hälfte des 19. Jahrhunderts stiegen mit dem rasch zunehmenden Erkenntnisfortschritt in den medizinischen Wissenschaften auch die Anforderungen an die Ärzteschaft. Als im Jahre 1852 in Preußen ein einziger Ausbildungsgang für Ärzte geschaffen wurde, war der entscheidende Schritt zur Vereinheitlichung des Arztberufes getan. Kurz nach der Gründung des Deutschen Reiches wurden schließlich reichseinheitliche gesetzliche Regelungen im ärztlichen Ausbildungs- und Prüfungswesen eingeführt. Die Zeit des Nebeneinanders von Arzt, Wundarzt und ‚Chirurgus' war damit endgültig vorbei, obwohl noch viele ältere Ärzte eine dieser Bezeichnungen bis zum Beginn des 20. Jahrhunderts führten. Um 1900 waren etwa 90 Prozent der Ärzte vorwiegend oder ausschließlich in eigener Praxis tätig, ausschließlich an einem Krankenhaus beschäftigte Ärzte und Assistenzärzte sowie Medizinalbeamte bildeten also eine Minderheit in der deutschen Ärzteschaft.

Auch in Neuss waren die leitenden Ärzte des Hospitals bis 1945 stets nebenamtlich als Krankenhausärzte tätig. Dies gilt zum Beispiel für den Sanitätsrat Dr. Franz Rheins senior (1842 – 1925), mit dem die Armen- und Hospital-Deputation am 15. Juni 1887 einen Vertrag über den Dienst als ‚dirigierender Hospitalarzt' abschloss. Der Vertrag besagte, dass Dr. Rheins ab dem 1. Januar 1887 für die ärztliche Behandlung aller Kranken im städtischen Bürgerhospital und im Invalidenhaus verantwortlich war. Als Leiter des *gesammten Sanitätsdienstes in diesen Anstalten* war er der Deputation und den zuständigen Behörden unterstellt. Die Aufnahme

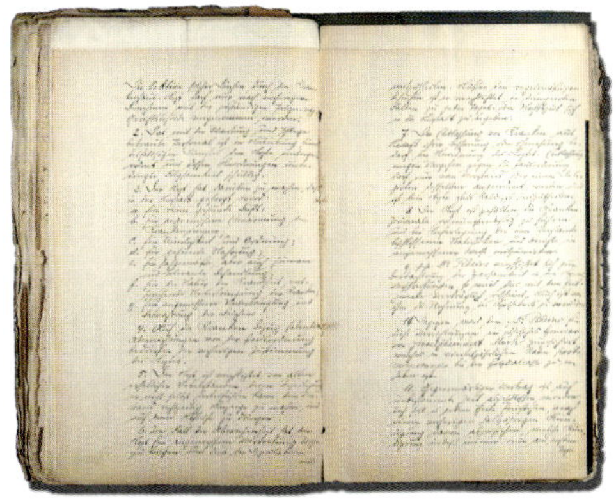

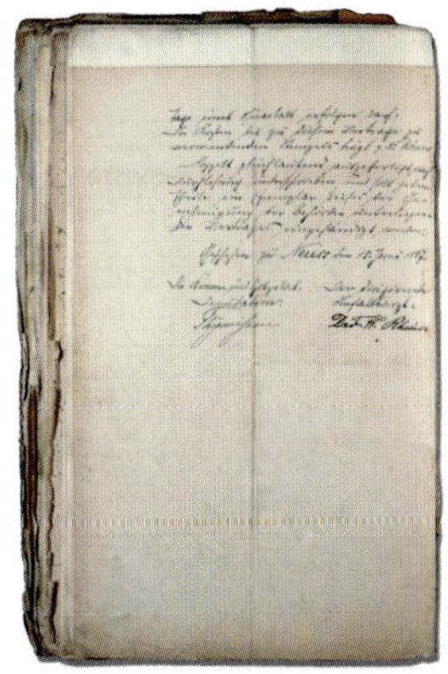

Am 15. Juni 1887 schlossen die Hospital-Deputation und Sanitätsrat Dr. Franz Rheins sen. einen Vertrag über den Dienst als ‚dirigierender Hospitalarzt'; diese Stellung erlaubte es dem Arzt jedoch, weiterhin seine eigene Praxis zu betreiben.

Verwundeter, Verletzter, Geisteskranker, mit ansteckenden Krankheiten Behafteter und dergleichen, sowie das Vorkommen ansteckender Krankheiten und Unglücksfällen in der Anstalt [...] hatte er den Polizei- und Gerichtsbehörden rechtzeitig mitzuteilen. Sollten Verstorbene *nach Lage der Sache muthmaßlich einer gerichtlichen Besichtigung oder Obduktion unterliegen,* hatte er dafür Sorge zu tragen, *daß an denselben nichts vorgenommen wird, was zur Verdunkelung des Thatbestandes dienen kann.* Eine Leichenöffnung durfte der Krankenhausarzt jedoch erst nach Absprache mit der Polizei und den Gerichtsbehörden vornehmen.

Innerhalb des Hospitals hatte Dr. Rheins darüber zu wachen, *daß in der Anstalt gesorgt wird: a) für reine gesunde Luft; b) für angemessene Erwärmung der Krankenzimmer; c) für Reinlichkeit und Ordnung; d) für gesunde Nahrung; e)für sachgemäße, aber auch humane und tolerante Behandlung; f) für der Natur der Krankheit entsprechende Unterbringung der Kranken; g) für angemessene Unterbringung und Bewahrung der Leichen.* Neben den regelmäßigen Visiten war er verpflichtet, sich in dringenden Fällen zu jeder Tages- oder Nachtzeit ins Krankenhaus zu begeben. Darüber hinaus war Dr. Rheins für die ordnungsgemäße Führung der Krankenjournale und die Entlassung der Patienten *aus Anlaß ihrer Besserung oder Genesung* verantwortlich. Bei der Verwendung von Verbandsmaterial und der Verschreibung von Medikamenten hatte er das Gebot der Sparsamkeit zu beachten, s*o weit dies mit dem Heilzwecke verträglich* erschien. Seine Dienste im Hospital wurden mit einem jährlichen Honorar von 1.200 Mark vergütet, das ihm in vierteljährlichen Raten von der Hospitalkasse ausgezahlt wurde.

Im Frühjahr 1894 beschloss die Stadtverordnetenversammlung, einen zweiten Arzt für das Hospital zu verpflichten. Der Vertrag wurde am 1. Juni 1894[42] zwischen der Armen-Verwaltungsdeputation und dem praktischen Arzt Dr. Ludwig Kehren geschlossen. Dr. Kehren war ab 1. April 1894 für die ärztliche Behandlung der Kranken der inneren Station im Krankenhaus zuständig, der weiterhin am Hospital tätige Arzt Dr. Rheins für die Patienten der chirurgischen Station. Beide Ärzte hatten sich als allein verantwortliche ärztliche Leiter des Hauses abzuwechseln, wobei die Zeit als leitender Arzt vom 1. April bis zum 31. März des folgenden Jahres dauerte. Im Falle einer Verhinderung des einen Arztes musste der andere die Vertretung übernehmen. *Bei Behandlung schwerer Krankheitsfälle oder bei schweren Verwundungsfällen haben erforderlichenfalls die beiden Hospital-Aerzte sich gegenseitig zu assistieren, nöthigenfalls sind die vertragsmäßig hierzu berufenen Armenärzte heranzuziehen.* Für seinen Dienst erhielt Dr. Kehren ein jährliches Honorar von 600 Mark, das ihm ebenfalls in Quartalsraten ausgezahlt wurde. Die Verpflichtung eines zweiten Arztes bedeutete zweifellos eine gewisse Entlastung für Dr. Franz Rheins – deshalb wurde sein jährliches Honorar mit einem neuen Vertrag ebenfalls auf 600 Mark[43] festgesetzt.

Mit der wachsenden Bevölkerung in Neuss wurde auch die Zahl der für die Kranken zur Verfügung stehenden Betten im Hospital unzureichend, denn nach wie vor lebte dort eine große Anzahl von armen Pfleglingen, so genannten Hospitaliten – 1874 waren dies während einer Besichtigung durch den Kreisphysikus 53 Hospitaliten und 19 Kranke. Erst als im gleichen Jahr der Erzbischöfliche Knabenkonvikt aufgehoben wurde, dessen Gebäude in der Niederstraße der Stadt gehörte, bot sich die Gelegenheit, ein spezielles Armenhaus für die Hospitaliten, das so genannte Invalidenhaus einzurichten.[44] Damit wurde das Bürgerhospital endgültig zu einem reinen Krankenhaus im heutigen Sinne.

Über die innere Einrichtung und Organisation des weiterhin Bürgerhospital genannten Krankenhauses und des Pockenhauses geben die Revisionsberichte[45] des Kreisarztes in knapper Form Auskunft. Im Jahre 1892 waren beide Häuser der Armen-Verwaltungsdeputation unterstellt. Für die Krankenpflege waren acht barmherzige Schwestern zuständig, die bei freier Verpflegung und Wohnung eine Kleidungsentschädigung von 120 Mark im Jahr erhielten; die beiden Krankenwärter für die Pflege der männlichen Kranken erhielten einen Jahreslohn von 432 Mark. Das Hospital war in eine Kinderabteilung sowie in eine innere und eine chirurgische Abteilung gegliedert. Für Nervenfieber- und Typhuskranke waren besondere Räume reserviert, die Krätz- und Geschlechtskranken wurden in einem vom Hauptbau getrennten Gebäude untergebracht. Für alle anderen Infektionskranken stand das Pockenhaus zur Verfügung. Für die Unterbringung der Leichen war in einem Nebengebäude des Hospitals ein ‚Leichenzimmer' eingerichtet, in dem sich ein Obduktionstisch befand.

Insgesamt waren 28 Krankenzimmer vorhanden, 15 für Männer und 13 für Frauen. Die Zimmer waren mit einfachen Stühlen und Schränkchen ausgestattet, die Betten bestanden aus einem eisernen Gestell sowie aus Strohsack, Matratze, Lederkissen, Leintüchern und Wolldecken. Die Belüftung der Zimmer geschah mittels Ventilatoren, außerdem waren die Betten in angemessener Entfernung angeordnet, so dass für jeden Kranken genügend ‚Luftraum' vorhanden war. Von 1889 bis 1892 wurden durchschnittlich 280 Patienten pro Jahr im Krankenhaus behandelt, die durchschnittliche Pflegedauer eines Patienten betrug in diesem Zeitraum 63 Tage. In den Jahren 1893 bis 1895 belief sich der Jahresdurchschnitt an Patienten auf 359, die durchschnittliche Pflegedauer war hingegen auf 48 Tage pro Patient gesunken. Einen Überblick über die weitere Entwicklung der Patientenzahlen gibt die Tabelle unten.

Anzahl der Patienten zwischen 1904 und 1911

Jahr	Patienten gesamt	Weibl. Patienten	Männl. Patienten	Verpflegungstage gesamt	Tage / Patient	Belegung/ Tag
1903/04	542	181	361	24.103	44	66
1905/06	614	168	446	26.121	43	71
1906/07	642	201	441	28.740	45	79
1907/08	586	184	402	26.409	45	72
1908/09	594	190	404	26.880	45	74
1909/10	693	236	457	28.783	42	79
1910/11	672	203	469	24.033	36	66

Quelle: Verwaltungsberichte der Stadt Neuss 1904 – 1911.
Die Jahreszahlen bezeichnen das jeweilige Haushaltsjahr vom 1. April bis 31. März.

Anzahl der Patienten zwischen 1904 und 1911

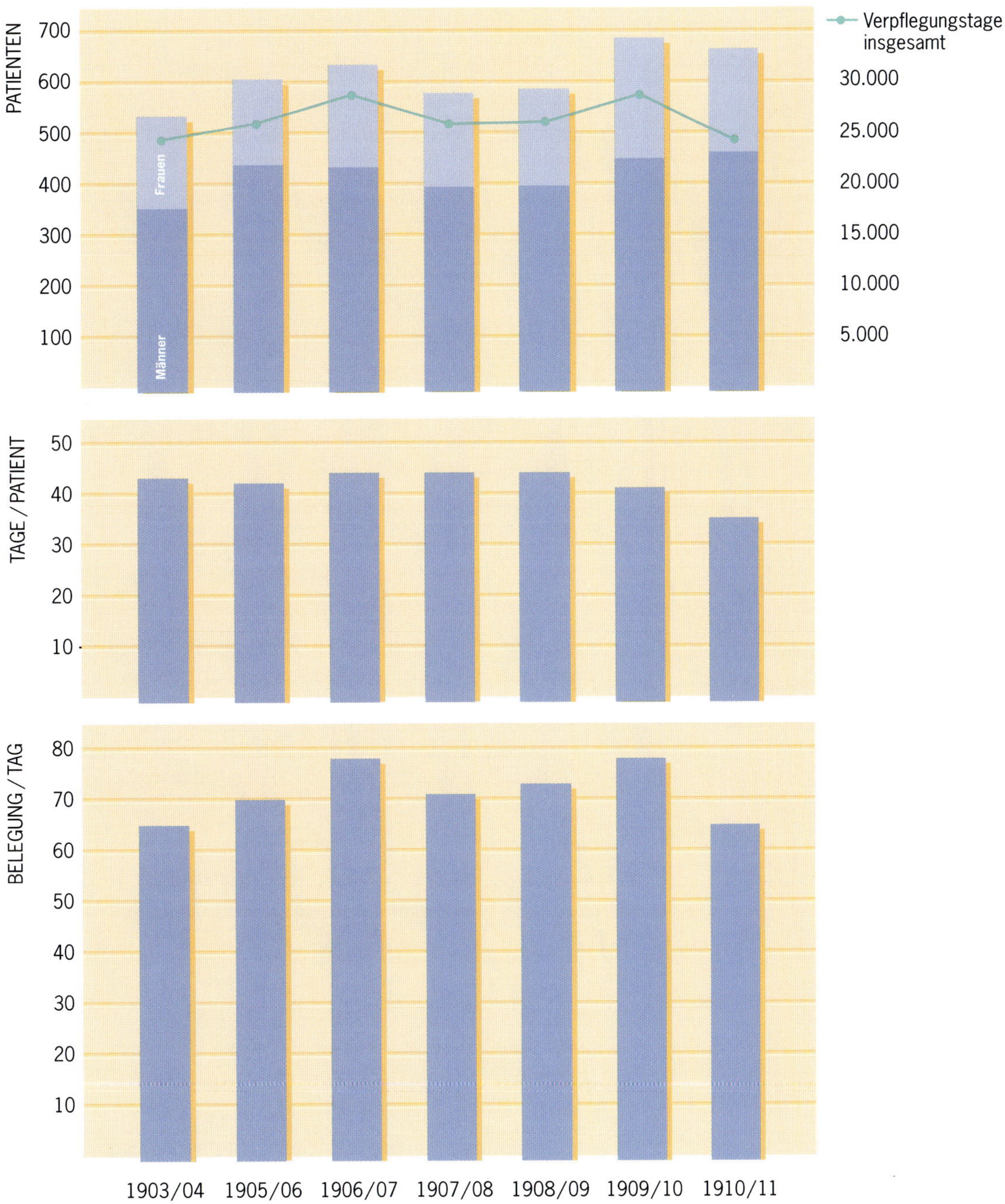

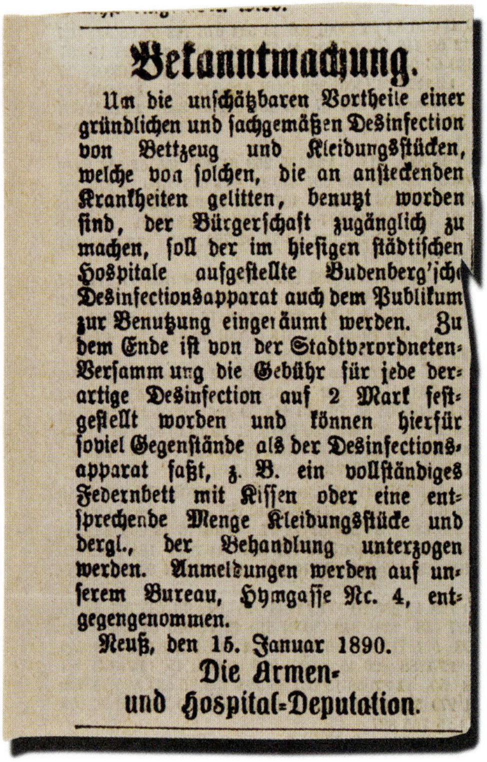

Bekanntmachung.

Um die unschätzbaren Vortheile einer gründlichen und sachgemäßen Desinfection von Bettzeug und Kleidungsstücken, welche von solchen, die an ansteckenden Krankheiten gelitten, benutzt worden sind, der Bürgerschaft zugänglich zu machen, soll der im hiesigen städtischen Hospitale aufgestellte Budenberg'sche Desinfectionsapparat auch dem Publikum zur Benutzung eingeräumt werden. Zu dem Ende ist von der Stadtverordneten-Versammlung die Gebühr für jede derartige Desinfection auf 2 Mark festgestellt worden und können hierfür soviel Gegenstände als der Desinfectionsapparat faßt, z. B. ein vollständiges Federnbett mit Kissen oder eine entsprechende Menge Kleidungsstücke und dergl., der Behandlung unterzogen werden. Anmeldungen werden auf unserem Bureau, Hymgasse Nr. 4, entgegengenommen.

Neuß, den 15. Januar 1890.

Die Armen- und Hospital-Deputation.

Der Desinfektionsapparat des Hospitals konnte auch von Privatpersonen gegen Entrichtung einer Gebühr benutzt werden.

Im Badezimmer standen drei Badewannen, außerdem gab es drei transportable Wannen, von denen eine für Kinder reserviert war. Im Hausflur des Obergeschosses befand sich der Medikamentenschrank, in dem jedoch nur verschiedene medizinische Teesorten aufbewahrt wurden, da Arzneimittel je nach Bedarf von den örtlichen Apothekern geliefert wurden. *Vorrichtungen und Verbandsmaterial zur Anwendung der Lister'schen Verbandsmethode*[46] waren jedoch in hinreichender Anzahl vorhanden, wie die Revisionsberichte vermerken. Die Küche lag im Souterrain des Gebäudes, außerdem besaß das Krankenhaus noch eine eigene Waschküche. Zur Desinfektion der Betten, Wäsche und Kleidung war ein *Budenberg'scher Desinfections-Apparat* installiert, der auch von der Öffentlichkeit gegen Entrichtung einer Gebühr von 2 Mark benutzt werden konnte. Das Brauchwasser des Badezimmers, der Waschküche und der Küche wurde über einen Kanal in den nahe gelegenen Erftkanal geleitet. Angesichts der damit verbundenen Seuchengefahr mahnte der Kreisphysikus in seinem Bericht des Jahres 1895 an, die ‚Abfallwasser' in eine Vorsenke zu leiten, um sie dort desinfizieren zu können.

Die Besichtigung der Neusser Krankenhäuser schloss auch das Pockenhaus ein. Die Berichte vermerken neben einer stichwortartigen Baubeschreibung lediglich, dass dort im Jahre 1891 nur sechs Pockenkranke verpflegt wurden; die Anzahl der Pflegetage betrug 24 pro Patient. Zwei Jahre später war das Pockenhaus mit 3 Cholerapatienten belegt, von denen jeder etwa 2$^1/_2$ Tage dort untergebracht war. Zum Inventar des Pockenhauses gehörten übrigens zwei Tragbahren und ein Krankenwagen für den Transport von Patienten innerhalb des Stadtgebietes. Das Isolierhaus erschien zwar hinreichend für die Behandlung einiger weniger Patienten, wies jedoch einige hygienische und bauliche Mängel auf. So flossen bei Belegung des Hauses die Fäkalien in eine Senkgrube, aus der sie regelmäßig entnommen und zur Düngung des Gartens verwendet wurden. Die Abwässer des Badezimmers, der Küche und der Waschküche gelangten über eine offene Straßenrinne in einen nahegelegenen Kanal – ebenso wie die Abwässer des Hospitals wurden sie nicht desinfiziert, um die Seuchengefahr einzudämmen. Schließlich

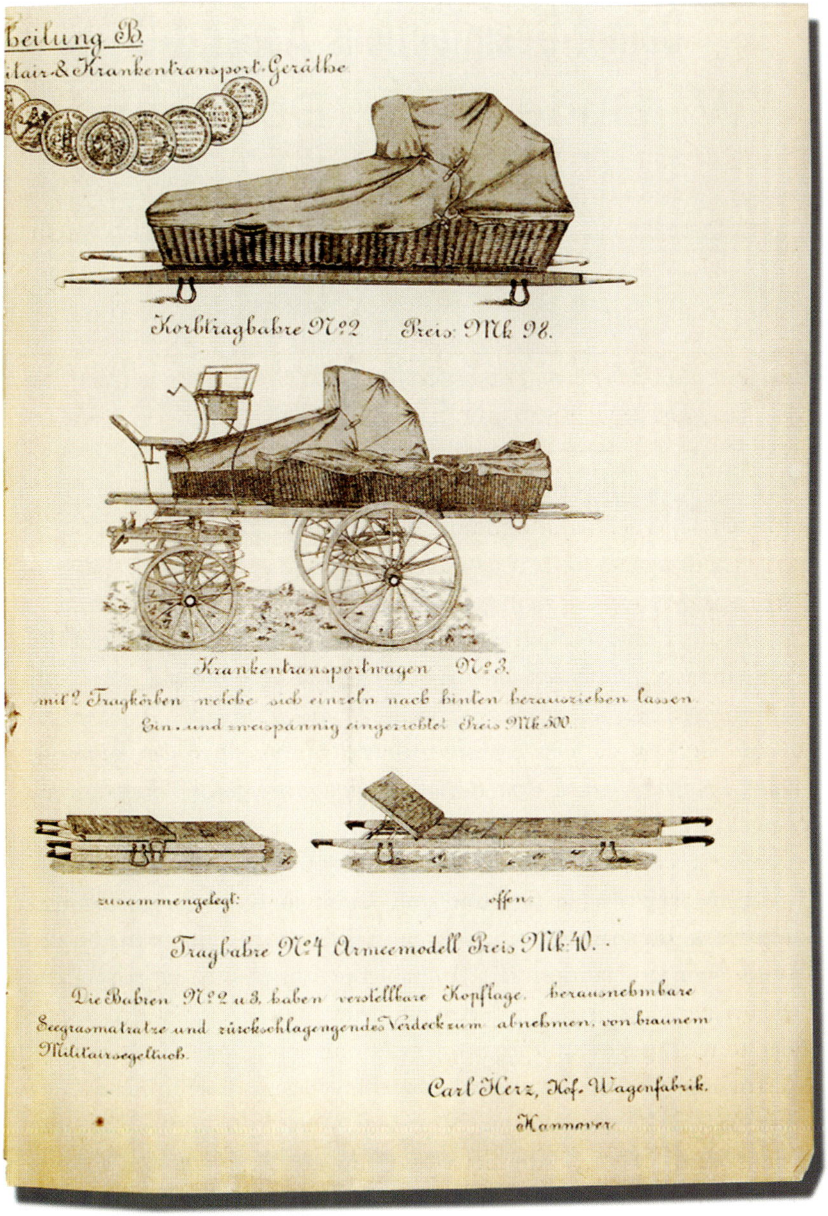

Für den Transport von Verletzten und Kranken standen dem Hospital verschiedene Bahren und Pferdewagen zur Verfügung.

Budenberg'scher Desinfections-Apparat

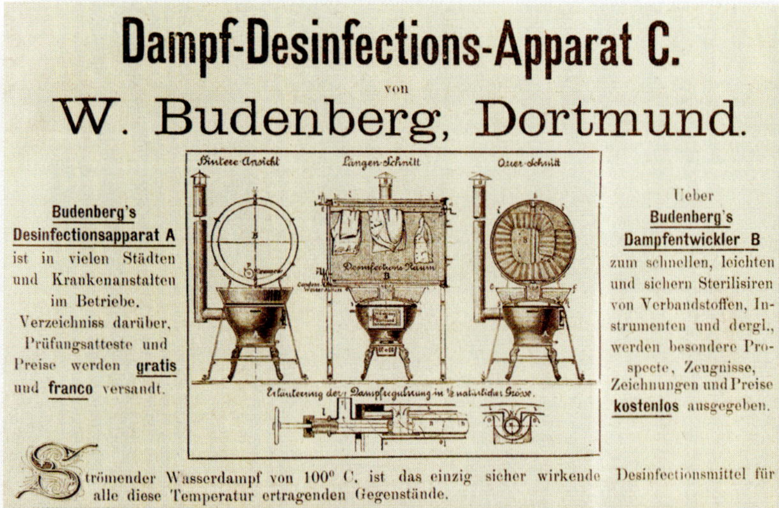

notierte der Kreisarzt noch einen gravierenden Mangel am Gebäude des Pockenhauses: *Die Wände an der Westseite sind so feucht und so brüchig, daß es nicht möglich sein wird, dieselben durch bauliche Änderungen trocken zu legen. Es wird deshalb nothwendig sein, durch den Bau eines neuen Epidemienhauses dem Bedürfniß zuvorzukommen.*[47] Es war also fraglich, ob das Gebäude beim Ausbruch einer Epidemie überhaupt noch zu gebrauchen sein würde. Angesichts mancher offener und versteckter Mängel am Hospital und am Pockenhaus sowie der zunehmend beengter werdenden Räumlichkeiten in diesen Gebäuden reifte an der Wende zum 20. Jahrhundert langsam der Entschluss, außerhalb des bebauten Stadtgebietes von Neuss ein neues, den medizinischen, sozialen und technischen Anforderungen der Zeit genügendes Krankenhaus zu errichten. Der unwiderrufliche Beschluss der Stadtverordneten-Versammlung für einen modernen Neubau fiel jedoch erst am 31. Mai 1904. Damit wurde in der Gesundheitsversorgung der Stadt Neuss eine gänzlich neue Ära eingeläutet.

Foto rechte Seite: Während des Nationalsozialismus nutzte die Stadtverwaltung das alte Hospital als Nebengebäude, gut zu erkennen an der Hakenkreuzfahne.

Das alte Hospital wurde im Zweiten Weltkrieg völlig zerstört und nicht wieder aufgebaut.

1 Vgl. Engels 1986: 288 – 289.
2 StA Neuss A 3 / 197.
3 StA Neuss A 3 /a 197.
4 Ausgeführt wurde die im Plan von 1824 in Rosa eingezeichnete Variante (Nr. 14).
5 Zahlreiche Vergleichsbeispiele und Abbildungen in Murken 1988: 60 – 69.
6 Vgl. StA Neuss A 3 / 935.
7 Instruktion über das bei der Annäherung der Cholera, so wie über das bei dem Ausbruche derselben in den Königl. Preuß. Staaten zu beobachtende Verfahren vom 1. Juni 1831.
8 Druckschrift in StA Neuss A 3 / 935.
9 Ebda.
10 Quarantäne.
11 Ebda.
12 Vgl. StA Neuss A 3 / 935.
13 StA Neuss A 3 / 935.
14 Vom 20. November 1831, in StA Neuss A 3 / 935.
15 StA Neuss A 3 / 935.
16 Schreiben des Landrates von Bolschwing an Bürgermeister Loerick vom 11. September 1832, in StA Neuss A 3 / 935.
17 Schreiben vom 26. April 1834, in StA Neuss A 3 / 935.
18 Schreiben des Innenministeriums an Landrat Carl Conrad Loerick vom 22. August 1848, in StA Neuss A 3 / 935.
19 Sitzungsprotokoll der Sanitätskommission vom 3. September 1848, in StA Neuss A 3 / 935.
20 Zu den barmherzigen Schwestern s. den folgenden Abschnitt.
21 StA Neuss A 3 / 935.
22 StA Neuss A 3 / 935.
23 Ob Frau Weiss genesen oder gestorben ist, geht aus den Quellen nicht hervor.
24 Vgl. die Übersicht vom 11. März 1850 in StA Neuss A 3 / 935.
25 Sitzungsprotokoll vom 11. September 1849, in StA Neuss A 3 / 935.
26 Sitzungsprotokoll vom 16. Januar 1850, in StA Neuss A 3 / 935.
27 Schreiben vom 17. November 1841, in StA Neuss, Unverz. Bestand A 3.
28 Schreiben vom 19. Oktober 1842 des Regierungspräsidenten an Landrat von Bolschwing, in StA Neuss, Unverz. Bestand A 3.
29 30. September 1844, in StA Neuss, Unverz. Bestand A 3. Von dort auch die folgenden Zitate.
30 Vgl. Schreiben von Johanna Etienne an den Erzbischof von Köln vom 17. Dezember 1849, in dem sie außerdem darum bittet, sich doch mit der weltlichen Behörde, über unsere Kloster Statuten möglichst einigen zu wollen; in StA Neuss, Unverz. Bestand A 3.
31 Der Titel des Vertrages lautete: Statuten für die barmherzigen Schwestern zu Neuss respective Vertrag derselben mit der Hospitalverwaltung daselbst.
32 Zu den näheren Umständen der Gründung vgl. Engels 1986: 50.
33 Vertrag vom 18. Oktober 1870 in StA Neuss, Unverz. Bestand A 3; dort auch die folgenden Zitate.
34 Vgl. Schreiben vom 30. September 1844, in StA Neuss, Unverz. Bestand A 3.
35 Vgl. Schreiben der Hospitalverwaltung an den Bürgermeister vom 11. April 1853, in StA Neuss, Unverz. Bestand A 3.
36 Vgl. Schreiben des Bürgermeisters an die Hospitalverwaltung vom 18. Juni 1853, in StA Neuss, Unverz. Bestand A 3.
37 Wie das Gebäude zu diesem Zeitpunkt ausgesehen hat, lässt sich leider nicht rekonstruieren, da weder Beschreibungen noch Baupläne auffindbar sind.
38 In StA Neuss, Unverz. Bestand A 3.
39 Vgl. Murken 1988: 122 – 124.
40 Der Kreisphysikus war ein Medizinalbeamter, der dem Landrat als medizinischer Berater zur Seite stand.
41 Vertrag in StA Neuss, Unverz. Bestand A 3.
42 Vertrag ebenfalls in StA Neuss, Unverz. Bestand A 3.
43 Vgl. Revisionsbericht vom 5. April 1895, in StA Neuss, Unverz. Bestand A 3.
44 Vgl. Engels 1986: 46.
45 Für die Jahre 1892 bis 1895 vorhanden in StA Neuss, Unverz. Bestand A 3.
46 Der englische Chirurg Joseph Lister (1827 – 1912) führte 1867 zur Eindämmung der Wundinfektionskrankheiten die antiseptische Wundbehandlung ein.
47 Revisionsbericht vom 6. Mai 1892, in StA Neuss, Unverz. Bestand A 3. Dieser Bauschaden war drei Jahre später immer noch nicht behoben, vgl. Revisionsbericht vom 6. April 1895.

KAPITEL IV

IV.

DIE STÄDTISCHEN KRANKENANSTALTEN 1911-1933

In der zweiten Hälfte des 19. Jahrhunderts hatte sich in Neuss ein grundlegender ökonomischer Wandlungsprozess vollzogen: Das Schwergewicht der wirtschaftlichen Grundlage der Stadt hatte sich von der agrarischen auf die industrielle Produktion verlagert. Um 1900 gab es in der Industriestadt am Rhein zahlreiche Fabriken und Mühlen mit Tausenden von Arbeitern und Angestellten. Die Maschinenbau- und Lebensmittelindustrie sowie Eisen und Metall verarbeitende Branchen und der große Industriehafen prägten das Neusser Wirtschaftsleben.[1] Mit der Expansion der Industrieproduktion war auch ein rasches Bevölkerungswachstum einhergegangen: Die Einwohnerzahl war von 17.495 im Jahre 1880 auf 30.440 Menschen im Jahre 1905[2] angewachsen. Die Ansiedlung von Industriebetrieben hatte jedoch auch eine Reihe von Umweltproblemen mit sich gebracht: Staub- und Abgasemissionen sowie die Gerüche der Ölmühlen belästigten die Einwohner. Diese Faktoren sollten später bei der Auswahl des Standortes für ein neues Krankenhaus richtungsweisend werden. Schlimmer als die schlechte Luft wog jedoch der Umstand, dass es zwar eine gute Trinkwasserversorgung für die Bevölkerung gab, die Abwasser-Kanalisation jedoch nicht dem hygienischem Standard entsprach, wie Kreisarzt Dr. Niemeyer noch im Jahre 1910 an den Landrat berichtete.[3] Bereits im Herbst 1905 hatte Dr. Niemeyer angesichts einer erneut drohenden Ausbreitung der Cholera im Deutschen Reich nur wenig Erfreuliches über das Hospital zu berichten. Diesmal waren im Weichselgebiet zahlreiche Cholerafälle beobachtet worden; wegen des starken Schiffsverkehrs befürchtete man eine Einschleppung der Seuche über den Neusser Rheinhafen. Wieder einmal stellte sich die Frage nach einem geeignetem Gebäude, in dem die cholerainfizierten Patienten behandelt werden konnten:

Ein passender Raum für die Unterbringung für die an einer gemeingefährlichen Krankheit Leidenden konnte nicht nachgewiesen werden. Das von der dortigen Gemeinde für diesen Zweck eventuell in Aussicht genommene ländliche Wohnhaus auf der unbebauten Hafenseite ist hierzu nach Bauart, Wasserversorgung und Abwässerbeseitigung völlig ungeeignet; höchstens könnten hier – nach Entfernung der Bewohner – die zu beobachtenden Gesunden untergebracht werden. Ebensowenig kann das als Pockenhaus bezeichnete ebenfalls bewohnte Gebäude

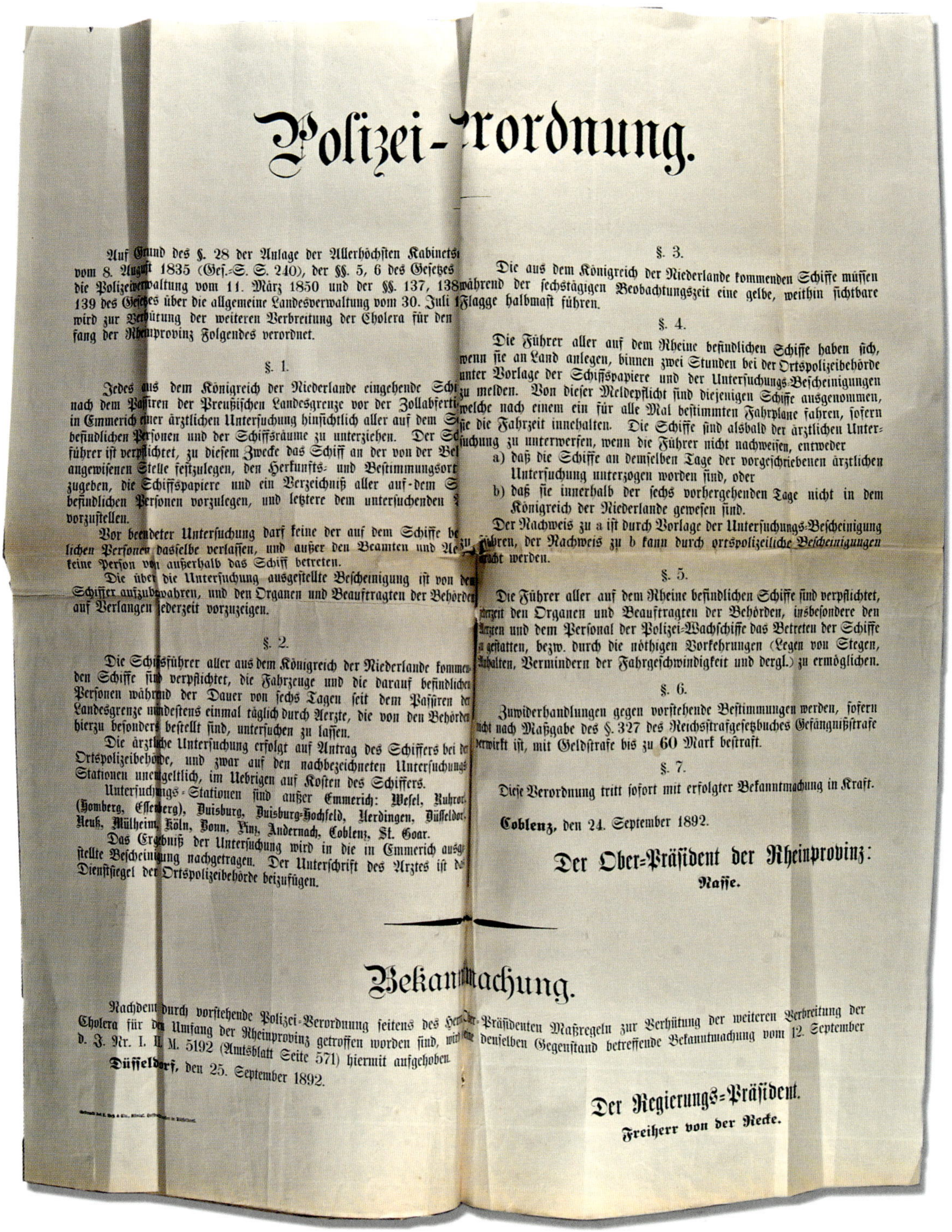

Polizei-Verordnung.

Auf Grund des §. 28 der Anlage der Allerhöchsten Kabinets vom 8. August 1835 (Ges.-S. S. 240), der §§. 5, 6 des Gesetzes die Polizeiverwaltung vom 11. März 1850 und der §§. 137, 138 139 des Gesetzes über die allgemeine Landesverwaltung vom 30. Juli 1 wird zur Verhütung der weiteren Verbreitung der Cholera für den fang der Rheinprovinz Folgendes verordnet.

§. 1.

Jedes aus dem Königreich der Niederlande eingehende Schi nach dem Passiren der Preußischen Landesgrenze vor der Zollabferti in Emmerich einer ärztlichen Untersuchung hinsichtlich aller auf dem S befindlichen Personen und der Schiffsräume zu unterziehen. Der Sc führer ist verpflichtet, zu diesem Zwecke das Schiff an der von der Be angewiesenen Stelle festzulegen, den Herkunfts- und Bestimmungsort zugeben, die Schiffspapiere und ein Verzeichniß aller auf dem S befindlichen Personen vorzulegen, und letztere dem untersuchenden vorzustellen.

Vor beendeter Untersuchung darf keine der auf dem Schiffe be lichen Personen dasselbe verlassen, und außer den Beamten und Ae keine Person von außerhalb das Schiff betreten.

Die über die Untersuchung ausgestellte Bescheinigung ist von dem Schiffer aufzubewahren, und den Organen und Beauftragten der Behörden auf Verlangen jederzeit vorzuzeigen.

§. 2.

Die Schiffsführer aller aus dem Königreich der Niederlande kommenden Schiffe sind verpflichtet, die Fahrzeuge und die darauf befindlichen Personen während der Dauer von sechs Tagen seit dem Passiren der Landesgrenze mindestens einmal täglich durch Aerzte, die von den Behörden hierzu besonders bestellt sind, untersuchen zu lassen.

Die ärztliche Untersuchung erfolgt auf Antrag des Schiffers bei der Ortspolizeibehörde, und zwar auf den nachbezeichneten Untersuchungs-Stationen unentgeltlich, im Uebrigen auf Kosten des Schiffers.

Untersuchungs-Stationen sind außer Emmerich: Wesel, Ruhrort (Homberg, Essenberg), Duisburg, Duisburg-Hochfeld, Uerdingen, Düsseldorf, Neuß, Mülheim, Köln, Bonn, Linz, Andernach, Coblenz, St. Goar.

Das Ergebniß der Untersuchung wird in die in Emmerich ausgestellte Bescheinigung nachgetragen. Der Unterschrift des Arztes ist das Dienstsiegel der Ortspolizeibehörde beizufügen.

§. 3.

Die aus dem Königreich der Niederlande kommenden Schiffe müssen während der sechstägigen Beobachtungszeit eine gelbe, weithin sichtbare Flagge halbmast führen.

§. 4.

Die Führer aller auf dem Rheine befindlichen Schiffe haben sich, wenn sie an Land anlegen, binnen zwei Stunden bei der Ortspolizeibehörde unter Vorlage der Schiffspapiere und der Untersuchungs-Bescheinigungen zu melden. Von dieser Meldepflicht sind diejenigen Schiffe ausgenommen, welche nach einem ein für alle Mal bestimmten Fahrplane fahren, sofern sie die Fahrzeit innehalten. Die Schiffe sind alsbald der ärztlichen Untersuchung zu unterwerfen, wenn die Führer nicht nachweisen, entweder

a) daß die Schiffe an demselben Tage der vorgeschriebenen ärztlichen Untersuchung unterzogen worden sind, oder
b) daß sie innerhalb der sechs vorhergehenden Tage nicht in dem Königreich der Niederlande gewesen sind.

Der Nachweis zu a ist durch Vorlage der Untersuchungs-Bescheinigung zu führen, der Nachweis zu b kann durch ortspolizeiliche Bescheinigungen erbracht werden.

§. 5.

Die Führer aller auf dem Rheine befindlichen Schiffe sind verpflichtet, jederzeit den Organen und Beauftragten der Behörden, insbesondere den Aerzten und dem Personal der Polizei-Wachschiffe das Betreten der Schiffe zu gestatten, bezw. durch die nöthigen Vorkehrungen (Legen von Stegen, Anhalten, Vermindern der Fahrgeschwindigkeit und dergl.) zu ermöglichen.

§. 6.

Zuwiderhandlungen gegen vorstehende Bestimmungen werden, sofern nicht nach Maßgabe des §. 327 des Reichsstrafgesetzbuches Gefängnißstrafe verwirkt ist, mit Geldstrafe bis zu 60 Mark bestraft.

§. 7.

Diese Verordnung tritt sofort mit erfolgter Bekanntmachung in Kraft.

Coblenz, den 24. September 1892.

Der Ober-Präsident der Rheinprovinz:
Nasse.

Bekanntmachung.

Nachdem durch vorstehende Polizei-Verordnung seitens des Herrn Ober-Präsidenten Maßregeln zur Verhütung der weiteren Verbreitung der Cholera für den Umfang der Rheinprovinz getroffen worden sind, wird die denselben Gegenstand betreffende Bekanntmachung vom 12. September d. J. Nr. I. II. M. 5192 (Amtsblatt Seite 571) hiermit aufgehoben.

Düsseldorf, den 25. September 1892.

Der Regierungs-Präsident.
Freiherr von der Recke.

als geeignet für die Aufnahme von Seuchekranken angesehen werden, da dessen Verwendung u.a. einen Transport der Kranken durch die ganze Stadt bedingen würde; auch fehlt es dort, abgesehen von Anderem, an einer Desinfektionsvorrichtung. Das Herz-Jesu-Krankenhaus ist für die Aufnahme derartiger Kranken ebenfalls nicht eingerichtet. Und das städtische Krankenhaus, welches sehr günstig nahe am Hafen liegt, erwies sich bei der Besichtigung als ein den modernen, an ein Krankenhaus gestellten Anforderungen in keiner Weise genügender, an Luft und Licht beengter, Wohngebäuden nahe liegender Gebäudekomplex, ohne Isolierabteilung oder gar -Baracke, mit völlig unzulänglicher Desinfektionsvorrichtung. Schon wegen der fortlaufend hier unterzubringenden Typhuskranken und anderen ansteckenden Kranken ist eine Besserung der Verhältnisse unerlässlich, worauf nach Aussage des Herrn Kreisarztes ebenfalls bereits wiederholt hingewiesen worden ist.[4]

Nach einer kleinen Diskussion einigten Stadt und Landrat sich schließlich darauf, hölzerne Isolier-Baracken herstellen zu lassen, die im Garten des Krankenhauses aufgestellt werden sollten. Doch diese Maßnahme erschien unnötig, da die Cholera nicht über das Weichselgebiet hinausgelangte. Der Bau eines modernen Krankenhauses war dennoch eine dringende Notwendigkeit geworden, um auch die Fortschritte auf medizinischem Gebiet nutzen zu können: Die Einführung der aseptischen Operationssaaltechnik, der Röntgendiagnostik, der steigenden Bedeutung klinisch-chemischer Laboratorien und der physikalischen Heilverfahren in der klinischen Medizin.

Bild links: Noch im Jahre 1892 stellte die internationale Rheinschifffahrt das größte Gefahrenpotenzial für die Einschleppung der Cholera nach Neuss dar.

Die Planungsphase

In ihrer Sitzung am 31. Mai 1904 waren sich die Stadtverordneten darüber einig, dass dieses Projekt zügig in Angriff genommen werden musste. Mit der Projektplanung beauftragten sie eine Kommission, die sich aus folgenden Mitgliedern zusammensetzte: Bürgermeister Franz Gielen, Kreisarzt Dr. Franz Niemeyer, Geheimer Sanitätsrat Dr. Franz Rheins, Dr. Siepen, Dr. Ludwig Kehren, Regierungsbaumeister Julius Busch und Stadtbaumeister Carl Sittel.[5] Die erste Aufgabe des Ausschusses bestand darin, einen geeigneten Standort für das neue Krankenhaus zu bestimmen. Dieser durfte nicht zu weit vom Stadtzentrum entfernt sein, sollte aber in weitgehend unbebauter Umgebung liegen. Das Grundstück musste einigermaßen weitläufig sein, denn es sollte reichlich Platz für Erholungsgärten um die Gebäude und ausreichende Geländereserven für spätere Erweiterungen bieten. Wegen der dichten Ansiedlung von Industriebetrieben im Norden und Osten der Stadt und der in Neuss vorherrschenden Westwinde kam nur ein Standort im Westen des Stadtgebietes in Frage, um einer Belästigung durch die Emissionen der Fabriken zu entgehen.[6] Die Kommission prüfte nicht nur verschiedene Vorschläge, sondern wollte sich vor allem über den modernen Krankenhausbau aus eigener Anschauung informieren. Deshalb besuchte sie am 22. Oktober 1904 das städtische Krankenhaus in Aachen, am 4. April 1905 das Allgemeine Krankenhaus in Viersen und am 10. Mai das Evangelische Krankenhaus in Köln-Sülz.

Doch erst am 10. April des folgenden Jahres wurde von der Stadtverordneten-Versammlung der Vorschlag des Ausschusses gebilligt, das Krankenhaus auf einem Grundstück hinter dem Stadtgarten, zwischen Nordkanal, Obererft und der Bahnstrecke nach Köln gelegen, zu errichten. Dieses etwa zwei Hektar große Gelände im Südwesten der Stadt gehörte der Hospitalverwaltung und lag *in gesunder geschützter Lage in unmittelbarer Nähe des Stadtgartens, in freier Umgebung und entfernt von Betrieben, die den Zweck der Anstalt beeinträchtigen könnten.*[7] Da die Umgebung des Grundstückes in den Jahren zuvor durch Straßen erschlossen worden und der Baugrund in jeder Hinsicht einwandfrei war, genehmigte der Regierungspräsident am 8. Mai 1906 den künftigen Standort des Krankenhauses.

Man hätte nun mit dem Bau beginnen können, wenn nicht Dr. Franz Rheins der Kommission vorgeschlagen hätte, das neue Krankenhaus in Offenbach am Main zu besuchen. Dies geschah am 7. Juli 1906 und warf die gesamte bisherige Projektplanung über den Haufen. *Denn diese Besichtigung, sowie die in so liebenswürdiger Weise erteilten Ratschläge des Herrn Medizinalrats [Dr. Köhler] brachten die Kommission zu der Einsicht, daß das gewählte Gelände für das Krankenhaus, wenn auch vor der Hand ausreichend, doch für die Zukunft zu klein sei, um dann die nötigen Erweiterungsbauten mit ihren Nebenanlagen ohne Einengung der bestehenden Anlagen zu ermöglichen.*[8] Erneut stellte sich also die Frage nach einem geeigneten Baugelände, das in nicht allzu weiter Entfernung von der Stadt lag und das ohne große Kosten zu erwerben war. Anfang 1907 genehmigte die Stadtverordneten-Versammlung den Vorschlag der Kommission, ein am Huppertzlacher Weg im Westen des Stadtgebietes liegendes und gut 44.000 Quadratmeter großes Grundstück als Baugelände auszuweisen; Ankäufe von Privatgrundstücken im Jahre 1909[9] erweiterten das Gelände auf gut 6,5 Hektar. Nach dem Ausbau des Huppertzlacher Weges zur Straße – er wurde unter anderem mit Alleebäumen versehen und gepflastert – war für eine einwandfreie Zugänglichkeit des Krankenhausgeländes gesorgt. Die Straße wurde außerdem in Preußenstraße umbenannt. Für den Neubau des Krankenhauses genehmigte die Stadtverordneten-Versammlung am 27. Oktober 1908 einen Bauetat von 700.000 Mark, in dem die Kosten für den notwendigen Grunderwerb jedoch nicht ent-

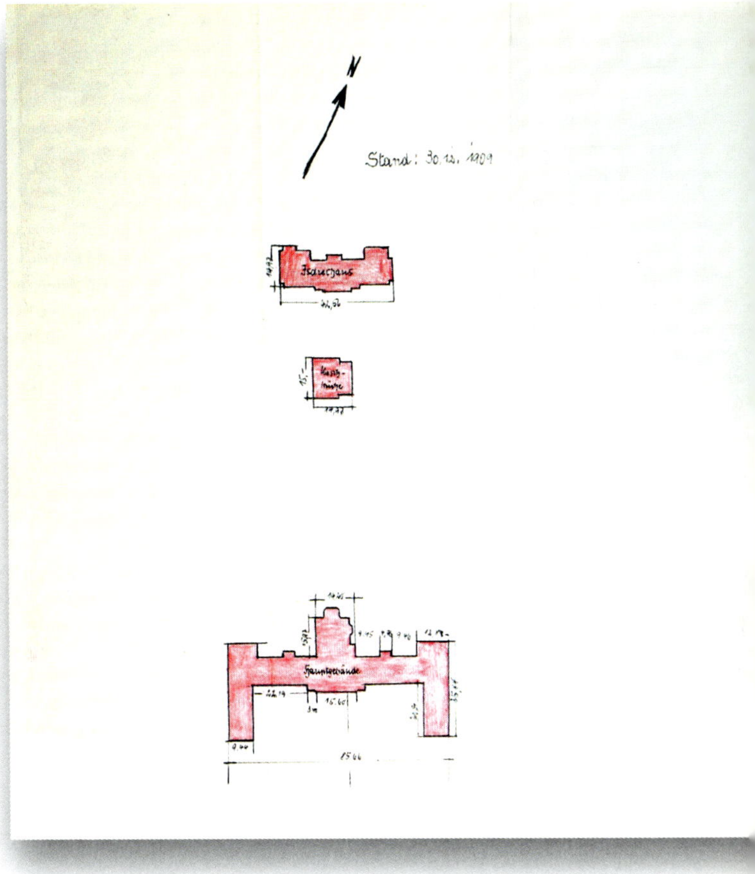

Bauskizze Stand: 1909

halten waren. Zur Deckung dieser Summe sollte zunächst der bei der Stadtsparkasse verzinslich angelegte Hospitalneubaufonds in Höhe von 200.000 Mark verwendet werden, die restlichen 500.000 Mark hingegen musste die Stadt durch eine Anleihe beschaffen, die aus Sparkassenüberschüssen verzinst und getilgt werden sollte.[10] Mitte November 1908 genehmigten die Stadtverordneten-Versammlung und das Regierungspräsidium in Düsseldorf die Grundrisszeichnungen und Pläne für das neue Krankenhaus, so dass im Juni 1909 mit dem Bau begonnen werden konnte.

Pläne und Entwürfe für die Krankenhausgebäude an der Preußenstraße stammten aus der Feder des Architekten und Neusser Stadtbaumeisters Carl Sittel – wie kein zweiter Architekt hat er das architektonische Gesicht der Stadt Neuss zwischen 1910 und 1930 geprägt. Der bisher in der Stadtgeschichtsschreibung von Neuss nicht hinreichend gewürdigte Architekt wurde im September 1871 in Trier geboren. Nach dem Besuch der Bauschulen in Köln und Zerbst sowie bestandener ‚Baugewerksmeisterprüfung' im Januar 1893 sammelte er zunächst einige praktische Erfahrungen in zwei Architekturbüros in Kassel. Von 1896 bis 1898 besuchte er *zur weiteren Ausbildung* Vorlesungen an der Königlich Technischen Hochschule in Aachen.

Am 15. März 1898 wurde derselbe mit der speziellen Bauleitung eines großen Krankenhausneubaues in Cöln betraut und am 15. Oktober 1899 von dem Hochbauamt der Stadt Cöln zur Projectierung und Bauleitung größerer Neubauten und Unterhaltung städtischer Gebäude engagiert, wie Carl Sittel in seinem Bewerbungsschreiben an die Stadt Neuss formuliert.[11] Der junge Architekt war also für die Planung und Bauleitung der in Neuss beabsichtigten städtischen Großbauten hervorragend geeignet, als er am 16. April 1904 seinen Dienst als städtischer Baubeamter antrat. Als er zum 1. Mai 1934 in den Ruhestand versetzt wurde, hatte er das städtebauliche Gesicht seiner Heimatstadt grundlegend verändert.[12] Carl Sittel starb am 7. Juni 1955 – sein architektonisches Erbe ist jedoch bis heute nicht wissenschaftlich aufgearbeitet.

Der Neubau in der Preußenstraße

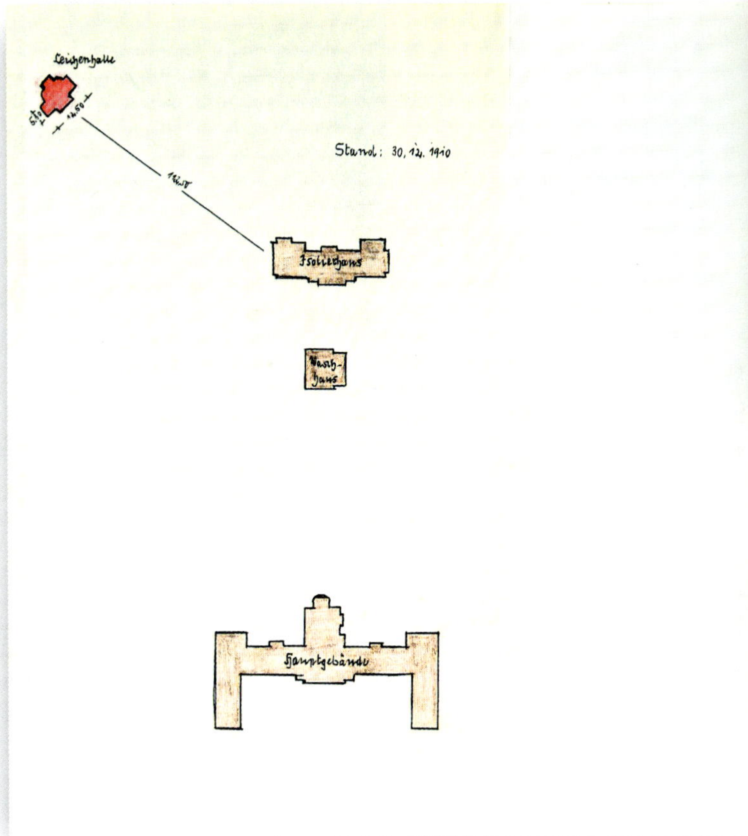

Bauskizze Stand: 1910

Zwei der Erbstücke von Carl Sittel sind hier allerdings von erfreulichem Nutzen: Er hat über das am 3. Juli 1911 eröffnete Krankenhaus zwei ausführliche und detailreiche Baubeschreibungen[13] veröffentlicht, die zahlreiche Anhaltspunkte zum Baukonzept und zur Nutzung des Komplexes geben.

Die sechs Gebäude – Portierhaus, Hauptgebäude, Infektionshaus, Ökonomiegebäude, Waschküchen- und Aufbahrungshaus – waren großzügig über das weiträumige Gelände verteilt, das an der Preußenstraße von einer Mauer und an den übrigen Seiten von Zäunen umgeben war. Die unbebauten Teile des Grundstücks waren allesamt gärtnerisch gestaltet – teils als Nutzgärten, teils als Ziergärten. Die Nutzgärten dienten der Versorgung des Krankenhauses mit Gemüse und Obst sowie als Viehweiden und waren für die Kranken nicht zugänglich. Die Ziergärten erlaubten den Aufenthalt der Patienten und Besucher im Freien und waren in Abteilungen für Männer, Frauen und Privatpatienten unterteilt. Breite Wege luden zu Spaziergängen ein, Bänke und Lauben boten Sitzgelegenheiten. Das Infektionshaus hatte einen vom übrigen Gelände abgetrennten Garten.

Direkt an der Preußenstraße lag das Pförtnerhaus. Von hier aus konnte der Pförtner die Zugänge zu den einzelnen Gebäuden leicht überwachen. Erreichbar durch eine leicht ansteigende Zufahrt lag etwas von der Preußenstraße entfernt das Hauptgebäude. Rund 75 Meter dahinter folgte im Norden das Waschküchengebäude. *Diese große Entfernung wurde in der Absicht gewählt, daß im Zwischenraum später noch ein zweites größeres Gebäude errichtet und dann noch leicht von der Küchenanlage im Urbau bedient wer-*

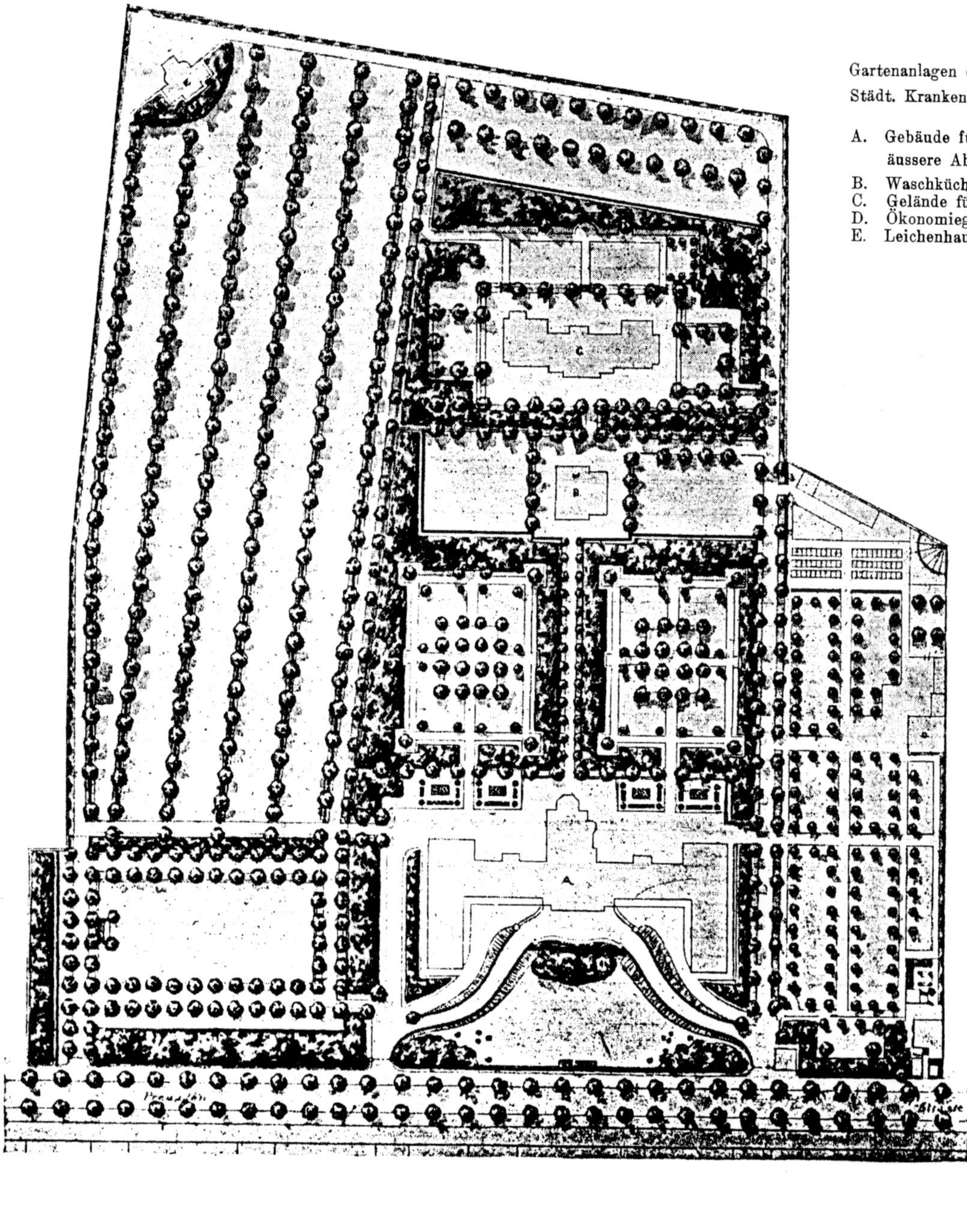

Gartenanlagen des
Städt. Krankenhauses zu Neuss.

A. Gebäude für innere und äussere Abteilung.
B. Waschküche.
C. Gelände für Infektionskranke.
D. Ökonomiegebäude.
E. Leichenhaus.

Auf dem Weg zum Haupthaus musste jeder Besucher zunächst das Pförtnerhaus passieren.

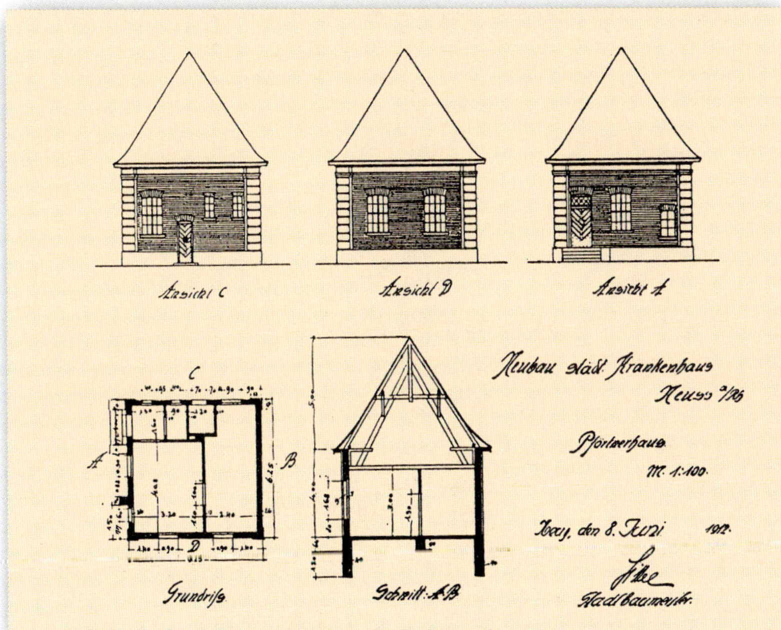

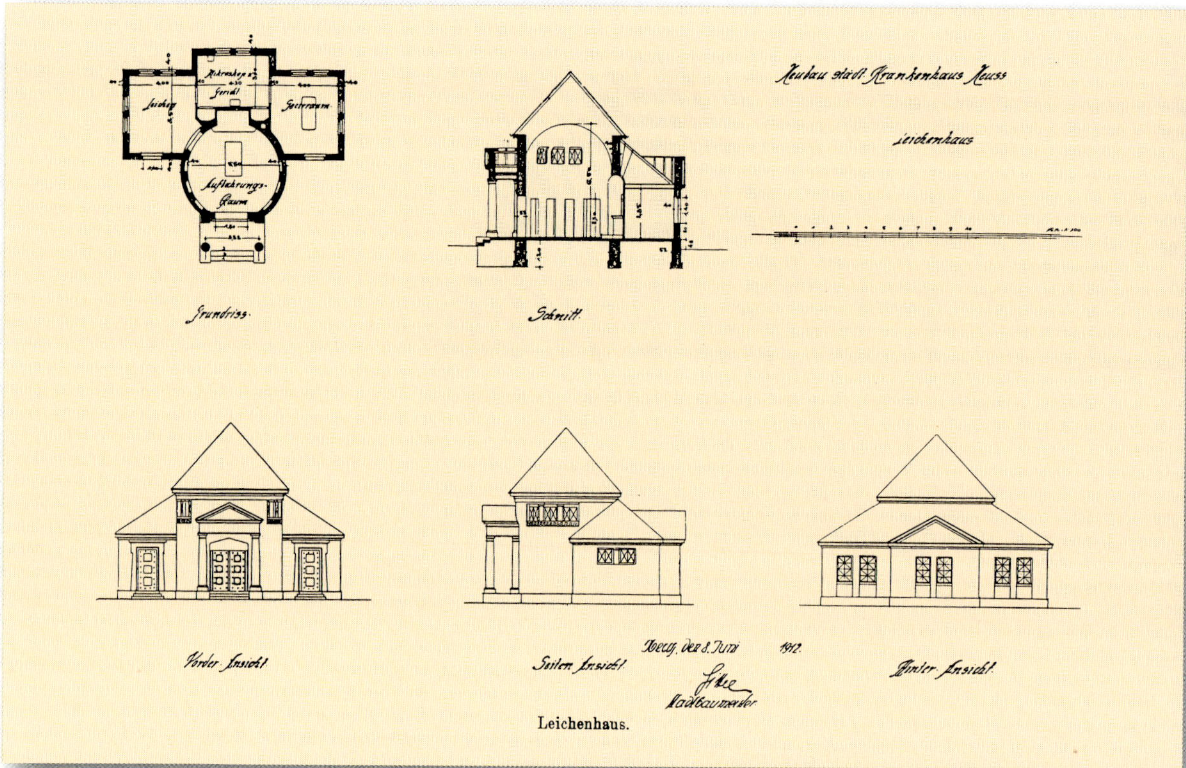

Das Aufbahrungshaus enthielt unter anderem einen Obduktionsraum, eine Leichenkammer und einen Mikroskopierraum.

den könnte.[14] Dies geschah im Jahre 1942, als dort im Anschluss an das Hauptgebäude der Luftschutzbunker gebaut wurde. Etwa 25 Meter nördlich des Waschküchenhauses befand sich das Infektionshaus; diese Position war notwendig, da sich im Waschküchenhaus die Desinfektionsanlage befand und das Infektionshaus von der Straße an der Nordseite des Grundstückes erreichbar sein sollte. Ein Blick auf den Plan zeigt, dass dieser Teil des Geländes streng axialsymmetrisch gegliedert war.

Abseits dieser Nord-Süd-Achse stand in der nordwestlichen Ecke des Grundstücks das Aufbahrungshaus. Um die runde Aufbahrungshalle gruppierten sich die Leichenkammer, ein mit Oberlicht versehener Obduktionsraum sowie der Mikroskopierraum, der gleichzeitig als Aufenthaltsraum für die Gerichtspersonen diente. Die weite Entfernung zu den übrigen Gebäuden sollte den Kranken den Anblick der Leichenbegängnisse ersparen, und aus diesem Grunde wurde auch ein direkter Weg vom in der Nähe gelegenen Tor zum Friedhof, dem heutigen Hauptfriedhof, geschaffen. Ganz vom Krankenhausbetrieb getrennt lag an der östlichen Seite des Geländes das so genannte Ökonomiehaus mit Pferde- und Schweinestall sowie Wohnräumen für das Wirtschafts- und Gartenpersonal. Breite und solide befestigte Fahrwege verbanden die Gebäude untereinander und mit den anliegenden Verkehrsstraßen.

Das Hauptgebäude, das Infektionshaus, die Waschküche, das Ökonomiegebäude und das Pförtnerhaus waren in historisierendem, neubarockem Stil ausgeführt. Die Fassaden des Portierhauses und des Hauptgebäudes waren abwechselnd mit Backstein und mit Porphyr-Putz verblendet – dies sollte den beiden an der Preußenstraße liegenden Gebäuden eine besonders repräsentative Wirkung verleihen.[15] Die übrigen Gebäude waren ganz verputzt, die Dächer mit Ziegeln gedeckt. Aus der Reihe fiel jedoch das Aufbahrungshaus, das in seiner äußeren Gestaltung an spätantike und frühchristliche Grabarchitekturen erinnerte. Der visuelle Eindruck verwies den stilkundigen Betrachter damit nachdrücklich auf die Funktion des Gebäudes.

Bei der Entwicklung des Bauprogrammes für den Krankenhauskomplex entschieden sich Neubaukommission und Architekt für eine Mischung aus Pavillon- und Korridorsystem. Das Pavillonsystem war in Deutschland ab den 1870er Jahren das Regelkonzept für den Krankenhausbau: Verteilt über ein großräumig bemessenes Gelände wurden ein- bis zweigeschossige ‚Pavillons' errichtet, in denen der gesamte Innenraum von einem Krankensaal eingenommen wurde. Entstanden war dieser Bautyp aus den (militärischen) Barackenlazaretten, in denen angesichts der gut möglichen Belüftung ein schnellerer Genesungsprozess und ein Rückgang des Hospitalfiebers zu beobachten gewesen war. Nach diesen Erfahrungen entstanden in Europa[16] zahlreiche Kranken-

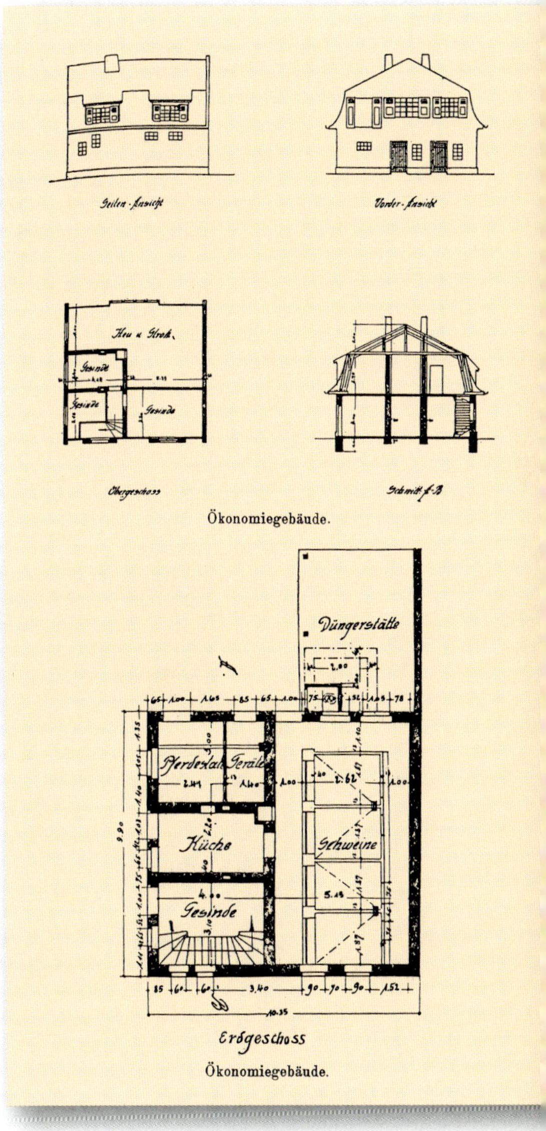

Im Ökonomiegebäude befanden sich die Pferde- und Schweineställe sowie die Wohnräume für das Wirtschafts- und Gartenpersonal.

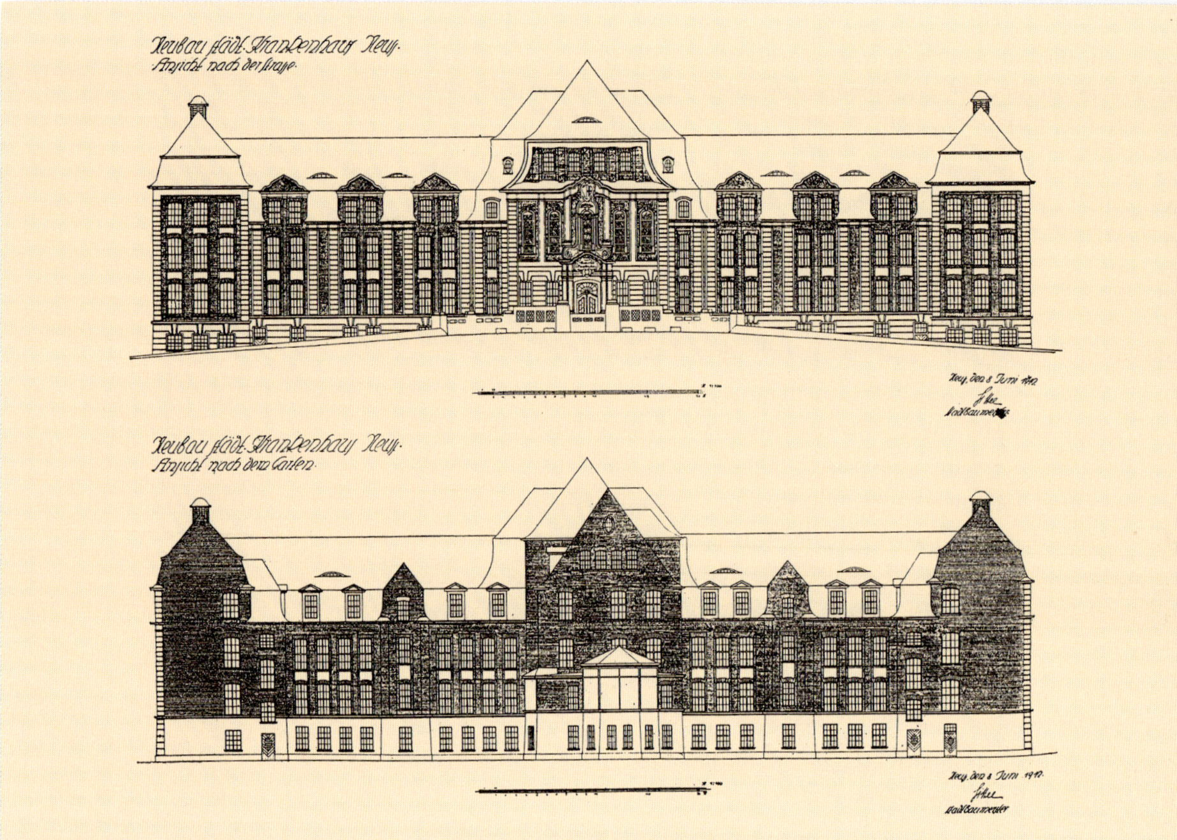

Die Fassade des Hauptgebäudes war im Stil des Neubarock ausgeführt, einem zu Beginn des 20. Jahrhunderts sehr beliebten Stil für öffentliche Gebäude.

häuser im Pavillonsystem. Dieses Konzept galt noch um 1900 als Idealsystem – was nichts anderes hieß, dass ‚unreine Luft' immer noch als Ursache des Wundfiebers angesehen wurde, obwohl Robert Koch bereits Ende der 1870er Jahre den Erreger der Wundinfektionskrankheiten entdeckt hatte. Doch die dezentrale Struktur des Pavillonsystems hatte auch ihre Nachteile: Patienten mussten vor allem in Großkliniken bei Wind und Wetter über weite Entfernungen transportiert werden, die

Druck Deutsche Photogravur A.-G. Siegburg
Städtische Krankenanstalten
(Hauptgebäude)

Zusammenarbeit der medizinischen Spezialfächer erwies sich als schwierig wegen der getrennt liegenden Behandlungs- und Untersuchungsräume. Nicht zuletzt sprachen auch betriebswirtschaftliche Gründe für eine Abkehr vom Pavillonsystem: ein erheblicher Personalaufwand für Patienten- und Speisentransporte sowie ein hoher Energieverbrauch. Diese Nachteile versuchte das um 1900 vermehrt angewendete Korridorsystem wieder wettzumachen: Alle Spezialkliniken wurden wieder in einem mehrgeschossigen Gebäude zusammengefasst. Krankenzimmer, Operationssäle, Untersuchungsräume, Büros, Schwesternzimmer und Teeküchen waren an einem – häufig im Norden – gelegenen Korridor aufgereiht, die Krankensäle waren in der Regel nach Süden ausgerichtet.[17]

Die Neusser Synthese zwischen Pavillon- und Korridorsystem bestand nun darin, sowohl das Isolierhaus für Patienten mit hochinfektiösen Krankheiten als auch die Wirtschaftsgebäude abseits des Haupthauses zu errichten. Darüber hinaus weist Carl Sittel darauf hin, dass das Hauptgebäude zwar nach dem Korridorsystem eingerichtet sei, aber die im Westen und Osten *vorspringenden Flügelbauten mit ihrer 3-seitigen Belichtung Pavillons gleichen. Die Lage der Hauptfront nach Süden bedingte auch im Mittelbau die Anordnung der einzelnen Krankenzimmer zur Straßenfront, und die Operationsstation nach der nördlichen Hoffront hin.*[18] Das Krankenhaus in Neuss entsprach also durchaus dem zeitgenössischen Architekturkonzept. Deshalb wird es Zeit für einen kleinen ‚Rundgang' durch den Hauptbau, das Infektionshaus und das Waschküchengebäude.

Das Hauptgebäude erhob sich über einem symmetrischen Grundriss: An einen Mittelbau schlossen sich im Westen und Osten nach Süden auskragende Flügelbauten an. Der Haupteingang im Erdgeschoss führte zunächst in einen kleinen Vorflur, der vom übrigen Gebäude durch eine Glaswand abgeschlossen war. Diese zwang Besucher und Patienten, das westlich des Flurs liegende Büro (14) zu betreten. Von hier aus wurden entweder die Besucher zu den Kranken vorgelassen oder die neuen Patienten in das Wartezimmer (31) und in die Aufnahme (32)

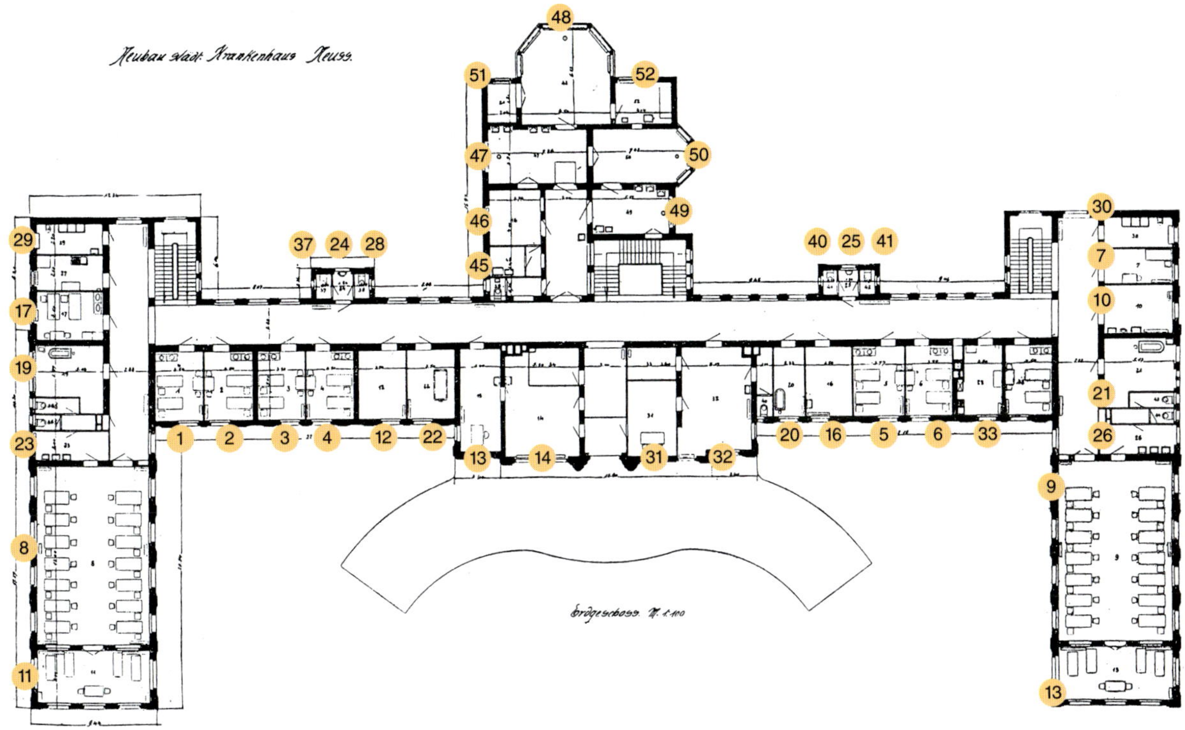

Grundriss Erdgeschoss

geschickt. Die Glaswand des Vorflures ließ sich allerdings öffnen, damit Schwerkranke ohne Umweg über das Büro in die Abteilungen getragen oder gefahren werden konnten. Nördlich des Büros folgten der Personenaufzug und das Haupttreppenhaus, dahinter lag in einem weit in den Hof reichenden Trakt die Operationsstation. An den langen Korridor, dessen Fenster sich nach Norden öffneten, reihten sich die Büro- und Aufnahmeräume sowie die Ein- und Zweibettzimmer (1 - 8). In den Flügeln befanden sich die Säle mit jeweils 14 Betten (8 . 9) und die dazugehörigen Tageräume (11 – 13), Wasch- (23 – 26) und Aborträume (35 –

44) sowie die Bäder (19 – 21), Schwesternzimmer (17 – 18) und Teeküchen (27 . 28). Auf allen Stationen waren Abwurfräume vorhanden, in die mit glasierten Platten ausgekleidete, unten verschließbare Wäscheabwurfschächte eingebaut waren. Diese waren ebenso wie die Müllabwürfe belüftet, damit Staub und Gerüche nicht in das Haus eindringen konnten. Der westlich gelegene Gebäudeteil war in allen Geschossen für Männer, der östlich gelegene für Frauen vorgesehen.

Die Operationsstation im Erdgeschoss bestand aus einen aseptischen (48) und einem septischen Operationssaal (50) sowie dem Röntgenzimmer (46) mit bleiverkleideter Dunkelkammer (45) und einigen Nebenräumen. Der im Norden gelegene aseptische Operationssaal hatte eine Größe von 6,50 mal 6,90 Metern und wurde im Norden durch einen fünfseitigen Glasausbau mit Oberlicht abgeschlossen. Die äußere Verglasung bestand aus blanken, die innere aus matten Scheiben, die Abkühlung der Glasflächen geschah mittels einer Berieselungsanlage. Zur Beleuchtung des Operationstisches diente eine große Lampe mit vier Birnen für die Deckenbeleuchtung sowie acht Birnen in einer Schale mit Nickelreflektor, der nach unten mit einer Mattglasscheibe abgeschlossen war; für die häufig benötigten fahrbaren OP-Lampen waren zahlreiche Steckdosen vorgesehen.[19] An den aseptischen Operationssaal schlossen sich das Instrumentenzimmer (51) und der Sterilisierraum (52) an. Südlich des aseptischen Operationsraumes lag das Vorbereitungszimmer (47); über den Waschbecken angeordnete Durchblicke ermöglichten es dem Chirurgen, bei der Desinfektion sowohl den Operationssaal wie auch das Vorbereitungszimmer im Blick zu haben. Die etwas kleineren Räume der septischen Abteilung (49+50) waren zwar vollständig von der aseptischen getrennt, aber ebenso eingerichtet. Zudem gab es dort einen zweiten Instrumentensterilisator, *um zu vermeiden, daß jemals die Instrumente für die septische und aseptische Abteilung zusammen kommen und eventl. verwechselt werden können*.[20] Der besseren Keimfreiheit wegen wurden in der gesamten Operationsstation alle Vorsprünge vermieden und die Ecken aus- und abgerundet. Die Fußböden waren aus Terrazzo[21] gearbeitet und als ausgerundete Sockel bis in 30 Zentime-

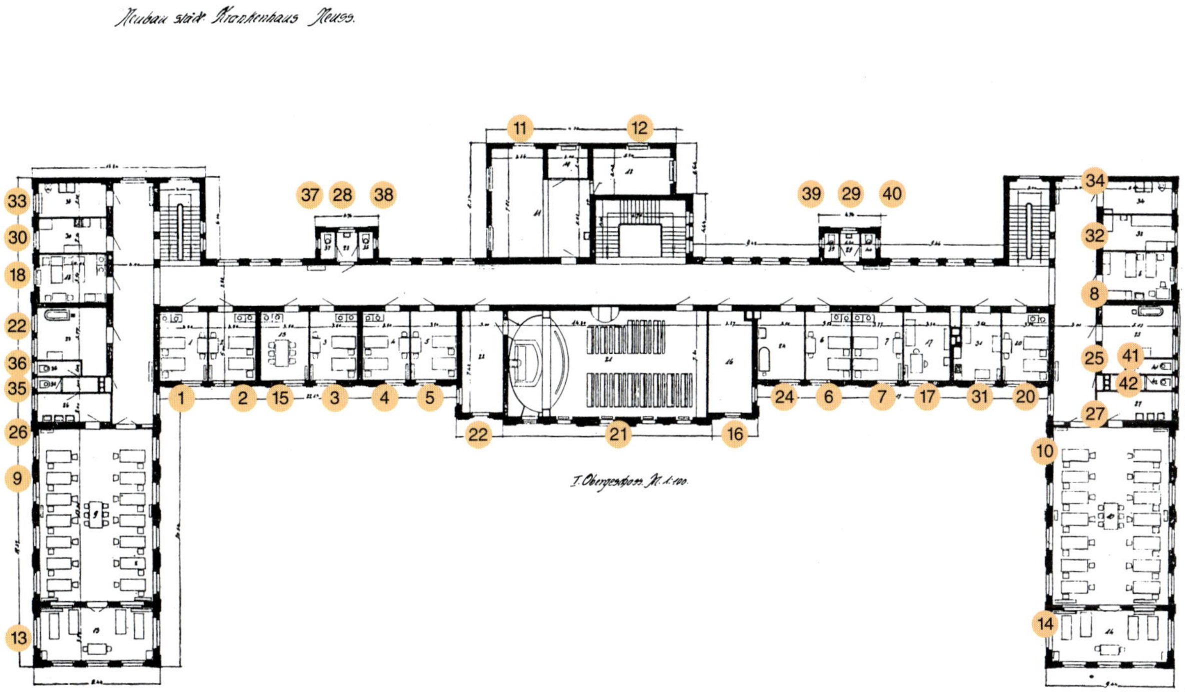

Grundriss I. Obergeschoss

ter Wandhöhe hochgezogen. Die darüber noch 2,20 Meter hohen Wände verkleideten glasierte weiße Wandplatten, die Decken waren mit Emaillefarbe gestrichen, damit alle Räume mit Wasser abgespritzt werden konnten. Zu diesem Zweck hatte man schließlich Roste in den Fußboden eingelassen, durch die das Wasser ablaufen konnte. Außerhalb der Operationsstation befand sich noch ein Raum für Entbindungen (10) mit der entsprechenden Einrichtung.

Sämtliche Geschosse erreichte man entweder durch eines der drei Treppenhäuser oder mit dem Personenaufzug in der Mitte des Haupttreppenhauses. Die große Kabine des Aufzuges konnte ein Krankenbett und zwei Personen leicht aufnehmen; angetrieben wurde der Fahrstuhl

Medicomechanische Apparate

von einem 4-PS-Elektromotor. Das erste Obergeschoss war für die Patienten der inneren Station vorgesehen. Dort lag zentral im Mittelbau und zur Vorderfront hin die Krankenhauskapelle (21) mit nach Osten ausgerichtetem Altar. Ähnlich wie die Aufbahrungshalle zeigte auch ihre Ausgestaltung eine stilistische Anlehnung an die frühchristliche Formensprache. Der Kapelle gegenüber, zur Hofseite hin war die Kinderstation (11 + 12) eingerichtet. Westlich und östlich der Kapelle reihten sich wiederum die Zweibettzimmer (1 – 8) an einem langen Flur, die seitlichen Flügel besaßen ebenso wie die im Erdgeschoss je einen großen Krankensaal für 14 Betten und die dazu gehörenden Nebenräume. Die zwölf Zimmer im Mittelbau des zweiten Obergeschosses waren *wegen der ruhigen Lage für die Kranken der 1. und 2. Klasse vorgesehen*[22] (13 + 14). Eine zweite Kinderstation (17 + 18) befand sich an der Rückseite des Mittelbaus. In den beiden Sälen für je sechs Betten der Flügeltrakte (15 + 16) wurden die Lungenkranken untergebracht. Im Dachgeschoss des Mittelbaues schließlich die Schlafräume für die Schwestern und ‚Dienstmädchen' sowie zwei Kleiderkammern.

Das Untergeschoss oder Souterrain war in Räume mit unterschiedlichen Funktionen aufgeteilt. Vier Drei- und ein Sechsbettenzimmer im westlichen Flügel (1- 4, 5) waren für die Krätze- und Geschlechtskranken vorgesehen. Im Mittelbau schloss sich daran der Raum für die ‚Medico-Mechanik' (16) an, in dem sich befanden: *Pendel- und Widerstandsapparate nach Dr. Krückenberg für aktive und passive Betätigung und zwar je ein Apparat für steife Finger und Daumen, für Handgelenk und Rollbewegung des Vorderarmes, für Handkreisen, für Ellenbogenbeugen und –strecken, für Schulterkreisen, Heben und Senken, für Kniebeugung, Streckung mit Vorrichtung zur Hüftrotation, für Fußkreisen, außerdem noch eine Massagebank.*[23] Die zweite therapeutische Abteilung war die Heilbäderanlage (42 – 46) unter der Operationsstation. Sie bestand aus einem Ruhe- und Umkleideraum mit Kabinen, dem Raum für elektrische Bäder, dem Duschenraum, einem Raum für Schlamm-, Moor- und Sandbäder sowie einem Massageraum. Der Saal für die Elektro- und Lichttherapien enthielt folgende Ausstattung:

Ein Vierzellenbad nach Dr. Schnee mit in der Höhe verstellbaren Armstützen, vier Fayencewannen mit Kohlenelektroden und dem Badeumschalter, eine elektrische Holzbadewanne mit acht Elektroden und Monopolarstange für hydroelektrische Vollbäder. Weiter ein elektrisches Schonungslicht-Vollbad, bestehend aus einem sechseckigen Eichenholzkasten mit 16 röhrenförmigen Parabol-Reflektoren und drei Bogenlampen für kombinierte Bestrahlung.

Die Glühlampen und die Reflektoren sind so konstruiert, dass möglichst alle Strahlen den Körper treffen, wodurch eine große Strahlungswärme bei geringer Temperatur erreicht wird, was für empfindliche Kranke, spezielle Herzkranke, von großem Vorteil ist. Ferner hat in diesem Raum Aufstellung gefunden das transportable elektrische Rumpflichtbad mit 12 Glühlampen zum Aufstellen auf ein Bett [...].[24]

Die große Anzahl unterschiedlicher Geräte war nichts Ungewöhnliches, denn die Licht- und Elektrobehandlungen gehörten zu den modernsten Heilverfahren[25] der Zeit um 1900. Sie wurden vorwiegend in der Behandlung rheumatischer Erkrankungen, chronischer Muskel- und Nervenentzündungen sowie bei Durchblutungsstörungen eingesetzt. Heilerfolge durch die Elektrotherapie versprach man sich auch bei Gicht, gewissen Arten von Diabetes und Fettleibigkeit.

Neben den therapeutischen Einrichtungen waren im Souterrain die lebensnotwendigen Versorgungseinrichtungen des Krankenhauses angesiedelt: Die Heizungsanlage, der Transformator und die Küche. Im Heizraum waren drei Warmwassergliederkessel sowie zwei Niederdruckdampfkessel aufgestellt. Letztere lieferten den Dampf für die Küchenanlage, für Sterilisationszwecke, die Heilbadanlage und die Warmwasserbereitung. Die Warmwasserkessel beschickten ein Schwerkraft-Warmwasserheizungssystem[26] mit Heißwasser, weil dieses *erfahrungsgemäß am billigsten ist, dann aber hauptsächlich durch die geringe Oberflächentemperatur der Heizkörper eine Staubverbrennung* [in den Krankenzimmern] *vermieden wird.*[27] Außerdem benötigte dieses System keine elektrische Pumpe – damit hatte man das Risiko von Betriebsstörungen auf ein Mindestmaß eingeschränkt. Der Kokskeller war unter die Auffahrt gelegt worden, damit der Koks direkt vor die Kessel rutschte und keine weiteren Transporte notwendig wurden; außerdem hatte der Heizungskeller zum Inneren des Gebäudes keine Verbindung, durch die Abgase in das Krankenhaus hätten eindringen können. Die gesamte

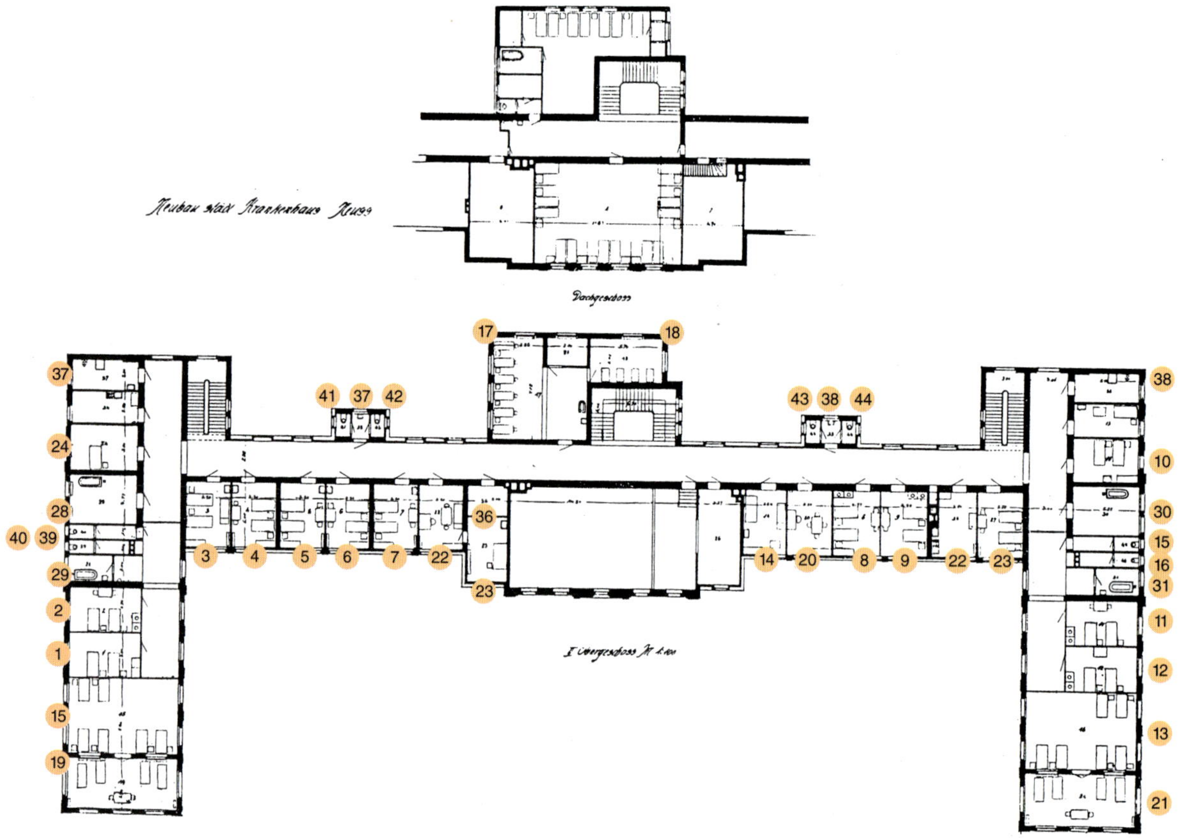

Grundriss II. Obergeschoss

Heizungsanlage war übrigens so bemessen, dass bei einer Außentemperatur von –20° C die Krankenräume auf +20° C und die Operationsstation auf +25° C beheizt werden konnten, ohne die Anlage zu überfordern. Diese Temperaturen galten in Deutschland als Norm bei der Ermittlung des Energiebedarfs eines Krankenhauses. Der Transformator unter der Auffahrt wandelte den 5.000 Volt Drehstrom der Elektrizitätswerke in eine Betriebsspannung von 220 Volt Wechselstrom um.

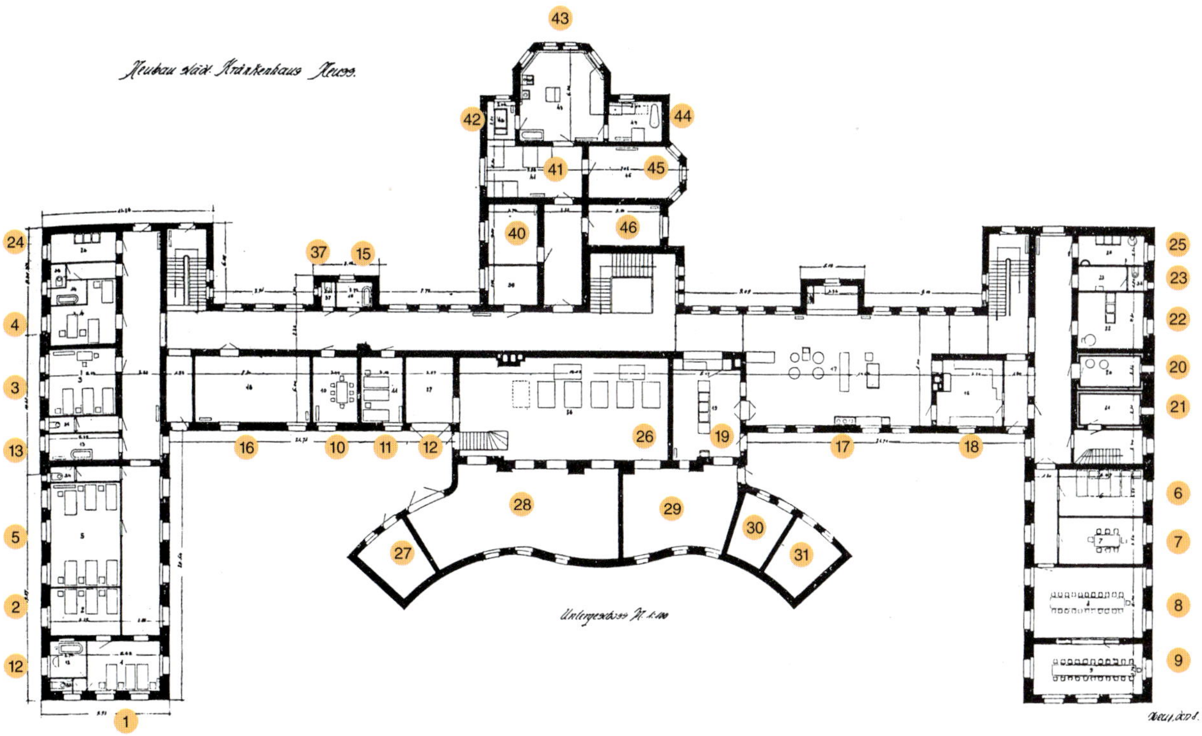

Grundriss Untergeschoss

Von der Schalttafel des Transformators aus verliefen die Leitungen ins Haupthaus und zu den anderen Gebäuden.

Im Küchenkomplex (17 – 22) gab es keine Kohleherde, um Staub und Schmutz durch Kohlenbefeuerung zu vermeiden. Die nötige Heizenergie für die drei großen Kochkessel und die drei Kippkessel lieferte der Dampf aus den Niederdruckkesseln, gebraten wurde auf einem zwei Quadratmeter großen Gasherd. An die Kochküche schloss sich eine

Spülküche mit Spülbottichen und einem Annahmeschalter an. Ferner gehörten zur Küchenanlage eine kalte Küche, ein Kartoffelschäl- und Gemüseputzraum mit elektrischer Kartoffelschälmaschine, ein Milch- und ein Fleischkühlraum sowie einige Vorratsräume. Für die Beförderung der Krankenverpflegung hatte sich Carl Sittel ein besonders System ausgedacht:

Für den Transport der Speisen dienen besondere nach speziellen Angaben der Bauverwaltung dem System der Kochkisten nachgebildete Blechgefäße, die von der Firma Mayer & Weber in Neuss gefertigt sind und schon sehr viel Anerkennung gefunden haben. Diese Gefäße ermöglichen es, da die Speisen mehrere Stunden lang warm bleiben, dass die Vorbereitung der Speisenverteilung schon lange vor Beginn der Speisenausgabe erfolgen kann, demnach bei der festgesetzten Stunde der Ausgabe Ruhe und Ordnung in der Küchenanlage herrscht und auch Personal gespart wird. Die verschlossenen Gefäße stehen alle auf einem, für jede Station besonderen, einfachen eisernen Wagen, der in dem Personenaufzug zu den einzelnen Geschossen befördert, dort zur Teeküche und von da nach Aufnahme der nötigen Essgeräte in die Krankensäle geschoben wird. Hier werden die Gefäße geöffnet und der Kranke erhält, ohne dass eine Hand weiter an die Speisen gerührt hat, unter seiner Aufsicht von der ausgebenden Schwester die Speisen heiß und dampfend, selbst bei einer evtl. Verzögerung der Ausgabe um längere Zeit.[28]

Im zweigeschossigen Waschküchengebäude nördlich des Hauptgebäudes waren im Erdgeschoss die Wäscheannahme, der Hauptwaschraum, ein Personalraum und die Wäscheausgabe angeordnet. Das Trocknen, Mangeln und Bügeln der Wäsche geschah im Obergeschoss, in dem die Wäsche gelagert und bei Bedarf ausgebessert wurde. Unter dem Dach befand sich der Trockenspeicher. Die Geschosse waren durch ein geräumiges Treppenhaus und der Hauptwäscheraum durch einen elektrischen Wäscheaufzug mit dem Mangel-, Bügel- und Trockenraum sowie mit dem Trockenspeicher verbunden. Der Betrieb der Wäschereimaschinen erfolgte durch Elektromotoren und Niederdruckdampf. Die Anlage war immerhin so groß bemessen, dass die Wäsche für rund 120 Personen in drei Tagen gereinigt werden konnte, damit je nach Bedarf das Personal zur Reinigung im Hauptgebäude eingesetzt werden konnte. Auch bei der Planung des Waschküchengebäudes dachte der Architekt an eine künftige Vergrößerung des Krankenhauses: *Bei der späteren*

Im Waschküchengebäude konnte innerhalb von drei Tagen die Wäsche von mehr als 120 Personen gereinigt werden, außerdem bot es genügend Raum für weitere Wäschereimaschinen.

Vergrößerung des Krankenhauses auf 250 Betten müsste entweder vier bis fünf Tage gewaschen, oder es müsste eine zweite Maschine aufgestellt werden, wofür der nötige Raum vorgesehen ist und der Elektro-Motor, sowie die Rohrleitungen entsprechend groß bemessen sind.[29]

Aus hygienischen Gründen befand sich im Erdgeschoss des Waschküchengebäudes die Desinfektionsanlage. Der Desinfektionsapparat hatte die entsprechenden Maße, um ein ganzes Bett hineinfahren zu können, außerdem war er mit einer Vorwärmung, einer Nachtrockung und einer Lüftung versehen. Wäsche wurde in einem Desinfektionskochfass mit Wringmaschine sterilisiert. Den notwendigen Dampf für Desinfektion, Wäscherei und Heizung lieferten die beiden Kessel der Niederdruckdampfanlage im Kellergeschoss des Waschhauses. Diese Heizzentrale versorgte auch das in der Nähe liegende Infektionshaus mit Heizwärme.

Im Infektionshaus waren im Erdgeschoss eine Abteilung für Typhus mit sechs Betten und eine Abteilung für Diphtherie mit zwölf Betten eingerichtet; im Obergeschoss gab es eine Abteilung für Scharlach mit zehn Betten sowie eine Beobachtungsstation mit vier Betten. Alle Abteilungen hatten vollständig getrennte Zugänge, Schwesternzimmer, Bäder, Teeküchen, Aborte und Abwürfe. Zur Diphtherie-Abteilung gehörte noch ein kleiner Operationssaal für die gelegentlich notwendigen Tracheotomien (Luftröhrenschnitte), die vor allem Kinder vor dem Erstickungstod bewahrten. Gesunde Personen, die mit den infektiösen Kranken in Berührung gekommen waren, konnten sich beim Verlassen des Hauses in einem nur von außen zugänglichen Bad desinfizieren.

Mit den neuen ‚Städtischen Krankenanstalten' war in Neuss eine wohldurchdachte Anlage nach dem neuesten Stand der Technik, der Hygiene und der Medizin entstanden, die noch zahlreiche Erweiterungsmöglichkeiten für die Zukunft bot. Als der Krankenhausbetrieb im September 1911 aufgenommen wurde, hatten sich die Kosten für die Errichtung der Gebäude und die Inneneinrichtung schließlich auf 901.000 Mark summiert[30], was bei einer Belegungsmöglichkeit von 203 Betten einen Preis von rund 4.500 Mark pro Bett ausmachte. In diesem Zusammenhang erscheinen die Thesen bemerkenswert, mit denen Carl Sittel seine Baubeschreibung beschließt. Offensichtlich gab es damals eine kontroverse Debatte um die steigenden Kosten beim Bau neuer Krankenhäuser. Kritiker machten vor allem die Architekten für die Kostensteigerungen verantwortlich: Würden sie weniger unter architektonisch-ästhetischen, sondern eher unter zweckmäßigen und den

Das Infektionshaus ist zum größten Teil noch heute erhalten.

Anforderungen der Hygiene entsprechenden Gesichtspunkten entwerfen, so seien doch erhebliche Kosten einzusparen.[31] Dieser Behauptung widerspricht der Architekt mit folgenden Argumenten:

Zunächst ist bei der Ausgestaltung des inneren Ausbaues die Tatsache zu beachten, dass die Befriedigung des jeden Menschen innewohnenden Schönheitsgefühls als helfender Faktor bei der Gesundung nicht allzu gering angeschlagen werden darf, dann auch leben neben den

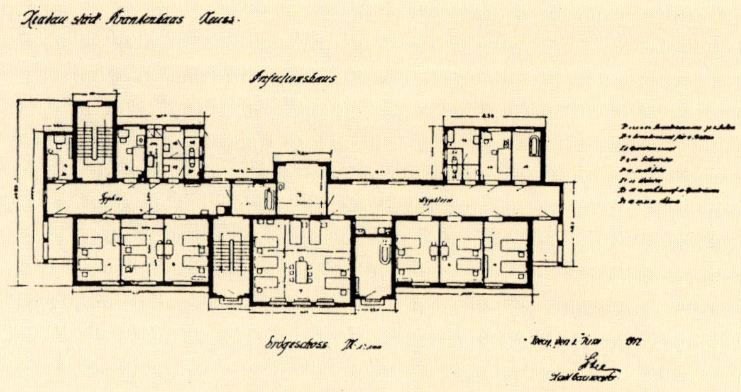

Infektionshaus. Erdgeschoss.
No. 1—6 Krankenzimmer zu je 2 Betten. No. 7 Krankensaal für 7 Betten. No. 8 Operationssaal. No. 9 u. 10 Schwester. No. 11, 12, 14 Bäder. No. 13 Wärter. No. 15 – 18 Abwurf u. Spülraum. No. 19—22 Aborte.

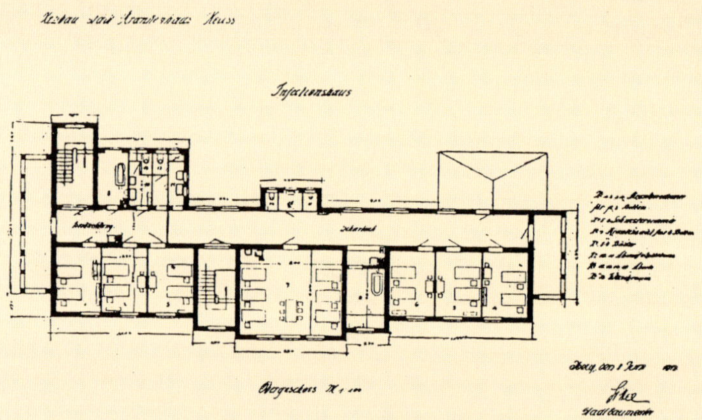

Infektionshaus. Obergeschoss.
No. 1—4 Krankenzimmer für je 2 Betten. No. 5 u. 6 Schwesternzimmer. No. 7 Krankensaal für 6 Betten. No. 8 u. 9 Bäder. No. 10 u. 11 Abwürfe und Spülräume. No. 12—15 Aborte. No. 16 Waschraum.

Grundriss Infektionsgebäude

Eine der ersten Luftaufnahmen zeigt ein Krankenhaus im Grünen.

im Krankenhaus tätigen und zu pflegenden Menschen, doch noch ein erhebliches Mehr von Bürgern der Stadt, die ein Interesse daran haben, dass eine solch große in den meisten Fällen einen ganzen Stadtteil beherrschende Bauanlage in ihrem Äußeren, sowohl in den Formen, wie bezüglich des Materials monumental gehalten werde. Zum Dritten ist die Voraussetzung nicht richtig, dass ein architektonisches Kunstwerk teurer sein müsse wie ein unschön wirkender Bau; denn nicht in der Anhäufung möglichst vieler und kostspieliger Motive liegt das Wesen der schönen Architektur, sondern in der Wohlabgewogenheit der Verhältnisse und der Formen.[32]

Nach eingehender Betrachtung der Anlagen konnte und kann es keinen Zweifel daran geben, dass dem Neusser Stadtbaumeister Carl Sittel eine Anlage gelungen war, die den Anforderungen der Hygiene ebenso gerecht wurde wie ihre architektonische Gestaltung, die mustergültig den ästhetischen Vorstellungen der Zeit um 1910 entsprach.

Der Krankenhausbetrieb 1911 bis 1928

Mit der Aufnahme des Betriebes im September 1911 wurde der gesamte innere Betrieb des Krankenhauses einer Neuorganisation unterzogen. Bereits im Mai 1911 hatte die Stadtverordneten-Versammlung der Anstellung eines Assistenzarztes und eines Medizinal-Praktikanten (Famulus) zugestimmt.[33] Für den Krankenpflegedienst sorgten weiterhin 20 Schwestern des Augustinerinnen-Ordens auf der Grundlage des Vertrages von 1870. Die Seelsorge im Krankenhaus war der Genossenschaft der Oblatenpatres aus dem Kloster St. Nikolaus übertragen worden. Dafür erhielt der Konvent eine jährliche Vergütung von 1.500 Mark sowie das neben dem Krankenhaus liegende und der Stadt gehörende Haus Preußenstraße 80 als kostenfreie Unterkunft.[34] Ansonsten waren noch ein Pförtner, drei Krankenpfleger, ein Gärtner, ein Heizer und Maschinist sowie ein Desinfektor angestellt.

Der seit 1894 am Bürgerhospital tätige Sanitätsrat Dr. Ludwig Kehren setzte seine Tätigkeit am neuen Städtischen Krankenhaus fort, sein Kollege Dr. Franz Rheins hingegen schied aus dem Dienst aus. An seiner Stelle trat der seit 1905 in Neuss ansässige Chirurg und Facharzt für Frauenleiden Dr. Friedrich Wilhelm Mahne seinen Dienst als leitender Arzt der äußeren Abteilung an. Am 11. Juli 1911 hatte die Stadtverordneten-Versammlung über seine Anstellung beraten[35], drei Tage später unterzeichneten der Vorsitzende der Armen- und Krankenhausverwaltungsdeputation, Bürgermeister Franz Gielen, und Dr. Mahne den am 1. September 1911 in Kraft tretenden Vertrag.[36] Dieser Vertrag sollte erst am 31. März 1935 durch eine neue Vereinbarung zwischen der Stadt und dem mittlerweile zum Chefarzt des Hauses aufgerückten Chirurgen ersetzt werden. Wie die Ärzte am Bürgerhospital, so war auch Dr. Mahne als nebenamtlicher leitender Arzt tätig: Er musste sich zwar in dringenden Fällen unverzüglich ins Krankenhaus begeben und hatte daneben noch zahlreiche andere Verpflichtungen, durfte aber seine eigene Praxis in der Andreas Hofer Straße weiterhin betreiben. Für seine ärztliche Tätigkeit am Krankenhaus erhielt er ein jährliches Gehalt von 2.500 Mark, außerdem konnte er von den Patienten der I. und II. Klasse *ein Honorar fordern, bei Kranken II. Klasse aber nur bis zur Höhe der Hälfte des Höchstsatzes der ärztlichen Gebührenordnung, auf alle Fälle aber mehr als den Mindestbetrag dieser Gebührenordnung*.[37] Ebenso stand ihm innerhalb gewisser Grenzen ein Honorar von auswärtigen selbstzahlenden Patienten der III. Klasse zu.

Interessanter als die Honorarfrage ist die Dienstanweisung für die Krankenhausärzte, die von der städtischen Krankenhausverwaltung am 14. Juli 1911 herausgegeben wurde. Zu dieser Zeit war das Krankenhaus in zwei Abteilungen eingeteilt: Eine Abteilung für innere Krankheiten und eine für äußere (chirurgische) Krankheiten. Letztere bestand aus vier Unterabteilungen: Einer wundärztlichen orthopädischen, einer gynäkologischen, einer für Hautkrankheiten und einer für Syphilis. Die beiden Stationsärzte Dr. Kehren und Dr. Mahne waren für den gesamten ‚Sanitätsbetrieb' des Hauses verantwortlich. Sie waren verpflichtet, die Krankenhaus-Verwaltung in allen das Haus, seine Patienten und Mitarbeiter betreffenden Fragen sachverständig zu beraten, zu deren Sitzungen sie gegebenenfalls hinzugezogen wurden. Diese Konferenzen fanden übrigens oft im Krankenhause statt, da sich die Deputation *von dem guten Zustand der sanitären und ökonomischen Einrichtungen* überzeugen wollte.[38] Die beiden leitenden Stationsärzte bestimmten die Dienstpflichten des Assistenzarztes und waren für die Richtigkeit der Arzneirechnungen verantwortlich. Bei der Aufnahme von Patienten mussten sie die Art der Erkrankung sofort in den Aufnahmebogen eintragen; sobald sie einen Patienten für geheilt erachteten, hatten sie ihn sofort aus dem Krankenhaus zu entlassen. Weiter heißt es in der Dienstanweisung:

> *Die Anschaffung von ärztlichen Gebrauchsgegenständen und wissenschaftlichen Hilfsmitteln einschliesslich medizinischen Büchern und Zeitschriften ist den Stationsärzten überlassen. Dieselben sind jedoch verpflichtet, vorher der Verwaltung hiervon unter Bezeichnung der Gegenstände, der Preise und der in Frage kommenden Firmen Anzeige zu erstatten, um Creditüberschreibungen zu vermeiden und nötigenfalls die Krankenhausdeputation zu hören.*[39]

Die Krankenhausverwaltung behielt also das letzte Wort in allen die Finanzen betreffenden Fragen. Als der Chefarzt des Krankenhauses Dr. Kehren am 10. August 1919 starb, übernahm Dr. Mahne die Leitung der Krankenanstalten. Nachfolger von Dr. Kehren als leitender Arzt der inneren Abteilung wurde Dr. Rheindorf.

Im Jahre 1913 dürfte das Städtische Krankenhaus über rund 200 Betten verfügt haben; über die Anzahl der Patienten und Pflegetage liegen für den Zeitraum von 1911 bis 1917 keine Daten vor. Als im Juli 1914 der Erste Weltkrieg begann, wurden Teile des Städtischen Krankenhauses und des Herz-Jesu-Klosters als Reservelazarette eingerichtet. Zusammen mit zahlreichen anderen Einrichtungen wie dem Alexianer- und dem St. Josefskloster standen in Neuss rund 1.200 Betten für verwundete und kranke Soldaten zur Verfügung. Soldaten und Zivilisten mit infektiösen Krankheiten wurden ausschließlich im Isoliergebäude und der im Jahre 1917 als Reserveraum errichteten Baracke auf dem Gelände an der Preußenstraße behandelt. Der unverzüglichen Einweisung von Infektionskranken in die Isolierstation war es wohl zu verdanken, *daß die Stadt von größeren Epidemien verschont blieb und zwar auch während der Kriegsjahre und unmittelbar nach dem Kriege, obwohl in diesen Zeiten durch Heimkehr zahlreicher Urlauber und Kranker, im Anfange des Krieges auch durch Gefangene manche Einschleppungen von Krankheiten stattfanden, die aber auch in diesen Tagen erfolgreich bekämpft werden konnten, sodaß sie nicht weiter um sich griffen. Letzteres fand lediglich beim Scharlach statt, bei welchem das Gesetz trotz der großen Ansteckungsfähigkeit weniger Handhaben zum Eingreifen bietet; er häufte sich in einzelnen Jahren und führte zeitweilig zu Schulschließungen für mehrere Wochen, die Zahl der Todesfälle war jedoch gering*.[40] War der Gesundheitszustand der Bevölkerung in den letzten Jahren vor dem Krieg und zu Beginn des Krieges nicht besonders kritisch, so änderte sich dies mit zunehmender Kriegsdauer. Die schlechte Ernährungs- und Versorgungslage verursachte einen Anstieg der Tuberkuloseerkrankungen; aber *auch eine Reihe von Todesfällen, die unter allgemeiner Schwäche, Herzschwäche, Abzehrung und dergleichen gemeldet sind, ist zweifellos auf jene Ursachen, ver-*

bunden mit Überanstrengung zurückzuführen, wie der Bericht des Stadtarztes vermerkt.[41] Einen seit 1898 in Neuss nicht mehr beobachteten Höhepunkt erreichte die Sterblichkeitsrate im Jahre 1918: 25,12 Sterbefälle auf 1.000 Einwohner! Verantwortlich für diese extrem hohe und in späteren Zeiten – selbst während des Zweiten Weltkrieges – nie wieder erreichte Sterblichkeitsrate war *die damals stark verbreitete Grippeepidemie.*[42]

Was sich im Verwaltungsbericht vergleichsweise harmlos anhört, war in Wirklichkeit eine der verheerendsten Seuchen in der Geschichte der Menschheit: Die Influenza, auch ‚Spanische Grippe' genannt. Die Biologin Gina Kolata schreibt über diese völlig in Vergessenheit geratene Katastrophe:

> *Die Seuche brach im September 1918 aus, und als sie vorbei war, waren mehr als zwanzig Millionen Menschen tot. Sie erreichte die entlegensten Winkel des Erdballs. [...] Die Seuche kam, als die Welt des Kriegführens müde wurde, fegte in wenigen Monaten über den Globus, verschwand, als der Krieg aufhörte. Sie ging auf ebenso mysteriöse Weise, wie sie gekommen war. In wenigen Monaten hatte sie mehr Menschen dahingerafft als jede andere Krankheit in der Weltgeschichte.*[43]

Dem äußerst aggressiven Grippevirus sind auch zahlreiche Neusser zum Opfer gefallen, jedenfalls mehr als bei jeder anderen Epidemie. Lag die Sterbeziffer im Jahre 1914 noch bei 15,88 Promille, so erhöhte sie sich wegen der zahlreichen Gefallenen im Jahre 1917 auf 22,52 Promille, um am Ende des Krieges 1918 auf 25,12 Promille hochzuschnellen. Ein Jahr später war sie wieder auf 17,14 Promille gesunken.[44] Die meisten der an der Spanischen Grippe Erkrankten werden wohl im Städtischen Krankenhaus behandelt worden sein – dies ist am raschen Anwachsen der Patientenzahlen deutlich abzulesen: Wurden im Jahre 1917 ‚nur' 1.110 Patienten verpflegt, so stieg ihre Zahl im Grippejahr 1918 auf 1.362 bei einem gleichzeitigen Absinken der Gesamtzahl der Pflegetage, im Jahre 1919 war die Zahl der Patienten wieder auf 1.272 gesunken.

Anzahl der Patienten zwischen 1904 und 1911

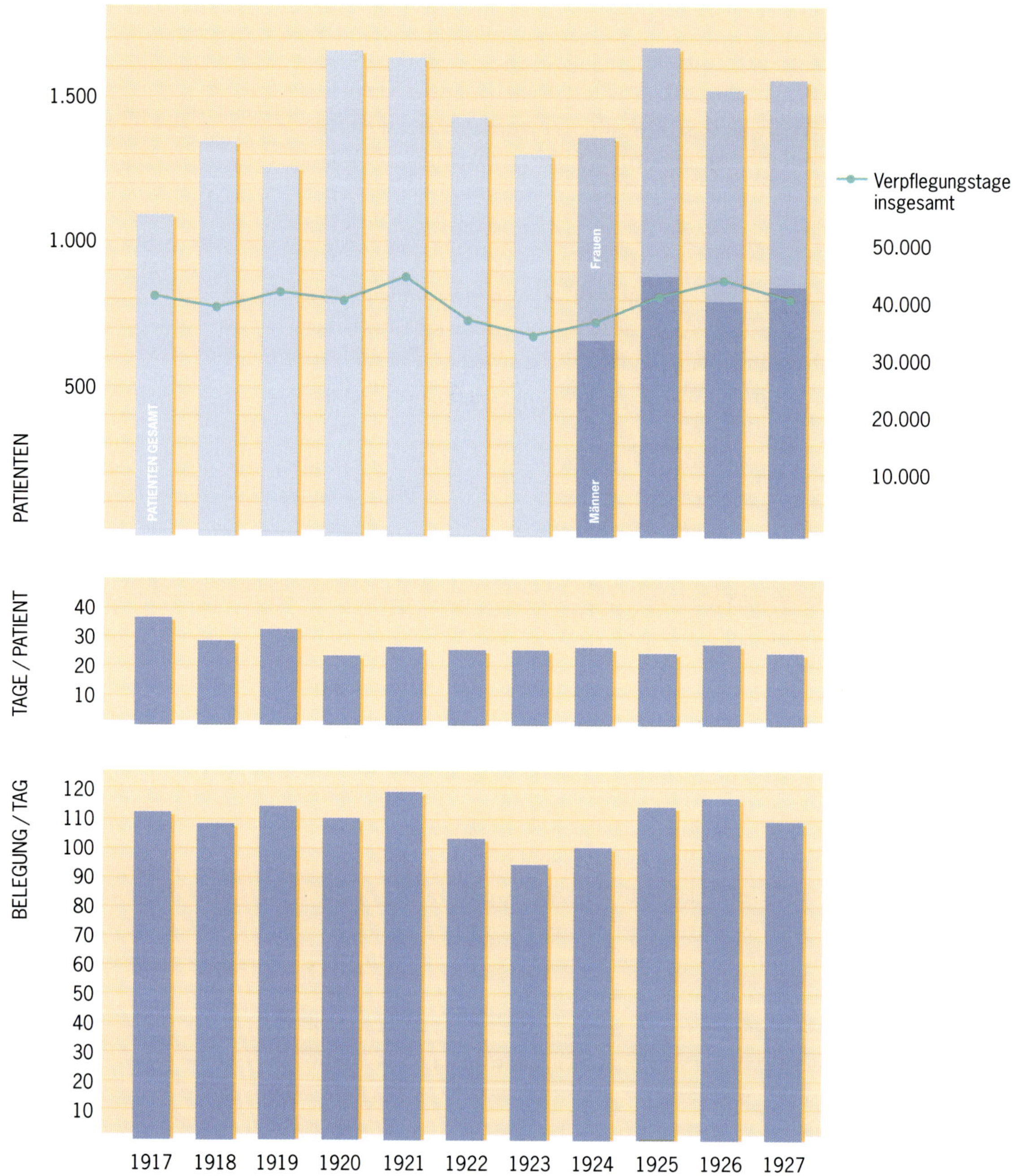

Anzahl der Patienten im Städtischen Krankenhaus zwischen 1917 und 1927

Jahr	Patienten gesamt	Weibl. Patienten	Männl. Patienten	Verpflegungstage gesamt	Tage / Patient	Belegung/ Tag
1917	1.110	*	*	41.166	37	113
1918	1.362	*	*	39.797	29	109
1919	1.272	*	*	42.114	33	115
1920	1.677	*	*	40.407	24	111
1921	1.653	*	*	43.957	27	120
1922	1.448	*	*	37.844	26	104
1923	1.320	*	*	34.734	26	95
1924	1.379	699	680	36.963	27	101
1925	1.690	790	900	41.955	25	115
1926	1.542	727	815	43.082	28	118
1927	1.578	714	864	40.289	25	110

* Für die Jahre 1917 bis 1923 liegen keine Angaben vor.
Quelle: Verwaltungsbericht der Stadt Neuss vom 1. April 1913 bis 31. März 1924;
Verwaltungsbericht der Stadt Neuss vom 1. April 1924 bis 31. März 1928

Im Jahre 1920 wurde der inneren Abteilung ein Wöchnerinnen- und Säuglingsheim angegliedert. Die an das Infektionshaus angeschlossene Isolierbaracke diente zeitweilig als Kindererholungsheim, da ein anderes städtisches Gebäude nicht zur Verfügung stand. *Nachdem sie freundlich ausgestattet und mit einer kleinen Liegehalle versehen war, hat dort von Frühjahr bis Herbst 1921 eine Anzahl Neußer Kinder durch gute Verpflegung und Liegekuren die notwendige Erholung gefunden. Das Heim konnte an dieser Stelle allerdings nicht von Bestand sein, da jederzeit mit einer Anforderung der Baracke zu Infektionszwecken gerechnet werden mußte. Dazu kam, daß die Regierung Bedenken äußerte gegen eine längere Benutzung als Kindererholungsheim im Hinblick auf die gesundheitlichen Gefahren für die Kinder durch die unmittelbare Nähe des Infektionshauses.*[45] Diese Bedenken und der Ausbruch einer Ruhrepidemie führten Anfang 1922 zum Kauf eines ehemaligen Hotels in Herchen an der Sieg, das in den folgenden Jahrzehnten als Erholungsheim für Neusser Kinder diente.

Erholung hätten auch die meisten erwachsenen Einwohner von Neuss nötig gehabt, denn die Jahre der Weimarer Republik waren keine guten Jahre. Der durch ungedeckte Anleihen finanzierten Kriegswirtschaft des Ersten Weltkrieges folgte eine Entwertung des Geldes ins Bodenlose. Die Wirtschaftskrise vernichtete nicht nur zahllose soziale Existenzen und wirkte sich negativ auf den Gesundheitszustand der Bevölkerung aus, sondern zog auch den Haushalt der Krankenhausverwaltung in Mitleidenschaft. Betrugen die Pflegesätze im Jahre 1913 noch sieben Mark für die I., fünf Mark für die II. und 2,50 Mark für die III. Klasse, so waren sie im Jahr der Hyperinflation (1923) auf 2.700 Milliarden Mark für die I., 1.800 Milliarden Mark für die II. und 900 Milliarden Mark für die III. Klasse gestiegen. Nach der Abschaffung der Papiermark und der Einführung der Rentenmark und Goldmark am 15. November 1923 wurden die Pflegesätze auf Goldmark umgestellt – die Tarife entsprachen wieder denen der Vorkriegszeit. Da die wirtschaftlichen Schwierigkeiten damit jedoch nicht behoben waren, war im März 1924 eine Erhöhung der Pflegesätze notwendig. Diese betrugen nun zwölf Mark für die I. Klasse, acht Mark für die II. und vier Mark für die III. Klasse. Im Frühjahr 1923 verfügte das Krankenhaus über 98 Betten für weibliche und 84 Betten für männliche Patienten sowie 14 Betten in der Kinderstation. Im Infektionsgebäude konnten 41 Kranke untergebracht werden – das Krankenhaus hatte damit eine Anzahl von 237 Betten, die im Notfall problemlos erhöht werden konnte.[46] Ende 1923 kam zur inneren und äußeren Abteilung eine weitere Station hinzu: Die Abteilung für Hals-, Nasen- und Ohrenkrankheiten, die der Facharzt Dr. Grevers leitete.

Zu dieser Zeit war jedoch absehbar, dass die prekäre Wirtschaftslage noch einige Jahre andauern würde. Deshalb war sich die Kranken-

Das Ökonomie-Gebäude wurde in den 1920er Jahren zu einem großen Gutshof auf dem Gelände des Krankenhauses erweitert.

haus-Verwaltung darüber im Klaren, dass eine Erhöhung der Tarife die ökonomischen Probleme langfristig nicht beseitigen konnte. *So mußte auf eine Verbilligung der Wirtschaftskosten hingearbeitet werden. Das war nur erreichbar durch vermehrte Erzeugung in der Ökonomie, die möglich schien durch völlige Umstellung in der Bewirtschaftung der vorhandenen Ländereien, durch Anpachtung weiterer Ackerparzellen vom städt. Grundstücksfonds und Vermeh-*

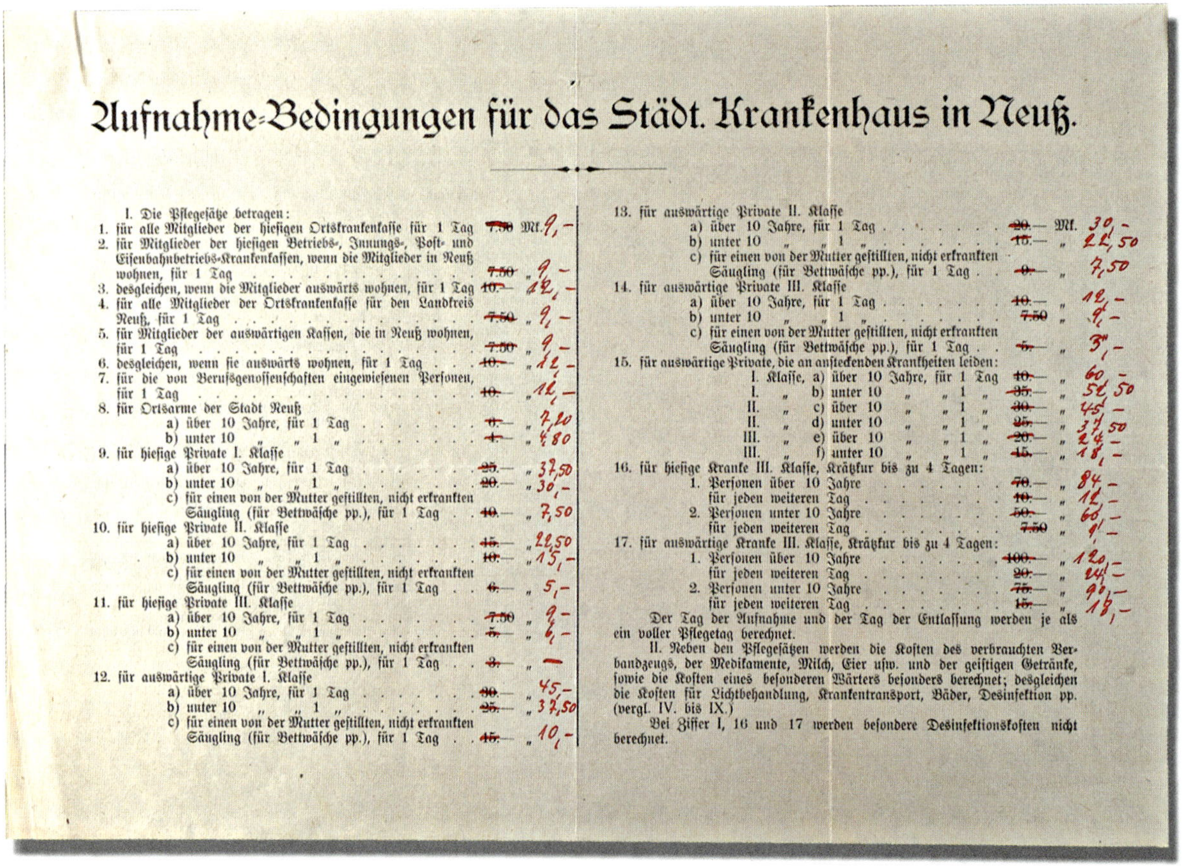

Aufnahme-Bedingungen für das Städt. Krankenhaus in Neuß.

I. Die Pflegesätze betragen:

1. für alle Mitglieder der hiesigen Ortskrankenkasse für 1 Tag ~~7.50~~ Mk. 9,–
2. für Mitglieder der hiesigen Betriebs-, Innungs-, Post- und Eisenbahnbetriebs-Krankenkassen, wenn die Mitglieder in Neuß wohnen, für 1 Tag . . . ~~7.50~~ „ 9,–
3. desgleichen, wenn die Mitglieder auswärts wohnen, für 1 Tag ~~10.~~– „ 12,–
4. für alle Mitglieder der Ortskrankenkasse für den Landkreis Neuß, für 1 Tag . . . ~~7.50~~ „ 9,–
5. für Mitglieder der auswärtigen Kassen, die in Neuß wohnen, für 1 Tag . . . ~~7.50~~ „ 9,–
6. desgleichen, wenn sie auswärts wohnen, für 1 Tag . . . ~~10.~~– „ 12,–
7. für die von Berufsgenossenschaften eingewiesenen Personen, für 1 Tag . . . ~~10.~~– „ 12,–
8. für Ortsarme der Stadt Neuß
   a) über 10 Jahre, für 1 Tag . . . ~~6.~~– „ 7,20
   b) unter 10 „ „ 1 „ . . . ~~4.~~– „ 4,80
9. für hiesige Private I. Klasse
   a) über 10 Jahre, für 1 Tag . . . ~~25.~~– „ 37,50
   b) unter 10 „ „ 1 „ . . . ~~20.~~– „ 30,–
   c) für einen von der Mutter gestillten, nicht erkrankten Säugling (für Bettwäsche pp.), für 1 Tag . . . ~~10.~~– „ 7,50
10. für hiesige Private II. Klasse
   a) über 10 Jahre, für 1 Tag . . . ~~15.~~– „ 22,50
   b) unter 10 „ „ 1 „ . . . ~~10.~~– „ 15,–
   c) für einen von der Mutter gestillten, nicht erkrankten Säugling (für Bettwäsche pp.), für 1 Tag . . . ~~6.~~– „ 5,–
11. für hiesige Private III. Klasse
   a) über 10 Jahre, für 1 Tag . . . ~~7.50~~ „ 9,–
   b) unter 10 „ „ 1 „ . . . ~~5.~~– „ 6,–
   c) für einen von der Mutter gestillten, nicht erkrankten Säugling (für Bettwäsche pp.), für 1 Tag . . . ~~3.~~– „ –
12. für auswärtige Private I. Klasse
   a) über 10 Jahre, für 1 Tag . . . ~~30.~~– „ 45,–
   b) unter 10 „ „ 1 „ . . . ~~25.~~– „ 37,50
   c) für einen von der Mutter gestillten, nicht erkrankten Säugling (für Bettwäsche pp.), für 1 Tag . . . ~~15.~~– „ 10,–
13. für auswärtige Private II. Klasse
   a) über 10 Jahre, für 1 Tag . . . ~~20.~~– Mk. 30,–
   b) unter 10 „ „ 1 „ . . . ~~15.~~– „ 22,50
   c) für einen von der Mutter gestillten, nicht erkrankten Säugling (für Bettwäsche pp.), für 1 Tag . . . ~~8.~~– „ 7,50
14. für auswärtige Private III. Klasse
   a) über 10 Jahre, für 1 Tag . . . ~~10.~~– „ 12,–
   b) unter 10 „ „ 1 „ . . . ~~7.50~~ „ 9,–
   c) für einen von der Mutter gestillten, nicht erkrankten Säugling (für Bettwäsche pp.), für 1 Tag . . . ~~5.~~– „ 3,–
15. für auswärtige Private, die an ansteckenden Krankheiten leiden:
   I. Klasse, a) über 10 Jahre, für 1 Tag ~~40.~~– „ 60,–
   I. „ b) unter 10 „ „ 1 „ ~~35.~~– „ 52,50
   II. „ c) über 10 „ „ 1 „ ~~30.~~– „ 45,–
   II. „ d) unter 10 „ „ 1 „ ~~25.~~– „ 37,50
   III. „ e) über 10 „ „ 1 „ ~~20.~~– „ 24,–
   III. „ f) unter 10 „ „ 1 „ ~~15.~~– „ 18,–
16. für hiesige Kranke III. Klasse, Krätzkur bis zu 4 Tagen:
   1. Personen über 10 Jahre . . . ~~70.~~– „ 84,–
      für jeden weiteren Tag . . . ~~10.~~– „ 12,–
   2. Personen unter 10 Jahre . . . ~~50.~~– „ 60,–
      für jeden weiteren Tag . . . ~~7.50~~ „ 9,–
17. für auswärtige Kranke III. Klasse, Krätzkur bis zu 4 Tagen:
   1. Personen über 10 Jahre . . . ~~100.~~– „ 120,–
      für jeden weiteren Tag . . . ~~20.~~– „ 24,–
   2. Personen unter 10 Jahre . . . ~~75.~~– „ 90,–
      für jeden weiteren Tag . . . ~~15.~~– „ 18,–

Der Tag der Aufnahme und der Tag der Entlassung werden je als ein voller Pflegetag berechnet.

II. Neben den Pflegesätzen werden die Kosten des verbrauchten Verbandzeugs, der Medikamente, Milch, Eier usw. und der geistigen Getränke, sowie die Kosten eines besonderen Wärters besonders berechnet; desgleichen die Kosten für Lichtbehandlung, Krankentransport, Bäder, Desinfektion pp. (vergl. IV. bis IX.)

Bei Ziffer I, 16 und 17 werden besondere Desinfektionskosten nicht berechnet.

rung des Viehbestandes. Nach Überwindung verschiedener Widerstände konnte das Vorhaben zum wirtschaftlichen Vorteile der Krankenanstalten durchgeführt werden.[47] Für die planvolle Selbstversorgung der Krankenanstalten mit Obst, Gemüse, Kartoffeln, Fleisch und Milch wurde ein ausgebildeter Landwirt eingestellt. Angesichts der vermehrten Produktion erschien das alte Ökonomiegebäude jedoch nicht mehr ausreichend. Deshalb wurde im Sommer 1923 ein Plan zum Umbau des Gebäudes in einen modern eingerichteten Gutshof entworfen, der im Winter 1924/25 bezogen wurde. Die

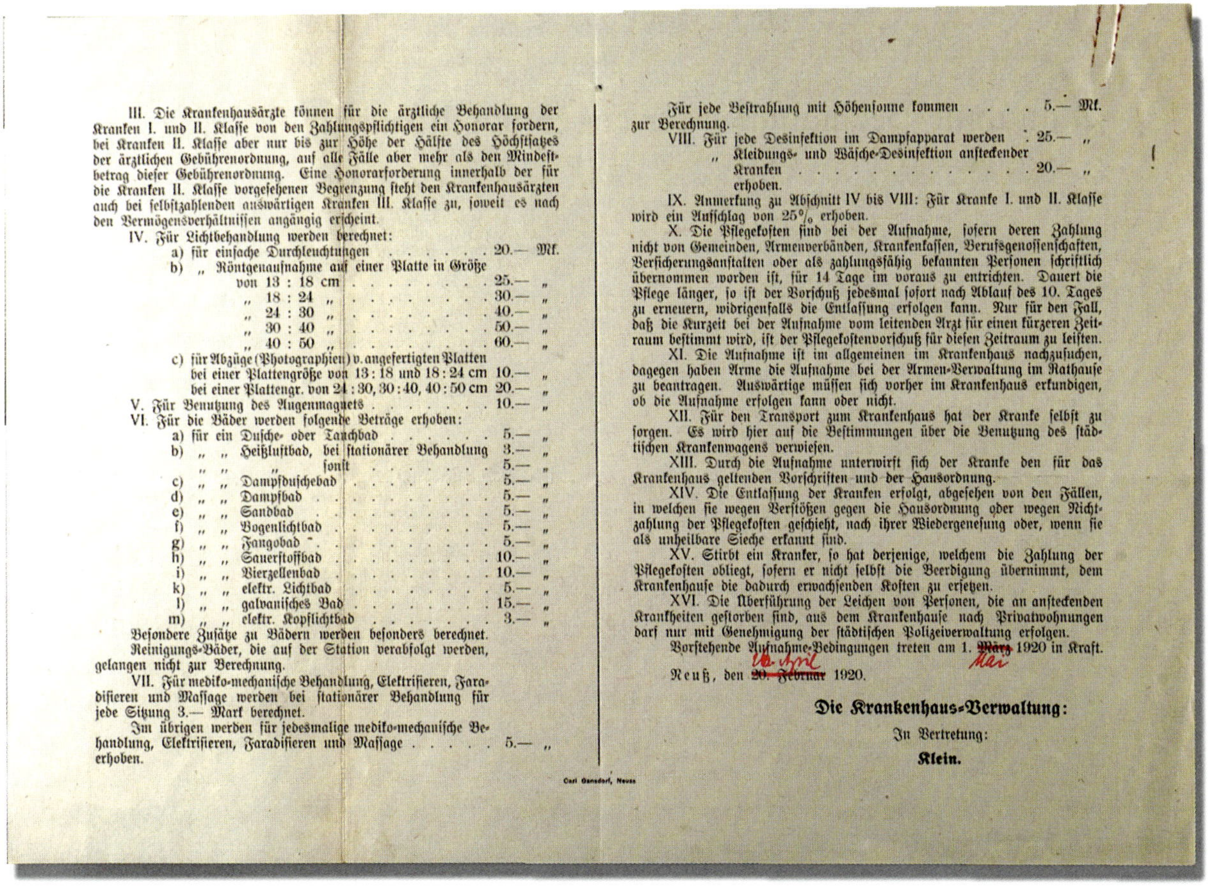

III. Die Krankenhausärzte können für die ärztliche Behandlung der Kranken I. und II. Klasse von den Zahlungspflichtigen ein Honorar fordern, bei Kranken II. Klasse aber nur bis zur Höhe der Hälfte des Höchstsatzes der ärztlichen Gebührenordnung, auf alle Fälle aber mehr als den Mindestbetrag dieser Gebührenordnung. Eine Honorarforderung innerhalb der für die Kranken II. Klasse vorgesehenen Begrenzung steht den Krankenhausärzten auch bei selbstzahlenden auswärtigen Kranken III. Klasse zu, soweit es nach den Vermögensverhältnissen angängig erscheint.

IV. Für Lichtbehandlung werden berechnet:
a) für einfache Durchleuchtungen . . . . 20.— Mk.
b) „ Röntgenaufnahme auf einer Platte in Größe
von 13 : 18 cm . . . . 25.— „
„ 18 : 24 „ . . . . 30.— „
„ 24 : 30 „ . . . . 40.— „
„ 30 : 40 „ . . . . 50.— „
„ 40 : 50 „ . . . . 60.— „
c) für Abzüge (Photographien) v. angefertigten Platten
bei einer Plattengröße von 13 : 18 und 18 : 24 cm 10.— „
bei einer Plattengr. von 24 : 30, 30 : 40, 40 : 50 cm 20.— „

V. Für Benutzung des Augenmagnets . . . . 10.— „

VI. Für die Bäder werden folgende Beträge erhoben:
a) für ein Dusche- oder Tauchbad . . . . 5.— „
b) „ „ Heißluftbad, bei stationärer Behandlung 3.— „
„ „ „ sonst . . . . 5.— „
c) „ „ Dampfduschebad . . . . 5.— „
d) „ „ Dampfbad . . . . 5.— „
e) „ „ Sandbad . . . . 5.— „
f) „ „ Bogenlichtbad . . . . 5.— „
g) „ „ Fangobad . . . . 5.— „
h) „ „ Sauerstoffbad . . . . 10.— „
i) „ „ Vierzellenbad . . . . 10.— „
k) „ „ elektr. Lichtbad . . . . 5.— „
l) „ „ galvanisches Bad . . . . 15.— „
m) „ „ elektr. Kopflichtbad . . . . 3.— „

Besondere Zusätze zu Bädern werden besonders berechnet.

Reinigungs-Bäder, die auf der Station verabfolgt werden, gelangen nicht zur Berechnung.

VII. Für mediko-mechanische Behandlung, Elektrisieren, Faradisieren und Massage werden bei stationärer Behandlung für jede Sitzung 3.— Mark berechnet.

Im übrigen werden für jedesmalige mediko-mechanische Behandlung, Elektrisieren, Faradisieren und Massage . . . . . 5.— „ erhoben.

Für jede Bestrahlung mit Höhensonne kommen . . . . . 5.— Mk. zur Berechnung.

VIII. Für jede Desinfektion im Dampfapparat werden . 25.— „
„ Kleidungs- und Wäsche-Desinfektion ansteckender Kranken . . . . 20.— „
erhoben.

IX. Anmerkung zu Abschnitt IV bis VIII: Für Kranke I. und II. Klasse wird ein Aufschlag von 25% erhoben.

X. Die Pflegekosten sind bei der Aufnahme, sofern deren Zahlung nicht von Gemeinden, Armenverbänden, Krankenkassen, Berufsgenossenschaften, Versicherungsanstalten oder als zahlungsfähig bekannten Personen schriftlich übernommen worden ist, für 14 Tage im voraus zu entrichten. Dauert die Pflege länger, so ist der Vorschuß jedesmal sofort nach Ablauf des 10. Tages zu erneuern, widrigenfalls die Entlassung erfolgen kann. Nur für den Fall, daß die Kurzeit bei der Aufnahme vom leitenden Arzt für einen kürzeren Zeitraum bestimmt wird, ist der Pflegekostenvorschuß für diesen Zeitraum zu leisten.

XI. Die Aufnahme ist im allgemeinen im Krankenhaus nachzusuchen, dagegen haben Arme die Aufnahme bei der Armen-Verwaltung im Rathause zu beantragen. Auswärtige müssen sich vorher im Krankenhaus erkundigen, ob die Aufnahme erfolgen kann oder nicht.

XII. Für den Transport zum Krankenhaus hat der Kranke selbst zu sorgen. Es wird hier auf die Bestimmungen über die Benutzung des städtischen Krankenwagens verwiesen.

XIII. Durch die Aufnahme unterwirft sich der Kranke den für das Krankenhaus geltenden Vorschriften und der Hausordnung.

XIV. Die Entlassung der Kranken erfolgt, abgesehen von den Fällen, in welchen sie wegen Verstößen gegen die Hausordnung oder wegen Nichtzahlung der Pflegekosten geschieht, nach ihrer Wiedergenesung oder, wenn sie als unheilbare Sieche erkannt sind.

XV. Stirbt ein Kranker, so hat derjenige, welchem die Zahlung der Pflegekosten obliegt, sofern er nicht selbst die Beerdigung übernimmt, dem Krankenhause die dadurch erwachsenden Kosten zu ersetzen.

XVI. Die Überführung der Leichen von Personen, die an ansteckenden Krankheiten gestorben sind, aus dem Krankenhause nach Privatwohnungen darf nur mit Genehmigung der städtischen Polizeiverwaltung erfolgen.

Vorstehende Aufnahme-Bedingungen treten am 1. ~~März~~ Mai 1920 in Kraft.

Neuß, den ~~20. Februar~~ 10. April 1920.

Die Krankenhaus-Verwaltung:

In Vertretung:

Klein.

Carl Gansdorf, Neuss

neuen Wirtschaftsgebäude enthielten einen Kuh-, Pferde- und Schweinestall, die erforderlichen Keller, Speicher, Schuppen sowie die Wohnräume für den Gutsverwalter und das landwirtschaftliche Personal. Im Frühjahr 1924 bewirtschaftete das Krankenhaus 3,5 Hektar Parkanlagen, drei Hektar Gemüse- und Obstgärten und 13,25 Hektar Acker- und Wiesenflächen. Letztere wurden bis Anfang 1928 auf 16,75 Hektar vergrößert, der Viehbestand summierte sich auf drei Pferde, neun Kühe, ein ‚Jungvieh' und 27 Schweine. Zur Rationalisierung der landwirtschaftlichen Produktion wurden im Jahre 1925 noch ein Getreidebinder und im Jahr darauf ein Pferdekarren angeschafft. Das Resultat dieser Investitionen in den landwirtschaftlichen Betrieb des Krankenhauses konnte sich sehen lassen: *Nahezu der gesamte Bedarf des Krankenhauses an Milch, Gemüse, Kartoffeln und Obst konnte aus eigenen Erzeugnissen gedeckt werden; ebenso der Bedarf an Futter und Stroh für die Viehwirtschaft; 1926 und 1927 wurde auch noch das Invalidenhaus mit Kartoffeln beliefert, außer Gemüse, welches bei Überfluss stets dieser Anstalt überlassen wurde.*[48]

Doch nicht nur in ökonomischer Hinsicht waren in den 1920er Jahren Veränderungen und Verbesserungen notwendig geworden. So mussten beispielsweise in der Küche in den Jahren 1925 und 1926 sämtliche Kessel und Spülbecken erneuert werden. Die veraltete Haustelefonanlage wurde ebenfalls 1925 durch eine moderne Anlage ersetzt. Mit Hilfe von Anleihemitteln konnte zwei Jahre später eine neue Röntgenanlage eingerichtet werden, die alte Röntgeneinrichtung erhielt die Tuberkulosestelle des städtischen Wohlfahrtsamtes.[49] Bis in die 1930er Jahre hinein waren die Städtischen Krankenanstalten die einzige medizinische Einrichtung im Kreis Neuss-Grevenbroich, in der eine Isolierstation für Infektionskranke zur Verfügung stand. Deshalb musste das Krankenhaus auch zahlreiche Patienten mit ansteckenden Krankheiten aus dem Kreis aufnehmen. Für die Transporte der Patienten aus den umliegenden Ortschaften hatten seit Jahrzehnten pferdebespannte Krankenwagen gedient, doch diese entsprachen, nicht zuletzt wegen einer rapide ansteigenden Zahl von Fahrten, nicht mehr den Bedürfnissen nach einem raschen und sicheren Transport. Deshalb wurde im Mai 1926 *ein mit allen modernen Einrichtungen versehenes Krankenauto in Dienst gestellt, ein weiteres im Jahr 1927.*[50] Damit hatte das Krankenhaus die zeitbedingte Wirtschaftskrise der Weimarer Republik gemeistert, ohne auf notwendige Modernisierungen verzichten zu müssen.

1 Vgl. Engels 1986: 79.
2 Vgl. Engels 1986: Tabelle 1: Bevölkerung, 385.

3 Protokoll über die Besichtigung der Stadt Neuss durch den Kreisarzt im Jahre 1910, in StA Neuss Unverz. Bestand A 3: Kanalisation bisher sehr mangelhaft, ein neues Projekt schwebt schon seit Jahren, die Ausführung durch Verhandlungen mit der Stadt Düsseldorf verzögert.

4 Geheimes Schreiben des Landrates an Bürgermeister Gielen vom 3. Oktober 1905, in StA Neuss Unverz. Bestand A 3.

5 Vgl. StA Neuss Ratsprotokolle A 702a / 18: 437-438.

6 Vgl. Sittel 1911: 4.

7 Schreiben Bürgermeister Gielen an den Regierungspräsidenten vom 5. Mai 1906, in StA Neuss, Unverz. Bestand A 3.

8 Sittel 1911: 4.

9 Vgl. StA Neuss Ratsprotokolle A 702a / 19: 399, 539.

10 Vgl. StA Neuss Ratsprotokolle A 702a / 19: 383-384, 394-395.

11 In StA Neuss A 1400 / 3873d.

12 Bereits eine grobe Auflistung seiner Bauten und Projekte würde den Rahmen dieses Textes sprengen; eine gute Übersicht gibt jedoch Lilienthal 1978.

13 Sittel 1911 und 1913. Die nachfolgende Beschreibung fußt auf diesen Texten, Risszeichnungen und Fotografien.

14 Sittel 1911: 5.

15 Vgl. Sittel 1913: Sp. 246.

16 Beispiele in Murken 1988:

17 Vgl. Murken 1988: 203 – 209.

18 Sittel 1911: 5.

19 Vgl. Sittel 1913: Sp. 242.

20 Sittel 1913: Sp. 242.

21 Ein Fußbodenbelag aus Zement und verschieden getönten Steinkörnern.

22 Sittel 1913: Sp. 212.

23 Sittel 1913: Sp. 243.

24 Sittel 1913: Sp. 243.

25 Vgl. z.B. den Brockhaus von 1906 sowie andere Lexika und medizinische Fachbücher dieser Zeit.

26 Bei der Schwerkraftheizung erfolgt der Wasserkreislauf wegen der unterschiedlichen Dichte zwischen erwärmten Vorlaufwasser und abgekühltem Rücklaufwasser.

27 Sittel 1913: Sp. 239.

28 Sittel 1913: Sp. 244-245.

29 Sittel 1913: Sp. 245.

30 Die Stadtverordneten-Versammlung hatte mehrmals Nachtragsmittel genehmigt, so zum Beispiel am 7. März 1911: 162.400 Mark für eine erweiterte innere Einrichtung, den Bau eines Ökonomiegebäudes, die Anlage von Heilbädern und eines Saales für mediko-mechanische Therapien sowie für Lauben, Gartenbänke und Stühle und die Einrichtung der Transformatorenstation. Vgl. StA Neuss Ratsprotokolle A 702a / 20: 205.

31 Vgl. Sittel 1913: 247. Sittel bezieht sich vor allem auf die Diskussion bei der 32. Versammlung des Deutschen Vereins für öffentliche Gesundheitspflege im Jahre 1907.

32 Sittel 1913: Sp. 247.

33 Vgl. StA Neuss Ratsprotokolle A 702a / 20: 248, 329-330.

34 Vgl. StA Neuss Ratsprotokolle A 702a / 20: 329.

35 Vgl. StA Neuss Ratsprotokolle A 702a / 20: 259.

36 In StA Neuss A 1400 / 2840.

37 § 8 des Vertrages, in StA Neuss A 1400 / 2840.

38 Vgl. Verwaltungsbericht der Stadt Neuss 1913 – 1924: 180.

39 Dienstanweisung für die Krankenhausärzte, in StA Neuss A 1400 / 2840.

40 Verwaltungsbericht der Stadt Neuss 1913 – 1924: 175.

41 Im Verwaltungsbericht der Stadt Neuss 1913 – 1924: 175.

42 Verwaltungsbericht der Stadt Neuss 1913 – 1924: 12.

43 Kolata 1999: 15.

44 Vgl. Tabelle 1: Bevölkerung in Engels 1986: 386, ebenso wie die auffällige Spitze für das Jahr 1918/19 im Diagramm der Geborenen- und Sterbeziffern in Neuss (382).

45 Verwaltungsbericht der Stadt Neuss 1913 – 1924: 180.

46 Verwaltungsbericht der Stadt Neuss 1913 – 1924: 181.

47 Verwaltungsbericht der Stadt Neuss 1913 – 1924: 182.

48 Verwaltungsbericht der Stadt Neuss 1924 – 1928: 113.

49 Verwaltungsbericht der Stadt Neuss 1924 – 1928: 113.

50 Verwaltungsbericht der Stadt Neuss 1924 – 1928: 113.

Städt. Krankenhaus
NEUSS
84 · Telefon 3754-55

KAPITEL V

V.

DAS KRANKENHAUS IM NATIONALSOZIALISMUS 1933-1945

Zwischen 1925 und 1929 kam es in Deutschland und Europa zu einer unsicheren wirtschaftlichen Konsolidierung. Doch diese sollte nicht lange andauern, denn der ‚Schwarze Freitag' am 25. Oktober 1929 an der New Yorker Börse leitete die Weltwirtschaftskrise ein. Diese war sowohl eine besonders starke Konjunkturkrise als auch eine Strukturkrise der durch den Ersten Weltkrieg erheblich gestörten Weltwirtschaft. Die bis 1933 und darüber hinaus andauernde Wirtschaftskrise zog außerordentliche politische Wirkungen nach sich: In Deutschland bedingte sie den Zerfall der Weimarer Republik und den Aufstieg der – bisher bedeutungslosen – Nationalsozialisten. Die Erwerbslosenziffer stieg in Deutschland von zwei Millionen im Jahre 1930 auf über sechs Millionen zu Beginn des Jahres 1932. Auch die Stadt Neuss wurde von der Weltwirtschaftskrise hart getroffen: Viele Betriebe mussten Konkurs anmelden und ihre Beschäftigten entlassen. Die Einnahmen der Stadt aus der Gewerbesteuer gingen beträchtlich zurück, gleichzeitig musste sie jedoch erhebliche Mittel für die Erwerbslosenunterstützung aufwenden. In Neuss erreichte die Arbeitslosenziffer im Frühjahr 1933 ihren Höhepunkt mit rund 6.000 Personen.

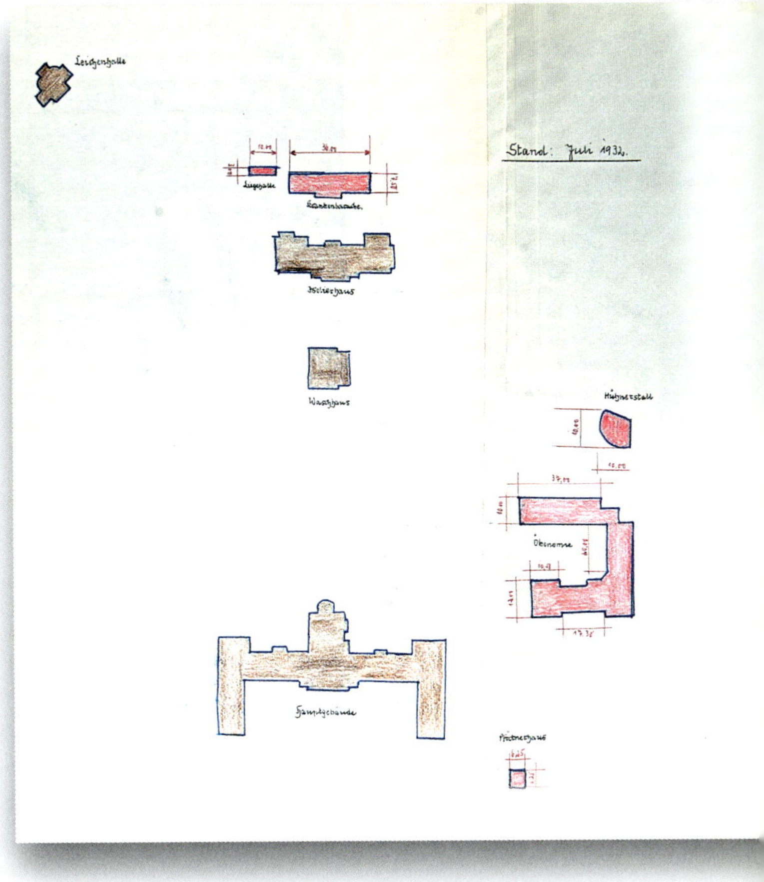

Die Gebäude des Lukaskrankenhauses im Jahre 1932. Neu erstellte Gebäude sind rot gekennzeichnet.

In dieser vielfach als orientierungslos empfundenen Krisenzeit mit ihren tief greifenden sozialen Konflikten gelang es der NSDAP, die Stimmen des sozial bedrohten und wirtschaftlich geschädigten (Klein-)Bürgertums zu gewinnen. Mit der Einsetzung Adolf Hitlers als Reichskanzler am 30. Januar 1933 – der so genannten ‚Machtergreifung' – begann die Herrschaft der Nationalsozialisten. Bei den Reichstagswahlen am 5. März 1933 erreichte die NSDAP in Neuss die Mehrheit der Stimmen mit 35,3 Prozent vor dem Zentrum mit 34,7. Hatte die NSDAP bei den Wahlen zur Neusser Stadtverordnetenversammlung zwischen 1919 und 1930 noch keine Rolle gespielt, so erreichte sie bei den Kommunalwahlen am 12. März 1933 einen Stimmenanteil von 36,9 Prozent[1] und erhielt damit ebenso wie das Zentrum 16 Sitze im Stadtparlament. Doch die Stadtverordnetenversammlung trat nur ein einziges Mal, am 5. April 1933, zusammen, da die Herrschaft der Nationalsozialisten auch das Ende der kommunalen Selbstverwaltung bedeutete. Mit dem preußischen Gemeindeverfassungsgesetz vom 15. Dezember 1933 galt in der Gemeindeverwaltung das ‚Führerprinzip': Der Oberbürgermeister traf alle Entscheidungen in voller und ausschließlicher Verantwortung, Ratsherren wurden lediglich zu seiner Beratung berufen.[2] Dieses System sollte in der folgenden Zeit enorme Auswirkungen auf die kommunale Gesundheitspolitik haben – so wurde zum Beispiel der Chefarzt des Städtischen Krankenhauses nicht mehr der Krankenhausverwaltung, sondern unmittelbar dem Oberbürgermeister unterstellt.

Mit dem Beginn der nationalsozialistischen Herrschaft in Deutschland änderten sich auch die gesundheitspolitischen Ziele und Rahmenbedingungen. Gemäß ihrer völkischen Ideologie strebten die Machthaber langfristig eine rascher wachsende Bevölkerung an, die aus ‚rassenreinen', erbgesunden und leistungsfähigen Menschen bestehen sollte. ‚Fremdes' Blut sollte ausgemerzt und ‚minderwertiges' Erbgut von der Fortpflanzung ausgeschlossen werden. Zum Schutze des ‚wertvollen' Erbgutes stellten die NS-Gesundheitspolitiker daher Abtreibung unter strenge Strafe. Von der praktischen Umsetzung und den Folgen dieser Ideen wird noch ausführlich die Rede sein.

In der medizinischen Lehre und Forschung stand nicht mehr die Gesundheit des Einzelnen, sondern die des ganzen Volkes im Mittelpunkt. Gesundheit wurde als ein ‚Volksgut' betrachtet und jeder Einzelne war dazu verpflichtet, dieses Gut zu bewahren: *Jeder Deutsche hat die Pflicht, so zu leben, daß er gesund und arbeitsfähig bleibt. [...] Krankheit ist ein Versagen. Wer krankheitshalber häufig am Arbeitsplatz fehlt, ist ein schlechter Kranker. Der Kranke ist nicht zu bemitleiden. Der Arzt ist nicht der barmherzige Samariter, sondern der Mitkämpfer des Kranken, der selbst den*

Willen zur Gesundheit haben muß. Das Krankenhaus sollte eigentlich Gesundheitshaus heißen, denn sein Endzweck ist die Gesundheit, hieß es in einem von der NSDAP herausgegebenen Gesundheitsbuch.[3] Mit diesen neuen Ansichten einhergehend veränderten die Nationalsozialisten auch die Ausbildung der Ärzte. An den medizinischen Fakultäten wurde die Grundlagenforschung eingeschränkt, neue Fächer wie Militärmedizin, Bevölkerungspolitik, Vererbungslehre und Rassenbiologie wurden in den Lehrplan aufgenommen. Die ärztliche Bestallungsordnung vom 25. März 1936 forderte von jedem Arzt gründliche Kenntnisse der Rassenhygiene und ab 1939 war die Eugenik obligatorisches Prüfungsfach für jeden Mediziner.

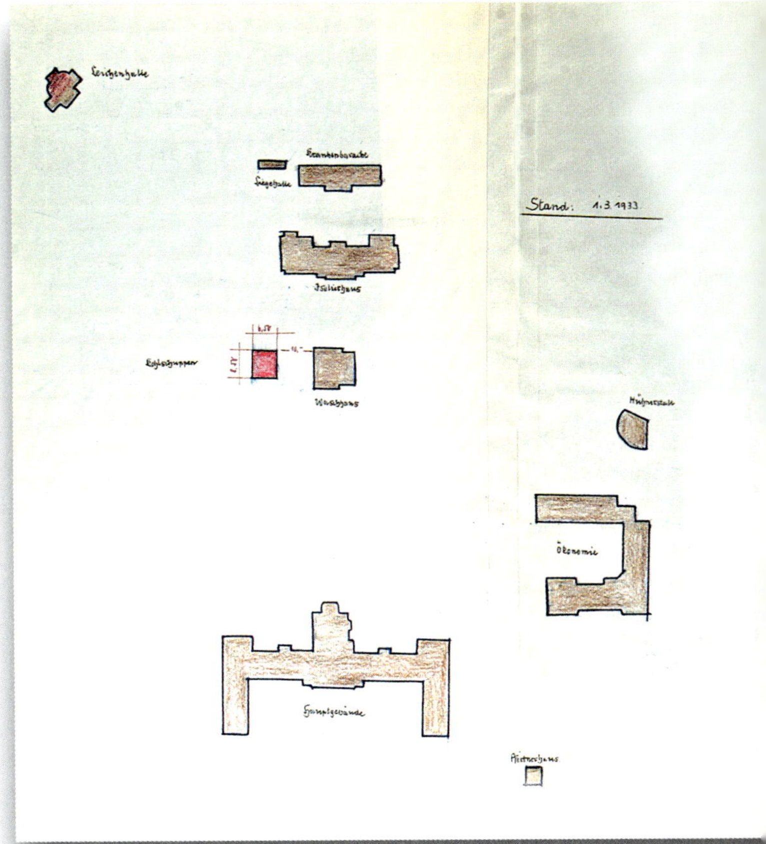

Die Gebäude des Lukaskrankenhauses im Jahre 1933.
Neu erstellte Gebäude sind rot gekennzeichnet.

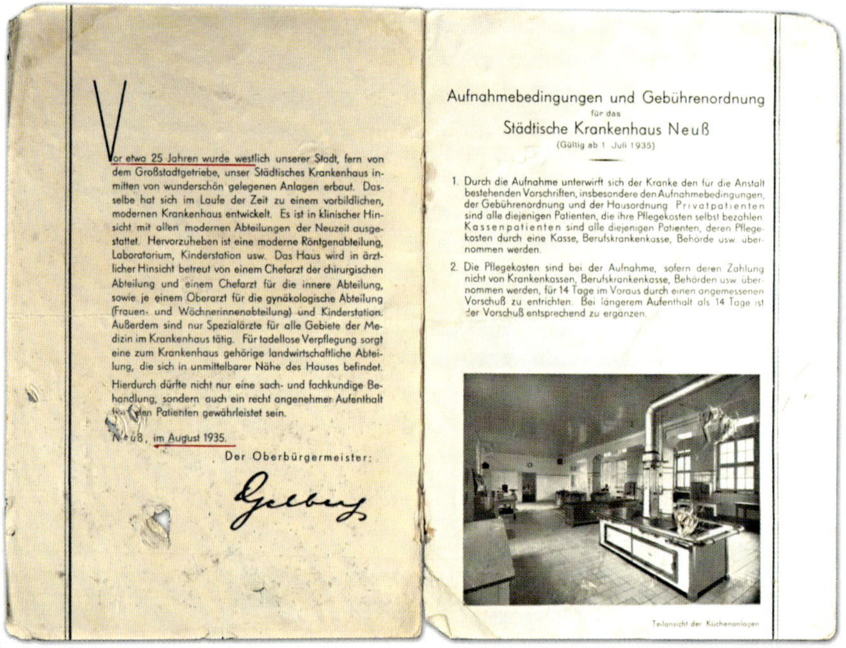

Vor etwa 25 Jahren wurde westlich unserer Stadt, fern von dem Großstadtgetriebe, unser Städtisches Krankenhaus inmitten von wunderschön gelegenen Anlagen erbaut. Dasselbe hat sich im Laufe der Zeit zu einem vorbildlichen, modernen Krankenhaus entwickelt. Es ist in klinischer Hinsicht mit allen modernen Abteilungen der Neuzeit ausgestattet. Hervorzuheben ist eine moderne Röntgenabteilung, Laboratorium, Kinderstation usw. Das Haus wird in ärztlicher Hinsicht betreut von einem Chefarzt der chirurgischen Abteilung und einem Chefarzt für die innere Abteilung, sowie je einem Oberarzt für die gynäkologische Abteilung (Frauen- und Wöchnerinnenabteilung) und Kinderstation. Außerdem sind nur Spezialärzte für alle Gebiete der Medizin im Krankenhaus tätig. Für tadellose Verpflegung sorgt eine zum Krankenhaus gehörige landwirtschaftliche Abteilung, die sich in unmittelbarer Nähe des Hauses befindet.

Hierdurch dürfte nicht nur eine sach- und fachkundige Behandlung, sondern auch ein recht angenehmer Aufenthalt für den Patienten gewährleistet sein.

Neuß, im August 1935.

Der Oberbürgermeister:
Gelberg

Aufnahmebedingungen und Gebührenordnung
für das
Städtische Krankenhaus Neuß
(Gültig ab 1. Juli 1935)

1. Durch die Aufnahme unterwirft sich der Kranke den für die Anstalt bestehenden Vorschriften, insbesondere den Aufnahmebedingungen, der Gebührenordnung und der Hausordnung. Privatpatienten sind alle diejenigen Patienten, die ihre Pflegekosten selbst bezahlen. Kassenpatienten sind alle diejenigen Patienten, deren Pflegekosten durch eine Kasse, Berufskrankenkasse, Behörde usw. übernommen werden.
2. Die Pflegekosten sind bei der Aufnahme, sofern deren Zahlung nicht von Krankenkassen, Berufskrankenkasse, Behörden usw. übernommen werden, für 14 Tage im Voraus durch einen angemessenen Vorschuß zu entrichten. Bei längerem Aufenthalt als 14 Tage ist der Vorschuß entsprechend zu ergänzen.

Teilansicht der Küchenanlagen

Eine der ersten Informationsbroschüren des Krankenhauses erschien im Jahre 1935.

Erste Schwierigkeiten

Die neuen gesundheitspolitischen Prämissen betrafen nicht nur die Ausbildung und Stellung der Ärzte, sondern auch das Pflegepersonal an den Krankenhäusern. Für das Städtische Krankenhaus in Neuss bedeutete dies, dass zwischen der Stadtverwaltung und der Genossenschaft der Augustinerinnen ein neuer Vertrag abgeschlossen werden musste. Die von der Generaloberin des Ordens, Mutter Zita, und Oberbürgermeister Wilhelm Gelberg am 10. Dezember 1936 unterzeichnete Vereinbarung[4] setzte den zweiten Vertrag von 1870 außer Kraft und passte das Verhältnis zwischen der Stadt und der Genossenschaft den veränderten kirchenrechtlichen und verwaltungsdienstlichen Vorschriften an.

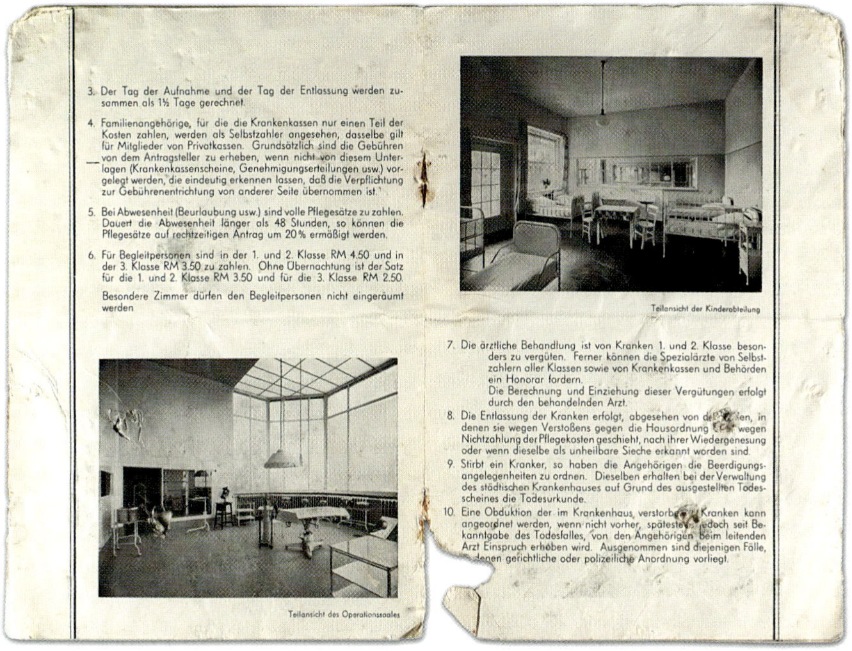
3. Der Tag der Aufnahme und der Tag der Entlassung werden zusammen als 1½ Tage gerechnet.

4. Familienangehörige, für die die Krankenkassen nur einen Teil der Kosten zahlen, werden als Selbstzahler angesehen, dasselbe gilt für Mitglieder von Privatkassen. Grundsätzlich sind die Gebühren von dem Antragsteller zu erheben, wenn nicht von diesem Unterlagen (Krankenkassenscheine, Genehmigungserteilungen usw.) vorgelegt werden, die eindeutig erkennen lassen, daß die Verpflichtung zur Gebührenentrichtung von anderer Seite übernommen ist.

5. Bei Abwesenheit (Beurlaubung usw.) sind volle Pflegesätze zu zahlen. Dauert die Abwesenheit länger als 48 Stunden, so können die Pflegesätze auf rechtzeitigen Antrag um 20 % ermäßigt werden.

6. Für Begleitpersonen sind in der 1. und 2. Klasse RM 4.50 und in der 3. Klasse RM 3.50 zu zahlen. Ohne Übernachtung ist der Satz für die 1. und 2. Klasse RM 3.50 und für die 3. Klasse RM 2.50.

Besondere Zimmer dürfen den Begleitpersonen nicht eingeräumt werden

Teilansicht des Operationssaales

Teilansicht der Kinderabteilung

7. Die ärztliche Behandlung ist von Kranken 1. und 2. Klasse besonders zu vergüten. Ferner können die Spezialärzte von Selbstzahlern aller Klassen sowie von Krankenkassen und Behörden ein Honorar fordern.
Die Berechnung und Einziehung dieser Vergütungen erfolgt durch den behandelnden Arzt.

8. Die Entlassung der Kranken erfolgt, abgesehen von de[illegible]en, in denen sie wegen Verstoßens gegen die Hausordnung [illegible] wegen Nichtzahlung der Pflegekosten geschieht, nach ihrer Wiedergenesung oder wenn dieselbe als unheilbare Sieche erkannt worden sind.

9. Stirbt ein Kranker, so haben die Angehörigen die Beerdigungsangelegenheiten zu ordnen. Dieselben erhalten bei der Verwaltung des städtischen Krankenhauses auf Grund des ausgestellten Todesscheines die Todesurkunde.

10. Eine Obduktion der im Krankenhaus verstorb[illegible] Kranken kann angeordnet werden, wenn nicht vorher, spätest[illegible] jedoch seit Bekanntgabe des Todesfalles, von den Angehörigen beim leitenden Arzt Einspruch erhoben wird. Ausgenommen sind diejenigen Fälle, [illegible]denen gerichtliche oder polizeiliche Anordnung vorliegt.

Danach verpflichtete sich die Genossenschaft, *die Zahl der notwendigen Schwestern in den Dienst des Krankenhauses zu entsenden*; ohne Zustimmung der Stadtverwaltung durfte sie die Anzahl der Schwestern jedoch nicht verändern. Die Generaloberin hatte zwar das Recht, die Schwestern abzuberufen und zu ersetzen, wollte sie jedoch eine leitende Stationsschwester austauschen, so musste sie mit der Verwaltung Rücksprache nehmen. Für jede Schwester zahlte die Stadt eine so genannte Mutterhausgebühr in Höhe von 27 Reichsmark monatlich an das Mutterhaus der Augustinerinnen; diese Gebühr sollte *der allgemeinen wirtschaftlichen Lage entsprechend* von Jahr zu Jahr neu festgesetzt werden. Jede Schwester im Krankenhaus erhielt einen von den Räumen des weltlichen Personals getrennten, möblierten Wohn- und Schlafraum sowie Bettwäsche und die für die Krankenpflege vorgeschriebenen weißen Kittel. Außerdem hatten

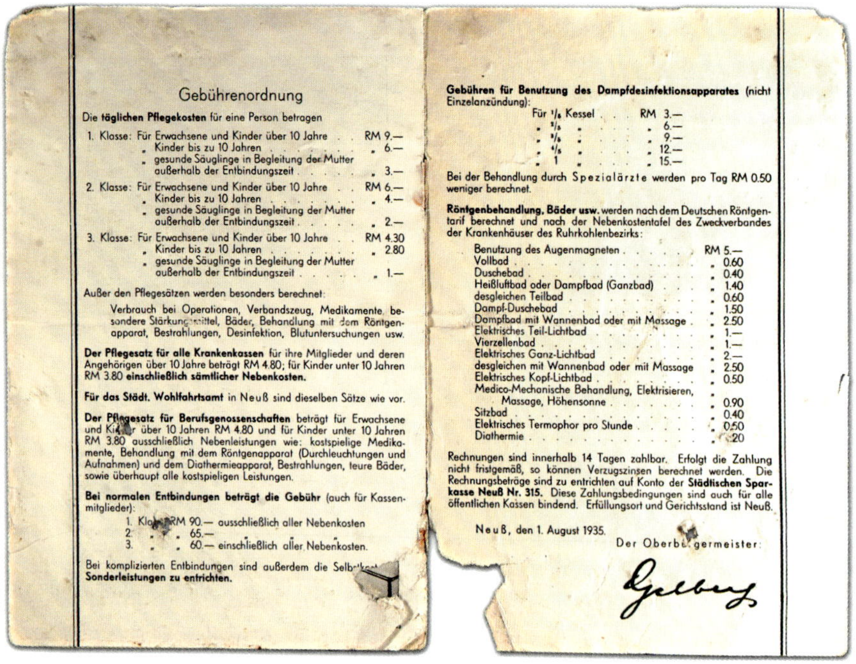

Gebührenordnung

Die täglichen Pflegekosten für eine Person betragen

1. Klasse:	Für Erwachsene und Kinder über 10 Jahre	RM 9.—
„	Kinder bis zu 10 Jahren	„ 6.—
„	gesunde Säuglinge in Begleitung der Mutter außerhalb der Entbindungszeit	„ 3.—
2. Klasse:	Für Erwachsene und Kinder über 10 Jahre	RM 6.—
„	Kinder bis zu 10 Jahren	„ 4.—
„	gesunde Säuglinge in Begleitung der Mutter außerhalb der Entbindungszeit	„ 2.—
3. Klasse:	Für Erwachsene und Kinder über 10 Jahre	RM 4.30
„	Kinder bis zu 10 Jahren	„ 2.80
„	gesunde Säuglinge in Begleitung der Mutter außerhalb der Entbindungszeit	„ 1.—

Außer den Pflegesätzen werden besonders berechnet:

Verbrauch bei Operationen, Verbandszeug, Medikamente, besondere Stärkungsmittel, Bäder, Behandlung mit dem Röntgenapparat, Bestrahlungen, Desinfektion, Blutuntersuchungen usw.

Der Pflegesatz für alle Krankenkassen für ihre Mitglieder und deren Angehörigen über 10 Jahre beträgt RM 4.80; für Kinder unter 10 Jahren RM 3.80 **einschließlich sämtlicher Nebenkosten.**

Für das Städt. Wohlfahrtsamt in Neuß sind dieselben Sätze wie vor.

Der Pflegesatz für Berufsgenossenschaften beträgt für Erwachsene und Kinder über 10 Jahren RM 4.80 und für Kinder unter 10 Jahren RM 3.80 ausschließlich Nebenleistungen wie: kostspielige Medikamente, Behandlung mit dem Röntgenapparat (Durchleuchtungen und Aufnahmen) und dem Diathermieapparat, Bestrahlungen, teure Bäder, sowie überhaupt alle kostspieligen Leistungen.

Bei normalen Entbindungen beträgt die Gebühr (auch für Kassenmitglieder):

1. Klasse RM 90.— ausschließlich aller Nebenkosten
2. „ „ 65.— „ „ „
3. „ „ 60.— einschließlich aller Nebenkosten.

Bei komplizierten Entbindungen sind außerdem die Selb[illegible] **Sonderleistungen zu entrichten.**

Gebühren für Benutzung des Dampfdesinfektionsapparates (nicht Einzelanzündung):

Für 1/5 Kessel	RM 3.—
„ 2/5 „	„ 6.—
„ 3/5 „	„ 9.—
„ 4/5 „	„ 12.—
„ 1 „	„ 15.—

Bei der Behandlung durch Spezialärzte werden pro Tag RM 0.50 weniger berechnet.

Röntgenbehandlung, Bäder usw. werden nach dem Deutschen Röntgentarif berechnet und nach der Nebenkostentafel des Zweckverbandes der Krankenhäuser des Ruhrkohlenbezirks:

Benutzung des Augenmagneten	RM 5.—
Vollbad	„ 0.60
Duschebad	„ 0.40
Heißluftbad oder Dampfbad (Ganzbad)	„ 1.40
desgleichen Teilbad	„ 0.60
Dampf-Duschebad	„ 1.50
Dampfbad mit Wannenbad oder mit Massage	„ 2.50
Elektrisches Teil-Lichtbad	„ 1.—
Vierzellenbad	„ 1.—
Elektrisches Ganz-Lichtbad	„ 2.—
desgleichen mit Wannenbad oder mit Massage	„ 2.50
Elektrisches Kopf-Lichtbad	„ 0.50
Medico-Mechanische Behandlung, Elektrisieren, Massage, Höhensonne	„ 0.90
Sitzbad	„ 0.40
Elektrisches Termophor pro Stunde	„ 0.50
Diathermie	„ 20

Rechnungen sind innerhalb 14 Tagen zahlbar. Erfolgt die Zahlung nicht fristgemäß, so können Verzugszinsen berechnet werden. Die Rechnungsbeträge sind zu entrichten auf Konto der **Städtischen Sparkasse Neuß Nr. 315.** Diese Zahlungsbedingungen sind auch für alle öffentlichen Kassen bindend. Erfüllungsort und Gerichtsstand ist Neuß.

Neuß, den 1. August 1935.

Der Oberbürgermeister:

die Schwestern Anspruch auf freie Verpflegung aus der Küche des Krankenhauses und Kostenerstattung bei Schuh- und Uhrreparaturen.

Da jeder Schwester 20 Tage Erholungsurlaub im Jahr zugestanden wurden, war die Genossenschaft verpflichtet, einen Urlaubsplan aufzustellen, der der Genehmigung der Stadtverwaltung bedurfte, diese zahlte außerdem das Urlaubsgeld. Erkrankte eine Schwester, so hatte die Stadt die Kosten für Pflege, ärztliche Behandlung und Medikamente zu übernehmen. Sollte die Krankheit länger als ein halbes Jahr dauern oder die Schwester gänzlich dienstunfähig werden, so gingen die Kosten auf den Orden über und die Schwester musste in das Mutterhaus zurückkehren. Die Gebühren für zahnärztliche Behandlungen trug die Stadt bis zu einer Höhe von 20 Reichsmark; wenn die Behandlung diese Grenze überstieg, so musste die Genossenschaft einen Antrag auf Kostenübernahme bei der Stadtverwaltung stellen. Diese Regelung galt allerdings nur für Schwestern, die schon einige Jahre in der Klinik gearbeitet hatten. Wenn eine Schwester mehr als 15 Jahre ihren Dienst verrichtet hatte, so durfte sie weiterhin im Krankenhaus wohnen, auch wenn sie sich teilweise oder ganz im Ruhestand befand. Allerdings war die Stadt dann der Verpflichtung entbunden, die Mutterhausgebühr an den Orden zu zahlen. Starb eine der am Krankenhaus tätigen Schwestern, übernahm *die Stadt die Kosten der nach den Grundsätzen des Ordens vorzunehmenden Beerdigung und der Exequien.*

Das seit 1844 stets gute Verhältnis zwischen dem Orden der Augustinerinnen und der Stadt sollte jedoch bald auseinander brechen. Denn bereits am 1. Oktober 1937 kündigte Oberbürgermeister Gelberg den neuen Vertrag fristgemäß zum 1. April 1938; Gründe nennt er in seinem Schreiben nicht. Die Entlassung der Ordensschwestern aus dem Krankenpflegedienst am Städtischen Krankenhaus muss zunächst im Zusammenhang mit der kirchen- und ordensfeindlichen Haltung der nationalsozialistischen Machthaber gesehen werden, denn auch die in Neuss ansässigen Orden wurden bekanntlich mit Sittlichkeits- und Devisenprozessen überzogen.[5] Auch kleine und große Intrigen gegen die Schwestern der Genossenschaft am Krankenhaus blieben nicht aus. So berichtete zum Beispiel Generaloberin Mutter Zita empört an Oberbürgermeister Gelberg, dass die Oberin des Krankenhauses vom Pförtner und einem Krankenpfleger der Unterschlagung von 150 Reichsmark bezichtigt worden sei, so dass *sogar eine polizeiliche Untersuchung des Falles in 2stündigem Verhör der Schwester Oberin stattgefunden*[6] habe, und bat wegen zahlreicher anderer ‚Widrigkeiten' um eine vorzeitige Entlassung der Schwestern aus den städtischen Diensten.

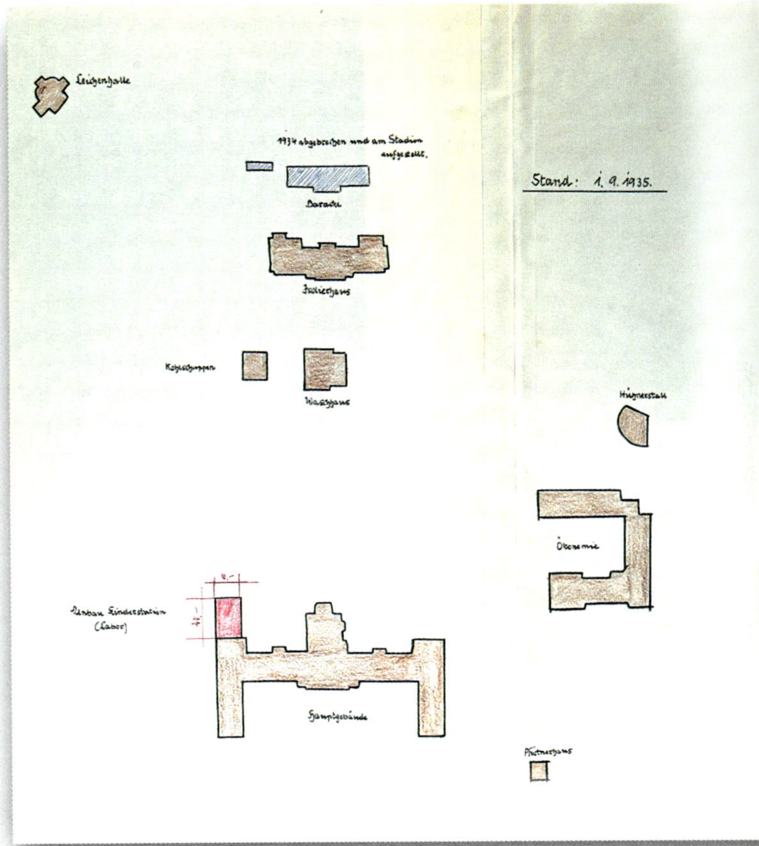

Die Gebäude des Lukaskrankenhauses im Jahre 1935.
Neu erstellte Gebäude sind rot gekennzeichnet.
Die blau gekennzeichnete Baracke wurde abgebaut und am Stadion aufgestellt.

Ein zweiter Grund dürfte die ablehnende Haltung der katholischen Kirche und somit auch des Ordens gegenüber den am Krankenhaus durchgeführten Zwangssterilisationen gewesen sein, von denen später noch die Rede sein wird. Mutter Zita erwiderte jedenfalls auf Vorwürfe seitens der Stadtverwaltung: *In der Frage der Sterilisation sind uns die Anordnungen der bischöflichen Behörde maßgebend. Die Hilfeleistungen sind nach Rücksprache mit den Ärzten durch weltliche Pflegerinnen erfolgt und sind mir bis jetzt Unzuträglichkeiten oder sonstige Schwierigkeiten nicht bekannt geworden.* Dennoch schien die Arbeitsatmosphäre am Krankenhaus keine besonders gute gewesen zu sein, wie Mutter Zita weiter berichtete: *In der letzten Zeit kommen seitens der Schwestern soviele Klagen, daß wir unmöglich darüber hinwegsehen können. Der Herr Geschäftsführer im Städt. Krankenhaus* [Joseph Jansen] *scheint seine Aufgabe so aufzufassen, daß er den Schwestern möglichst viele Schwierigkeiten macht und Unannehmlichkeiten sagt. Dazu könnte ich verschiedene Ausführungen machen, die ich jedoch nicht gern zu Papier bringen möchte. Betreffs dieser Persönlichkeit möchten wir deshalb die dringende Bitte stellen, da möglichst bald eine Änderung zu schaffen.*[7] Doch Oberbürgermeister Gelberg blieb bei seinem Vorhaben, die Augustinerinnen durch Schwestern des Deutschen Roten Kreuzes zu ersetzen.

Ende April 1938 war es so weit: Die weltlichen Schwestern übernahmen den Pflegedienst am Städtischen Krankenhaus. Anlässlich des Wechsels wurde eine Feier im Hause veranstaltet, bei der neben den Ärzten und den neuen Schwestern auch Bürgermeister Ernst Albrecht, der Dezernent des Krankenhauses, und Geschäftsführer Joseph Jansen anwesend waren. Die Schwestern der Genossenschaft hingegen hatten es trotz mehrfacher Einladungen abgelehnt, an der Übergabefeier teilzunehmen – schließlich war man im Streit auseinander gegangen. Bereits am 31. März 1938 war in den katholischen Kirchen eine Erklärung zur Entlassung der Schwestern von den Kanzeln verlesen worden, was mehr oder weniger einen Skandal in der Stadt hervorgerufen hatte. So blieb Bürgermeister Ernst Albrecht nichts anderes übrig, als in seiner Rede Stellung gegen die renitente katholische Geistlichkeit zu beziehen.

Die Neußer Zeitung berichtete:

Bürgermeister Albrecht, [...], ging auf die Ursache des Wechsels im Pflegepersonal ein und betonte, daß dieser Wechsel nicht aus irgendwelchen weltanschaulichen Gründen erfolgte. Dem bisher tätig gewesenen Pflegepersonal, insbesondere den Schwestern, übermittle er für ihre aufopferungsvolle Tätigkeit den Dank der Stadtverwaltung. [...] Der Austausch des Pflegepersonals sei hauptsächlich erforderlich geworden, weil man durch die für das bisherige Pflegepersonal bestehenden Vorschriften auf Schwierigkeiten gestoßen sei, besondere Gesetze des Staates[8] durchzuführen. [...] Er bitte nunmehr, falls außerhalb des Krankenhauses Behauptungen auftauchen, die die Wahrheit entstellten, aufklärend zu wirken. Denn als Bürger einer Stadt habe jeder die Pflicht, die Interessen der Stadt wahrzunehmen. Auf der Suche nach neuem Pflegepersonal habe sich die Stadtverwaltung an mehrere hierfür maßgebende Organisationen gewandt. In erster Linie sei hierfür das Deutsche Rote Kreuz in Frage gekommen. Für das gezeigte Entgegenkommen spreche er hiermit dem Roten Kreuz den Dank der Stadtverwaltung aus. Es sei zu erwarten, daß von aufgeschlossenen Menschen, die das Dasein bejahen, auch am besten ein heilender Einfluß auf kranke und pflegebedürftige Volksgenossen ausgeübt werden könne.[9]

Im Gegenzug versicherte die Oberin der Schwestern, Frau Hell, dass sie den Pflegedienst ganz nach dem Motto des Roten Kreuzes – *Helfen, dienen, arbeiten!* – zu führen gedenke, und sie ergänzte: *Wie jeder Soldat auf seinem Posten stehe, so solle auch jede Schwester des Roten Kreuzes hier an ihrem Arbeitsplatz einsatzbereit sein.*

Und für Soldaten sollte das Krankenhaus eingerichtet werden, als es pünktlich zu Beginn des Zweiten Weltkrieges am 19. September 1939 von der Wehrmacht als Heimatlazarett beschlagnahmt und von allen zivilen Patienten geräumt wurde. Doch 1942 muss das Gebäude bereits einige Zeit leer gestanden haben, denn als das Herz-Jesu-Krankenhaus in der Promenadenstraße, das nach wie vor unter der Leitung der Neusser Augustinerinnen stand, im April 1942 bei einem Bombenangriff schwer beschädigt wurde, ordnete das Gesundheitsamt die sofortige Räumung und den Umzug in die Preußenstraße an. Die Chronik der Augustinerinnen berichtet, dass das Haus in der Preußenstraße sich in einem völlig unzureichenden hygienischen Zustand befand und die Unterbringung und Behandlung von Patienten kaum zuließ. Doch nach einigen Monaten harter Arbeit hatten die Schwestern der Genossenschaft das Krankenhaus wieder hergerichtet.

Damit wurde auch ein neuer Vertrag zwischen der Stadt und dem Orden notwendig, der die Benutzung des städtischen Gebäudes regelte. Am 8. Juni 1943 unterzeichneten Oberbürgermeister Dr. Wilhelm Tödtmann und Generaloberin Mutter Winanda eine neue Vereinbarung[10], die bis 1946 gültig bleiben sollte. Die Stadt überließ der Genossenschaft sämtliche Grundstücke, Gebäude sowie das gesamte Inventar *zur Benutzung auf unbestimmte Zeit zum Betrieb eines Krankenhauses.* Dafür hatte der Orden eine jährliche Pachtgebühr von 12.000 Reichsmark an die Stadt zu entrichten und alle Kosten einschließlich der Heizkosten sowie der Instandhaltung der Einrichtungsgegenstände und der medizinischen Geräte zu tragen. Im Gegenzug verpflichtete sich die Stadt, für alle Reparaturen und die Instandhaltung der Gebäude und der technischen Anlagen aufzukommen. Die im Krankenhaus vorhandene Wäsche und das ‚Kleingerät' musste die Genossenschaft zum handelsüblichen Preis von der Stadt erwerben.

Nebenbei verzeichnet der Vertrag zwei gravierende Mängel in den technischen Anlagen des Krankenhauses. Diese zeigen deutlich die nachlässige Haltung der Stadtverwaltung gegenüber der klinischen Gesundheitsversorgung der Zivilbevölkerung: Zum einen sei es *beiden Parteien bekannt, dass sich die Sterilisationsanlage trotz Überholung durch die Stadt nicht in einem einwandfreien Zustand befindet und eine nachhaltige Reparatur nicht möglich ist.* Zum anderen sei es der Stadtverwaltung ebenfalls bekannt, *dass die Heizungsanlage nicht in Ordnung ist und insbesondere ein erheblicher Mehrverbrauch an Brennstoffen dadurch eintritt, dass die Heizkörper nicht regulierbar sind. Die Stadt wird die Heizungsanlage baldigst in Ordnung bringen lassen.* Ob und wann dies geschehen ist, geht aus den vorliegenden Quellen nicht hervor. Eines ist jedoch ist sicher: Die Neusser Augustinerinnen traten nach einer vierjährigen Zwangspause unter schwierigsten Bedingungen wieder ihren Dienst am Krankenhaus an.

Die Gesundheitsversorgung in Neuss bis 1939

Im Jahr der Weltwirtschaftskrise 1931 bezeichnete der Kreisarzt Dr. Paul Neuhäuser in seinem Gesundheitsbericht den allgemeinen Gesundheitszustand der Neusser Bevölkerung als ‚zufriedenstellend': *Durch die starke Arbeitslosigkeit haben sich die Lebensbedingungen verschlechtert, es sind mir aber keine Fälle bekannt geworden, dass durch unzureichende Ernährung gesundheitliche Schäden entstanden sind.* Die Ursache für diesen vergleichsweise günstigen Umstand sah er darin, dass *die freiwillige Nothilfe verschiedenster Art überall eingesprungen ist, wo Mangel vorhanden war. In Krankenhäusern, Ordensniederlassungen u.ä. werden täglich alle Bedürftigen, die sich melden, gespeist. Die freiwillige Nothilfe sorgt auch ausgiebig für Kleidungsstücke und andere notwendige Gebrauchsgegenstände.*[11] Sorge hingegen bereitete ihm die steigende Zahl der Krebserkrankungen mit 66 Todesfällen sowie die hohe Zahl der Tuberkulosepatienten, von denen 84 im Krankenhaus behandelt wurden und zwölf starben.[12] Aus den Belegungszahlen der Tuberkulosestation des Städtischen Krankenhauses ist ersichtlich, dass die Anzahl der Tuberkulosekranken in den nächsten Jahren kontinuierlich zurückging. Ab 1937 schnellte sie jedoch wieder in die Höhe, um während des Zweiten Weltkrieges und in der Nachkriegszeit erschütternde Ausmaße anzunehmen. Ähnliches gilt für die Zahl der behandelten Patienten mit Geschlechtskrankheiten: Sie sank von 89 im Jahre 1933 auf 31 Erkrankte im Jahre 1938. Aus den Gesundheitsberichten ist allerdings zu ersehen, dass die von den Nationalsozialisten so hoch eingeschätzte ‚Volksgesundheit' sich bereits vor dem Krieg langsam aber unaufhörlich verschlechterte.[13]

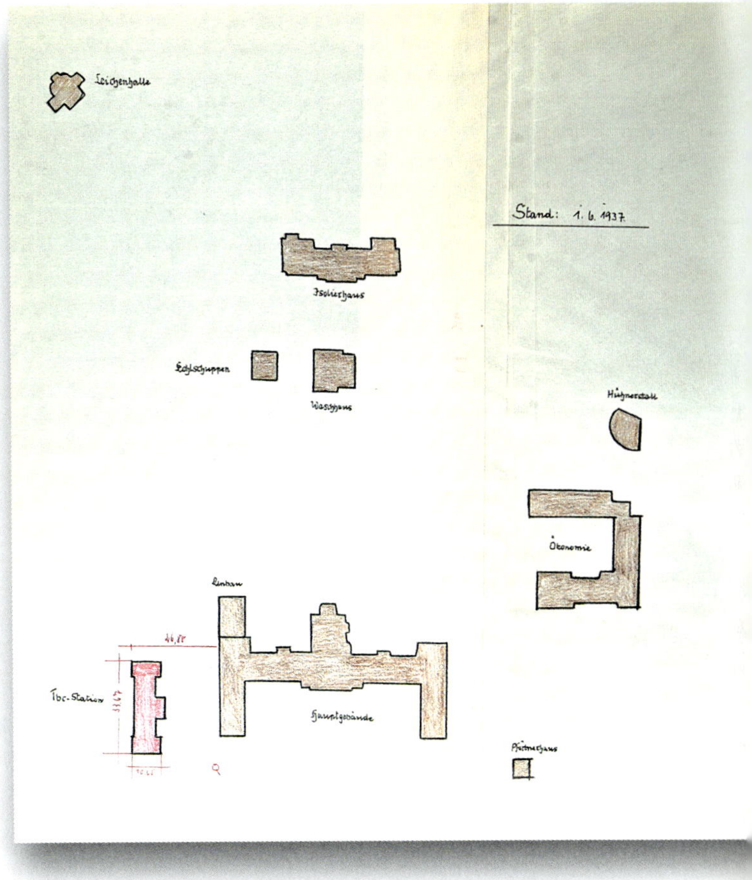

Die Gebäude des Lukaskrankenhauses im Jahre 1937. Neu erstellte Gebäude sind rot gekennzeichnet.

So wurde Neuss im Januar 1933 von einer Grippeepidemie heimgesucht. *Es handelte sich um Erkrankungen der Atmungsorgane, die aber schwerer verliefen als wie die Erkältungskrankheiten, wie sie sonst in dieser Jahreszeit üblich sind. Die Erkrankungsfälle nahmen so stark zu, dass unter den Schulkindern die Mehrzahl von der Krankheit befallen war. Es wurden deshalb sämtliche Schulen des Stadtkreises für 2 bis 3 Wochen geschlossen. […] Die Krankheit verlief zum Teil schwer; an Todesfällen wurden standesamtlich 29 gemeldet. Die Todesfälle sind meist erfolgt durch Lungenentzündung. Die Krankenkassen haben mir 1.037 Erkrankungsfälle und 3 Todesfälle gemeldet*.[14] Viele der an dieser lebensbedrohenden Grippe Erkrankten dürften im Städtischen Krankenhaus behandelt worden sein, denn die Infektionsstation des Hauses verzeichnete einen Anstieg von 107 im Jahre 1932 auf 204 Patienten im Grippejahr 1933.[15] Die nächste Grippeepidemie trat, hauptsächlich unter Schulkindern, drei Jahre später auf: 2.236 von 7.431 Schülern erkrankten, so dass wiederum sämtliche Schulen bis zu zwei Wochen geschlossen werden mussten. Diesmal waren jedoch nur zwei Tote zu beklagen.[16]

Beunruhigender als die unregelmäßig auftretenden Grippeepidemien war die Zunahme der Fälle von Diphtherie und Scharlach zwischen 1933 und 1939. Neuss ist im Hinblick auf diese äußerst ansteckenden Krankheiten allerdings kein Einzelfall, wie die Statistiken aus dem ‚Dritten Reich' belegen.[17] Wurden im Jahre 1934 noch 68 Diphtherie-Fälle in Neuss registriert, so waren es ein Jahr später bereits 114. Von diesen wurden 109 im Städtischen Krankenhaus behandelt; sieben Kinder starben, da sie nach Angaben des Kinderarztes zu spät in die Behandlung gekommen waren.[18] Diese Zahl erschien dem Kreisarzt schon bedrohlich genug, doch es sollte noch schlimmer kommen: Im Jahre 1936 war die Zahl der an Diphtherie erkrankten Kinder auf 449 angestiegen. Obwohl sich die Zahl der Diphtherie-Fälle damit beinahe vervierfacht hatte, starben ‚nur' sieben Kinder.[19] Ähnlich hohe Zahlen waren 1938 zu verzeichnen: Von 426 erkrankten Kindern überlebten elf die Krankheit nicht. Auffallend war das Auftreten der Diphtherie in den Altersstufen über 15 Jahren: Bei 41 Jugendlichen zwischen dem 15. und 19. Lebensjahr sowie 60 Erwachsenen wurde die gefährliche Atemwegserkrankung diagnostiziert. Im Laufe der folgenden Jahre sollte die Zahl der an Diphtherie erkrankten

Erwachsenen noch weiter zunehmen: 1938 waren 23 Prozent der Erkrankten im Erwachsenenalter, 1939 waren es bereits 40 Prozent.[20] Zudem wurde eine Häufung von schnell und schwer verlaufenden Fällen beobachtet: Im Kriegsjahr 1942 starben von 421 Neusser Patienten 18 an der Krankheit. Am Beispiel der Diphtherie wird deutlich, wie Krankheiten ihren ‚Charakter' und ihr epidemiologisches Verhalten verändern können.

Die beachtliche Zunahme von Diphtherie und Scharlach in der Stadt und im Landkreis Neuss-Grevenbroich führte jedenfalls zu einer Überfüllung der Isolierstation des Städtischen Krankenhauses:

Da im umliegenden Landkreis Grevenbroich Neuß nur in einem Krankenhaus eine kleine Isolierstation vorhanden ist, so wurden auch die ansteckenden Kranken aus diesem Landkreis zum größten Teil auf der Isolierstation des städtischen Krankenhauses Neuß isoliert. Da in der 2. Hälfte des Berichtsjahres die Erkrankungen an Scharlach und Diphtherie erheblich zugenommen haben, so war diese Isolierstation zeitweise überfüllt und es konnten nicht mehr alle Kranken untergebracht werden. Die Stadtverwaltung hat deshalb auf meine Anregung hin einen Erweiterungsbau der Isolierstation in Angriff genommen. Dadurch wurden die Isolierungsmöglichkeiten in der Zukunft wesentlich verbessert.[21]

Dies war auch unbedingt notwendig, denn 1937 wurden 566 Patienten auf dieser Station behandelt! Rein theoretisch hätte die Erweiterung eigentlich ausreichen müssen, doch auch im folgenden Jahr musste von einer Überfüllung der Station mit Diphtherie-Kranken aus der Stadt und dem Landkreis berichtet werden: Insgesamt 820 Patienten wurden im Jahre 1938 in die Isolierstation aufgenommen.[22] Die im Januar und Februar 1939 durchgeführte Diphtherie-Schutzimpfung brachte zunächst eine gewisse Entspannung: Die Zahl der registrierten Erkrankungen sank von 426 (1938) auf 185 Fälle im Jahre 1939. Zu Beginn des Jahres 1941 erfolgte die nächste Schutzimpfung, so dass die Zahl der Diphtherie-Erkrankungen vergleichsweise niedrig blieb. Erst im Winter 1942 schien der Impfschutz seine Wirkung verloren zu haben, so dass wiederum 421 Menschen erkrankten, von denen 403 im Krankenhaus behandelt wurden. 18 Kinder waren jedoch aufgrund ihrer ungenügenden Widerstandskraft und des ‚bösartigen Charakters' der Krankheit nicht mehr zu retten.[23] Das allgemeine Nachlassen der Resistenz weiter Bevölkerungskreise gegenüber Infektionskrankheiten führte Kreisarzt Dr. Neuhäuser auf *die häufige Störung der Nachtruhe infolge Luftalarm*[24] zurück. Aus der ‚Störung der Nachtruhe' durch britische und amerikanische Bomber sollte sich im Verlauf des Zweiten Weltkrieges eine erschreckende Krise in der Gesundheitsversorgung der Neusser Zivilbevölkerung entwickeln. Doch zuvor muss ein dunkles Kapitel in der Geschichte des Krankenhauses aufgeschlagen werden: Die Zwangssterilisationen, die zwischen 1934 und 1939 in den Operationssälen des Städtischen Krankenhauses an 312 Männern und Frauen vorgenommen wurden.

Das Erbgesundheitsgesetz

Eine der ersten gesundheitspolitischen Maßnahmen der nationalsozialistischen Machthaber war das Gesetz zur Verhütung erbkranken Nachwuchses (GzVeN), das so genannte Erbgesundheitsgesetz, das am 14. Juli 1933[25] erlassen wurde und am 1. Januar 1934 in Kraft trat. Bei der Ausarbeitung des Gesetzes konnten die Nationalsozialisten auf einen Entwurf für das Sterilisationsgesetz der preußischen Regierung aus dem Jahre 1932 zurückgreifen. Diesem Gesetzentwurf war in den 1920er Jahren eine lange Diskussion über ‚Erbpflege' und die Verhinderung der Fortpflanzung vorausgegangen. Ein wichtiges Argument waren in Zeiten wirtschaftlicher Rezession die Kosten, die die Gesellschaft für ‚erbbiologisch Minderwertige', so genannte ‚Ballastexistenzen', aufzubringen hätte. Doch nicht nur die politische Rechte, sondern auch liberale und sozialistische Mediziner hatten sich für eine ‚ausmerzende Erbgutpflege' ausgesprochen[26]; sie dachten dabei an Sterilisierungen, wie sie zu dieser Zeit bereits in den USA und in einigen Ländern Skandinaviens praktiziert wurden. Allerdings nur in Einzelfällen und niemals in den Ausmaßen, wie dies später unter den Nationalsozialisten rücksichtslos betrieben wurde. Nach dem preußischen Gesetzentwurf mussten der oder die Betroffene übrigens ausdrücklich der Sterilisation zustimmen.

Eine Einwilligung der Betroffenen sah das nationalsozialistische Erbgesundheitsgesetz hingegen nicht vor. Danach konnte gegen seinen Willen sterilisiert werden, wer an angeborenem Schwachsinn, Schizophrenie, zirkulärem Irresein oder den erblichen Formen von Veitstanz, Blindheit, Taubheit und schwerer körperlicher Missbildung litt. Zudem konnte unfruchtbar gemacht werden, wer unter die Diagnose ‚schwerer Alkoholismus' fiel. Mit dieser Indikation sowie dem Begriff ‚Schwachsinn' und dessen pseudowissenschaftlichen Interpretationen war der Weg geebnet, die Fortpflanzung psychisch Kranker und sozial unerwünschter Personen und Familien zu verhindern. Sittliches, moralisches und soziales Fehlverhalten konnte also die Diagnose ‚angeborener Schwachsinn' nach sich ziehen und zur Anordnung einer Zwangssterilisation führen.

Fürsorger, Lehrer und Ärzte hatten, ohne Rücksicht auf ihre Schweigepflicht, den Betreffenden beim Gesundheitsamt anzuzeigen. Dieses erstellte ein Gutachten und beantragte damit bei dem jedem Amtsgericht angegliederten Erbgesundheitsgericht die Zwangssterilisation. *Entziehen konnte sich der Sterilisation nur, wer durch amtsärztliches Zeugnis nachweisen konnte, dass mit der Operation Lebensgefahr verbunden war oder wer sich auf eigene Kosten in eine geschlossene Anstalt begab. Patienten mit Diagnosen, die unter das GzVeN fielen, durften aus geschlossenen Anstalten nur entlassen werden, wenn über sie geurteilt und sie sterilisiert worden waren.*[27] Die Sterilisation durfte nur in einem von der obersten Landesbehörde ausgewählten Krankenhaus durchgeführt werden, die Kosten der Operation trugen die Krankenkassen oder der Fürsorgeverband. Begaben sich die ‚Erbkranken' nicht binnen zwei Wochen freiwillig in die Krankenanstalt, so konnten sie notfalls unter polizeilichem Zwang dorthin verbracht werden. Einem Sterilisierten war nach dem Ehegesundheitsgesetz vom 18. Oktober 1935 die Eheschließung mit

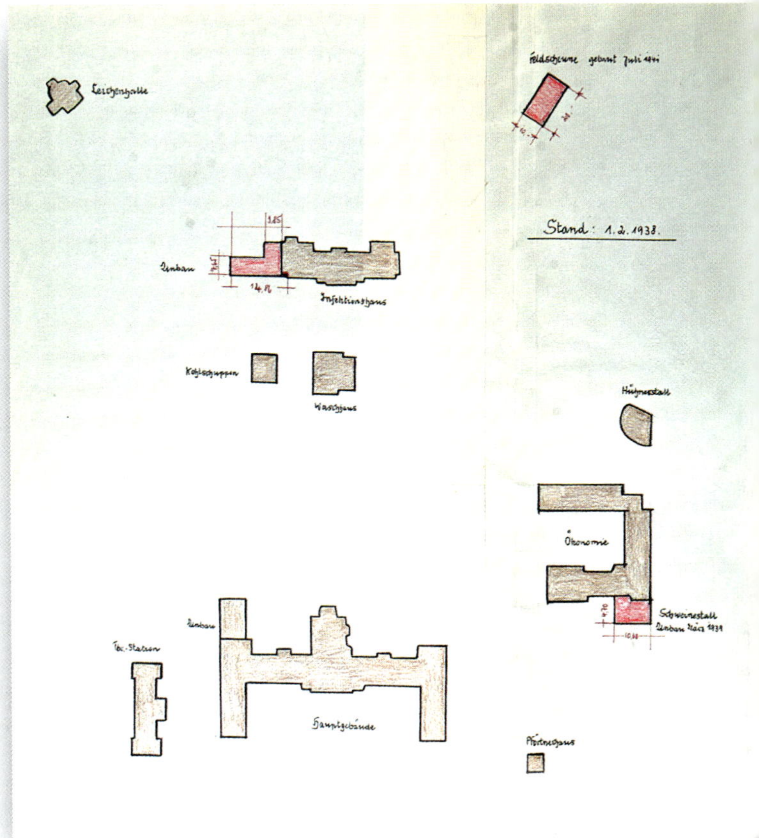

Die Gebäude des Lukaskrankenhauses im Jahre 1938. Neu erstellte Gebäude sind rot gekennzeichnet.

einem ‚Erbgesunden' untersagt; in zynischer Logik durften jedoch ein sterilisierter Mann und eine sterilisierte Frau heiraten.

Im Stadtkreis Neuss war für die Erstellung der Gutachten der Amtsarzt Medizinalrat Dr. Paul Neuhäuser zuständig. Er war ab 1934 zunächst stellvertretender Beisitzer am Erbgesundheitsgericht in Wuppertal-Elberfeld, später wechselte er an die auch für Neuss zuständigen Erbgesundheitsgerichte in Mönchengladbach und Düsseldorf.[28] Bereits Ende 1933 hielt er im Ärzteverein der Stadt Neuss einen Vortrag über das Gesetz zur Verhütung erbkranken Nachwuchses; über ‚Rassenkunde und Erbpflege' unterwies er zu Beginn des Jahres 1934 im Auftrag der Nationalsozialistischen Volkswohlfahrt die Amtswalter, zu denen viele Lehrer gehörten.[29] Nach dem Krieg wurde er von der britischen Militärverwaltung zunächst nicht entnazifiziert, aber in seiner Position belassen.[30] Er leitete bis 1953 das Gesundheitsamt der Stadt Neuss.

Mit der Durchführung der Eingriffe beauftragte der Regierungspräsident in Düsseldorf das Städtische Krankenhaus. Der zuständige Amtsarzt legte bei der Bestimmung der Krankenhausärzte großen Wert auf deren Qualifikation, da aufgrund der gegen das Gesetz bestehenden Widerstände während und nach der Operation entstehende Komplikationen unbedingt vermieden werden sollten. *Das spätere Lukaskrankenhaus war im Stadt- und Kreisgebiet das einzige Haus, in dem der Eingriff ausgeführt wurde, da sich die katholischen Krankenhäuser zur Sterilisationsoperation aus nicht medizinischer Indikation nicht bereit erklärten und hierzu auch nicht verpflichtet werden konnten.*[31]

Am Erbgesundheitsgericht des Amtsgerichtes Düsseldorf, das für die Stadt Neuss zuständig war, wurden 513 Anträge auf Sterilisation nach dem Erbgesundheitsgesetz eingebracht, in 503 Fällen kam es zu einem Verfahren. Dabei wurden insgesamt 419 Menschen zur Sterilisation verurteilt, 196 Frauen und 223 Männer.[32] *59% aller Personen befanden sich zum Zeitpunkt des Urteils in Anstalten, 54% davon im Alexianerkrankenhaus. Der Anteil der Patienten der Alexianer Heil- und Pflegeanstalt an der Gesamtzahl der angeordneten Sterilisation betrug somit 32,2%, während das Josefskloster und das Notburgahaus mit ihren weiblichen Bewohnern nur 20% der Verurteilten beherbergten. Bemerkenswert ist zudem, dass 98% der Schizophrenen ihren Aufenthaltsort in Anstalten hatten und alle männlichen Schizophrenen Patienten der Alexianeranstalt waren. Alle wegen schweren Alkoholismus Verurteilten befanden sich in psychiatrischen Kliniken.*[33] 41% aller Verurteilten, das waren 172 Personen, waren Einwohner von Neuss und lebten ‚zu Hause'. Das Durchschnittsalter lag bei den männlichen Patienten bei 30 Jahren, bei den weiblichen bei knapp 26 Jahren.

Von den 419 angeordneten Eingriffen wurden 391 ausgeführt, davon 312 im Städtischen Krankenhaus in Neuss, der Rest in auswärtigen Kliniken. Dabei wurde den Frauen der Eileiter entfernt, den Männern drei Zentimeter des Samenleiters.[34] Die durchschnittliche Liegedauer der Sterilisationspatienten im Städtischen Krankenhaus betrug bei Männern zehn, bei Frauen vierzehn Tage. Gelegentlich auftretende Komplikationen machten einen längeren Aufenthalt notwendig: So wurden bei neun Frauen und acht Männern Abszesse und Wundheilungsstörungen beobachtet.[35] Todesfälle waren nicht zu verzeichnen, ebenso wurden keine Schwangerschaftsabbrüche ausgeführt.[36]

Spätestens im Jahre 1938 sank die Zahl der Urteile und Operationen schlagartig, ein Jahr später kam das Verfahren in Neuss beinahe ganz zum Stillstand. Nachdem das Städtische Krankenhaus am 19. September 1939 zum Heimatlazarett der Wehrmacht bestimmt worden war, wurde die letzte Sterilisation eines Neusser Bürgers 1943 in Düsseldorf durchgeführt.[37]

Die Operationen im Neusser Krankenhaus wurden in der Regel von folgenden Ärzten vorgenommen: von Chefarzt Dr. Friedrich W. Mahne, in dessen Vertretung von dem Chirurgen und Frauenarzt Dr. Heinrich Berger, von Dr. Rheindorf und dem Assistenzarzt Dr. Laufhütte. Dr. Mahne war bereits im Jahre 1934, die anderen mit einem Schreiben des Regierungspräsidenten vom 8. Juni 1937 zu diesen Operationen ermächtigt worden.[38] Wie viele tausend andere deutsche Ärzte in dieser Zeit wurden sie zu Mitläufern und Helfershelfern eines Regimes, das von ihnen nur zu oft den Verrat am hippokratischen Eid verlangte.

Welche Auswirkungen die Zwangssterilisationen auf die einzelnen Betroffenen hatte, lässt sich heute kaum noch ermessen. Das Stigma ‚erbkrank' zu sein betraf nicht nur die Sterilisierten selbst, sondern auch deren Familien, die zumindest im Verdacht standen, Merkmalsträger zu sein oder die Erkrankung vererben zu können oder vererbt zu haben. Deshalb wandten sich einige Personen mit der Bitte an den Amtsarzt, sie vor Diffamierungen zu schützen. Aus diesem Grunde achtete Dr. Neuhäuser gewissenhaft auf die Einhaltung der Schweigepflicht. *Gegenüber dem Ersuchen des Hauptamtes für Volksgesundheit – NSD Ärztebund – um Auskunft über Sterilisationsverfahren setzte er sich erfolgreich zur Wehr, den Oberbürgermeister der Stadt Neuss bat er mit Schreiben vom 28. Juli 1938 eindringlich, dafür zu sorgen, dass Bemerkungen über Unfruchtbarmachungen in offiziellen Akten unterblieben.*[39] Die meisten der rund 400.000 Personen, die zwischen 1934 und 1945 in Deutschland unfruchtbar gemacht wurden, sind niemals für das an ihnen begangene Unrecht entschädigt worden.

Im Zuge der Neuorganisation des Gesundheitswesens in Neuss unter der nationalsozialistischen Stadtverwaltung wurde die rechtliche Stellung der Ärzte am Städtischen Krankenhaus neu definiert. Deshalb schlossen die Stadt, vertreten durch Oberbürgermeister Wilhelm Gelberg, und Dr. Mahne am 31. März 1935 auf der Grundlage des Bürgerlichen Gesetzbuches einen neuen Dienstvertrag ab. Dr. Mahne hatte danach *auf jede andere klinische Tätigkeit innerhalb des Gebietes der kreisfreien Stadt Neuss zu verzichten*.[40] Der Chirurg durfte also nicht mehr am Herz-Jesu-Krankenhaus operieren, was zunächst einen gewissen Verdienstausfall bedeutete; seine Privatpraxis konnte er hingegen weiter betreiben. Der Paragraph 3 des Vertrages besagte folgendes:

Herr Dr. Mahne führt die Dienstbezeichnung ‚Chefarzt des städt. Krankenhauses'. Als solcher ist er dem Oberbürgermeister voll verantwortlich. Ihm obliegt die Leitung des gesamten Krankenhausbetriebes. Gleichzeitig ist er leitender Arzt der chirurgisch gynäkologischen Abteilung des Krankenhauses.[41]

Dies bedeutete, dass nicht mehr die Krankenhausverwaltung, sondern der Oberbürgermeister über alle Krankenhausangelegenheiten entschied. Diesen Entscheidungen hatten sowohl der Chefarzt als auch der Geschäftsführer der Klinik Folge zu leisten.

Nach einer Bestimmung der Dienstpflichten, die im Großen und Ganzen nicht von denen im Vertrag von 1911 abweichen, wird der Chefarzt des Krankenhauses auf die ‚Volksgemeinschaft' verpflichtet: Er habe *überhaupt das Interesse des Hauses und dementsprechend auch das Interesse der Stadtgemeinde nach bestem Können wahrzunehmen und zu fördern und alle ihm in seiner Stelle obliegenden Aufgaben und Pflichten unparteiisch und nach bestem Wissen und Gewissen zu erfüllen*.[42]
Gravierende Veränderungen zur Vereinbarung von 1911 betrafen allerdings seine rechtliche Stellung und seine Vergütung. Diese richtete sich nunmehr nach der Besoldung für städtische Beamte – *Besoldungsgruppe A 2 b*, außerdem war er *nach Maßgabe der Pensionsbestimmungen für die preußischen Staatsbeamten* nach Ende seiner Tätigkeit zum Bezug einer Rente berechtigt. Dabei sollten ihm sowohl der Dienst als Stabsarzt als auch seine zivile Dienstzeit am Krankenhaus seit September 1911 angerechnet werden, außerdem hatten seine Angehörigen Anspruch auf Hinterbliebenenfürsorge. Damit waren jedoch nicht nur Art und Höhe seines Einkommens festgelegt, sondern auch seine rechtliche Stellung: Er wurde gleichsam als Beamter angesehen, für den die Bestimmungen des Beamtendisziplinarrechts galten.[43]

Doch die zivile Tätigkeit des Chefarztes sollte nur vier Jahre dauern, denn am 4. September 1939, also genau zu Beginn des Zweiten Weltkrieges, wurde er als Stabsarzt in die Wehrmacht einberufen. Da das Städtische Krankenhaus drei Wochen nach Kriegsbeginn zum Heimatlazarett umfunktioniert wurde, blieb er weiterhin an seiner angestammten Dienststelle. Erst am 30. August 1942 wurde der mittlerweile zum Oberstabsarzt beförderte Chirurg *zur Versorgung der Zivilbevölkerung*[44] aus dem aktiven Militärdienst entlassen. Dass ab 1942 nicht nur in Neuss jeder handlungsfähige Arzt und jede Ärztin, gleich welchen Alters, für die medizinische Versorgung der Zivilbevölkerung dringend gebraucht wurden, wird im Folgenden noch zu zeigen sein. Dr. Mahne jedenfalls praktizierte noch eine zeitlang nach Kriegsende und genoss als *verdienter Arzt*[45] seinen Lebensabend, bis er am 14. Oktober 1959 nach schwerer Krankheit verstarb.

Krieg und Krise

Während der Weimarer Republik waren die Kapazitäten der Neusser Krankenhäuser kontinuierlich erhöht worden – im Städtischen Krankenhaus von 229 Betten (1921) auf 250 im Jahre 1925. Doch ab 1933 begann diese Zahl zu stagnieren, und spätestens mit der Verkündung des Vierjahresplans im September 1936 unterlagen auch die Krankenhäuser der Planwirtschaft. Dies bedeutete, dass aufgrund der Rohstoffknappheit kaum noch Neubaumaßnahmen in Angriff genommen werden konnten; jedenfalls wurden nur solche Bauvorhaben genehmigt, *die auch vom Standpunkt der Krankenhausplanwirtschaft einem dringenden öffentlichen Bedürfnis entsprechen*.[46] Außerdem hatten die Städte und Kreise eine Liste aller Krankenhäuser einschließlich der Bettenzahlen und der geleisteten Verpflegungstage vorzulegen, damit bei Kriegsbeginn sofort eine Aufteilung in Heimatlazarette und Krankenhäuser für die Zivilbevölkerung vorgenommen werden konnte.

Mit dem Befehl Hitlers zum Angriff auf Polen begann am 1. September 1939 der Weg Europas in die Katastrophe des Zweiten Weltkrieges. Bereits fünf Tage später verfügte Reichsgesundheitsführer Dr. Leonardo Conti angesichts des zu erwartenden Bedarfs an Krankenhausbetten, dass *die im Laufe der letzten Jahre auf Kosten der Hausentbindungen stark gestiegene Anzahl der Anstaltsentbindungen auf das unbedingt notwendige Maß zurückgeführt*[47] werden sollte. Ob diese Verfügung im Städtischen Krankenhaus beachtet wurde, ist nicht bekannt, da das Haus am 19. September 1939 von der Wehrmacht ‚beschlagnahmt' wurde und von allen zivilen Patienten geräumt werden musste. Damit begann in Neuss die Zeit der Not- und Ausweichkrankenhäuser.

Ein Teil der Patienten wurde in das 185 Betten umfassende Herz-Jesu-Krankenhaus in der Promenadenstraße gebracht, als ‚Hilfskrankenhaus' diente zunächst das Kamillianer-Kloster. Die Infektionsstation des Städtischen Krankenhauses wurde notdürftig in die Alexianeranstalt verlegt. Da das Kamillianer-Kloster sich jedoch nicht als Notkranken-

Zur Belegschaft des Heimatlazaretts gehörten auch Sanitätsoffiziere und Rote-Kreuz-Schwestern.

haus eignete, begann man im Januar 1940, im Kloster Immaculata eine Innere Abteilung und eine Kinderstation einzurichten, die im Januar und Februar 1940 durchschnittlich mit 45 Erwachsenen und 35 Kindern belegt waren. Von den erwachsenen Patienten waren mehr als die Hälfte wegen Herzasthma, Lungenentzündung und Diabetes in Behandlung.[48] Das Hilfskrankenhaus Immaculata unterstand ebenso wie die Infektionsstation in der Alexianeranstalt bis Kriegsende der Leitung des Herz-Jesu-Krankenhauses. An den Hilfskrankenhäusern, zu denen später noch eine Abteilung mit 73 Betten für inoperable Krebsfälle im St. Josefskloster hinzu kam, praktizierten auch die Ärzte und das Pflege-

Zu Beginn des Krieges blieb den Sanitätssoldaten noch Zeit für ein entspanntes Gruppenfoto ...

personal des Städtischen Krankenhauses. In den Hilfskrankenhäusern einschließlich des Herz-Jesu-Krankenhauses standen Anfang 1941 rund 420 Betten für die Versorgung der Zivilbevölkerung zur Verfügung. Diese Kapazitäten reichten zunächst aus. Doch nach und nach machten sich erste Anzeichen der kriegsbedingten Krise in der Gesundheitsversorgung der Bevölkerung bemerkbar. Die Krise wurde durch die steigende Zahl der Zwangsarbeiter, den Ärztemangel und die mangelhaften Vorkehrungen im zivilen Luftschutz verursacht.

Bereits im Januar 1941 musste Reichsgesundheitsführer Dr. Conti wiederholt Klagen über die Bettenknappheit und die starke Überbele-

... und noch harmlosen Zeitvertreib.

gung der Krankenhäuser in vielen deutschen Industriestädten entgegennehmen. Der Grund dafür waren die in der Industrie und Landwirtschaft arbeitenden Zwangsarbeiter und Kriegsgefangenen, die wegen ihrer schlechten Ernährung besonders anfällig für ansteckende Krankheiten wie Tuberkulose, Typhus und Fleckfieber waren und deshalb in den Krankenhäusern behandelt werden mussten. Vor allem störten Dr. Conti und andere deutsche Gesundheitspolitiker die *gemeinsame Unterbringung von Kriegsgefangenen und Arbeitskräften aus den Feindstaaten sowie von polnischen Arbeitern und deutschen Volksgenossen in Krankenanstalten [...]. Sie widerspricht auch dem gesunden Volksempfinden, das in einer derartigen Maßnahme eine unbillige Gleichstellung erkrankter deut-*

Genesende Wehrmachts-Patienten des Neusser Heimatlazaretts erhielten gelegentlich ‚Raucherlaubnis'.

scher Volksgenossen mit Angehörigen der Feindstaaten bezw. den kulturell tiefer stehenden polnischen Arbeitern erblickt. Die Art der Unterbringung erscheint aber auch im Hinblick auf die feindliche Propaganda höchst unerwünscht. Ich ersuche daher, für eine getrennte Unterbringung Sorge zu tragen.[49]

Doch so einfach war dieses Problem in Neuss nicht zu lösen, wie Dr. Kranz, der Chefarzt des Hilfskrankenhauses Immaculata, in einem Schreiben lakonisch feststellte:

Die Durchführung genannter Bedingungen ist im hiesigen Krankenhause infolge des bestehenden Raummangels nicht durchführbar. Es steht uns nur ein Zimmer mit 2 Betten (neben zwei großen Krankensälen) zur Verfügung, das für Schwerstkranke, bzw. Sterbende reserviert bleiben muss. Bisher haben sich bei Unterbringung ausländischer Arbeiter gemeinsam mit deutschen Volksgenossen keine Differenzen und Unannehmlichkeiten eingestellt.[50]

In einem ergänzenden Erlass verfügte Dr. Conti, dass die Bestimmungen vom Januar 1941 nicht auf norwegische, niederländische und flämische Fremdarbeiter anzuwenden seien.[51] Doch damit war keineswegs Abhilfe geschaffen, denn im Sommer 1942 musste Kreisarzt Dr. Neuhäuser eine weitere Verknappung der Bettenkapazitäten für die Zivilbevölkerung feststellen:

Dadurch, daß nun ausländische Arbeitskräfte bei Neußer Industriewerken eingestellt wurden, bei denen auch immer wieder Krankheitsfälle, die Krankenhausbehandlung notwendig machten, vorkamen, so hat sich zweifellos ein gewisser Mangel an Krankenhausbetten ergeben, vor allem deshalb, weil ja die Unterbringung von Ausländern in demselben Raum mit Deutschen nicht erfolgen soll. Um diesem Notstand abzuhelfen und um ein Anwachsen des Notstandes, der sicher erwartet werden muß, wenn noch mehr ausländische Arbeitskräfte in Neuß eingesetzt werden, womit nach meinen Informationen bestimmt gerechnet werden muß, zu verhindern, bin ich schon vor vielen Wochen an das Arbeitsamt herangetreten und habe mich auch vor allem schon wiederholt beim Landesarbeitsamt in Köln eingesetzt, Baracken zu bekommen, die ich bei den Krankenhäusern aufstellen lassen wollte, um so eine leichte Versorgung durch die Krankenhausärzte zu ermöglichen.[52]

Doch die Baracken ließen auf sich warten. Erst als die Wehrmacht das als Heimatlazarett benutzte Städtische Krankenhaus für die Versorgung der Zivilbevölkerung freigab, entspannte sich die Lage ein wenig. Wegen der Zunahme der Diphtherie- und Scharlach-

Erkrankungen wurden das Isolierhaus erweitert und eine Baracke für erkrankte Zwangsarbeiter auf dem Gelände an der Preußenstraße errichtet.

Doch Zwangsarbeiter waren nicht nur Patienten, sondern auch Arbeiter im Städtischen Krankenhaus, das unter der Verwaltung des Herz-Jesu-Krankenhauses stand, und vom Orden der Augustinerinnen gepachtet worden war. Wie viele Zwangsarbeiter dort beschäftigt waren, lässt sich heute nicht mehr sagen. Das Kreisarchiv Neuss hat in seiner Umfrage zu ‚Zwangsarbeit im Kreis Neuss' zwei ehemalige polnische Zwangsarbeiterinnen des Städtischen Krankenhauses ausfindig gemacht. Henryka U. wurde im Alter von dreizehn Jahren, ihre Schwester Dobiecka C. im Alter von vierzehn Jahren nach Neuss verschleppt. Sie berichten übereinstimmend, dass sie bis zum 1. Juni 1945 im Städtischen Krankenhaus, Preußenstraße 84 untergebracht waren; ein authentisches Foto zeigt sie vor dem Ökonomiegebäude des Krankenhauses. Auf dem Fragebogen schildert Henryka U. in Stichworten ihre Arbeit im Krankenhaus: *Gearbeitet wurde von morgens bis mittags und von mittags bis abends: Das Hüten der Kühe, die Gartenarbeit, das Fegen der Straße um das Krankenhaus, der Milchtransport in die umliegenden Krankenhäuser, Bedienung der Schrotmühle und viele andere Arbeiten*.[53] Außerdem berichten die beiden ehemaligen Zwangsarbeiterinnen von weiteren ausländischen Arbeitern am Krankenhaus, deren Nationalität ihnen jedoch nicht bekannt geworden sei.

Die Nationalitäten der übrigen Zwangsarbeiter sind jedoch ersichtlich aus der Kartei der ‚Fremdarbeiter', die sich im Archiv der Augustinerinnen befindet. Demnach haben zwischen März 1942 und März 1945 insgesamt 21 Zwangsarbeiterinnen und sechs Zwangsarbeiter in den verschiedenen Abteilungen und der Ökonomie des Städtischen Krankenhauses gearbeitet. Von den 27 ‚Fremdarbeitern' stammten fünf aus Frankreich, zwei aus Holland und sechs aus Polen; jeweils eine Zwangsarbeiterin kam aus der Slowakei und der

Ukraine. Die restlichen zwölf werden in der Kartei unter der Rubrik ‚Nationalität' lapidar als ‚Ostarbeiterin' bezeichnet. Sie waren also aus den von den Deutschen besetzten Gebieten der Sowjetunion nach Neuss gebracht worden. Das Alter der Zwangsarbeiter-Belegschaft am Städtischen Krankenhaus lag 1943 zwischen 16 und 51 Jahren, das Durchschnittsalter jedoch knapp unter 20 Jahren. Die überwiegende Mehrzahl der ‚Fremdarbeiter' wurde als ‚landwirtschaftlicher Arbeiter', Hilfsarbeiterin oder Hausgehilfin beschäftigt, nur sechs kamen als Stationshilfen oder Krankenpflegerinnen mit Ärzten und Patienten in Berührung. Entsprechend unterschiedlich waren auch die Brutto-Löhne, von denen Abgaben wie Steuern, Krankenkassenbeiträge und Zwangsabgaben für die Deutsche Arbeitsfront (DAF) oder das Winterhilfswerk (WHV) abgezogen wurden. Den höchsten ‚Lohn' erhielt mit 113 Reichsmark eine polnische Krankenpflegerin, ihr folgte ein niederländischer Arbeiter mit 75 Reichsmark; ansonsten lagen die ‚Löhne' zwischen 20 Reichsmark für ‚Ostarbeiterinnen' und 50 Reichsmark für eine französische Stationshilfe. Als ‚Wohnung' sind auf sämtlichen Karteikarten übrigens nur zwei Adressen eingetragen: Kölnerstraße 46, die Adresse des Klosters Immaculata, und Nordkanalallee 152, die Anschrift der *‚Alexianer-Heil- und Pflegeanstalt für gemüts- und nervenkranke Männer'*. Da die beiden Häuser während des Krieges als Notkrankenhäuser dienten und stets mit Patienten überfüllt waren, dürften die Zwangsarbeiterinnen und Zwangsarbeiter dort unter primitivsten Bedingungen einquartiert gewesen sein. Ob sie in den Häusern oder in auf dem Gelände aufgestellten Baracken lebten, geht aus den vorhandenen Dokumenten zu diesem dunklen Kapitel in der Geschichte des Neusser Augustinerinnen-Ordens nicht hervor.

Die zweite Ursache für die Krise in der Gesundheitsversorgung der Neusser Bevölkerung war der kriegsbedingte Ärztemangel an zivilen Krankenhäusern. Das heißt, dass einer mehr als ausreichenden Anzahl von Ärzten in der Wehrmacht eine bedrohliche

Minderzahl an der ‚Heimatfront' gegenüberstand. Dies galt sowohl für die frei praktizierenden Ärzte wie auch für die Mediziner an den Krankenhäusern. Eine wichtige ‚Manövriermasse' in der Krankenhausplanwirtschaft waren junge Assistenzärzte und Jungärztinnen. Die Bestimmungen der kriegsbedingten Planwirtschaft verfügten, dass Ärzte der Jahrgänge 1910 bis 1913 nur begrenzt vom Dienst in der Wehrmacht zurückgestellt werden durften. Deshalb sei von den Gesundheitsämtern der ausreichenden Versorgung der einzelnen Abteilungen der Krankenhäuser erhöhte Aufmerksamkeit zu schenken, *zumal es bei dem Ärztebedarf der Wehrmacht ausgeschlossen ist, daß den Krankenhäusern chirurgisch ausgebildete Ärzte als Ersatz für Eingezogene überwiesen werden können.* Eine besondere Rolle sollte vor allem jungen Ärztinnen zufallen, die von den Kinder- und Säuglingsstationen in die inneren Abteilungen versetzt werden sollten, um so *einen Arzt dieser Abteilung freizumachen und ihn der unterbesetzten chirurgischen Abteilung zur Einarbeit zur Verfügung zu stellen.*[54] Am Herz-Jesu-Krankenhaus war jedoch das ärztliche Personal der chirurgischen Abteilung – der einzigen in Neuss – ausreichend: Die rund 120 Patienten der Station wurden von Chefarzt Dr. H. Berger und seinen beiden Assistenzärzten versorgt, eine dritte Assistenzarztstelle war nicht besetzt. Kreisarzt Dr. Neuhäuser betonte jedoch gegenüber dem Regierungspräsidenten, *daß keiner der Ärzte entbehrt werden kann und daß auch kein Wechsel der Ärzte stattfinden darf, weil die einwandfreie Versorgung der chirurgischen Abteilung unter den gegebenen Verhältnissen nur deshalb möglich ist, weil die Assistenzärzte ganz auf die Verhältnisse des Krankenhauses und auf die Zusammenarbeit mit den Chirurgen eingearbeitet sind.*[55] Nachdem jedoch im Dezember 1941 im Hilfskrankenhaus Immaculata die Innere Abteilung und die Kinderstation und im Alexianerkloster die Infektionsstation auf insgesamt 270 Betten vergrößert worden waren, reichten die beiden Assistenzärztinnen für die ärztliche Betreuung nicht mehr aus. Deshalb schlug die Ärztekammer Rheinland dem Regierungspräsidenten und dem Neusser Oberbürgermeister Tödtmann vor, die Jungärztin Maria T. über eine Notdienstverpflichtung als Assistentin an das Hilfskrankenhaus zu holen. Die notdienstverpflichtete Ärztin trat ihren Dienst am 1. Januar 1942 an und verrichtete ihn bis zum Ende des Krieges.

Die zunehmend heftiger und häufiger geführten Luftangriffe der Briten und Amerikaner richteten nicht nur Schäden an Krankenhäusern an, sondern zerstörten auch zahlreiche freie Arztpraxen. Dennoch war es Ärzten aus größtenteils zerstörten Krankenhäusern zunächst nicht erlaubt, eine Praxis zu eröffnen; sie hatten sich vielmehr für den Dienst an einem intakten Krankenhaus zur Verfügung zu stellen. Nachdem jedoch im Jahre 1944 an eine ärztliche Versorgung außerhalb der Krankenhäuser kaum noch zu denken war, schlug der Reichsgesundheitsführer einen neuen Weg ein. Er verfügte, dass nach spätestens drei Jahren alle Assistenzärzte an den Krankenhäusern in die freie Praxis zu versetzen und gegen frisch approbierte Jungärzte auszutauschen seien. Zu dieser Regel waren keine Ausnahmen vorgesehen, bis auf eine: *Ärztinnen sollen, da sie den großen Anstrengungen des Außendienstes weniger gewachsen sind, möglichst weiter in Krankenhäusern tätig bleiben. Eignet sich jedoch eine Ärztin für die freie Praxis, so hat sie nach spätestens 3 Jahren einem Jungarzt Platz zu machen.*[56] In einem kurzen Bericht meldete Dr. Neuhäuser zwei Assistenzärzte und fünf Ärztinnen an den Neusser Krankenhäusern und fügte hinzu: *Von den Assistenzärzten der hiesigen Krankenanstalten kommen für den Austausch in die freie Praxis Ärzte nicht in Frage. [...] Die Assistenzärztinnen eignen sich nicht für die freie Praxis gem. Abschnitt 5 der Verfügung.*[57] Angesichts der Flächenbombardements auf deutsche Städte ist kaum zu ermessen, welchen Belastungen die Krankenhausärzte ausgesetzt waren. Überstunden bis an die Grenzen der Leistungsfähigkeit gehörten bei einer Bettenauslastung von mehr als 95 Prozent in den Neusser Krankenhäusern zum Alltag. Vor allem gegen Ende des Krieges mussten die immer zahlreicher werdenden Opfer von Bombenangriffen wegen Augenverletzungen, Schock, abgerissenen Gliedmaßen und Schädelfrakturen behandelt werden. Hinzu kamen aufgrund der sich rapide verschlechternden Ernährungslage und der zerstörten Trink- und Abwasserleitungen zahlreiche Infektionskrankheiten, denen auch die Ärzte selbst zum Opfer fielen.

Doch nicht nur die Ärzte, sondern auch das Pflegepersonal hatte unter den Auswirkungen des Krieges zu leiden. Zweifellos herrschte ein großer Mangel an Pflegepersonal, so dass sich Dr. Neuhäuser im Februar 1943 gezwungen sah, 20 weibliche und vier männliche Hilfskräfte für die Krankenhäuser beim Arbeitsamt Neuss anzufordern. Seine Begründung gibt ein anschauliches Bild über die Arbeitssituation des Pflege- und Hilfspersonals:

Die geprüften Krankenschwestern, deren Zahl durchaus unzureichend ist, sind durch die Krankenpflege im engeren Sinne so stark in Anspruch genommen, dass es unmöglich ist, dass sie alle anderen Nebenarbeiten z. T. noch mit übernehmen. Das gilt bes. in der heutigen Zeit, wo sehr oft Störungen und Beschädigungen durch Fliegerangriffe vorkommen und wo fast jede Nacht die Kranken in den Luftschutzkeller gebracht werden müssen; was nicht nur bei Alarm geschieht, sondern was auch schon durchgeführt werden muss, wenn Voralarm gemeldet ist. Es ist unmöglich, dass es die Schwestern weiter so machen, denn sie sind an der Grenze ihrer Leistungsfähigkeit und ich befürchte als Arzt, dass ein größerer Teil von ihnen für die Krankenpflege ausfallen würde, wenn sie noch weiter diese Überlastung tragen müssten. Ein Ausfall von Krankenpflegeschwestern würde sich natürlich ganz katastrophal auswirken und ich muss als Amtsarzt ausdrücklich betonen, dass es nicht verantwortet werden könnte im Interesse der Krankenhausversorgung unserer Kranken; das hat natürlich noch viel größere Bedeutung in der jetzigen Zeit, in der jeder Zeit durch Katastrophen ein stärkerer Zugang an Kranken erwartet werden muss. Es würde sich dadurch eine Unruhe in der Bevölkerung breit machen, wenn bekannt würde, dass die Krankenpflege in den Krankenhäusern nicht mehr so durchgeführt werden kann, wie es notwendig ist.[58]

Ab Juni 1942 konnte das Städtische Krankenhaus in der Preußenstraße wieder für die Versorgung der Zivilbevölkerung benutzt werden. Dies war auch dringend geboten, denn knapp zwei Monate später wurde das Herz-Jesu-Krankenhaus durch einen Bombentreffer so schwer beschädigt, dass es geräumt werden musste; die Patienten wurden in das Städtische Krankenhaus und die Hilfskrankenhäuser verlegt. Bereits am 1. August 1942 war das städtische Altenheim, das so genannte Invalidenhaus, bei einem Luftangriff ausgebrannt und kam als Ausweichkrankenhaus nicht mehr in Frage.[59] Deshalb erging aus Berlin und Düsseldorf die Verfügung, in den Heil- und Pflegeanstalten Betten für verletzte und kranke Zivilisten bereitzuhalten, und im ‚Katastrophenfall' die psychiatrischen Patienten auf einfachen Notlagern unterzubringen.

Zu Beginn des Jahres 1943 waren in Neuss noch drei Krankenhäuser in Betrieb. Das Herz-Jesu-Krankenhaus in der Promenadenstraße war zwar notdürftig wieder hergestellt worden, konnte jedoch wegen der unzureichenden Luftschutzräume nur noch 75 Patienten aufnehmen. Die Kapazität des Herz-Jesu-Krankenhauses Abteilung Preußenstraße umfasste ebenfalls nur 180 Betten, weil dort die Luftschutzmaßnahmen eine Belegung wie in der Vorkriegszeit – rund 280 Patienten konnten bis 1939 untergebracht werden – nicht zuließen. Der Personalbestand in den beiden Abteilungen des Herz-Jesu-Krankenhauses betrug 106 Mitarbeiter. Das Hilfskrankenhaus Immaculata bestand aus einer Inneren Station mit 90 Betten und einer Kinder- und Säuglingsabteilung mit 50 Betten. Dem Hilfskrankenhaus waren die Infektionsabteilung mit 150 Betten und die Tuberkulosestation mit 30 Betten angegliedert; beide befanden sich im benachbarten Alexianerkloster, in dem die Luftschutzkeller für alle Patienten hinreichend Platz boten.

Dies war jedoch im Gebäude des Städtischen Krankenhauses keineswegs der Fall, wie Kreisarzt Dr. Neuhäuser angesichts des immer wieder verschobenen Bunkerbaus im September 1943 feststellen musste: *Unter den heutigen Verhältnissen besteht keinerlei Möglichkeit, den im Krankenhaus untergebrachten Kranken und Wöchnerinnen bei einem Bombenangriff einen auch nur halbwegs ausreichenden Schutz zu bieten, und wenn eine Bombe in das Krankenhaus einschlagen oder auch nur in seiner Nähe explodieren würde, so würde das eine unausdenkbare Katastrophe hervorrufen, der wohl sämtliche Krankenhausinsassen zum Opfer fallen würden.*[60] Angesichts dieser Bedrohung habe sich in weiten Teilen der Bevölkerung bereits Empörung und sehr große Unruhe breit gemacht – die Heimatfront wurde langsam kriegsmüde. Der dringend benötigte und nur teilweise fertig gestellte Bunker am Städtischen Krankenhaus konnte erst im Sommer 1944 bezogen werden, Materialmangel und fehlende Arbeitskräfte dürften dafür der Grund gewesen sein.

Trotz des stets überbelegten Bunkers verschärfte sich die Krise in der klinischen Gesundheitsversorgung. Da die Neusser Krankenhäuser auch Patienten aus zerstörten Kliniken in Wuppertal, Düsseldorf und Mönchengladbach aufgenommen hatten, machte sich im Herbst 1944 ein erhebliches Defizit an Krankenbetten bemerkbar. Als das Städtische Krankenhaus bei einem Luftangriff schwer getroffen wurde, erschien als letzte Rettung die Verlegung von Patienten in vermeintlich sichere Gebiete. Dafür wurden im Oktober und November 1944 Lazarettzüge bereitgestellt, die mehr als 2.000 Neusser Patienten nach Thüringen bringen sollten.[61] Doch im Februar 1945 war die Gesundheitsversorgung der Bevölkerung endgültig zusammengebrochen: Es gab kaum noch Ärzte, Zahnärzte, Hebammen und Krankenschwestern in der Stadt, und an eine Versorgung mit Medikamenten, Verbandsmaterial und medizinischen Geräten war nicht mehr zu denken. Außer dem Bunker an der Preußenstraße waren sämtliche Krankenhäuser durch Bombentreffer schwer beschädigt:

In dem jetzigen Zustand der Alexianeranstalt ist es unmöglich, Kranke dort unterzubringen. [...] Es sind wohl Räumlichkeiten in der Alexianeranstalt vorhanden, aber die Voraussetzungen, diese Räumlichkeiten mit Kranken zu belegen, sind noch nicht gegeben. [...] Dasselbe gilt für die Belegungsfähigkeit des Hilfskrankenhauses Immakulata. Auch hier kann man die Kranken erst unterbringen, wenn das Dach dicht ist; bei dem jetzigen Zustand dringt der Regen in das Erdgeschoss und sogar bis in die Kellerräume ein,

schrieb Kreisarzt Dr. Neuhäuser am 12. Februar 1945 und fügte hinzu, dass er es kaum noch verantworten könne, dass *für die Unterbringung von Kranken aus dem Stadtgebiet Neuß so gut wie keine Möglichkeiten gegeben sind*.[62] Den amerikanischen Truppen bot sich also ein höchst beängstigendes Bild, als sie am 2. März 1945 in Neuss einrückten: Von den 60.000 Menschen, die 1939 in Neuss lebten, waren nur noch 30.000 in ihrer Heimatstadt geblieben. Die meisten von ihnen hausten zwischen Trümmern in Kellern und Notwohnungen, litten Hunger und waren durch das zerstörte Wasser- und Abwasserleitungsnetz von Seuchen bedroht. Dies war das Fazit nach zwölf Jahren nationalsozialistischer Gesundheitspolitik:

Der Gesundheitszustand der Bevölkerung war unbeschreiblich schlecht. Die Sterbeziffer stieg beängstigend hoch, weil die Krankenhäuser infolge der erlittenen Zerstörungen nicht alle Aufnahme suchenden Kranken aufnehmen konnten.[63]

Doch mit dem Zusammenbruch des ‚Dritten Reiches' und dem Ende des Zweiten Weltkrieges zeichnete sich die Auflösung der Krise und ein rascher und dauerhafter Wiederaufbau der Gesundheitsversorgung ab.

1 Vgl. Engels 1986: 449.
2 Vgl. Engels 1986: 299.
3 Zitiert nach Vasold 2001: 240.
4 Abschrift im Archiv der Augustinerinnen.
5 Vgl. Welfens 1993.
6 Schreiben Mutter Zita an Oberbürgermeister Gelberg, 21. Dezember 1937, Archiv der Augustinerinnen.
7 Schreiben Mutter Zita an Oberbürgermeister Tödtmann, 3. November 1937, Archiv der Augustinerinnen.
8 Damit ist das Gesetz zur Verhütung erbkranken Nachwuchses (Erbgesundheitsgesetz) vom 1. Januar 1934 gemeint, das den rechtlichen Rahmen zur Durchführung der Zwangssterilisationen bildete.
9 Neußer Zeitung, 23. April 1938.
10 Abschrift im Archiv der Augustinerinnen.
11 Gesundheitsbericht 1931, KA Neuss B 900.
12 Vgl. Gesundheitsbericht 1931, KA Neuss B 900.
13 Vgl. die Zahlen in Kater 2002: 84.
14 Vgl. Gesundheitsbericht 1933, KA Neuss B 904.
15 Vgl. die Angaben in den Gesundheitsberichten für 1932 und 1933.
16 Vgl. Gesundheitsbericht 1936, KA Neuss B 908.
17 1932: 64.138 Diphtheriefälle
(= 9,9 auf 10.000 Einwohner),
1936: 149.971 Diphtheriefälle
(= 22,4 auf 10.000 Einwohner),
1939: Rund 175.000 Fälle;
vgl. Goerke 1998: 79 und Kater 2002: 84.
18 Vgl. Gesundheitsbericht 1935, KA Neuss B 907.
19 Vgl. Gesundheitsbericht 1936, KA Neuss B 908.
20 Vgl. Gesundheitsbericht 1939, KA Neuss B 899.
21 Gesundheitsbericht 1937, KA Neuss B 909.
22 Vgl. Gesundheitsbericht 1938, KA Neuss B 910.
23 Vgl. Gesundheitsbericht 1942, KA Neuss B 913.
24 Vgl. Gesundheitsbericht 1942, KA Neuss B 913.
25 RGBl 1933 I: 529.
26 Vgl. Vasold 2001: 237.
27 Preuschoff 1995: 43.
28 Vgl. Gesundheitsbericht 1935, KA Neuss B 907.
29 Vgl. Gesundheitsbericht 1934, KA Neuss B 905.
30 Dr. Neuhäuser darf seine Tätigkeit ausüben, bleibt aber abgelehnt.
StA Neuss A 150 / 192, auch A 150 / 168.
31 Preuschoff 1995: 48.
32 Vgl. Preuschoff 1995: 53, 55.
33 Preuschoff 1995: 57.
34 Vgl. Preuschoff 1995: 61; in anderen Kliniken bediente man sich bei der Unfruchtbarmachung auch der Röntgenbestrahlung.
35 Vgl. Preuschoff 1995: 61.
36 Preuschoff 1995: 62.
37 Vgl. Preuschoff 1995: 65.
38 Vgl. Preuschoff 1995: 61.
39 Preuschoff 1995: 64.
40 § 1 des Vertrages, in StA Neuss A 1400 / 2840.
41 § 3 des Vertrages, in StA Neuss A 1400 / 2840.
42 § 7 des Vertrages, in StA Neuss A 1400 / 2840.
43 Vgl. § 10 des Vertrages, in StA Neuss A 1400 / 2840.
44 Schreiben des Korpsarztes beim stellv. Generalkommando in Münster an die Heeres-Sanitätsstaffel in Neuss vom 25.8.1942, in StA Neuss A 1400 / 2840.
45 So die Überschrift eines Artikels anlässlich seines 80. Geburtstages in der NGZ, 28. Mai 1956.
46 Schreiben des Regierungspräsidenten an die Oberbürgermeister und Gesundheitsämter des Bezirks, 15. Oktober 1937, KA Neuss B 922.
47 Schreiben vom 6. September 1939, KA Neuss B 922.
48 Vgl. Schreiben Kloster Immaculata an Dr. Neuhäuser, 28. Februar 1940, KA Neuss B 922.
49 Schreiben an die Gesundheitsämter, 21. Januar 1941, KA Neuss B 922.
50 Ebenfalls KA Neuss B 922.
51 Schreiben des Regierungspräsidenten an die Gesundheitsämter, 18. Juli 1941, KA Neuss B 922.
52 Bericht Dr. Neuhäuser an den Regierungspräsidenten, 4. Juni 1942, KA Neuss B 922.
53 Die Fragebögen wurden mir freundlicherweise vom Kreisarchiv Neuss zur Einsicht vorgelegt.
54 Schreiben des Regierungspräsidenten an die Gesundheitsämter, 27. Mai 1941, KA Neuss B 922.
55 Schreiben vom 7. Juni 1941, KA Neuss B 922.
56 Schreiben des Regierungspräsidenten an die Gesundheitsämter, 5. April 1944, KA Neuss B 922.
57 Schreiben Dr. Neuhäuser an den Regierungspräsidenten, 5. April 1944, KA Neuss B 922.
58 Schreiben Dr. Neuhäuser an den Leiter des Arbeitsamtes Neuss, 2. Februar 1943, KA Neuss B 922.
59 Schreiben des Städtischen Wohlfahrtsamtes an das Gesundheitsamt, 11. September 1942, KA Neuss B 922.
60 Schreiben Dr. Neuhäuser an Oberbürgermeister Tödtmann, 3. September 1943, KA Neuss B 922.
61 Acht Listen mit Patientenzahlen, erstellt zwischen 7. Oktober und 27. November 1944, KA Neuss B 922.
Ob die Patienten tatsächlich verlegt worden sind, geht aus den Quellen nicht hervor.
62 An Oberbürgermeister Tödtmann, KA Neuss B 922.
63 Verwaltungsbericht 1945 bis 1949: 9.

KAPITEL VI

VI. DER WIEDERAUFBAU 1945-1954

Der Wiederaufbau

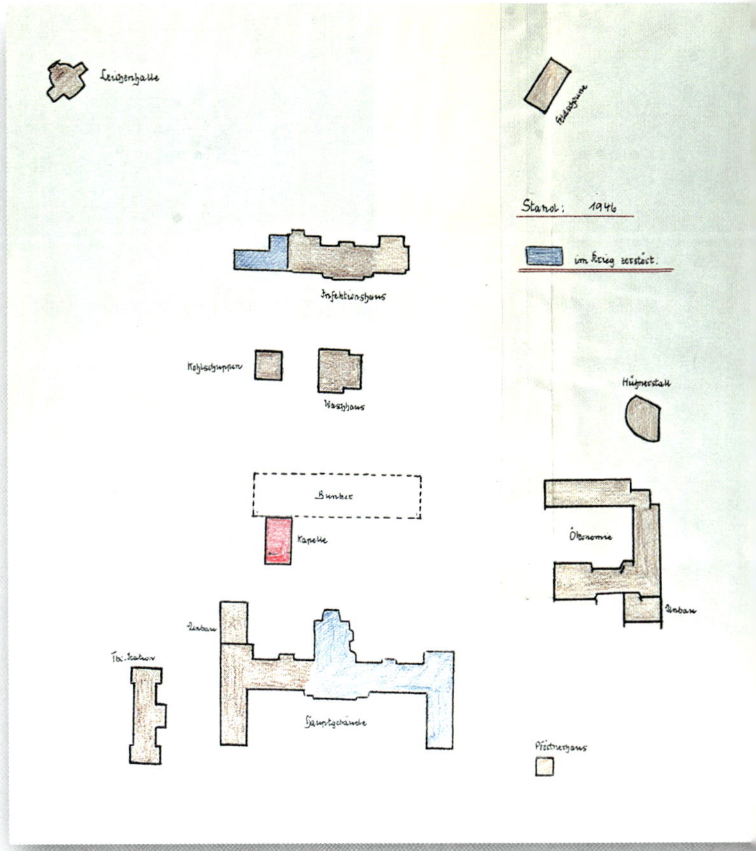

Die Gebäude des Lukaskrankenhauses im Jahre 1946. Neu erstellte Gebäude sind rot gekennzeichnet, blau gekennzeichnete Gebäude wurden wegen Kriegszerstörungen abgerissen.

Mit der bedingungslosen Kapitulation der deutschen Wehrmacht am 7. und 9. Mai 1945 war der Untergang des Dritten Reiches und das Ende des Zweiten Weltkrieges in Europa besiegelt. Bereits am 29. April 1945 hatten die amerikanischen Truppen die Verwaltung der Stadt Neuss der britischen Militärregierung übergeben. Zu den wichtigsten politischen Maßnahmen beim Wiederaufbau der Stadtverwaltung gehörten die Abschaffung des ‚Führerprinzips' und die Einführung einer demokratischen Gemeindeverfassung. Nach dem Vorbild der englischen Kommunalverfassungen wurden die Ämter des Oberbürgermeisters und des Oberstadtdirektors geschaffen. Die Stadtverordnetenversammlung bildete eine Anzahl von Ausschüssen, und in der Stadtverwaltung nahmen die Ämter unter neuen politischen Vorzeichen und unter primitivsten Umständen wieder ihre Arbeit auf.[1]

In Neuss wurde rasch das Ausmaß der Zerstörungen sichtbar. Bei den 136 Luftangriffen auf Neuss hatten 837 Menschen ihr Leben verloren, darunter 261 ‚Ausländer', also in Neuss arbeitende Kriegsgefangene und Zwangsarbeiter. Eine am 8. Mai 1945 durchgeführte Bestandsaufnahme der Gebäudeschäden ergab, dass von den 7.100 Gebäuden im Stadtgebiet nur 189 unbeschädigt geblieben waren, mehr als 5.600 Häuser waren leicht bis schwer beschädigt, und 1.263 Gebäude waren total zerstört. Für die Bevölkerung hieß dies, dass knapp ein Drittel der 18.000 Wohnungen nicht mehr zu gebrauchen war und in mehr als 11.000 Wohnungen Schäden behoben werden mussten, um sie wieder bewohnbar zu machen.

Nicht besser sah es mit der Trinkwasserversorgung aus. Da weite Teile des Leitungsnetzes völlig ruiniert waren, mussten sich die Menschen aus provisorischen Brunnen mit Wasser versorgen, das sie auf Anraten des Gesundheitsamtes nur in abgekochtem Zustand zu sich nehmen sollten – eine Untersuchung von Wasserproben war nämlich nicht möglich. Die größte Gefahr jedoch drohte von der vollkommen unzureichenden Abwasserbeseitigung, da auch die Kanalisation größtenteils zerstört war. Deshalb empfahl Amtsarzt Dr. Neuhäuser in seinem Bericht an das Besatzungsamt, den *Ausbau und die Wiederinstandsetzung der Kanalisation [...] aus allgemeinen hygienischen Gründen und vor allem zur Verhütung eines Ausbruchs von Seuchen mit Beschleunigung durchzuführen.*[2] Der Ausbruch einer Epidemie hätte zweifellos eine Katastrophe bedeutet, denn im Stadtgebiet standen nur noch ganze 370 Krankenhausbetten zur Verfügung! Im Städtischen Krankenhaus an der Preußenstraße konnten nur 100 Betten im Bunker belegt werden, der Rest des Krankenhauses war wegen der Zerstörungen nicht mehr benutzbar. Im Herz-Jesu-Krankenhaus an der Promenadenstraße waren noch 70, in den Hilfskrankenhäusern Immaculata und Notburgahaus jeweils 100 Betten vorhanden. Selbst wenn es mehr Betten gegeben hätte, so wäre eine effektive Behandlung der Patienten nahezu unmöglich gewesen, denn es fehlte an Verbandszeug, Medikamenten und den einfachsten medizinischen Apparaten – so gab es zum Beispiel keine intakte Röntgeneinrichtung mehr in Neuss. Ebenso beunruhigte Dr. Neuhäuser der große Mangel an Desinfektionsmitteln, um die Ausbreitung ansteckender Krankheiten bekämpfen zu können. Und mit diesen hatte man bereits im März 1945 böse Erfahrungen gemacht, als im überbelegten Bunker 64 Menschen an Fleckfieber erkrankten, von denen 16 starben – darunter sechs Barmherzige Schwestern, die sich bei ihrer aufopfernden Arbeit infiziert hatten.

Angesichts der permanenten Bedrohung durch Seuchen und der kaum vorhandenen Möglichkeiten, Infektionspatienten in Isolierabteilungen unterbringen zu können, entschloss sich die Stadtverwaltung bereits am 14. Mai 1945, im Notburgahaus, dem Haus der Genossenschaft der Töchter vom Heiligen Kreuz in der Preußenstraße, eine Infektionsabteilung einzurichten. Bis auf einige kleinere Instandsetzungen und die Einrichtung einer Tee- und Spülküche sowie der zukünftigen Schwesternräume waren dazu keine baulichen Veränderungen notwendig.[3] Dennoch war der Wiederaufbau der zerstörten Krankenhäuser eine unerlässliche Aufgabe. Nach einer Begehung des von Trümmern übersäten Geländes an der Preußenstraße durch Oberstadtdirektor Dr. Nagel, Verwaltungsdirektor Hückinghaus, Medizinalrat Dr. Neuhäuser, Dr. Kranz und die Oberin des Krankenhauses am 21. Mai 1945 wurde folgendes beschlossen: Der noch erhaltene westliche Seitenflügel des Hauptgebäudes und der Mittelbau sollten wieder instand gesetzt werden, ebenfalls das Infektionshaus, die frühere Kinderstation und der Pavillon. Die Küche sollte aus dem Bunker in die ehemalige Röntgenstation des Hauptgebäudes verlegt werden. Da die Einrichtung einer Isolierabteilung dringend geboten war, sollte mit der Wiederherstellung des Infektionshauses so rasch wie möglich begonnen werden.[4]

Durch die Rückkehr der Evakuierten und Geflohenen sowie den zunehmenden Strom der Flüchtlinge aus den ehemaligen Ostgebieten stieg der Bettenbedarf in der Stadt rasch an. Hinzu kam eine Typhus-Epidemie, die im Sommer 1945 begann und bis zum Frühjahr 1946 dauerte; sie forderte mehrere Todesopfer und verursachte eine monatelange Überbelegung der Infektionsabteilung im Notburgahaus. Die Wiederaufnahme des provisorischen Betriebes im Städtischen Krankenhaus begann also unter schwierigsten Bedingungen: *Fast alle medizinischen Instrumente und Apparate lagen unter den Trümmern des Hauptgebäudes begraben. Um den vorhandenen Kranken notdürftig Unterkunft gewähren zu können, wurde der für*

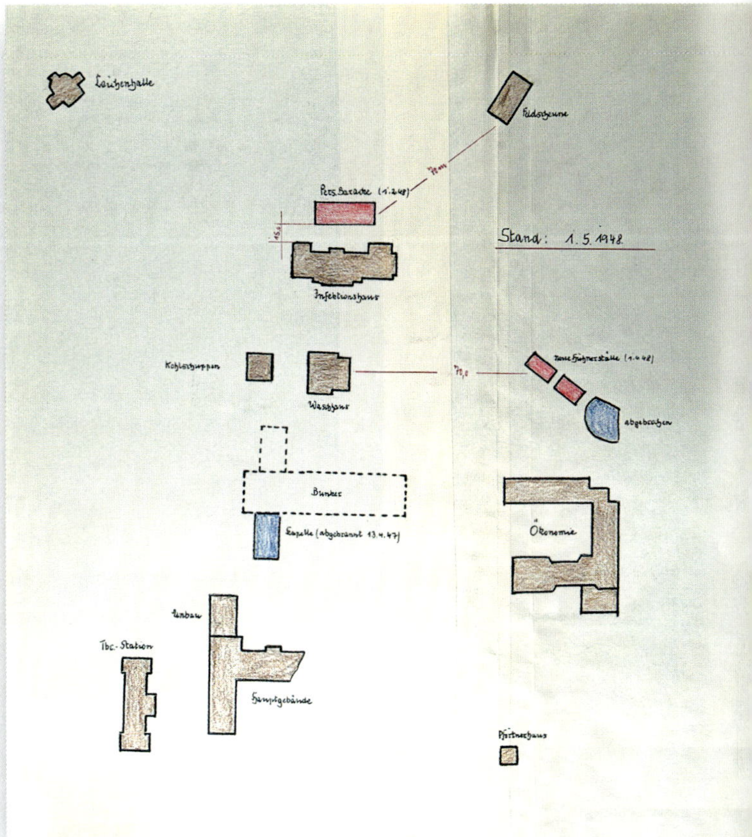

Die Gebäude des Lukaskrankenhauses im Jahre 1948. Neu erstellte Gebäude sind rot gekennzeichnet, blau gekennzeichnete Gebäude wurden wegen Kriegszerstörungen abgerissen.

Luftschutzzwecke hergestellte Bunker zuerst als Unterkunftsraum und Operationsraum mitbenutzt. Unter unsäglichen Schwierigkeiten ging man daran, das zerstörte Hauptgebäude von den Trümmern zu befreien und die im Schutt vergrabenen medizinischen Geräte und Inventarstücke, soweit sie noch einigermaßen verwendungsfähig waren, wieder herzurichten. Durch den in den Jahren bis zur Währungsreform 1948 vorhandenen Mangel an neuen Einrichtungsgegenständen musste immer wieder versucht werden, die vorhandenen Krankenzimmer mit zusammengebauten Betten, Schränken, usw. auszustatten.[5] Bereits im Oktober 1945 war das Infektionshaus wiederhergestellt, und am 31. Dezember 1946 besaß das Krankenhaus wieder 202 Betten, obwohl der Um- und Neubau des Westflügels noch nicht begonnen hatte: Langsam aber sicher begann sich die Krise in der Gesundheitsversorgung abzuschwächen.

Dies ist zweifellos ein großer Verdienst der Schwestern der Neusser Genossenschaft. Unter den neuen politischen Verhältnissen verlor der Vertrag seine Gültigkeit, den die Genossenschaft im Jahre 1943 mit der nationalsozialistischen Stadtverwaltung über den Betrieb des Krankenhauses abgeschlossen hatte. Deshalb handelten die Augustinerinnen und die Stadt eine neue Vereinbarung aus, die Oberstadtdirektor Dr. Nagel und Generaloberin Mutter Winanda am 6. März 1946 unterzeichneten.

Zunächst wurde der Vertrag vom 8. Juni 1943 für gegenstandslos erklärt. Der neue Vertrag begann rückwirkend am 1. Dezember 1944 und galt bis zum Ende des Jahres 1951; sollte er nicht sechs Monate vor Ablauf von einem der Vertragspartner gekündigt werden, so verlängerte er sich um weitere sieben Jahre. Für die Benutzung des gesamten Geländes, der Gebäude und der medizinischen Geräte sollte der Orden eine jährliche Pacht von 12.000 Reichsmark an die Stadt entrichten. Da aber zwischen Dezember 1944 und April 1945 nur der Bunker als Krankenhaus genutzt werden konnte, sollte die Genossenschaft für diesen Zeitraum nur eine ‚Anerkennungsgebühr' von insgesamt 200 Reichsmark bezahlen. Erst ab 1. Mai 1945 konnten das Gartenhaus, das Erdgeschoss des westlichen Seitenflügels des Hauptgebäudes und einige Räume der

Infektionsstation wieder benutzt werden; für diese Gebäude fiel zunächst eine monatliche Pacht von 200 Reichsmark an. Diese erhöhte sich entsprechend, sobald die Infektionsstation und der ganze Seitenflügel wieder instand gesetzt waren und einen geregelten Krankenhausbetrieb ermöglichten. *Sobald weitere Teile des Hauptgebäudes wieder hergestellt werden und für Krankenhauszwecke benutzbar, wird die Pachtsumme entsprechend erhöht, mit der Maßgabe, dass die Gesamtzahl der Krankenbetten der neuen Berechnung zugrunde gelegt wird.*[6] Die Kosten für die Beseitigung der Kriegsschäden sowie die Instandhaltung der Gebäude und der technischen Anlagen wie Aufzüge, Waschküche und Dampfküchenanlage hatte die Stadt zu übernehmen. Dafür musste die Genossenschaft für sämtliche Betriebskosten, zu denen auch die Heizkosten gehörten, und die Instandhaltung aller Einrichtungsgegenstände einschließlich der medizinischen Geräte aufkommen. Außerdem hatte sie die Gehälter der Ärzte, des weltlichen Pflegepersonals und der übrigen Belegschaft zu zahlen.

Über die Pachtung der zum Städtischen Krankenhaus gehörenden Ökonomie wurde eine gesonderte Vereinbarung getroffen. Zur Ökonomie gehörten neben zahlreichen städtischen Grundstücken auch die Gebäude und das Vieh auf den Weiden und in den Ställen sowie die landwirtschaftlichen Maschinen und Geräte. Dafür war ein jährlicher Pachtpreis von 5.000 Reichsmark zu entrichten, hinzu kamen Kanalgebühren, Wassergeld und Müllabfuhrgebühr. Für die notwendigen Reparaturen an Gebäuden und Maschinen erklärte sich die Stadt verantwortlich, alle anderen Arbeiten wie das Kälken oder Tapezieren der Wände, das Teeren der Dächer oder die Erhaltung der Schuppen, der Zufahrtswege und der Düngergrube

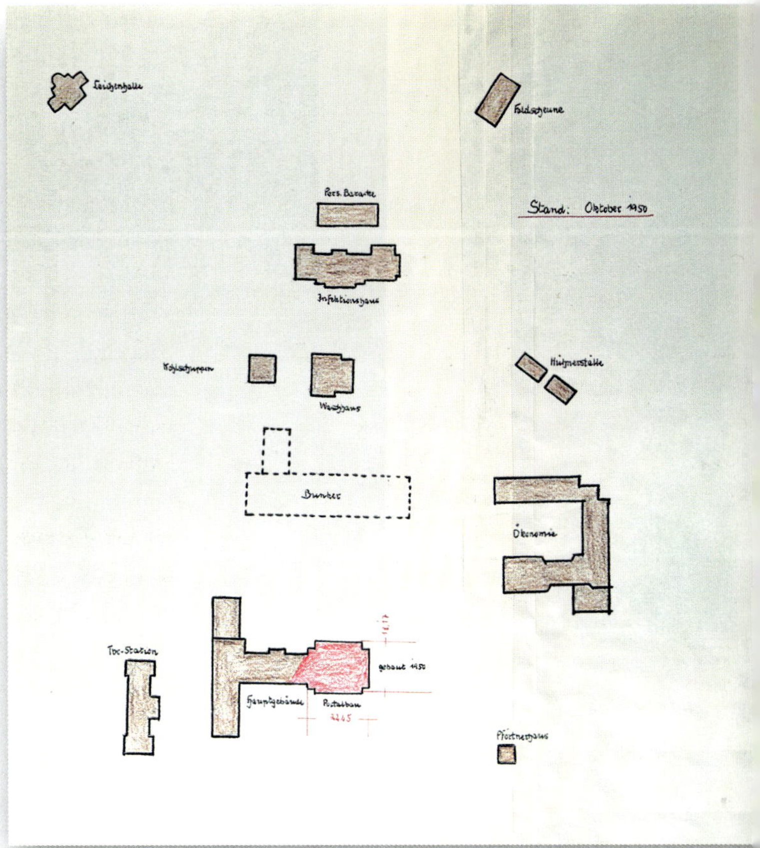

Die Gebäude des Lukaskrankenhauses im Jahre 1950. Neu erstellte Gebäude sind rot gekennzeichnet.

musste die Genossenschaft auf ihre Kosten ausführen lassen, sobald die Stadt dies für notwendig erachtete. Ebenso gingen die ‚Feldbestellungskosten', also die Aufwendungen für Ackerarbeiten, Kunstdünger und Saatgut, zu Lasten der Augustinerinnen. Sollte die Stadt die landwirtschaftlichen Parzellen für andere Zwecke, zum Beispiel für den Wohnungsbau benötigen, so war ihr die Kündigung einzelner Parzellen zum Ende eines Pachtjahres möglich. Dies ist in einzelnen Fällen tatsächlich geschehen. Mit dem ersten Vertrag der Nachkriegszeit war jedenfalls die Zusammenarbeit zwischen der Stadt und den Augustinerinnen mit dem Ziel einer gesicherten Gesundheitsversorgung wieder auf solide rechtliche und wirtschaftliche Grundlagen gestellt.

Dennoch ging die Behebung der Kriegsschäden und der Wiederaufbau des Krankenhauses nur langsam voran. Zu der vom Amtsarzt befürchteten Epidemie kam es glücklicherweise nicht, die Zahl der Patienten mit hochinfektiösen Krankheiten wie Typhus, Diphtherie und Scharlach sank kontinuierlich. Eine Ausnahme bildeten die Geschlechtskrankheiten und die Krätze, die offensichtlich *auf den Mangel an Seife und Waschmitteln zurückzuführen*[7] waren. Besorgnis erregend war jedoch die Zunahme der Erkrankungen an Lungentuberkulose: 1946 wurden dem Gesundheitsamt 288 Fälle gemeldet. Die Zahl der gemeldeten Neuerkrankungen sank zwar im Laufe des Jahres 1947 langsam ab, blieb aber dennoch – wie in ganz Westdeutschland – verhältnismäßig hoch. *Weil unter den ungünstigen hygienischen Verhältnissen und der schlechten allgemeinen Ernährungslage mit einer Zunahme der Erkrankungen gerechnet werden musste, wurde auf eine ausreichende Tuberkulosebekämpfung, soweit sie unter den gegebenen Verhältnissen möglich war, allergrößter Wert gelegt. Obwohl es in hohem Maße gelungen ist, durch Abhaltung von Tuberkulose-Sprechstunden die Erkrankungen ausfindig zu machen, bestanden für die Heilung große Schwierigkeiten. Es fehlte an ausreichender Ernährung, Wohnung und den dringend notwendigen Medikamenten. Betten in Krankenhäusern und Heilstätten standen nur in geringer Menge zur Verfügung, so daß bei Kurgenehmigungen oftmals ein halbes Jahr und länger verging, ehe die Einberufung zur Kur erfolgte. Dadurch hat die*

Krankheit in vielen Fällen Fortschritte gemacht, neue Ansteckungen verursacht und die Heilung außerordentlich verzögert. [...] Erst nach der Währungsreform, als wieder eine ausreichende Ernährung gewährleistet war, haben die Tbc.-Erkrankungen nachgelassen. Bedenklich ist allerdings die immer noch sehr hohe Zahl an offener Tuberkulose, die als Infektionsquelle eine Gefahr für die Allgemeinheit bedeutet.[8]

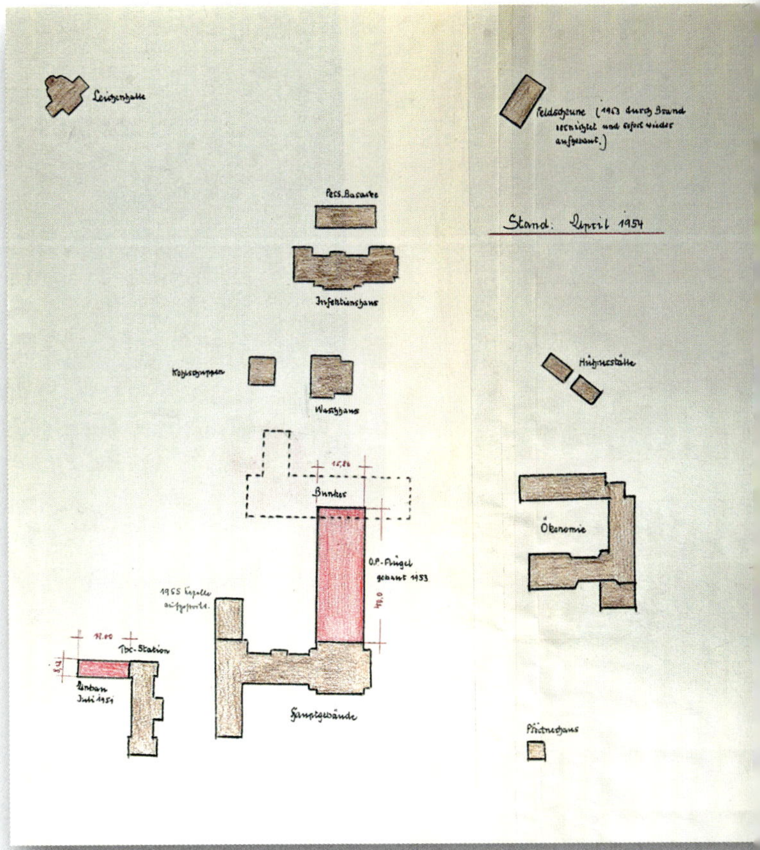

Die Gebäude des Lukaskrankenhauses im Jahre 1954. Neu erstellte Gebäude sind rot gekennzeichnet.

Die wirtschaftlich bedingte Stagnation im Gesundheitswesen sollte mit der Währungsreform am 21. Juni 1948 ein rasches Ende finden. Mit der Abschaffung der Reichsmark und der Einführung der Deutschen Mark (DM) schufen die Militärregierungen der Westzonen die Grundlage für die Gesundung des Wirtschaftslebens. Erst jetzt war es der Stadtverwaltung möglich, *die so dringend notwendigen Apparate und Instrumente und die zur Ausstattung der Krankenräume erforderlichen Einrichtungsgegenstände* für das Städtische Krankenhaus zu beschaffen.[9] Dennoch war die Zahl der Betten von 90 (Ende 1945) auf 200 zu Beginn des Jahres 1949 gestiegen. Zwei Jahre nach der Währungsreform wurde mit dem Aufbau eines Teiles des zerstörten Hauptgebäudes, und zwar des Mittelportals begonnen. Dieser konnte im Juli 1951 bezogen werden.

Die Währungsumstellung von der Reichsmark auf die Deutsche Mark brachte zwar eine allgemeine wirtschaftliche Konsolidierung, aber die Genossenschaft in *eine außerordentlich schwierige finanzielle Lage.*[10] Am Stichtage der Währungsreform betrugen die langfristigen Verbindlichkeiten des Neusser Ordens 1.178.000 Reichsmark, der gesamte Kapitaldienst rund 71.000 Reichsmark. Die Währungsreform bedeutete eine Umstellung von Reichsmark auf DM im Verhältnis von 10 zu 1, doch dies galt nicht für die Verbindlichkeiten der Genossenschaft. Da es sich nicht um ‚Privatvermögen' handelte, wurden die aufgenommenen Kredite und Darlehen im Verhältnis von 1 : 1 umgerechnet. Von der nun in Mark ausgewiesenen Summe stand den ursprünglichen Gläubigern zwar nur noch ein Zehntel zu, aber die restlichen 90 Prozent gingen in den Lastenausgleichsfonds der 1950 gegründeten Lastenausgleichsbank über. Diese so genannte Sicherungsgrundschuld hatte der Orden auch künftig zu tilgen. Da in der Nachkriegszeit sowohl private Spenden wie auch Zuschüsse von öffentlichen Stellen ausgeblieben waren, befand sich die Genossenschaft jetzt in einer prekären finanziellen Lage – es erschien fraglich, ob sie ihre karitative Arbeit in Neuss und anderen Städten des Rheinlandes überhaupt noch würde ausüben können. Deshalb bat die Generaloberin die Landesregierung in Düsseldorf, ihr *den Anteil der für die Grundschuld zur Sicherung des Lastenausgleiches geschuldeten Zinsen und Tilgungsraten zu erlassen.* Dadurch könne wenigstens ein Teil der finanziellen Schwierigkeiten durch Selbstfinanzierung und Ausgabenersparnis überwunden werden. Ob es zu einer günstigen Vereinbarung des Ordens mit der Lastenausgleichsbank gekommen ist, geht aus den Quellen jedoch nicht hervor.

Die finanziellen Schwierigkeiten des Ordens schienen jedenfalls nicht geringer geworden zu sein, wie aus einem späteren Schreiben der Generaloberin Mutter Winanda an Oberstadtdirektor Dr. Nagel[11] hervorgeht. Angesichts der im Wiederaufbau befindlichen Räume des Krankenhauses ersuchte die Generaloberin die Stadt um ein zinsloses Darlehen in Höhe von 30.000 DM, um die nötige Bettwäsche, das erforderliche Geschirr und andere ‚Kleingeräte' für die geplanten Räume beschaffen zu können, wie es im Vertrag vom Juni 1946 vereinbart worden war. Da eine Finanzierung aus den laufenden Betriebskosten unmöglich sei, schlug Mutter Winanda vor, einen Teil des Darlehens in einen ‚verlorenen Zuschuss' umzuwandeln. Die Stadtsparkasse Neuss gewährte daraufhin der Genossenschaft ein Darlehen zu einem ermäßigten Zinssatz.

Doch dies behob die Finanzkrise des Ordens nicht. Bereits ein halbes Jahr später sah sich die Generaloberin gezwungen, den Vertrag mit der Stadt mehr oder weniger zu kündigen, da man sich nicht mehr im Stande sehe, das Krankenhaus an der Preußenstraße weiterhin in eigener Regie zu führen. Und zwar aus zwei gewichtigen Gründen:

Die Unmöglichkeit liegt einmal in dem nicht mehr gegebenen Kostenausgleich. Wir sind nicht in der Lage, die Fehlbeträge aus eigenen Mitteln zu decken. Soweit sich mit Sicherheit übersehen läßt, werden die laufenden Betriebskosten weiterhin stark ansteigen. [...] Neben den laufenden, über die Erfolgsrechnung abzurechnenden Unkosten, bedarf der Krankenhausbetrieb auch laufender Ergänzungen und Neuanschaffungen. Mittel hierzu stehen uns nicht mehr zur Verfügung, da sämtlichen finanziellen Quellen restlos ausgeschöpft sind. [...] Die Verhandlungen mit den Sozialversicherungsträgern, die in den letzten Jahren geführt worden sind, waren sehr schwierig und für uns äußerst unbefriedigend. Die Sozialversicherungsträger haben zum Teil zugegeben, daß wir mit den gebotenen Pflegesätzen nicht zurecht kommen können, daß sie selbst aber auch nicht in der Lage wären, mehr zu geben. So sind sämtliche Verhandlungen mit Kompromißlösungen abgeschlossen worden.[12]

Ein weiteres wichtiges Argument für den unabwendbaren Rückzug der barmherzigen Schwestern aus dem Pflegedienst des Städtischen Krankenhauses war die ungelöste Personalfrage: *Unser Schwesternbestand ist gesundheitlich und zahlenmäßig erschöpft. Wir müssen feststellen, daß sich die Überanstrengungen der letzten Jahre im Gesundheitszustand der Schwestern geradezu katastrophal auswirken. Die Krankheitsfälle betreffen besonders diejenigen Jahrgänge und Schwestern, die für schwierige und wichtige Arbeiten vorgesehen sind. Ersatz ist nicht mehr vorhanden, die Nachwuchsfrage völlig ungelöst. Die notwendige Folge ist, daß wir in zunehmendem Maße weltliches Personal einstellen müssen. Hierbei sind wir an Tarifverträge gebunden, die wir einhalten müssen, deren sachliche Berechtigung wir auch nicht bestreiten wollen, die aber in ihren Auswirkungen für uns untragbar sind.* Zwei schlagkräftige Begründungen, die die Stadtverwaltung nicht von der Hand weisen konnte. Es musste also über einen neuen Vertrag verhandelt werden, denn die Generaloberin hatte der Stadt angeboten, für die Krankenpflege und den Küchenbetrieb weiterhin Schwestern zur Verfügung zu stellen.

Eine Erneuerung des Vertrages war bereits am 16. März 1951 zwischen der Stadt und der Genossenschaft diskutiert worden.[13] Oberstadtdirektor Dr. Nagel machte dabei geltend, dass die Stadt angesichts der hohen Aufwendungen für das Krankenhaus ein verständliches Interesse daran habe, einen Einfluss auf die ärztliche Betreuung der Kranken zu nehmen. Damit war die ‚Arztfrage' gemeint: Die Stadt wollte die Neueinstellung leitender Ärzte nicht mehr allein der Genossenschaft überlassen, sondern daran ‚mitwirken'. Ferner wollte die Stadt die Möglichkeit haben, *auf die Entfernung von ungeeigneten Ärzten einen Einfluss* zu nehmen, denn die *Regelung der Arztfrage* sei nicht nur *für den Ruf eines Krankenhauses sondern damit auch für die wirtschaftlichen Ergebnisse entscheidend. Die Stadtverwaltung denke nicht daran Einfluss zu nehmen auf die Gestaltung der Ärzte-Verträge, ebenso nicht die Organisation des Hauses. Es sei klar, dass derjenige, der die Verantwortung für das Haus habe und das wirtschaftliche Risiko trage, auch die zweckentsprechende Organisation bestimmen müsse.*

Dieser später in den so genannten ‚Ärzte-Paragraph' umformulierte Vorschlag ist im neuen Vertrag wieder zu finden, den beide Parteien am 14. Mai 1952 unterzeichneten. Erst im Jahre 1970 wurden dieser Vereinbarung einige wesentliche Änderungen hinzugefügt. Der am 1. Januar 1952 in Kraft getretene Vertrag machte zunächst die Anzahl der Betten zur Berechnungsgrundlage für die jährlich zu entrichtende Pachtsumme: 40 DM für ein ‚normales Bett', 20 DM für ein planmäßiges Bett auf einer der Isolierstationen. Im Gegensatz zum Vertrag von 1946 verpflichtete sich die Stadt, alle notwendigen medizinischen und wirtschaftlichen Einrichtungen und Geräte auf eigene Kosten zu beschaffen und zu unterhalten. Bisher hatte die Genossenschaft fehlende Einrichtungsgegenstände und Wäsche zur Verfügung gestellt; diese musste die Stadt nun käuflich erwerben. Eine im Dezember durchgeführte Bestandsaufnahme ergab, dass die von der Genossenschaft leihweise zur Verfügung gestellten Mobilien einen Wert von 174.186,48 DM hatten. Mit dem Kauf ging sämtliches Inventar in den Besitz der Stadt über, davon ausgeschlossen waren nur die hauswirtschaftlichen und pflegerischen Gebrauchsgegenstände sowie Bestecke, Geschirr und kleinere Küchengeräte. Für die Anschaffung von Einrichtungsgegenstän-

Entwicklung der Kapazitäten und Patientenzahlen 1945 – 1953

	1945	1946	1947	1948	1949	1950	1951	1952	1953
Zahl der planmäßigen Betten	90	160	200	200	200	200	242	250	247
Davon entfallen auf									
Chirurg. Abteilung			39	39	39	37	42	43	41
Innere Abteilung			56	56	56	53	46	46	46
Wöchnerinnen-Abteilung			18	18	18	26	29	31	31
Kinder-Abteilung			16	16	16	19	19	19	22
Lungenstation						0	43	43	43
Gynäkologische Abteilung						19	18	21	21
Isolierstation			49	49	49	46	45	47	43
Sonstige			22	22	22				
Patienten gesamt		2.203	3.158	3.225	3.316	3.473	3.741	3.824	3.857
Verpflegungstage gesamt		41.385	61.531	62.175	63.670	62.738	72.955	79.704	76.792
Bettenauslastung (%)		90	96	85	88	85,9	82,6	87,3	85,2
Durchschnittl. Behandlungsdauer		18	19	19	19	18,6	19,5	20,8	19,1
Durchschnittl. Belegungszahl täglich		122	173	170	176	172	200	218	214

Quelle: Verwaltungsberichte der Stadt Neuss 1945 – 1949, 1950 – 1952, 1953

Links: Der 1954 fertig gestellte Operationsflügel war die erste große Neubaumaßnahme nach dem Krieg.
Rechts: Personal-Speiseraum, Küchenübersicht

den hatte die Stadt in den Jahren von 1950 bis 1952 übrigens eine Summe von 211.700 DM ausgegeben, hinzu kamen rund 52.000 DM für medizinische Geräte. Mit dem neuen Vertrag hatten sowohl die Genossenschaft der Augustinerinnen wie auch die Stadt eine solide Vereinbarung getroffen, die bis zur Umwandlung des Städtischen Krankenhauses in eine GmbH im Jahre 1987 Bestand haben sollte.

Doch von wirtschaftlichen und juristischen Fragen zurück in die Praxis des Krankenhauses. Zwischen 1948 und 1950 stagnierte der Ausbau der Kapazitäten, da keine neuen Gebäude für die Einrichtung von Stationen zur Verfügung standen (vgl. nebenstehende Tabelle). Die Zahl der Krankenhausbetten erschien der Stadtverwaltung keineswegs ausreichend, da sie nicht mit der beständig steigenden Einwohnerzahl Schritt hielt. Erst am 5. Mai 1952 konnte mit dem Neubau des Nordflügels an das im Jahr zuvor wiederhergestellte alte Portalgebäude begonnen werden. Am 31. Dezember 1951 war der Rohbau errichtet, am 20. März 1954 wurden zunächst der Keller, die Küche und die Operationssäle in den Betrieb des Hauses integriert.[14]

In den Kellerräumen des neuen Flügels befanden sich die Vorratsräume und eine Tiefkühlanlage, die zur Lagerung von Gemüse, Obst, Fleisch und anderen Lebensmitteln diente, mit denen sich das Städtische Krankenhaus aus seiner Ökonomie weitgehend selbst versorgte. Außerdem waren die Heizungs- und Klimaanlagen im Keller untergebracht. Im Erdgeschoss waren ein Speiseraum für das Personal und die neuen Küchenräume mit den modernsten Großküchengeräten eingerichtet. Die Kochkessel, Kippbratpfannen und Wärmetruhen wurden zum Teil mit Dampf, zum Teil mit Gas beheizt, die aus drei Backöfen bestehende Backanlage hingegen wurde mit Elektrizität betrieben. Zur Kücheneinrichtung gehörten sogar eine moderne Speiseeismaschine sowie Schäl-, Rühr- und Schlagmaschinen, die dem Personal zahlreiche schweißtreibende und zeitaufwendige Handgriffe ersparten. Für die Verarbeitung der in der Ökonomie gezüchteten

Neue Kochküche, Metzgerei und Kühlraum

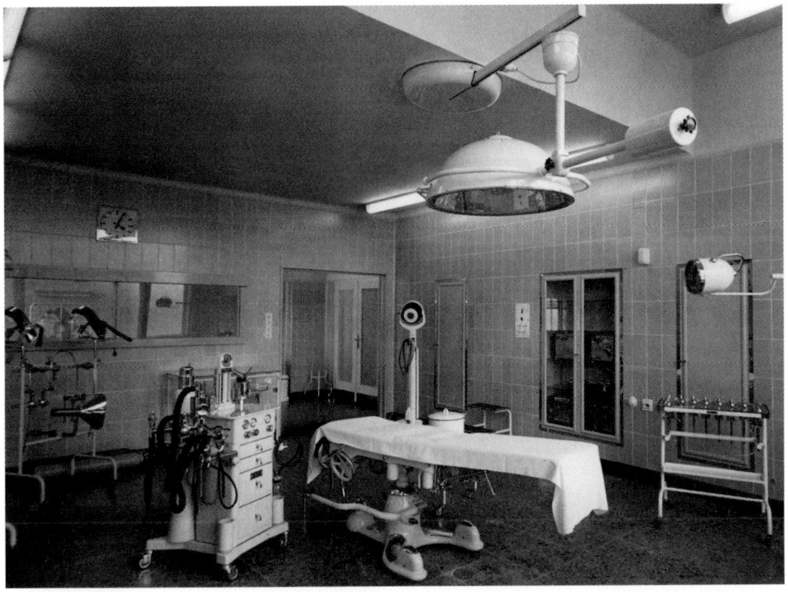

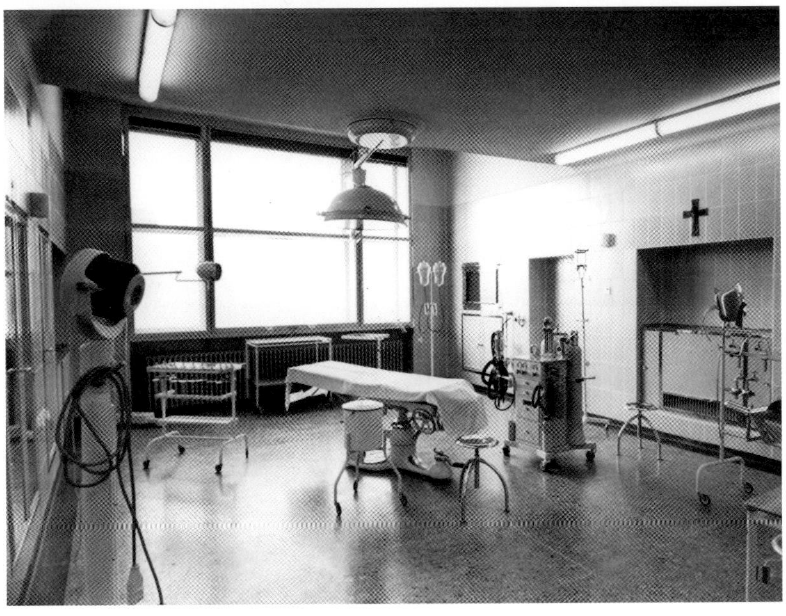

Septischer und aseptischer Operationssaal

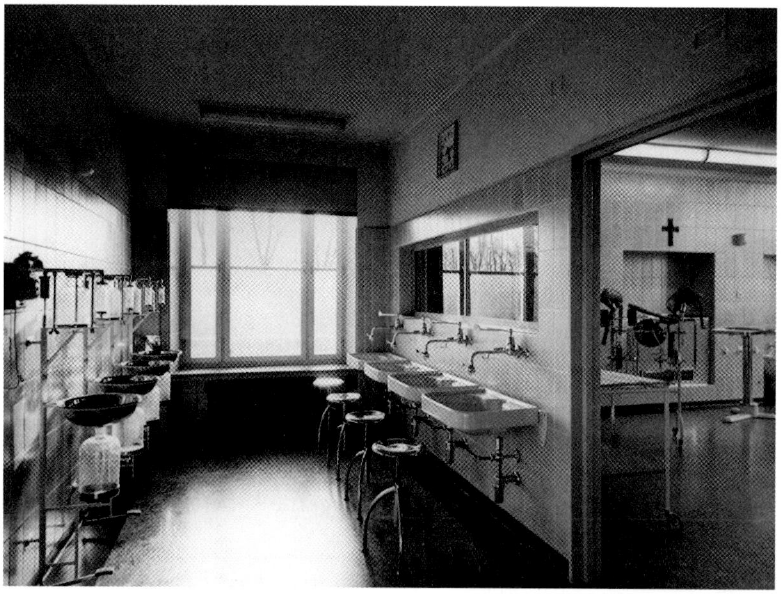

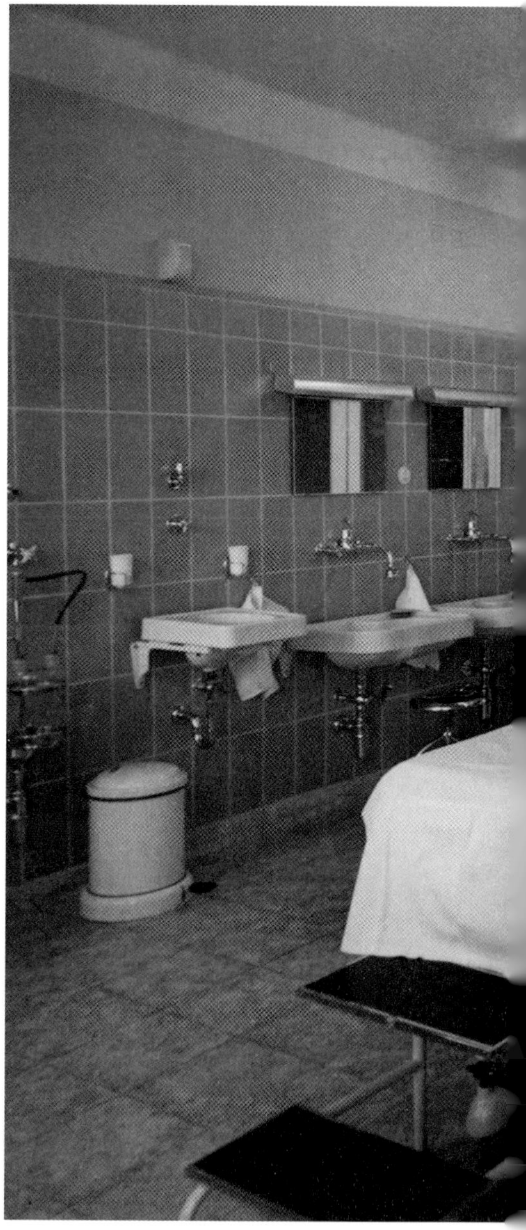

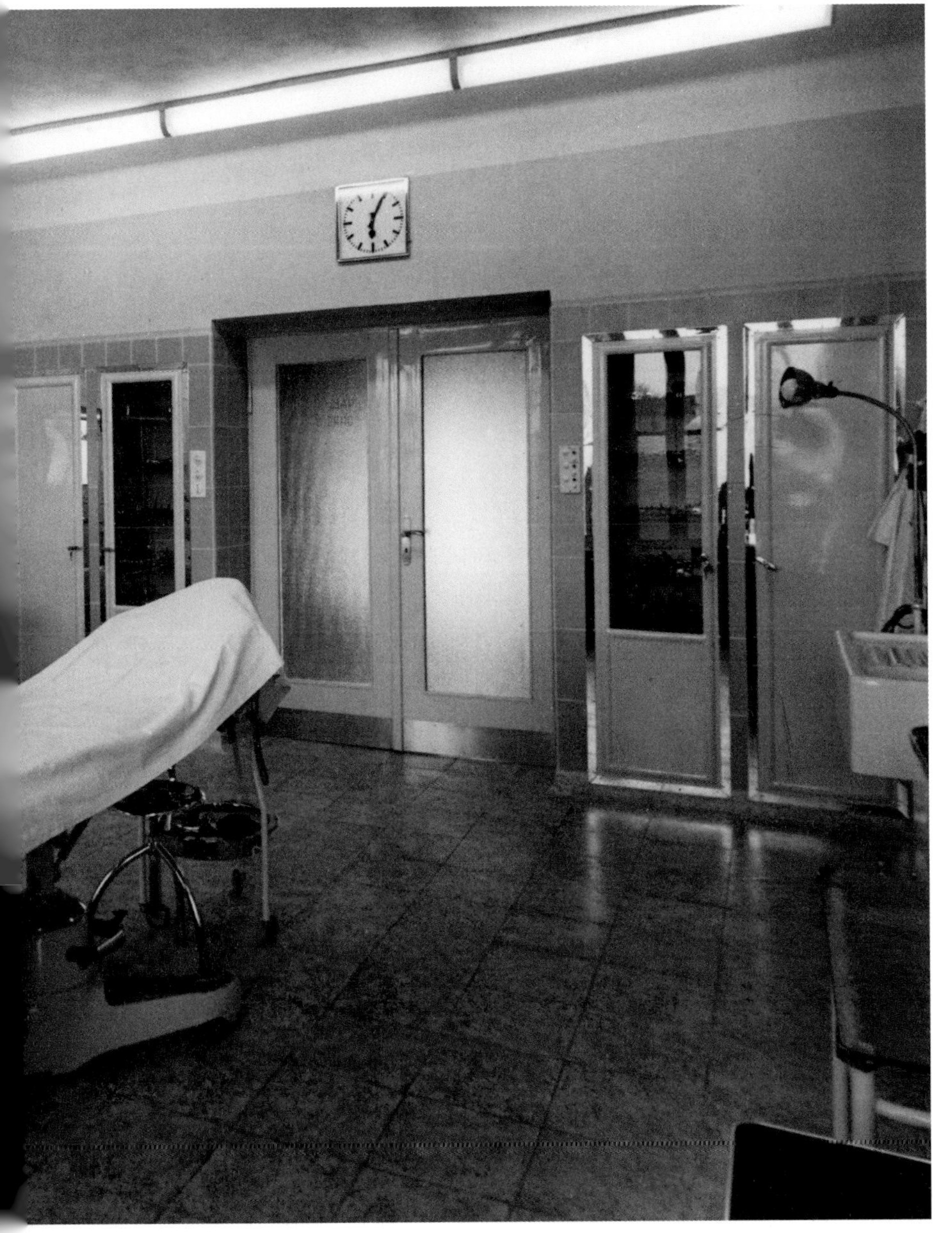

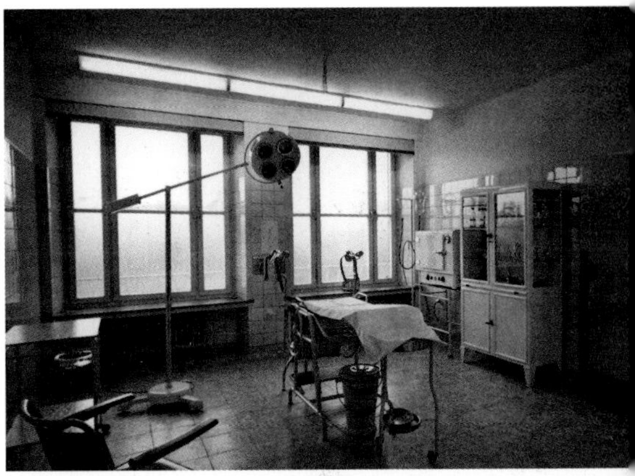

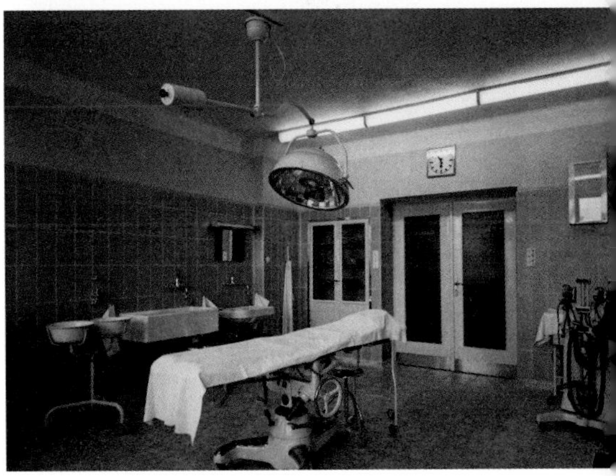

Links: Handwaschraum für aseptischen Operationsraum
Sterilisation
Mitte: Hals-, Nasen- und Ohren-Operationsraum
Rechts: Operationsraum für Augenarzt
Behandlungsraum für Ambulanz

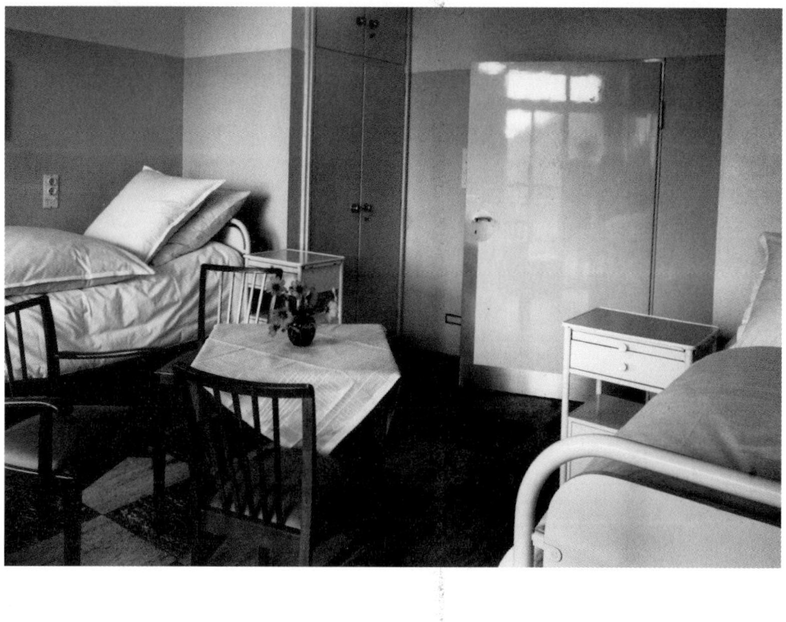

Krankenzimmer I. Klasse und
Krankenzimmer III. Klasse

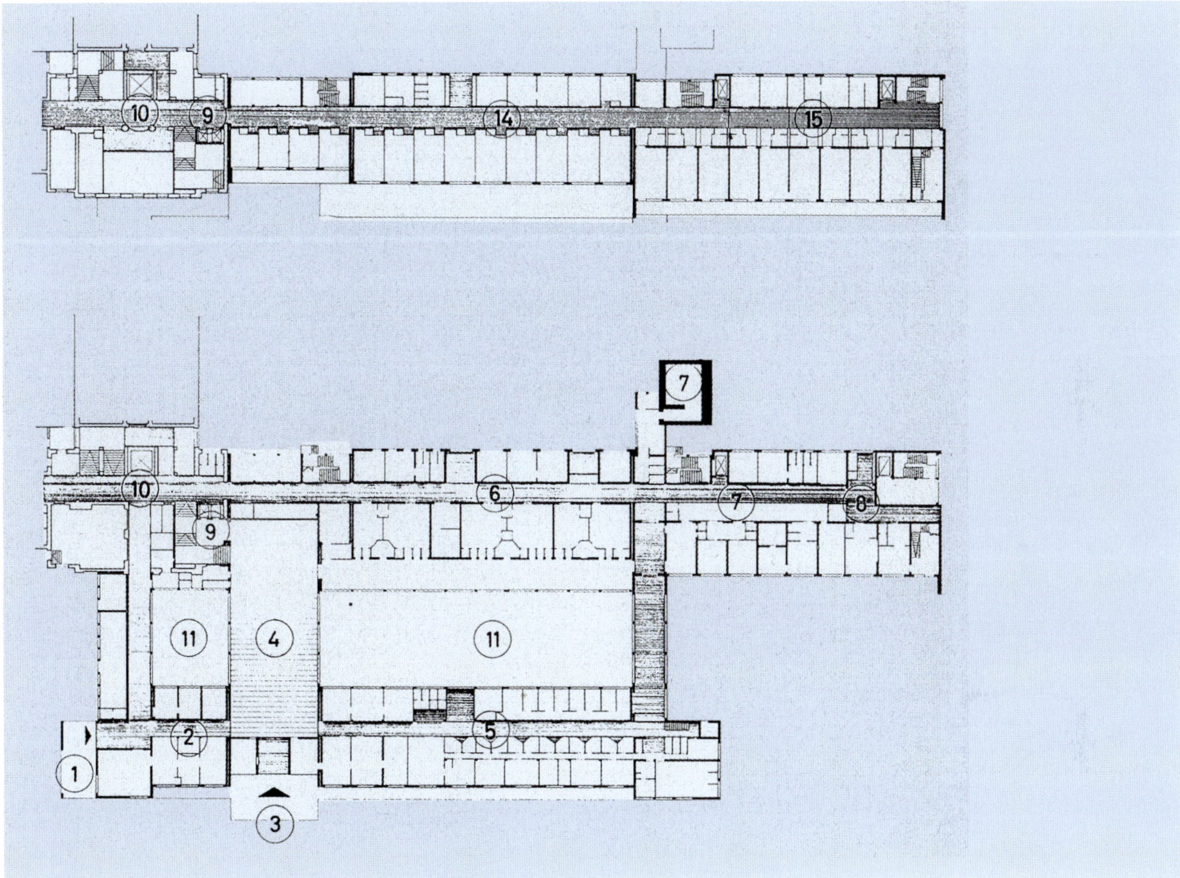

1 Krankenanlieferung, 2 Chirurgische Ambulanz und Verwaltung, 3 Eingang für Besucher und Ambulanz, 4 Foyer, 5 Bäderabteilung, 6 Strahlendiagnostik, 7 Strahlentherapie, 8 Isotopenabteilung, 9 Besucheraufzüge (im vorh. Zentralbau), 10 Bettenaufzüge (im vorh. Zentralbau), 11 Gartenhof, 12 vorh. Westflügel, 13 vorh. Nordflügel, 14 Normalstation, 15 Infektionsstation (in drei Gruppen zur Normalstation schaltbar)

Neubau des Ostflügels

Schweine waren ebenfalls die erforderlichen Geräte wie beispielsweise ein Fleischwolf und ein Speckschneider vorhanden. Über sämtlichen Kochstellen befanden sich Wrasen-Auffanganlagen zur Absaugung der Dämpfe, außerdem sorgte eine Klimaanlage für gleichbleibende Temperaturen in der Küche. Leicht verderbliche Lebensmittel wurden in einem mit der Küche verbundenen Kühlraum gelagert.

Das gesamte erste Obergeschoss des Neubaus wurde von den Operationsräumen eingenommen, die mit den neuesten medizinischen Geräten ausgestattet waren. Die neue Operationsabteilung bestand nun aus einem septischen und einem aseptischen Operationssaal mit den entsprechenden Waschräumen; zwischen den beiden Sälen ermöglichte eine große Sterilisationsanlage die rasche Reinigung und Sterilisation der chirurgischen Instrumente, um sie unverzüglich wieder benutzen zu können. Daneben gab es je einen Operationsraum für Hals-, Nasen- und Ohrenkranke, für Augenkranke und für orthopädische Eingriffe. Ein Verbandsraum und ein Sprechzimmer mit Untersuchungsraum für die ambulante Behandlung vervollständigten die Operationsabteilung. Die in den drei darüber liegenden Geschossen eingerichteten Krankenzimmer konnten schließlich – ebenso wie Klausuren der Ordensschwestern im Dachgeschoss – im Herbst 1954 bezogen werden. Damit war die Zeit der Provisorien vorüber und der Weg zum modernen Großkrankenhaus geebnet.

1 Vgl. Koch 1995.
2 Bericht über die allgemeinen gesundheitlichen Verhältnisse, 7. Mai 1945, StA Neuss A 150 / 215.
3 Vgl. Besprechungsprotokoll vom 14. Mai 1945, in StA Neuss A 60 / 1.
4 Vgl. Besprechungsprotokoll vom 21. Mai 1945, in StA Neuss A 60 / 1.
5 Verwaltungsbericht 1945 – 1949: 84.
6 § 4 des Vertrages vom 6. März 1946, Abschrift im Archiv der Augustinerinnen.
7 Verwaltungsbericht 1945 – 1949: 79.
8 Verwaltungsbericht 1945 – 1949: 80.
9 Verwaltungsbericht 1945 – 1949: 84.
10 Schreiben der Generaloberin an den Finanzminister des Landes NRW, 20. Oktober 1948, StA Neuss A 60 / 1.
11 Schreiben vom 5. Februar 1951, Archiv der Augustinerinnen.
12 Schreiben der Genossenschaft an den Oberstadtdirektor, 11. August 1951, Archiv der Augustinerinnen.
13 Aktennotiz vom 19. März 1951, Archiv der Augustinerinnen.
14 Vgl. Verwaltungsbericht 1953: 63 – 69.

Besuch

KAPITEL VII

VII. DER AUSBAU ZUM GROSS-KRANKENHAUS 1955-1989

In der Mitte der 1950er Jahre begann auch in Neuss das Wirtschaftswunder. Zwar belasteten noch am Ende des Jahrzehnts steigende Flüchtlingszahlen und Kriegsheimkehrer den angespannten Wohn- und Arbeitsmarkt, doch mit der Erschließung neuer Siedlungen und der Schließung der Baulücken in der Innenstadt war das Wohnungsproblem zunächst gelöst. Bald übertraf die Nachfrage nach Arbeitskräften das Angebot an Arbeitsplätzen – ein untrügliches Zeichen für eine dynamische wirtschaftliche Entwicklung, die bis zum Ende der 1960er Jahre anhalten sollte. Wanderungs- und Geburtenüberschuss lagen weit über dem Durchschnitt in Nordrhein-Westfalen, und Neuss durfte sich angesichts seiner Wirtschaftskraft rühmen, wie ein Magnet auf Unternehmer und Arbeitskräfte zu wirken.

Als am 20. Januar 1963 die 100.000ste Einwohnerin von Neuss geboren wurde – natürlich auf der Entbindungsstation im Krankenhaus Preußenstraße – war Neuss endgültig zur Großstadt herangewachsen. Dies vermerkten die Stadtväter zwar mit Stolz, doch damit war die Stadt auch an die Grenze ihrer Belastbarkeit angelangt. Bereits im Jahre 1962 hatte der städtische Etat eine Rekordhöhe erreicht, doch im Februar 1963 sollten die Stadtverordneten den größten Haushaltsplan verabschieden, der je einem Neusser Stadtparlament vorgelegen hatte: 90 Millionen DM sollten ausgegeben werden, davon rund 34 Millionen für den Bau von Schulen, Wohnungen, Sportstätten und Krankenhäusern. Damit begann nach dem Wiederaufbau der notwendigsten Einrichtungen des Krankenhauses in den folgenden Jahrzehnten der expansive Ausbau des Krankenhauses zum modernen Großkrankenhaus.

Die Krankenpflegeschulen

Obwohl die Kinderabteilung zu Beginn des Jahres 1962 noch im provisorischen Krankenhaus Immaculata untergebracht war, hatte die Kinderkrankenpflegeschule bereits am 1. April 1961 ihren Ausbildungsbetrieb aufgenommen. In der Pflegeschule wurden zunächst zwanzig Schülerinnen in jedem Ausbildungsjahr aufgenommen, das am 1. April eines jeden Jahres begann. Die theoretische und praktische Ausbildung dauerte insgesamt drei Jahre: Nach dem zweiten Jahr wurde die staatliche Prüfung abgelegt, das dritte Jahr war das gesetzlich vorgeschriebene praktische Jahr. Die Ausbildung umfasste zahlreiche Fächer wie Berufskunde, medizinischen Unterricht mit dem Schwerpunkt Kinderkrankheiten sowie Ernährungswissenschaften und Säuglings- und Kinderkrankenpflege; hinzu kamen ethische Grundlagen der Krankenpflege, Psychologie und Pädagogik. Außerdem erwartete man von den Schülerinnen *Gehorsam, die gebotene Achtung gegenüber den Herren Ärzten, der Schwester Oberin und den Stationsschwestern, die pünktliche und gewissenhafte Ausführung der ihnen übertragenen Arbeiten und unbedingte Bereitschaft zur Beobachtung der Haus- und Tagesordnung.*[1] Die Schülerinnen erhielten im ersten Jahr 30 DM, im zweiten Jahr 50 DM Ausbildungsbeihilfe sowie 21 Tage Urlaub im Jahr. Ihre Dienstkleidung hatten die Schülerinnen selbst zu beschaffen. In der Regel wohnten sie in einem der Schwesternwohnheime, die sich in dem Park befanden, der den damals noch kleinen Krankenhauskomplex umgab.

Den mit der allgemeinen wirtschaftlichen Expansion und Hochkonjunktur der 1960er Jahre einhergehenden Arbeitskräftemangel bekam auch das Krankenhaus zu spüren: Es fehlten ausgebildete Krankenschwestern und Pfleger. So entstand im September 1965 die Idee, dem Krankenhaus eine Schwesternschule anzugliedern. In einem Schreiben an Generaloberin M. Charitas nennt der Chefarzt der Chirurgischen Abteilung, Dr. Hanns Norpoth, zahlreiche gute Gründe:

Der Schwesternmangel und die so unerfreuliche Fluktuation der (freien) Schwesternschaft, deren tatsächliche Ursachen nur schwer zu ergründen sind, legen die Frage nahe, ob wir nicht an unserem Hause eine Schwesternschule einrichten sollten. Die leitenden Ärzte dieses Hauses sind von der Notwendigkeit dieser Einrichtung um so mehr überzeugt, als sie befürchten, dass nach Fertigstellung des Herz-Jesu-Krankenhauses [2] möglicherweise ein Teil der Ordensschwestern (und vermutlich nicht die schlechtesten), in diesem Hause eine neue Arbeitsstätte finden werden. Bei dem derzeitigen und mit Wahrscheinlichkeit noch fortschreitenden Mangel an Krankenschwestern kann sich dadurch die spezielle Situation des Krankenhauses ‚Preußenstraße' vielleicht katastrophal verschlechtern. Aber abgesehen davon ist es bekanntermaßen für ein Krankenhaus immer vorteilhaft, Schwestern heranzubilden und nach Vollendung der Ausbildung wenigstens zum Teil übernehmen zu können. [3]

Immerhin könnten die Räume der Kinderkrankenpflegeschule auch für den Unterricht der Schwesternschule benutzt werden, für das Problem der Unterbringung müsse man noch gemeinsam mit der Stadt eine Lösung finden. Um den Pflegenotstand nicht allzu prekär werden zu lassen, wurden seit dem 1. April 1966 in der Pflegehelferinnenschule zusätzliche Pflegekräfte ausgebildet.

Erst zwei Jahre später, am 27. Mai 1968, stellte das Krankenhaus beim Regierungspräsidenten in Düsseldorf den Antrag auf staatliche Anerkennung der geplanten Pflegeschule. Ein weiteres Jahr später, am 1. April 1969, konnten die ersten vierzig Schülerinnen und Schüler an der Krankenpflegeschule ihre Ausbildung beginnen. Auch die Krankenpflegeschulen haben mit der Expansion des Krankenhauses Schritt gehalten: Rund 150 Schüler werden heute am Lukaskrankenhaus für die Krankenpflegeberufe ausgebildet.

Die Kinderklinik

Doch zurück in das Jahr 1962. Zu diesem Zeitpunkt waren die Folgen des Krieges in der Gesundheitsversorgung immer noch spürbar. Die Anzahl der Betten hatte mit der rasch wachsenden Bevölkerung in der Stadt und im Kreis Neuss nicht mitgehalten, und die Kinderabteilung des Krankenhauses war nach wie vor ein unzulängliches Provisorium. Die Kinderabteilung war zwar vom ehemaligen Notkrankenhaus Immaculata in das erste Geschoss des Isolierhauses verlegt worden, doch es fehlten immer noch ausreichende technische Einrichtungen für diagnostische und therapeutische Maßnahmen. Doch nicht nur daran mangelte es:

Als einzige Station des gesamten Krankenhauses ist die Infektionsstation im Isolierhaus, in der durchschnittlich zwischen 20 *und* 40 *Kinder mit verschiedensten ansteckenden Krankheiten untergebracht sind, noch in einem Zustand, der den heutigen Erfordernissen einer guten und hygienischen Unterbringung, Isolierung und Pflege in keiner Weise enspricht.*[4]

Eine weitere Schwierigkeit bestand im Transport schwerkranker Kinder, vor allem Frühgeborener und Säuglinge, zur Röntgenabteilung im Hauptgebäude, deshalb konnten viele notwendige Röntgendiagnosen nicht ausgeführt werden. Da der Leiter der Kinderabteilung, Prof. Dr. Norbert Urban, mit nachdrücklichem Engagement den Aufbau einer Kinderklinik vorantrieb, waren die ersten Missstände zwar bald abgestellt, doch es sollte noch einige Jahre dauern, bis der emsige Kinderarzt mit seinen kleinen Patienten ein neues Gebäude beziehen konnte.

Als am 29. Juli 1965 der erste Spatenstich für das neue Gebäude erfolgte, begann der Bau eines der größten und teuersten Bauprojekte der Nachkriegszeit: Mehr als zehn Millionen DM hatte die Stadt für das Gebäude und die Einrichtung bereitgestellt. Bereits nach einjähriger Bauzeit konnte das Richtfest gefeiert werden, und als am 20. Juni 1968 der Neubau mit einem Festakt seiner Bestimmung übergeben wurde, stand auf dem Gelände des ehemaligen Obstgartens eine der modern-

Die Neusser Kinderklinik war zur Zeit der Eröffnung eine der modernsten Kinderkliniken in der Bundesrepublik.

sten Kinderkliniken der Bundesrepublik. Damit war eines der größten Projekte beim Ausbau des Neusser Krankenhauses vollendet. Die Krankenanstalten Neuss – Lukaskrankenhaus – wie sie mittlerweile hießen, verfügten nun über 680 Betten, davon 200 in der Kinderklinik.

Verantwortlich für die Planung der Klinik war das städtische Hochbauamt, namentlich die beamteten Architekten Eberhard Lilienthal und Eugen Wesselmann, doch erst die fachliche Beratung des Leiters der Kinderabteilung Prof. Dr. Norbert Urban sicherte der Klinik schließlich ihre überregionale Bedeutung. Mit der Kinderklinik war eine

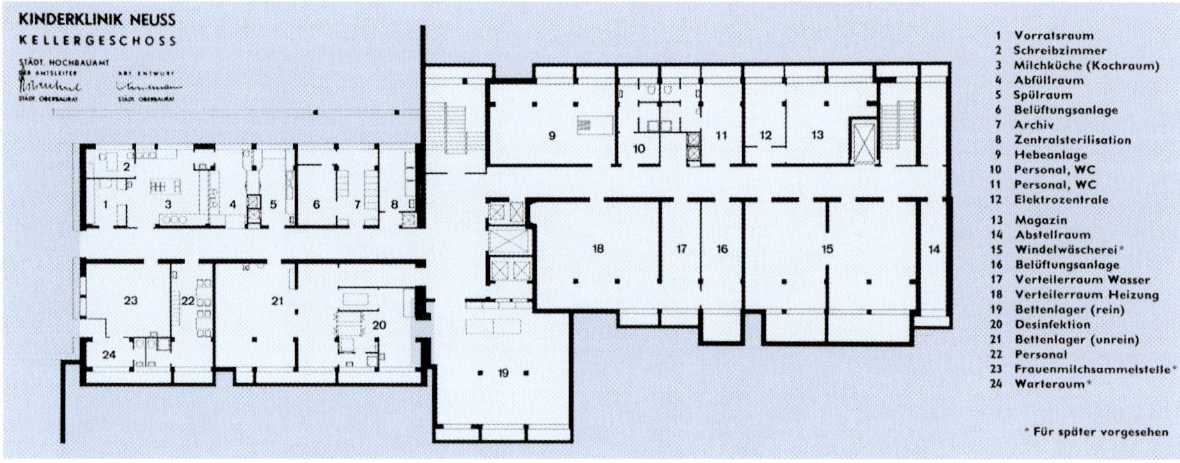

Grundriss Kellergeschoss

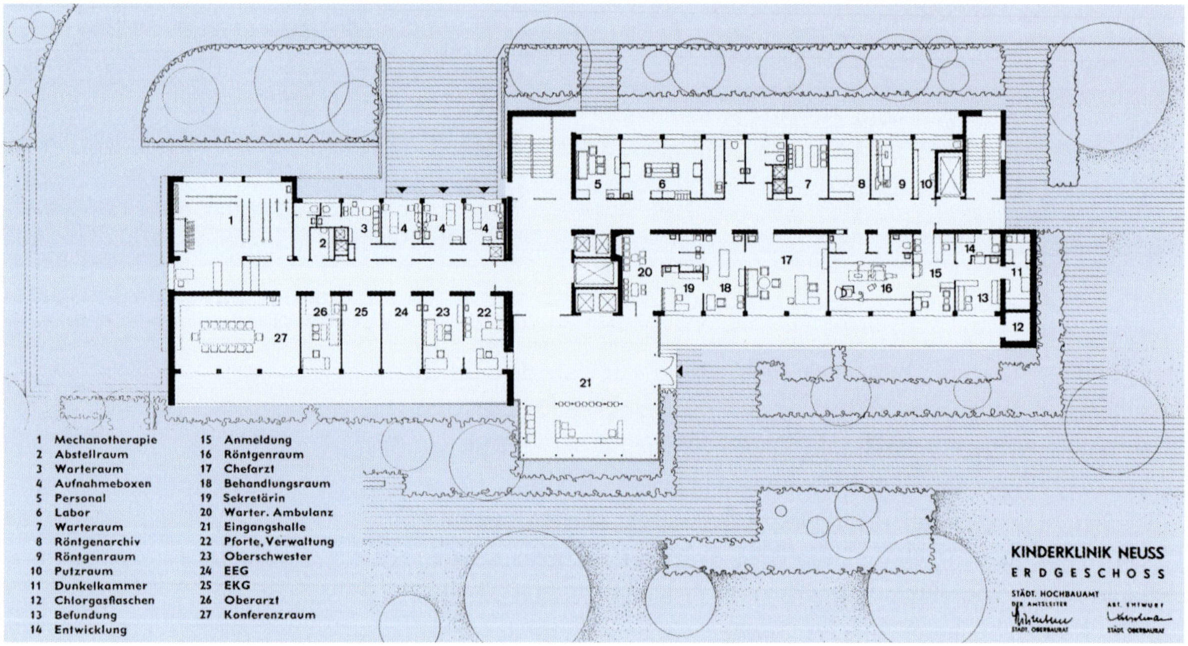

Grundriss Erdgeschoss

Die Milchküche und die technischen Funktionsräume befanden sich im Kellergeschoss.

vorbildliche Synthese zwischen den medizinischen – vor allem pädiatrischen – Aspekten und den architektonischen und technischen Anforderungen gefunden worden.

Diese Anforderungen waren (und sind) vielschichtiger als die an ein Krankenhaus für Erwachsene. So habe eine Kinderklinik zunächst die individuellen Bedürfnisse aller Stufen der Kindheit zu berücksichtigen, wie Prof. Urban sein Konzept erläuterte, schließlich habe man fast von Jahr zu Jahr ein anderes Kind vor sich, dessen körperliches und psychisches Wachstums- und Entwicklungsbild sich stets verändere. *Die durch Konstitution und Umwelteinflüsse unterschiedlich geprägte Psyche unserer kleinen Patienten wird durch deren meist akute und schwere Krankheit sichtlich beeinträchtigt. Hinzu kommen bei jüngeren Kindern durch die Trennung von Mutter oder Elternhaus häufig heftige Reaktionen der Angst und der inneren Verlassenheit, die sich noch unter unserer vielleicht schmerzhaften Behandlung steigern können; und das alles muss ja für das Kind bei noch mangelnder Einsicht ganz unverständlich sein. Alle Maß-*

Drei Aufnahmeboxen dienten der Voruntersuchung stationärer Patienten.

nahmen in einer Kinderklinik sollten darum das Ziel haben, nicht nur die Krankheit des Kindes rasch wieder zu heilen, sondern auch seine psychische Situation möglichst zu erleichtern.[5] Aus dieser Erkenntnis ergaben sich für die Planung der Kinderklinik folgende Prinzipien: 1. Helle, übersichtliche Stationen zu errichten mit bester hygienischer Ausstattung und kurzen Funktionswegen für die Schwestern. 2. Die Organisation und den Betriebsablauf nach neuesten Erkenntnissen zu gestalten. 3. In der Planung und in der Einrichtung möglichst alle Gesichtspunkte zu berücksichtigen, die den so genannten Hospitalismus vermeiden helfen. 4. Eine der kindlichen Mentalität entsprechende freundliche und damit kontaktfreudige Atmosphäre zu schafften.

Das Gebäude bestand aus sieben Geschossen und war ein so genannter Stahlbetonskelettbau, der mit weiß glasierten Ziegeln ver-

Die Spielplastik von Heinz Mack war der Blickfang in der Empfangshalle und milderte die besonders für Kinder unangenehme Krankenhausatmosphäre.

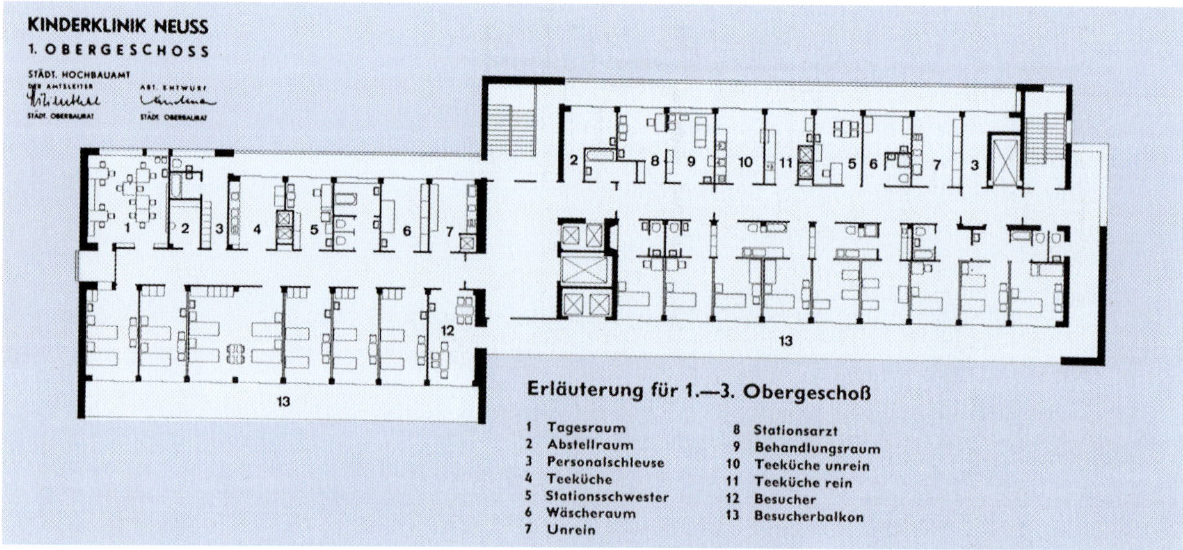

Grundriss 1. bis 3. Obergeschoss

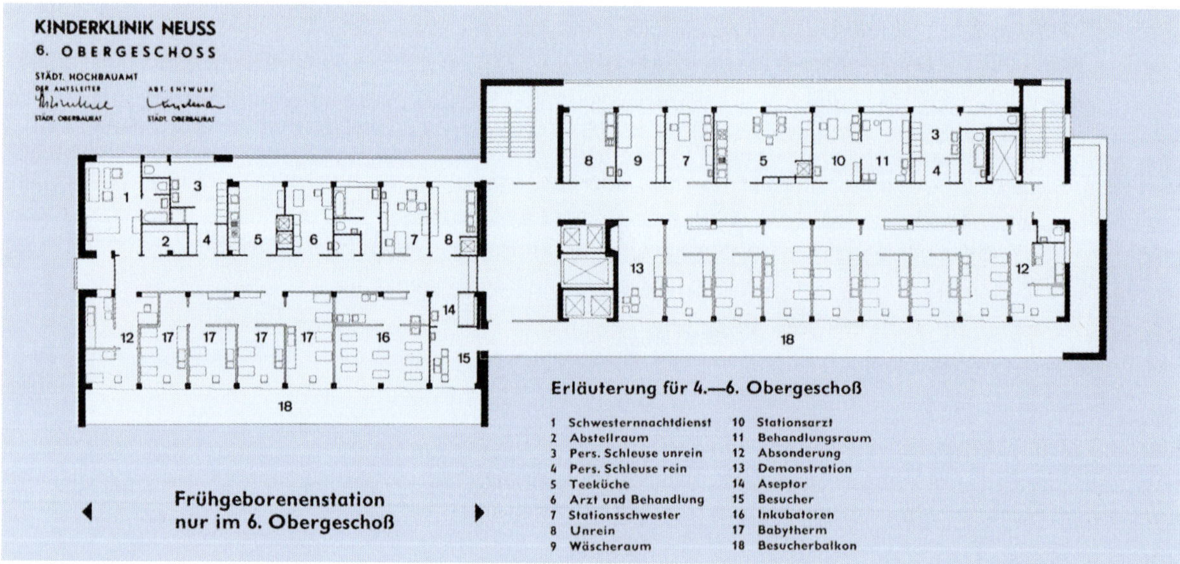

Grundriss 4. – 6. Obergeschoss

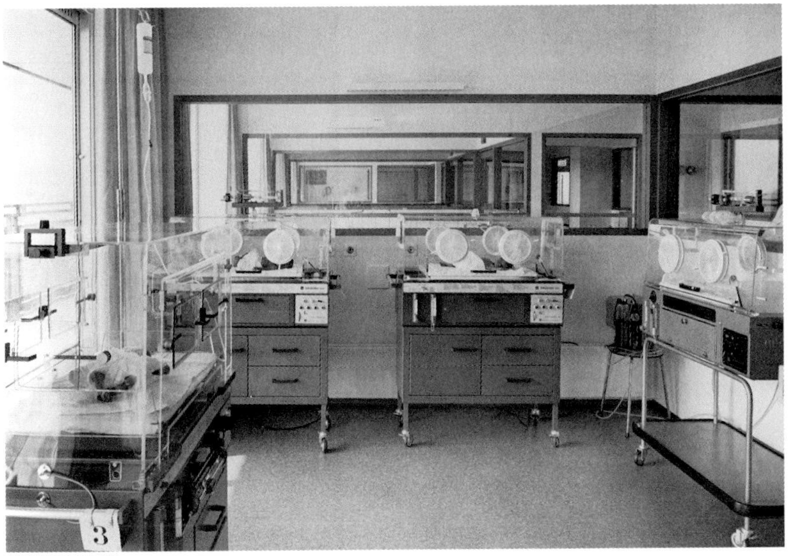

Acht Inkubatoren (Brutkästen) ermöglichten im Inkubatorraum die Pflege und Versorgung von Frühgeborenen.

klinkert und mit Leichtmetallfenstern ausgestattet war. Im Kellergeschoss befanden sich die Milchküche sowie die technischen Funktionsräume, zum Beispiel die Heizungsanlage. Die medizinischen Funktionsräume wie Röntgenstation, Labor, Zentralsterilisation oder Bettenzentrale mit Desinfektionsanlage waren im Erdgeschoss untergebracht. Drei Aufnahmeboxen für die Voruntersuchungen stationärer Patienten und die große Eingangshalle mit einer bunten Spielplastik des Mönchengladbacher Künstlers Heinz Mack befanden sich ebenfalls im Erdgeschoss. Im ersten bis dritten Obergeschoss lagen nach Westen in drei Stationen die Krankenzimmer für Mädchen und Jungen bis 14 Jahren, auf der Ostseite in jedem Geschoss eine Infektionsstation für Kinder mit ansteckenden Krankheiten. Im vierten bis sechsten Geschoss befanden sich auf der Westseite zwei Säuglingsstationen und die Frühgeburtenstation, auf der Ostseite drei Säuglingsstationen. 152 Betten, davon 32 Infektionsbetten, gab es für Säuglinge und Kleinkinder; 40 Betten, davon 20 Infektionsbetten für Mädchen und Jungen bis 14 Jahre, sechs

Alle Kinderkrankenzimmer waren untereinander und zu den Fluren mit großen Fenstern verbunden.

Da die Eltern oder Besucher der kleinen Patienten die Zimmer nicht betreten durften, konnten sie nur über die Besucherbalkone Kontakt zu den Kindern aufnehmen.

Betten für Säuglinge als ‚Babytherm-Bettchen' und acht Inkubatoren auf der Frühgeburtenstation – insgesamt also 206 Betten. Die Stationen für Frühgeborene, Säuglinge und infektionskranke Kinder besaßen ein Schleusensystem, das selbstständige Pflegeeinheiten ermöglichte. Auf den drei Stationen der Infektionsabteilung konnten deshalb Kinder mit Masern oder Windpocken gepflegt werden, ohne die anderen Patienten zu gefährden. Alle Kinderkrankenzimmer waren untereinander und zu den Fluren mit großen Fenstern verbunden. Diese sowohl funktionale als auch ästhetische Transparenz ermöglichte dem Pflegepersonal eine gute Übersicht und lockerte den Zusammenhang der Räume für Besucher und Patienten angenehm auf. Den oberen Abschluss des Gebäudes bildete ein zwei Meter hohes Installationsgeschoss. Ein OP-Zentrum enthielt die Kinderklinik allerdings nicht, da die chirurgische Kinderabteilung dem Operationszentrum im Hauptgebäude angegliedert war.

Um die Infektionsgefahr möglichst gering zu halten, gelangte das Pflegepersonal durch Umkleideschleusen auf die Stationen. Die Eltern oder Besucher der kleinen Patienten durften in der Regel die Krankenzimmer nicht betreten, sondern gelangten über Aufzüge auf die im Winter beheizten Besucherbalkone, die allen Patientenräumen vorgelagert waren. Die Stationsflure dienten ausschließlich dem internen Betrieb; hier verhinderte der durch die Klimaanlage erzeugte Überdruck, dass Luft aus den Patientenräumen austrat und Keime übertrug.

In jedem Patienten- und Funktionsraum befanden sich Zapfstellen für Desinfektionslösungen, die von einem zentralen Speicher im Keller versorgt wurden, sowie Wandanschlüsse für Sauerstoff und Druckluft. Der Hygienepflege der Frühgeborenen und Säuglinge dienten besondere Pflegekombinationen aus Edelstahl, die aus Wickelplatz, Badewanne und Waschbecken bestanden und durch einen Unterbau mit ausfahrbarer Waage, Abwurfeimer und Papierhandtuchrolle ergänzt wurden. Über jedem Pflegeplatz befand sich ein Wärme- und UV-Strahler, der auch eine Lampe enthielt.

Zur Einrichtung der Kinderklinik gehörten schließlich zwei Spielzimmer, in denen Kinder, die nicht mehr bettlägerig waren, von

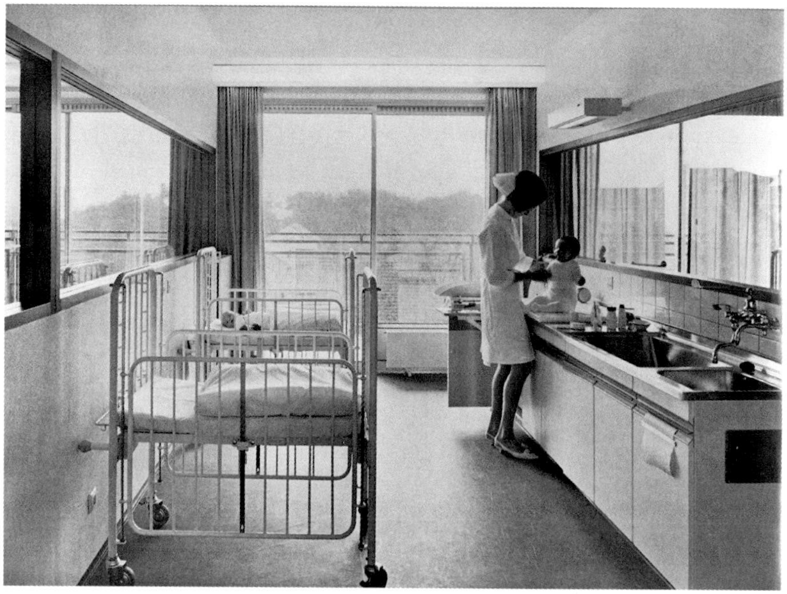

Speziell eingerichtete ‚Pflegekombinationen' in den Säuglingsboxen dienten der Hygienepflege der Frühgeborenen und Säuglinge.

einer Kindergärtnerin betreut wurden. Alle Patienten- und Funktionsräume sowie die Flure waren mit einem besonderen Wandschmuck versehen: Anlässlich der Eröffnung der Kinderklinik hatten rund 1.500 Neusser Schulkinder an einem Malwettbewerb teilgenommen; die besten Bilder waren nun dauerhaft in der Klinik zu sehen. Da auch die Kruzifixe in den Räumen von Kinderhand stammten, entsprach die Dekoration des Hauses ganz der Vorstellungs- und Bilderwelt der Kinder. Dies und die Möglichkeit, Mütter (oder Väter) bei ihren schwerkranken Kindern übernachten zu lassen, dürfte die seelischen Belastungen der kleinen Patienten ein wenig verringert haben.

Die Entwicklung des Krankenhauses bis 1970

Die Errichtung der Kinderklinik war jedoch nicht die einzige Erweiterungsmaßnahme in den 1960er Jahren. Durch die Folgen des Krieges und das rapide Bevölkerungswachstum waren Engpässe in der Gesundheitsversorgung der Bevölkerung entstanden, die jedoch am Ende des Jahrzehnts behoben waren.

Im Jahre 1963[6] wurde im Röntgeninstitut das Gerät zur Isotopendiagnostik in Betrieb genommen. Dieses Gerät bot neben der Röntgenuntersuchung eine Reihe von neuen Möglichkeiten der Diagnose: Unter anderem war nun die Darstellung von Organen und Organveränderungen möglich, die im Röntgenbild nicht sichtbar zu machen waren. Damit erhielten die klinischen Abteilungen zusätzliche Möglichkeiten zur Erkennung und Behandlung von Krankheiten.

Ein weiterer Schritt auf dem Weg zum Schwerpunktkrankenhaus war die Einrichtung der Fachabteilung für Anästhesie im Jahre 1965. Immerhin lagen zu dieser Zeit die Fortschritte auf dem Gebiet der Chirurgie nicht in erster Linie in der Verbesserung der Operationstechnik, sondern in einer bedeutenden Optimierung der Narkosetechnik. Zu den wesentlichen Aufgaben des Facharztes für Anästhesie gehören die Vorbereitung auf die Narkose, die Narkose selbst und die Überwachung des Patienten bis zur Wiederherstellung seiner natürlichen Reflexe. Für Patienten, deren Vitalfunktionen lebensbedrohlich gestört sind, sollte in absehbarer Zeit eine Intensivstation geschaffen werden. Mit der Einrichtung der Fachabteilung für Anästhesie konnte die Versorgung der operativen und Unfall-Patienten jedenfalls bedeutend verbessert werden.

Bereits am 22. März 1962 hatte der Stadtrat beschlossen, *die Einrichtung einer Vollapotheke im Krankenhaus ‚Preußenstraße' dadurch zu ermöglichen, dass der Verbindungstrakt zwischen Westflügel und jetzigem Portalbau an der Rückseite einen Anbau erhält, der durch sämtliche Geschosse hindurchgeführt wird und außer den Räumen für die Apotheke zusätzliche Nebenräume für die chirurgische, innere und geburtshilfliche Station enthalten wird.*[7] Unverzüglich ging man an die Planung und den

Neubau der Apothekenräume; am 20. Juli 1963 stellte die Genossenschaft der Barmherzigen Schwestern den *Antrag auf Erteilung einer Konzession zum Betrieb einer Vollapotheke* an den Regierungspräsidenten in Düsseldorf. Dieser erteilte am 7. Mai 1965 die Genehmigung zum Betrieb einer Krankenhausapotheke unter der Bedingung, einen approbierten Apotheker anzustellen und die für eine Apotheke vorgesehenen Räume nachzuweisen. Weiter heißt es in der Urkunde: *Die Erlaubnis berechtigt nur zur Abgabe von Arzneimitteln an Insassen des Krankenhauses ‚Preußenstraße' und an die in dieser Anstalt beschäftigten Personen.* Die Apotheke des Krankenhauses hingegen ist in ihrem neuen Gebäude und mit ihrer Einrichtung auf dem neuesten Stand der Technik zu einem fortschrittlichen Dienstleistungsbetrieb geworden.

Nicht auf dem neuesten Stand der medizinischen Möglichkeiten und der Krankenhaustechnik befanden sich Mitte der 1960er Jahre die Bedingungen für die pathologische Diagnostik. Deshalb trafen sich am 3. Januar 1966 zwei leitende Schwestern der Genossenschaft und einige Chefärzte mit Vertretern des Sozialausschusses und der Stadtverwaltung, um über die Einrichtung eines Pathologischen Institutes am Krankenhaus Preußenstraße zu beraten. Dabei wurde die Notwendigkeit einer ‚Pathologie' in Neuss übereinstimmend bejaht.[8]

Und zwar aus folgenden Gründen: Die schnelle Diagnostik von Gewebsproben Lebender sei unabdingbar für den Chirurgen und Gynäkologen zur Krebsdiagnostik. Immerhin sei es für den Chirurgen wichtig zu wissen, ob es sich beispielsweise um ein Magengeschwür oder einen geschwürig zerfallenden Krebs handelt. Ein Pathologe am Krankenhaus könne noch während der Operation Gewebeteile untersuchen und in wenigen Minuten das Ergebnis mitteilen. Davon hängen sowohl der Umfang der Operation wie auch die Nachbehandlung ab. Außerdem werde durch den Schnellschnitt eine lange Wartezeit, eine belastende Ungewissheit für den Patienten verhindert und eine eventuell notwendige zweite Operation überflüssig. Das habe die Verweildauer je operatives Bett durchschnittlich um zwei Tage verkürzt, wie Erfahrungen an Kliniken mit Pathologischem Institut gezeigt hätten. Daneben seien die Obduktionen von großer Bedeutung:

Einmal dienen sie der Kontrolle der Diagnose. Die Selbstkritik gegenüber der eigenen Diagnose und deren kritische Überprüfung anhand des Obduktionsergebnisses ist eine Voraussetzung dafür, dass die Diagnosen stets genauer und damit fehlerfreier werden. [...] Außerdem ist die Durchführung von Obduktionen an einem Krankenhaus wichtig für die Fortbildung des ärztlichen Nachwuchses. Insofern ist jedes Krankenhaus dafür verantwortlich, dass die Ärzte eine möglichst gute Ausbildung erhalten. Es liegt auf der Hand, wie wichtig es gerade für den jungen Arzt ist, Diagnosen mit dem Obduktionsergebnis zu vergleichen. Ganz besondere Bedeutung hat das Vorhandensein einer Pathologie für die Facharztausbildung. Es ist damit zu rechnen, dass in absehbarer Zeit nur noch Häuser mit Pathologischen Instituten Facharztausbildung durchführen dürfen. Schon die Harmonisierung des Arztrechtes im EWG-Bereich wird dazu führen, weil eine Reihe von EWG-Staaten das Vorhandensein eines Pathologischen Institutes an einem Krankenhaus zur Voraussetzung für die Facharztausbildung gemacht haben. Krankenhäuser, die keine Facharztausbildung durchführen können, werden kaum vernünftige Assistenzärzte längere Zeit halten können.

Neben dem Blick in die fernere Zukunft kam ein weiteres Argument hinzu: In der Neusser Nordstadt war bereits das heutige Johanna-Etienne-Krankenhaus im Bau, für das zwar eine eigene Prosektur geplant war, das aber für Gewebsproben ein Pathologisches Institut benötigen würde. Aufgrund der vorhandenen und geplanten Bettenzahlen stand jedoch fest, dass eine ‚Pathologie' für die beiden Neusser Krankenhäuser ausreichen würde. Deshalb sollte sich das Personal des Institutes aus einem Chefarzt, einem Assistenzarzt, einem Sektionsgehilfen, einer Sekretärin sowie zwei medizinisch-technischen Assistentinnen zusammensetzen. Da an weitere Neubauten auf dem Gelände nicht zu denken war, wurde das so genannte Gartenhaus den Bedürfnissen eines Pathologischen Instituts entsprechend umgebaut. Diese Maßnahme war im März 1969 abgeschlossen, und seitdem befindet sich die ‚Pathologie' in dem eingeschossigen Bau neben dem Pförtnerhaus.

Ein bedeutendes Ereignis ist für den 1. Juli 1966 zu verzeichnen: Das ‚Krankenhaus Preußenstraße' änderte seinen Namen. Diesem Ereignis war eine jahrelange Diskussion vorangegangen. Einer der bemerkenswertesten Einwände gegen ‚Krankenhaus Preußenstraße' kam von der Ärzteschaft: Das Haus habe während der letzten Jahre zwar eine Entwicklung vom Typ des ‚Allgemeinkrankenhauses' zum ‚Schwerpunktkrankenhaus mit Zentralversorgung' durchgemacht, doch lasse der althergebrachte Name, zum Beispiel bei Stellenausschreibungen, die Größe und Bedeutung des Hauses nicht erkennen. Eine Bezeichnung wie ‚Städtisches Krankenhaus' war aus rechtlichen Gründen nicht möglich: Grundstück und Gebäude gehörten zwar der Stadt, aber die Genossenschaft war nach wie vor Pächterin des Hauses und Trägerin des medizinischen und pflegerischen Dienstes. Deshalb erklärte sich der Orden mit einer solchen Bezeichnung nicht einverstanden, da in ihr der christliche Charakter der Trägerschaft nicht zum Ausdruck kam. Er schlug daher der Verwaltung und dem Stadtrat folgende Benennung vor: *In Übereinstimmung mit der Stadt Neuß möchten wir einen Namen wählen, der unabhängig vom jetzigen Träger Bestand hat. Nach Rücksprache und im Einvernehmen mit den Herren Chefärzten schlagen wir vor, dem Haus den Namen ‚Lucas-Krankenhaus' oder ‚Lucas Krankenanstalten' zu geben. Diese Bezeichnung entspricht dem christlichen Charakter des Hauses, ohne eine konfessionelle Richtung zu betonen.*[9] Deshalb hatte sich auch die evangelische Kirche in Neuss mit dem Namensvorschlag sogleich einverstanden erklärt. Einem Krankenhaus in katholischer Trägerschaft den Namen ‚Lukas' zu geben, erschien nahe liegend: Der heilige Lukas war der Legende nach ein Arzt, der vom Apostel Paulus zum Christentum bekehrt wurde, sein Evangelium und seine Apostelgeschichte sind Bestandteile des Neuen Testaments. Noch heute ist er der Schutzpatron der Ärzte, Chirurgen, Metzger, Maler und Bildhauer.

Dennoch waren einige Mitglieder des Sozialausschusses mit der vorgeschlagenen Bezeichnung nicht einverstanden, da das Krankenhaus städtisches Eigentum sei, dies aber nicht im Namen zum Ausdruck komme.[10] Die Vertreter der SPD-Fraktion im Ausschuss regten deshalb an, die Klinik ‚Städtische Krankenanstalten – Lukas-Krankenhaus' zu nennen. Dieser Vorschlag wurde mit sieben Ja- und fünf Nein-Stimmen angenommen und dem Stadtrat zur Beschlussfassung empfohlen. Doch dieser diskutierte am 25. Mai 1966 erneut über die Bezeichnung, da gegen den Zusatz ‚Städtische' rechtliche Bedenken bestanden.[11] Schließlich einigte man sich auf einen Kompromissvorschlag: ‚Krankenanstalten Neuss – Lukas Krankenhaus' wurde einstimmig vom Stadtrat angenommen. Die neue Namensgebung kommentierte die Neuss-Grevenbroicher Zeitung in einer Glosse:

Die neue Bezeichnung ist da. Ab 1. Juli 1966 [...] führt das städtische Krankenhaus den neuen Namen ‚Krankenanstalten Neuß – Lukaskrankenhaus'. Das Presseamt schreibt den alten Namen mit ‚städt. Krankenhaus'. Auf den Briefbögen und im Telefonbuch heißt es: Krankenhaus ‚Preußenstraße'. Um das Durcheinander zu vervollständigen sagen die Neußer ‚Städtisches Krankenhaus'. Ob nun mit der neuen Bezeichnung ‚Krankenanstalten Neuß – Lukaskrankenhaus' die Situation klarer wird, wagen wir zu bezweifeln. Man kann sich des Eindrucks nicht erwehren, daß die neue Bezeichnung eine Kompromisslösung ist. Kompromisse mögen oft gut und vor allem demokratisch sein, hier scheint man zu demokratisch gewesen zu sein. Wenn schon ein neuer Name, dann hätte sich ‚Lukaskrankenhaus' doch wohl besser gemacht. Aber ob Lukaskrankenhaus, städt. Krankenhaus an der Preußenstraße, oder Krankenhaus ‚Preußenstraße' – die Neußer werden auch in Zukunft ‚Städtisches Krankenhaus" sagen. Es wäre aber schön, wenn sich im Laufe der Zeit ‚Lukaskrankenhaus' einbürgern würde. Das ist knapp und auch gut.[12]

Dieser Wunsch des Kommentators ist bekanntlich in Erfüllung gegangen.

Krankenhauszielplanung in Richtung 2000

Am Ende der 1960er Jahre war der durch die Kriegseinwirkungen und das rapide Wachstum der Bevölkerung verursachte Engpass an Krankenhausbetten in Neuss endgültig behoben. Dazu hatte nicht nur die Erweiterung des Städtischen Krankenhauses beigetragen, sondern auch das nach vierjähriger Bauzeit eröffnete Johanna-Etienne-Krankenhaus in der Neusser Nordstadt. Als die Ordensgenossenschaft der Barmherzigen Schwestern nach der Regel des hl. Augustinus das Haus am 18. September 1968 in Betrieb nahm, war die Anzahl der Krankenhausbetten in der Stadt Neuss um mehr als 400 angestiegen. Das neue Krankenhaus verfügte über eine sehr moderne medizinisch-technische Ausstattung und bestand aus sechs Abteilungen: einer Chirurgischen und einer Inneren Abteilung mit je 105 Betten, einer Abteilung für Gynäkologie und Geburtshilfe mit 80 Betten, einer Orthopädischen Abteilung mit 70 sowie einer Pflegestation mit 30 und einer HNO-Abteilung mit 20 Betten. Das Baugrundstück hatte die Genossenschaft als Schenkung von der Stadt Neuss erhalten; außerdem übernahm die Stadt den laufenden Kapitaldienst für das Krankenhaus, die Personalwohnheime und die Schwesternschule, bei einer Eigenbeteiligung des Krankenhausträgers von 85 Pfennig für jeden Verpflegungstag. Bau- und Einrichtungskosten hatten mehr als 34 Millionen DM betragen, darüber hinaus rechnete die Stadt mit einem jährlichen Zuschuss von rund einer Million DM.[13] Damit erreichte der so genannte Bettenschlüssel in den Neusser Allgemeinkrankenhäusern fast 10 Betten auf 1.000 Einwohner, was um einiges über dem Landesdurchschnitt in Nordrhein-Westfalen lag.

In der Mitte des Jahres 1969 wurden im Lukaskrankenhaus der neue Operationsflügel und die Intensivbehandlungsstation in Betrieb genommen; ein Neubau war dringend notwendig geworden, weil die vorhandenen Operationsräume wegen der ständigen Erweiterungen des Krankenhauses den medizinisch-technischen Anforderungen nicht mehr genügten. Der Neubau befand sich hinter dem Ostflügel des

Hauptgebäudes und war durch Brücken mit dem alten OP-Bereich und dem Bettentrakt im Ostflügel verbunden. Das neue OP-Zentrum bestand aus drei Hochleistungs-Operationsräumen mit anästhesistischen Einleitungs- und Ausleitungsgruppen, einem Aufwachraum sowie den Funktionsräumen der Anästhesie-Abteilung. Angegliedert waren die Intensivstation und die Zentralsterilisation. Außerdem wurde der alte OP-Bereich umgebaut und modernisiert. Hier standen seit 1970 zwei gynäkologische Operationssäle mit Nebenräumen, je ein Saal für Augen- und HNO-Operationen und ein Gipsraum zur Verfügung. Mit dem Ausbau des Krankenhauses zu Beginn 1970er Jahre war außerdem die Voraussetzung für die praktische Ausbildung von Medizinstudenten geschaffen: 1977 wurde das ‚Lukas' als Akademisches Lehrkrankenhaus der Medizinischen Fakultät der Universität Düsseldorf anerkannt. Für 48 Studenten wurden Arbeitsplätze geschaffen und ein kleiner Hörsaal eingerichtet.

Doch die laufende Optimierung der Krankenhausversorgung hatte auch ihren Preis: Bund, Länder und Kommunen waren im Hinblick auf ihre Investitionsmöglichkeiten an die Grenzen ihrer Leistungsfähigkeit angelangt, und die permanent steigenden Pflegesätze belasteten Krankenkassen und Versicherte. Hier sollten das *Gesetz zur wirtschaftlichen Sicherung der Krankenhäuser und zur Regelung der Krankenhauspflegesätze,* das so genannte Krankenhausfinanzierungsgesetz (KHG) vom 29. Juni 1972 und die Bundespflegesatzverordnung vom 25. April 1973 Abhilfe schaffen. *Mit dem KHG wurde das dualistische Krankenhausfinanzierungssystem eingeführt, d.h. die Investitionskosten werden aus öffentlichen Mitteln finanziert und dem Pflegesatz, also dem Krankenhausbenutzer nur noch die Kosten des eigentlichen Krankenhausbetriebes angelastet. Wenn durch die Neuregelung der Krankenhausfinanzierung einerseits die Krankenhäuser weitgehendst aus den roten Zahlen heraus kamen, so hat das KHG durch die Einzelbewilligung von Zuschüssen durch das Land andererseits eine Einschränkung der Handlungsfreiheit der Krankenhäuser zur Folge gehabt.*[14] Die Einschnitte in die Autonomie der Krankenhäuser betrafen jedoch nicht nur Investitionen und Finanzen, sondern auch deren Planungen und Entwicklung für die Zukunft – auch hier hatten sie sich nach den Bestimmungen der so genannten Krankenhausbedarfsplanung des Landes Nordrhein-Westfalen zu richten.

Dazu hatte die Landesregierung das Land in 16 Versorgungsgebiete aufgeteilt; Neuss gehörte zusammen mit den kreisfreien Städten Krefeld, Mönchengladbach, Rheydt und den Kreisen Erkelenz, Geldern, Grevenbroich und Kempen-Krefeld zum Versorgungsgebiet 4. Die Krankenhäuser wurden in drei Versorgungsstufen eingeteilt: Stufe 1 waren Krankenhäuser der ‚Grundversorgung im kommunalen Nahbereich', Stufe 2 waren Krankenhäuser der ‚gehobenen Breitenversorgung' und Stufe 3 waren Häuser der ‚regionalen Spitzenversorgung'. Ziel der Landesregierung war es, ein bedarfsgerechtes, regional gegliedertes und untereinander abgestimmtes System aus leistungsfähigen und verkehrsgünstig gelegenen Krankenhäusern zu schaffen.

Um die Krankenhausversorgung in und um Neuss über einen knapp zwei Jahrzehnte umfassenden Zeitraum, also bis etwa 1990 bedarfsgerecht planen zu können, hatte die Stadt am 26. März 1971 das Ingenieurbüro für Krankenhausplanung Dipl.-Ing. Lutter in Bochum beauftragt, ein Gutachten über die notwendige Entwicklung der Krankenhaussituation im Stadtgebiet Neuss zu erstellen. Die 175 Seiten umfassende Broschüre[15] ist deshalb interessant, weil sie zunächst sehr exakt den Zustand und die Entwicklungsmöglichkeiten des Lukaskrankenhauses zu Beginn der 1970er Jahre analysiert. Wichtiger erscheint jedoch die Forderung nach einem Parameterwechsel, um mögliche Entwicklungen abschätzen zu können:

Die konservative Methode der Bedarfsberechnung von Krankenhausleistungen geht bisher nur auf den Bettenbedarf und dessen fachdisziplinäre Verteilung nach bestimmten ‚Bettenschlüsseln' ein. Mit fortschreitender Entwicklung differenzierter Untersuchungs- und Behandlungsmöglichkeiten und -techniken ist die im Krankenhaus angebotene Pflegeleistung oft nur ein Sekundäreffekt, der nicht zur Festlegung des qualitativen und quantitativen Leistungsangebotes nutzbar ist. Bettenfüllende Epidemien sind gegenüber der hochqualifizierten Differentialdiagnostik und Intensivtherapie in den Hintergrund der modernen Krankenhausmedizin getreten. Die Bettenzahl kann als Bezugsgröße in Kategorien verschiedener Versorgungsstufen keine entscheidende qualitative Aussage über einen Krankenhausbetrieb und seine Leistungsfähigkeit liefern. Die Formierung neuer Bedarfsbegriffe im Bereich Gesundheit und Krankheit mit seinen fließenden Grenzen scheint bei den erheblichen Investitionen unerlässlich.[16]

Weiterhin gehen die Autoren davon aus, dass ein optimales Angebot an Krankenhausleistungen nicht über die Nachfrage definiert werden kann: *Die Krankenhausleistung als Kollektivgut ist nicht mit marktökonomischen Bewertungsschemata bestimmbar, da aus sozialen Gründen niemand vom ‚Konsum' der Gesundheitsgüter auszuschließen ist, zumal die Gesellschaft einen erheblichen Aufwand für die Gesundheitsversorgung aufzubringen hat.*[17]

In der Ist-Analyse der Neusser Krankenhäuser stellt das Gutachten fest, dass die Häuser der Versorgungsstufe 1 mit fast 50 Prozent der Gesamtkapazität im Versorgungsgebiet 4 nahezu überrepräsentiert sind, während die Häuser der höchsten Versorgungsstufe 3, zu dem auch das Lukaskrankenhaus gehört, weitgehend fehlen (das Johanna-Etienne-Krankenhaus wird der Stufe 2 zugeordnet). Da rund 80 Prozent der 7.000 auswärtigen Patienten aus dem Kreis Grevenbroich kommen, nimmt Neuss auf dem Gebiet der Krankenhausversorgung die Funktion eines ‚Zentralen Ortes' ein. Diese so genannten Zuwanderer kommen fast ausschließlich aus unmittelbar an Neuss grenzende Gemeinden wie Büttgen, Glehn, Holzheim, Kaarst, Kapellen, Norf oder Straberg. Allerdings sei der Planung die künftige Neuordnung des Raumes Grevenbroich (zum Kreis Neuss) zugrunde zu legen: Die Krankenhäuser in Neuss werden die Versorgung des Gesamtraumes auch in Zukunft wahrnehmen müssen. Im Verlauf der Analyse des Einzugsgebietes kristallisiert sich heraus, dass eine Spezialisierung der großen Fachbereiche und damit eine Konzentration zu medizinisch und wirtschaftlich wirksamen Abteilungen nur am Lukaskrankenhaus sinnvoll seien. Diese Erweiterung und Konzentration sei jedoch langfristig mit der vorhandenen Bausubstanz nicht zu realisieren; vor allem im Versorgungsbereich sei eine rasche Anpassung an den modernen Stand der wirtschaftlichen und hygienisch zeitgemäßen Versorgungstechnik notwendig.

Ausschlaggebend für die Ermittlung des Bedarfs ist die Entwicklung der Einwohnerzahlen in der Stadt Neuss und im Kreis Grevenbroich, also dem Versorgungsbereich der beiden Neusser Krankenhäuser. Angenommen wird für das Jahr 2000 eine Zahl von rund 312.000

Einwohnern (tatsächliche Zahl 1980: rund 410.000!); weiterhin seien die Verweildauer der stationären Patienten und die Bettennutzung, also die Anzahl der Tage, an denen ein Krankenhausbett genutzt wird, für die Ermittlung des künftigen Bedarfs relevant: Im Lukaskrankenhaus ergab sich 1970 aus einer Verweildauer von durchschnittlich 14 Tagen eine Auslastung von 85 Prozent oder 310 Tagen – damit entsprach die Auslastung dem vorgegebenen Wert des Landeskrankenhausplanes. Auf dieser Grundlage könne jedoch nur der direkte Bettenbedarf, also die Dimensionierung des Pflege-Leistungsbereiches, ermittelt werden. Nehme man ambulante Leistungen und eine Verringerung der Verweildauer, möglicherweise bei einem Ansteigen der Patientenzahlen, hinzu, so seien die mit diesem Verfahren ermittelten, mit Krankenhausleistungen identifizierten Bettenzahlen nicht mehr als Bemessungsgröße für ein Krankenhaus brauchbar. Darüber hinaus fehlten noch äußere und innere Bestimmungsgrößen für die Ermittlung des Bedarfs an nichtstationären, im Rahmen von Tages- und Nachtkliniken zu erbringenden Krankenhausleistungen, die zu einer sicheren Dimensionierung des medizinischen Leistungsbereiches brauchbar seien. Deshalb fordern die Autoren der Krankenhauszielplanung die Erarbeitung dieser Grundlagenwerte, um eine ausreichende Qualität und Quantität der Gesundheitssicherung beibehalten zu können und um große Fehlinvestitionen öffentlicher Mittel zu vermeiden.

Die Prüfung des Ist-Zustandes der Krankenhausleistungen in Neuss kommt zu dem Ergebnis, *dass das mit einem Angebot von über 600 Betten für die Versorgung der Neusser Bevölkerung zentral wichtige Lukaskrankenhaus mittelfristig nur bedingt und langfristig keinesfalls ein ausreichendes Versorgungsniveau garantieren kann. Eine Modernisierung und Erweiterung der bestehenden Anlagen dieses Krankenhauses zum Ausgleich des in Richtung 2000 errechneten Bettenfehlbestandes erscheint aufgrund der damit verbundenen, kaum zu lösenden Sanierungsprobleme nicht sinnvoll oder wirtschaftlich und dürfte vom Land nicht als förderungswürdig angesehen werden.*[18] Deshalb seien für die Planung zwei mögliche Alternativen ins Auge zu fassen: entweder die Errichtung eines neuen Zentralkrankenhauses oder der Aufbau eines kostengünstigeren, dezentralen Krankenhaus-Verbundsystems, bestehend aus dem Johanna-Etienne-Krankenhaus und dem Lukaskrankenhaus. Die Überlegungen, auf einem großen städtischen Grundstück am Himmelsberg ein neues Krankenhaus zu errichten, werden vor allem wegen der hohen Kosten nicht zur Realisierung empfohlen. Statt dessen sprechen sich die Autoren mit unterschiedlichen Argumenten für den Ausbau des Lukaskrankenhauses zum Zentralkrankenhaus aus. Den entscheidenden Vorteil bilde dabei die breit gefächerte Palette an speziellen Krankenhausleistungen:

Das dabei erreichbare hohe Leistungsniveau dürfte die Nachteile der differenzierten Spezialisierung überwiegen. Dem Patienten werden Verlegungen, Überweisungen und Wiederholungsuntersuchungen erspart. Das vom Patienten geschätzte persönlichere Milieu in Umgebung und im Verhältnis zum betreuenden Personal kann auch im Zentralkrankenhaus durch geeignete Strukturen der inneren Organisation, geschmackvollen Innenausbau und Schaffung informeller Kontaktzonen erreicht werden, wobei die tendenziell sinkende Verweildauer Abstriche von dieser Idealvorstellung zugunsten sicherer und schnellerer Heilung vertretbar erscheinen lässt.[19]

Für den Ausbau zum Zentralkrankenhaus der dritten Versorgungsstufe sei das Gelände an der Preußenstraße aus folgenden Gründen besonders gut geeignet: Erstens die verkehrsgünstige Lage mit geringem Maß an Geräusch- und Lärm-Immissionen; zweitens liege das Lukaskrankenhaus im Frischluftkorridor der Stadt; drittens sei eine ausreichende Grundstücksfläche *des für das Zentralkrankenhaus geplanten Endausbaus in Richtung 2000* [20] vorhanden, und viertens sichere die gute zentrale Lage günstige Anfahrtszeiten für Krankenwagen und Patienten. Mit diesen wesentlichen Argumenten für den Ausbau des Lukaskrankenhauses zum Zentralkrankenhaus in Neuss waren die Weichen für die Entwicklungen der Zukunft gestellt.

Strukturveränderungen und Großinvestitionen

Auf der Basis des Gutachtens wurde bald mit den Erweiterungs- und Umbaumaßnahmen begonnen, doch die Entwicklung sollte einen gänzlich anderen Verlauf nehmen, als dies in der *Krankenhauszielplanung 2000* prognostiziert worden war. Dafür waren in erster Linie zwei Faktoren verantwortlich: Die Entwicklung in der medizinischen Technik und die steigenden Kosten im Gesundheitswesen.

So war in der Mitte der 1970er Jahre erstmals von einer ‚Kostenexplosion' im deutschen Gesundheitssystem die Rede. Rapide steigende Pflegekosten in den Krankenhäusern belasteten die Versicherten und die Krankenkassen: Der tägliche Pflegesatz des Lukaskrankenhauses stieg vom 30. September 1973 von 85 Mark auf 122,80 Mark am 1. Mai 1974. Dabei waren die Gründe für die ‚Kostenexplosion' der Betriebskosten vielschichtig. Einerseits waren teure Umbaumaßnahmen und eine Verbesserung der medizinischen und technischen Ausstattung verwirklicht worden, andererseits waren vor allem die Personalkosten erheblich gestiegen – sie schlugen im Budget der Klinik mit 72 Prozent der Gesamtkosten zu Buche! Gleichzeitig war die Verweildauer der Patienten von 13,7 Tagen (1972) auf 12,8 Tage im Jahre 1973 gesunken; dies lag übrigens weit unter dem nordrhein-westfälischen Landesdurchschnitt von 18,5 Tagen im Jahre 1972. Dem Begriff der ‚Kostenexplosion' folgte in der gesundheitspolitischen Debatte das Schlagwort von der ‚Kostendämpfung'. Unter diesen schwierigen politischen Bedingungen musste das Lukaskrankenhaus mit den sich immer mehr beschleunigenden medizinwissenschaftlichen und technischen Entwicklungen Schritt halten, wenn es nicht seinen Status als Klinik der regionalen Spitzenversorgung verlieren wollte. Dazu waren umfangreiche Investitionen und einschneidende Strukturveränderungen notwendig.

Eine der ersten Neuerungen betraf die Chirurgische Klinik. Sie wurde am 1. April 1975 in eine Abteilung für Allgemeinchirurgie und eine Abteilung für Unfallchirurgie geteilt. Chefarzt der Unfallchirurgie wurde Dr. Ulrich Boege, der seit 1965 am Lukaskrankenhaus tätig war.

Mit der Einrichtung der neuen Abteilung sollte der raschen wissenschaftlichen Entwicklung auf dem Gebiet der Unfallchirurgie Rechnung getragen werden. Außerdem erhoffte man sich von der Einrichtung einer chirurgischen Ambulanz, in der die chirurgische Versorgung von leichtgradigen Verletzungen und die Erstversorgung von stationären Verletzungsfällen vorgenommen werden sollte, eine erhebliche Entlastung der chirurgischen Operationsabteilung. Die enge Zusammenarbeit von Allgemeinchirurgen und Unfallchirurgen blieb natürlich erhalten.

Weitere Erneuerungen waren im Jahre 1977 der Ausbau der Intensivstation in der Fachabteilung für Innere Medizin sowie die Einrichtung der Nierendialyse-Abteilung. Da für die Intensivbehandlung bisher nur eine unzureichende Patientenüberwachungseinheit zur Verfügung gestanden hatte, investierte das Lukaskrankenhaus rund 470.000 Mark in den Ausbau und die technischen Geräte der Intensivstation. Diese bestand nun aus sieben Überwachungsplätzen, einem zentralen Überwachungsraum und einem Arztdienstzimmer. Vier Überwachungsplätze in unmittelbarer Nähe der Intensiveinheit standen zur Ausschleusung der Patienten zur Verfügung. Zum automatischen Überwachungsprogramm der Intensivstation gehörten Geräte für EKG-, Puls- und Atemfrequenz sowie arterielle Blutdruckmessungen, ein Gerät zur Langzeitspeicherung von EKG-Werten und ein zentrales Abfragegerät für die Messwerte der Patienten sowie ein Herzschrittmacher und elektronische Puls- und Blutdruckmessgeräte.

Patienten, deren Nieren nicht mehr oder nicht mehr vollständig arbeiten, werden an ein Nierendialyse-Gerät angeschlossen. Damit wird ihr Blut in vier bis acht Stunden gereinigt. Mit einer gezielten Dialyse-Behandlung können Patienten auch auf die Nierentransplantation vorbereitet werden. Dem steigenden Bedarf nach Nierendialyse trug das Lukaskrankenhaus mit einer Investition von rund 50.000 Mark Rechnung – dafür wurden elf Geräte angeschafft, die 1977 von 28 Patienten regelmäßig frequentiert wurden. Die Zahl der Dialysatoren sollte bis 1982 auf 15 anwachsen. Vier von diesen Geräten waren eigens für an

Gelbsucht infizierte Patienten gedacht, die wegen der Infektionsgefahr nicht an die übrigen Apparate ‚angeschlossen' werden durften.

Ebenfalls im Jahre 1977 wurde das Lukaskrankenhaus als ‚Akademisches Lehrkrankenhaus der Universität Düsseldorf' anerkannt. Diese Maßnahme erfolgte unter dem Zwang, für wachsende Studentenzahlen im Fach Medizin genügend praxisnahe Ausbildungsplätze auszuweisen. 48 Ausbildungsplätze für Studenten im Praktischen Jahr wurden zur Verfügung gestellt, und im Wintersemester 1977/78 begannen 41 angehende Ärzte ihre Ausbildung in der Klinik. Im Umgang mit dem ärztlichen Dienst sollten sie ihr theoretisches Wissen erweitern und vertiefen. Je ein Drittel des Praktischen Jahres absolvierten sie in der Chirurgie und in der Inneren Medizin, der Rest war einem Wahlfach vorbehalten. Neben der praktischen Tätigkeit gab es fachbezogene Seminare und Kolloquien sowie interdisziplinäre Vorlesungen am Lukaskrankenhaus. Für die Einrichtung des Akademischen Lehrkrankenhauses in Neuss waren einige bauliche Maßnahmen für Hörsäle und Arbeitsräume der Studenten notwendig, die das Land NRW in voller Höhe finanzierte. Da sich am ‚Lukas' neben den ‚klassischen Abteilungen' auch ein Anästhesie-Institut, ein Institut für Strahlenheilkunde und eine Pathologie für die praktische Ausbildung anboten, war die Klinik in Neuss für die Düsseldorfer Medizin-Studenten ebenfalls attraktiv. Die Anerkennung als Akademisches Lehrkrankenhaus sicherte darüber hinaus dem Krankenhaus eine gute Position in der Krankenhauszielplanung des Landes NRW, was sich vor allem auf den künftigen Ausbau und die Zuschüsse günstig auswirken sollte.

Als die Kinderklinik im Oktober 1976 ihr zehnjähriges Bestehen feierte, hatten sich die ersten Auswirkungen des so genannten Pillenknicks bemerkbar gemacht. Die bei der Planung vorausgesagte lineare Bevölkerungsentwicklung war nicht eingetreten, im Gegenteil: Die Geburtenrate war um mehr als die Hälfte zurückgegangen. Deshalb hatte die Pädiatrische Klinik fast 50 Betten an die HNO-Belegabteilung ‚abgeben' müssen. Außerdem war innerhalb von zehn Jahren die Verweildauer der kleinen Patienten von fast 15 Tagen auf knapp zwölf Tage gesunken, im Jahre 1987 waren dies nur noch acht Tage. Bei den meisten der in den 1970ER Jahren behandelten Fälle handelte es sich um Infektionen – von Grippe bis Gelbsucht. Doch nach und nach verlagerte sich der medizinische Schwerpunkt auf die Behandlung und Betreuung von Früh- und Neugeborenen. Rund 165 Aufnahmen zählte die Früh- und Neugeborenenstation jährlich, davon kamen etwa 130 aus der damals noch so genannten Frauenstation des Lukaskrankenhauses, mit der seit Jahren eine intensive Kooperation bestand. Bei jeder Geburt war ein Kinderarzt dabei, der bei Risikofällen sofort die notwendigen Maßnahmen einleitete.

Im Laufe der nächsten Jahre verstärkten die Frauen- und Kinderärzte ihre Zusammenarbeit. Im Sommer 1981 wurden die baulichen und technischen Veränderungen in Angriff genommen, um eine leistungsfähige Intensivbehandlung der Neu- und Frühgeborenen zu sichern, im März 1983 war die Intensivstation fertig gestellt, im 6. Obergeschoss der Kinderklinik wurden acht neue Inkubatoren eingerichtet. Seitdem ist die Neusser Kinderklinik in der Lage, bis auf schwierige herzspezifische Auffälligkeiten, alle Probleme zu behandeln und intensivpflegerisch zu begleiten. Die dazu gehörende Technik ermöglicht laufende automatische Kontrollen von Atmung und Herzrhythmus sowie die permanente Überwachung verschiedener Blutwerte. Mit dem Ultraschallgerät können unter anderem Spezialuntersuchungen des Herzens vorgenommen werden. Im März 1984 bedachte das Rosellener Pharmazie-Unternehmen Janssen anlässlich seines 25-jährigen Bestehens die Kinderklinik: Die Spende bestand aus einem rund 35.000 Mark teuren Cardiorespirographen-System. Dieses ermöglicht ein spezielles Überwachungsverfahren, mit dem die Herz-, Kreislauf- und Atemfunktionen, die Sauerstoffzufuhr und -aufnahme beim Neugeborenen registriert werden können. So werden Sauerstoffmangelschäden und Sauerstoffüberdosierung verhindert.

RETTUNGSWEG
STÄDTISCHE KLINIKEN NEUSS
LUKASKRANKENHAUS
STÄDTISCHE KLINIKEN NEUSS
LUKASKRANKENHAUS

Um 1980 entsprach das in Neuss vorhandene Krankenhausangebot den Richtlinien der Landeskrankenhausbedarfsplanung. Abgesehen von einigen strukturellen Anpassungen in den einzelnen Häusern war die Versorgung der Patienten soweit konsolidiert, dass eine ausgewogene und bedarfsgerechte Krankenhausversorgung in Neuss für die Zukunft gesichert war. Schwerpunkt der Neusser Krankenhauspolitik war der Ausbau der Spitzenversorgung, die für das Kreisgebiet vor allem durch das Lukaskrankenhaus gewährleistet wurde, denn 40 Prozent aller Patienten kamen aus dem Kreis Neuss.[21]

Ein Haus der regionalen Spitzenversorgung muss über die neuesten Errungenschaften der Medizintechnik verfügen – trotz aller gesellschaftlichen Diskussionen über die vermeintliche Inhumanität der ‚Gerätemedizin'. Bereits seit einigen Jahren gehörte die Computer-Tomographie zu den neuesten Errungenschaften in der bildgebenden Diagnostik. Als im August 1980 der erste Ganzkörper-Computer-Tomograph in der Strahlenklinik in Betrieb genommen wurde, war das ‚Lukas' um ein Glanzstück der Röntgentechnik reicher. 2,2 Millionen Mark hatte das Diagnosegerät gekostet, mit 1,88 Millionen Mark hatte sich das Land NRW an dieser recht kostspieligen Investition beteiligt.

Mit der Computer-Tomographie waren bemerkenswerte Fortschritte in der Röntgendiagnostik erzielt worden. Der ‚CT' erzeugt Schichtaufnahmen des Körpers – bildlich gesprochen wird der Körper mittels eines Röntgenstrahls, der von einer Röntgenröhre ausgesendet und von einem Detektor aufgefangen wird, in ‚Scheiben' geschnitten. Die Innenseite dieser Scheibe stellt das auszuwertende CT-Bild dar. Der große Vorteil der CT gegenüber der konventionellen Röntgenuntersuchung besteht darin, dass die in der gewünschten Schicht gelegenen Organe und Körperteile überlagerungsfrei und ohne Verwischung abgebildet werden. Ferner sind mit Hilfe der Computer-Tomographie

Auf der Südseite des Ostflügels befinden sich helle Patientenzimmer mit Balkonen.
Aufnahme aus den 80er Jahren.

Untersuchungen an inneren Organen wie Bauchspeicheldrüse, Nieren, Galle und Leber möglich, die mit der bisherigen Röntgentechnik für den Patienten nur mit großer Belästigung durchzuführen waren. Dabei ist die Strahlenbelastung für Patienten und Personal wesentlich geringer als bei den herkömmlichen Röntgenverfahren.

Mit dem Einsatz des Computer-Tomographen sollte sich das Spektrum der röntgendiagnostischen Untersuchungen entscheidend verändern. Die Zahl der für Patienten unangenehmen Nieren- und Bauchraumuntersuchungen ging erheblich zurück; einige alte Diagnoseverfahren sollten nach Einführung der Computer-Tomographie überhaupt nicht mehr praktiziert werden.

Als im Januar 1981 die Urologische Klinik eröffnet wurde, war eine dringende Bedarfslücke in der Krankenhausversorgung der Stadt und des Kreises Neuss geschlossen. Mit der neuen Fachklinik war eine ortsnahe Versorgung der urologischen Patienten möglich, denn bis zu diesem Zeitpunkt mussten Neusser Patienten zur Behandlung in Düsseldorfer Kliniken eingewiesen werden. Damit gehörten lästige Wege und lange Wartezeiten für urologische Patienten der Vergangenheit an. Die Urologie besaß zunächst eine Kapazität von 40 Betten im 5. Obergeschoss des Nordflügels; hinzu kamen zwei Röntgenuntersuchungsräume, eine Raumgruppe für Eingriffe durch die Harnwege und ein OP-Bereich. Die baulichen Maßnahmen kosteten knapp 900.000 Mark, die medizinische Einrichtung rund 1,9 Millionen Mark. Zum Chefarzt der neuen Klinik wurde Prof. Dr. Frank Boeminghaus berufen.

Die große Medizinische Klinik wurde im November 1983 in eine Medizinische Klinik I mit dem Schwerpunkt Kardiologie und Nephrologie, unter der Leitung von Prof. Dr. med. Wolfgang Merx, und eine Medizinische Klinik II mit dem Schwerpunkt Gastroenterologie und Onkologie, unter der Leitung von Prof. Dr. Wilhelm Atzpodien, geteilt. Diese Art der Teilung war einerseits unter fachmedizinischen Gesichtspunkten, andererseits wegen der Größenordnung (170 Betten!) dringend notwendig geworden. Angesichts der steigenden Zahl der Patienten mit Herz-Kreislauf-Erkrankungen war im Laufe der Zeit eine

Unterversorgung des kardiologischen Sektors im Kreis Neuss eingetreten. Hinter der Teilung der Medizinischen Klinik stand auch die Absicht, die erheblichen Fortschritte der letzten Jahre in der Behandlung von Herzerkrankungen den Menschen in der Region nutzbar zu machen. Vor allem die Früherkennung von Herzleiden sollte die extrem kostspieligen operativen Eingriffe oder lang andauernden medikamentösen Behandlungen und Kuren weitgehend überflüssig machen.

Zu diesem Zweck wurde 1985 der erste Herzkathetermessplatz in der Kardiologischen Fachabteilung eingerichtet. Der Messplatz kostete rund 2,5 Millionen Mark und wurde von der Stadt Neuss, dem Land NRW und mit einer großzügigen Spende des Neusser Unternehmens Pierburg finanziert. Der Herzkathetermessplatz erlaubt es, die Untersuchung des Herzens und der versorgenden Gefäße durch Messsonden vorzunehmen. Dabei können Gefäßerkrankungen und andere negative Veränderungen am Herzmuskel selbst sichtbar gemacht werden. Auch therapeutische Eingriffe wie die Weitung (Dilatation) verstopfter Herzkranzgefäße können mit dem Herzkathetermessplatz durchgeführt werden.

Am 2. Januar 1984 wurde die 42 Betten umfassende HNO-Belegabteilung, die Dr. Hans Grevers seit 1. Juli 1967 führte, in eine hauptamtliche *Klinik für Hals-, Nasen- und Ohrenkrankheiten, Kopf- und Halschirurgie, Plastische Operationen* umgewandelt. Unter anderem waren damit auch die speziellen Operationsgebiete der Mikro-Chirurgie und der Kehlkopfchirurgie in der Stadt Neuss abgedeckt. Für die neue Abteilung mussten drei neue OP-Einheiten und eine Gehörtest-Einrichtung geschaffen werden. Die beiden HNO-Bettenstationen wurden im fünften Obergeschoss der Kinderklinik untergebracht; die Leitung und den weiteren Aufbau der Klinik übernahm Prof. Dr. med. Hans-Jürgen Schultz-Coulon.

Zu einem einschneidenden Ereignis in der Geschichte des Krankenhauses kam es am Ende des Jahres 1986. Bereits im Frühjahr 1985 war in die Öffentlichkeit durchgesickert, dass der Orden, der Träger des Krankenhauses, mit harten Nachwuchssorgen zu kämpfen hatte und sich aus dem Krankenhausbetrieb zurückziehen wollte. Unverzüglich begannen die Verhandlungen zwischen dem Orden und der Stadt Neuss. Das Verhandlungsziel der Stadtverwaltung war eine gemeinsame Trägerschaft mit den Augustinerinnen. Damit erklärten sich diese zunächst einverstanden, doch im Frühjahr 1986 lehnte das Generalvikariat des Erzbistums Köln, die Aufsichtsbehörde des Ordens, dieses Ansinnen ab. Das Generalvikariat war nicht bereit, eine Lösung zu akzeptieren, bei der man die wesentlichen Leitlinien des Geschehens im Krankenhaus nicht entscheidend mitprägen könne. Dies könnten die Augustinerinnen aber aus personellen Gründen nicht garantieren. In der Stadtverwaltung zeigte man sich enttäuscht, denn eine gemeinsame Trägerschaft hätte das positive Image aufrechterhalten, das das Lukaskrankenhaus durch die aufopferungsvolle Arbeit der Ordensschwestern in der Öffentlichkeit genoss. Damit war die Übernahme des ‚Lukas' durch die Stadt unumgänglich geworden. Ihre Verbundenheit zum Krankenhaus unterstrichen die Augustinerinnen allerdings mit einer äußerst großzügigen Geste: Sie schenkten der Stadt zwei Millionen Mark und gewährten ihr zudem ein Darlehen über vier Millionen Mark zu äußerst günstigen Bedingungen. In einer Feierstunde am 20. Dezember 1986 anlässlich der Verabschiedung der Ordensschwestern fasste Bürgermeister Thywissen die Leistung der Schwestern für die Stadt und das Krankenhaus mit folgenden Worten zusammen: Es sei an der Entwicklung des Krankenhauses erkennbar, *welch bedeutsamer Fortschritt die Krankenanstalten Neuss unter der Betriebsführung der Ordensgenossenschaft und insbesondere durch den persönlichen Einsatz der Schwestern in vielen verantwortlichen Positionen des Krankenhauses genommen haben. Den Schwestern wurde vor 140 Jahren ein funktionsunfähiges Krankenhaus aufgebürdet, ein Krankenhaus der Spitzenversorgung in wirtschaftlich geordneten Verhältnissen geben die Augustinerinnen wieder zurück.* [22]

Die Entscheidung zur Gründung einer städtischen Gesellschaft mit beschränkter Haftung (GmbH), die den im Jahre 1952 zwischen der Stadt und der Ordensgenossenschaft geschlossenen Pachtvertrag fortführen sollte, war im Stadtrat zwischen den Parteien nicht ganz unumstritten. Zur Debatte stand nämlich auch die Gründung eines städtischen Eigenbetriebes. Doch die Arbeitnehmervertretung im ‚Lukas', leitende Ärzte und der Verwaltungsdirektor hatten sich für eine GmbH ausgesprochen. Und das aus guten Gründen: In dem 12-sitzigen Verwaltungsrat der GmbH sollten auch die Mitarbeiter des Krankenhauses mit vier Sitzen vertreten sein, in einem städtischen Eigenbetrieb wäre eine solche Mitwirkung nicht möglich gewesen.

Also gründete die Stadt Neuss zum 1. Januar 1987 die Städtische Krankenanstalten Neuss – Lukaskrankenhaus – GmbH & Co. KG, deren Name später in Städtische Kliniken Neuss – Lukaskrankenhaus – GmbH geändert wurde. Das Stammkapital der Gesellschaft betrug eine Million Mark aus außerplanmäßigen Haushaltsmitteln. Ein Verwaltungsrat mit zwölf Mitgliedern unter Vorsitz des jeweiligen Stadtdirektors sollte künftig die Kontrolle ausüben. Neben vier Arbeitnehmervertretern gehörten ihm jeweils vier Ratsmitglieder der CDU und drei der SPD an. Die organisatorischen und finanziellen Geschicke des Krankenhauses sollte von nun an ein Geschäftsführer leiten. Der erste kaufmännische Geschäftsführer war Bernd Thomas. Erster Städtischer Dezernent Geschäftsführer war Jochen Semmler. Der aus den Reihen der Chefärzte gewählte Ärztliche Direktor, Prof. Dr. Johannes Bokelmann, damals Chefarzt der Frauenklinik, sollte für den medizinischen Kurs des Hauses verantwortlich sein. Von der Stadt Neuss wurde Karl Hüsgen als Verwaltungsdirektor eingesetzt. Bis zu seinem Ruhestand war er fast 17 Jahre für die Verwaltung des Lukaskrankenhauses verantwortlich.

Unter umsatzsteuerlichen Gesichtpunkten wurde die Kommanditgesellschaft zum 1. Januar 1988 in Städtische Kliniken Neuss – Lukaskrankenhaus – GmbH umgegründet; seitdem ist die Stadt Neuss alleinige Gesellschafterin der GmbH, Gesellschafterversammlung ist der Hauptausschuss des Stadtrates. Gemäß Ratsbeschluss vom 18. November 1988 wurden die Städtischen Kliniken durch Einbringung des Betriebes gewerblicher Art der Stadt Neuss (Anlagevermögen, Investitions- und Instandhaltungsbereich) in die neue GmbH zum 1. Februar 1989 zu einem einheitlichen Krankenhausbetrieb zusammengefasst.[23] Deshalb ist es hier an der Zeit, die Entwicklung der Kliniken und der Personalsituation zwischen 1945 und 1986[24] noch einmal zu vergegenwärtigen:

Klinik-Entwicklung der Nachkriegszeit bis 1986

01.01.	**1946**	Innere Medizin
01.01.	**1956**	Chirurgie
15.04.	**1961**	Gynäkologie
01.11.	**1961**	Pädiatrie
01.05.	**1962**	Radiologie
01.01.	**1965**	Anästhesie
01.08.	**1968**	Pathologie
01.04.	**1975**	Unfall-Chirurgie
01.01.	**1981**	Urologie
	1983	Teilung der Medizinischen Klinik
		in Kardiologie / Nephrologie und Gastroenterologie / Onkologie
01.01.	**1984**	Hauptamtliche HNO-Heilkunde
01.01.	**1986**	Strahlenklinik

Die Personalentwicklung von 1951 bis 1986

	1951	**1971**	**1981**	**1986**
Bettenzahl	225	630	666	666
Personal gesamt	131	671	831	1.039
Ordensschwestern	31	30	17	4
Darunter				
Ärzte	7	63	76	102
Pflege- und Funktionsdienst	40	219	322	440
Medizinisch-technisches Personal		66	101	143
Klinisches Personal	55	73	57	60
Wirtschafts- und Versorgungsdienst	6	108	80	87
SchülerInnen		102	113	102

1 Informationsbroschüre ‚Staatlich anerkannte Kinderkrankenpflegeschule des Krankenhaus ‚Preußenstraße' Neuß', o. J., Archiv der Augustinerinnen.

2 Gemeint ist das heutige Johanna-Etienne-Krankenhaus in der Neusser Nordstadt, das am 18. September 1968 seinen Betrieb aufnahm.

3 Dr. Norpoth an Generaloberin Schwester M. Charitas, 30. September 1965, Archiv der Augustinerinnen.

4 Prof. N. Urban an die Städtische Krankenhausverwaltung, 17. Dezember 1962, Archiv der Augustinerinnen.

5 Broschüre ‚Kinderklinik', Neuss 1969.

6 Vgl. zu dieser und den folgenden Ausführungen: Verwaltungsbericht für die Zeit vom 1.11.1963 bis 31.12.1968, Masch. Ms., Archiv der Augustinerinnen.

7 Oberstadtdirektor Dr. Oeltze an das Mutterhaus der barmherzigen Schwestern, 23. März 1962, Archiv der Augustinerinnen.

8 Aktenvermerk Beigeordneter Schmitt, 10. Januar 1966, Archiv der Augustinerinnen.

9 Schreiben vom 28. Oktober 1965, zitiert im Protokoll der Sitzung des Sozialausschusses vom 15. März 1966, StA Neuss Ratsprotokoll A 703 / 119, Bl. 673.

10 Vgl. Protokoll der Sitzung des Sozialausschusses am 15. März 1966, StA Neuss Ratsprotokolle A 703 / 119, Bl. 674.

11 Vgl. Protokoll der Sitzung des Stadtrates am 25. Mai 1966, StA Neuss Ratsprotokolle A 703 / 121, Bl. 201 – 203.

12 NGZ, 23. Juni 1966

13 Vgl. Verwaltungsbericht für die Zeit vom 1.11.1963 bis 31.12.1968, Masch. Ms., Archiv der Augustinerinnen.

14 Verwaltungsbericht für die Zeit vom 1.1.1969 bis 31.12.1974 zum Bereich des Amtes für Krankenanstalten (52), Masch. Ms., Archiv der Augustinerinnen.

15 Untersuchung zur Krankenhauszielplanung Neuss 2000, Lutter Bochum 1973, StA Neuss A 60 / 5.

16 Krankenhauszielplanung 2000: 2 – 3.

17 Krankenhauszielplanung 2000: 3 – 4.

18 Krankenhauszielplanung 2000: 119.

19 Krankenhauszielplanung 2000: 126 – 127.

20 Krankenhauszielplanung 2000: 130. Der Landeskrankenhausplan NW vom Juni 1971 forderte hinsichtlich des Krankenhausgrundstückes je Planbett in der Regel mindestens 100 Quadratmeter, der Flächenbedarf für Wohnheime und Schule waren dabei bereits berücksichtigt.

21 Diese und die folgenden Angaben nach: Anhaltspunkte für den Bericht des Herrn Oberbürgermeisters für die Wahlperiode des Stadtrates von 1979 bis 1984. Hier: Krankenhausversorgung und Gesundheitsversorgung im Stadtgebiet Neuss; Masch. Ms., Archiv der Augustinerinnen.

22 Ansprache Bürgermeister Thywissen anlässlich der Verabschiedung der Ordensschwestern der Krankenanstalten Neuss – Lukaskrankenhaus – am 20.12.1986, Masch. Ms., Archiv der Augustinerinnen.

23 Vgl. Rechenschaftsbericht über die Tätigkeit des Rates und seiner Ausschüsse für die Legislaturperiode 1984 – 1989. Hier: Kurzdarstellung der Tätigkeit des Sozial- und Gesundheitsausschusses für den Krankenhausbereich. (Referent für Krankenanstalten, 22.2.1989), Masch. Ms., Archiv der Augustinerinnen.

24 Ansprache Bürgermeister Thywissen, Archiv der Augustinerinnen.

25 Vgl. Rechenschaftsbericht über die Tätigkeit des Rates und seiner Ausschüsse für die Legislaturperiode 1984 – 1989. Hier: Kurzdarstellung der Tätigkeit des Sozial- und Gesundheitsausschusses für den Krankenhausbereich. (Referent für Krankenanstalten, 22.2.1989), Masch. Ms., Archiv der Augustinerinnen.

26 Ansprache Bürgermeister Thywissen, Archiv der Augustinerinnen.

ANBAU
HAUS 6
HOCHHAUS
2
VERWALTUNGS
HAUS 4
GEBÄUDE 2
SPEISEHAUS
VERWALTUNGS-
HAUS 3
GEBÄUDE 1
HAUS 5
OCHHAUS
1
PATHOLOGIE GEB.
WESTFLÜGEL
PFÖRTNER

KAPITEL VIII

VIII. DER WEG INS 21. JAHRHUNDERT

Mit der Übernahme des Krankenhausbetriebes durch die Stadt und die Umwandlung des Trägers in eine städtische GmbH befand sich das Lukaskrankenhaus auf dem richtigen Weg in das nächste Jahrtausend. Die Gesellschaft konnte von nun an nach streng betriebswirtschaftlichen Grundsätzen geführt werden. Diese sollten vor allem einen rentablen Geschäftsablauf und eine freie, marktgerechte Entwicklung des Hauses sicherstellen. Immerhin hatten sich die gesundheitspolitischen und wirtschaftlichen Rahmenbedingungen seit der Mitte der 1970er Jahre durch die so genannten Kostendämpfungsgesetze erheblich gewandelt. Außerdem konnte niemand voraussehen, welche gesundheitspolitischen Vorgaben in den nächsten Jahren auf die Krankenhäuser zukommen würden.

Unter diesen mit einigen Unwägbarkeiten verknüpften Bedingungen erarbeitete die Geschäftsführung von 1987 an eine ‚Ziel- und Gesamtplanung', in der die bauliche und medizinisch-technische Entwicklung des Hauses bis in das Jahr 2000 festgeschrieben wurde. Grundsätzlich galt es, den Spagat zwischen dem immer stärker werdenden Kostendruck und den immer teurer werdenden medizinischen Behandlungsmöglichkeiten gesund und zukunftssicher zu überstehen. Denn die Route in das 21. Jahrhundert bestand aus zwei parallelen Wegen: Einerseits in der Anschaffung meist teurer medizinischer Großgeräte und in der Anwendung neuer Diagnoseverfahren und Operationstechniken, andererseits in der Verwirklichung dringend notwendiger Neubauten und der Durchführung aufwändiger Sanierungen der Altbauten – allesamt Maßnahmen, die einen erheblichen Investitionsaufwand erfordern würden. Allein für die Baumaßnahmen rechnete man mit Kosten in Höhe von knapp 70 Millionen Mark!

In den Neubau des Bettenhauses Nord wurden mehr als 23 Millionen Mark investiert.

Ökonomie: Vom Pflegesatz zur Fallpauschale

In den ersten drei Jahren nach der GmbH-Gründung schrieb das Lukaskrankenhaus zwar immer noch rote Zahlen, doch es zeichnete sich bereits im Herbst 1987 ab, dass der Krankenhausbetrieb nun wirtschaftlicher geführt wurde. Die finanziellen Quellen für den Betrieb waren einerseits die Zuweisungen des Landes NRW für die Neuanschaffung von Geräten oder Einrichtungen, andererseits die Pflegesätze, die von den Krankenkassen erstattet wurden, und zur Deckung der laufenden Betriebskosten dienten. Der Tagessatz pro Patient betrug 287,20 DM im Jahre 1987, die durchschnittliche Verweildauer 10,4 Tage, was nach wie vor weit unter dem nordrhein-westfälischen Durchschnitt lag. Die volkswirtschaftlich sinnvolle niedrige Verweildauer wurde möglich durch die vermehrt angewendeten ambulanten Operationen. Zwei Jahre später war die Verweildauer auf knapp unter zehn Tage gesunken, der Pflegesatz aber auf 298,60 DM angestiegen. Diese vergleichsweise geringe Steigerung des Tagessatzes ist im Rahmen der Strukturreform des Gesundheitswesens zu betrachten, die am 1. Januar 1989 in Kraft trat. Die Reform sollte vor allem die Ausgaben der gesetzlichen Krankenversicherung eindämmen, zum Beispiel durch Leistungskürzungen und eine höhere Selbstbeteiligung der Patienten, die für Krankenhauspatienten am 1. Januar 1991 von fünf auf zehn Mark erhöht wurde. Eingeführt wurden auch die Festbeträge für Medikamente und so genannte Preisvergleichslisten bei Krankenhäusern. Damit waren die Krankenhäuser endgültig dem Wettbewerb auf dem ‚Gesundheitsmarkt' ausgesetzt.

Erstmals im Jahre 1990 erwirtschafteten die Städtischen Kliniken einen Überschuss in Höhe von 356.000 Mark, der Jahresumsatz betrug 92 Millionen Mark. Von diesem Zeitpunkt an konnte das Lukaskrankenhaus seinen Aufsichtsgremien Jahr für Jahr schwarze Zahlen vorlegen. Doch die Jahresüberschüsse betrugen in den letzten Jahren noch nicht einmal 100.000 Euro – und dies bei Umsätzen von mittlerweile über 100 Millionen Euro! An diesen Bilanzen ist der Einfluss der veränderten ökonomischen Rahmenbedingungen deutlich zu erkennen. Da das ‚Lukas' eine gemeinnützige GmbH ist, müssen übrigens alle Gewinne wieder in das Krankenhaus investiert werden.

Mit dem am 1. Januar 1993 in Kraft getretenen *Gesundheitsstrukturgesetz* wurde eine für die deutschen Krankenhäuser einschneidende und systemverändernde Neuerung beschlossen. Die bisher umfassendste Reform der gesetzlichen Krankenversicherung seit 1945 war von Bundesgesundheitsminister Horst Seehofer eingebracht worden. Das Gesetz sollte die ‚Kostenlawine' im Gesundheitswesen aufhalten – ‚Sofortbremsung' lautete das Schlagwort, denn die gesetzliche Krankenversicherung befand sich mit einem Defizit von zehn Milliarden Mark in einer schweren Finanzkrise. Mit dem Gesetz wurden die Ausgaben aller Leistungsanbieter auf dem medizinischen Sektor, der Ärzte ebenso wie der Pharmahersteller und der Krankenhäuser, budgetiert: Sie durften in den nächsten drei Jahren nicht stärker steigen als die beitragspflichtigen Einkommen der gesetzlichen Krankenkassen. Für die Krankenhäuser galt nicht mehr das Selbstkostendeckungsprinzip, nach dem die individuellen Selbstkosten eines sparsam wirtschaftenden und leistungsfähigen Krankenhauses vollständig aus öffentlichen Fördermitteln und den Erlösen aus den Pflegesätzen gedeckt wurden. Dieses Prinzip wurde zur Stabilisierung der Ausgaben durch die Bundespflegesatzverordnung (BPflV) abgelöst, in der die Details der pflegesatzfähigen Kosten der Krankenhausvergütung wie ärztliche Behandlung, Krankenpflege, Versorgung mit Arznei- und Heilmitteln sowie Unterkunft und Verpflegung geregelt wurden. Dieses System ist seitdem die Grundlage für die Finanzierung der Betriebskosten der Krankenhäuser in Deutschland. Die Pflegesatzverordnung, die 1996 novelliert wurde, enthält einen Katalog von pauschalierten Sonderentgelten für operative Leistungen und eine umfangreiche Liste von Fallpauschalen für die Kosten eines bestimmten Behandlungsfalles. Statt der Bezahlung des Krankenhauses über den gleichen täglichen Pflegesatz erfolgt nach der Pflegesatzverordnung die Abrechnung einer Einzelleistung an die Klinik. Damit sollte eine leistungsgerechtere Bezahlung der Krankenhäuser erreicht werden und die Liegedauer, die im internationalen Vergleich in Deutschland immer noch recht hoch war, weiter gesenkt werden.

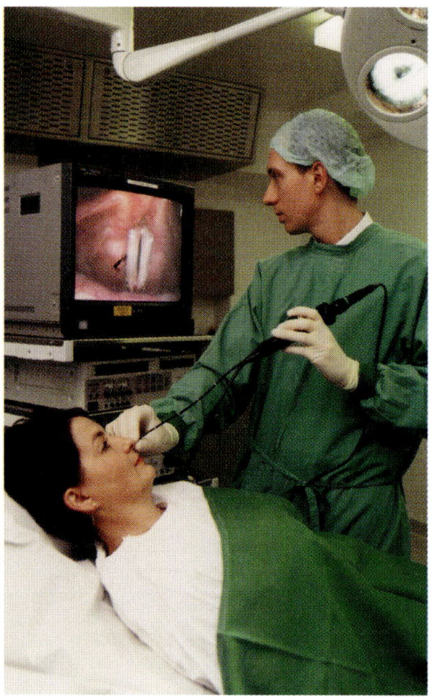
Alle ärztlichen Leistungen...

In einer weiteren Runde der Gesundheitsstrukturreform sollte sich der finanzielle und wirtschaftliche Druck auf die Krankenhäuser noch verschärfen. Ähnlich dem bei den niedergelassenen Ärzten praktizierten Prinzip sollten auch die Krankenhauskosten ‚gedeckelt' werden. Das heißt, eine bestimmte Summe sollte unter den Krankenhäusern eines AOK-Bezirkes oder landesweit prozentual aufgeteilt werden. Allgemeinkrankenhäuser wie die Städtischen Kliniken Neuss hatten dann die Kosten von teuren Herz- oder Transplantationszentren mitzutragen.

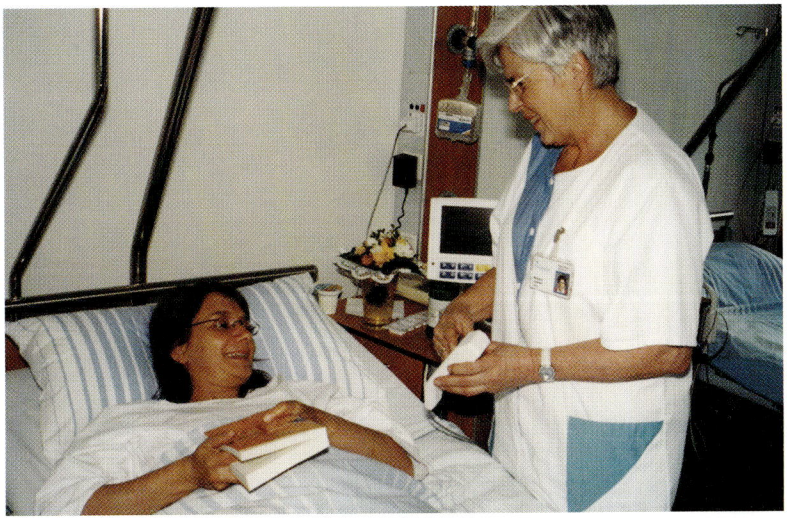

... und die Pflege der Patienten werden künftig über Fallpauschalen abgerechnet.

Barbara Lochner, Leitende Schwester der Station M5, bei der Betreuung einer Patientin.

Das Lukaskrankenhaus sollte also mehr Leistungen mit weniger Personal erbringen, um einigermaßen rentabel wirtschaften zu können. Deshalb unterwarf das ‚Lukas' alle Leistungen einer Qualitäts- und Wirtschaftlichkeitskontrolle. Bereiche wie Küche und Wäscherei wurden auf ihre Rentabilität hin untersucht; darüber hinaus wurde geprüft, ob eine Vergabe an Unternehmen außerhalb der Klinik nicht günstiger sei. Auch die Kooperation mit anderen Krankenhäusern wurde verstärkt. Bereits seit einiger Zeit übernahm die Intensivstation des Lukaskrankenhauses Neusser Patienten, die nach einer Operation in der Düsseldorfer Universitätsklinik nicht auf den dortigen, oft überfüllten, Stationen bleiben konnten.

Mit dem Inkrafttreten der *GKV Gesundheitsreform 2000* am 1. Januar 2000 kam wiederum ein einschneidender Systemwechsel auf die Krankenhäuser zu. Zwar wurde zunächst die Gültigkeit der Einzelbudgets für Ärzte, Zahnärzte und Krankenhäuser verlängert, doch mittelfristig sah die Gesundheitsreform 2000 eine Abschaffung der Krankenhausbudgets vor. Dies sollte in mehreren Schritten durch ein durchgängiges, leistungsorientiertes und pauschalierendes Vergütungssystem

Im Lukaskrankenhaus werden rund 25.000 Patienten jährlich behandelt.

geschehen, und zwar durch das so genannte Fallpauschalengesetz, das im April 2002 in Kraft trat. Das neue Abrechnungssystem beruht auf den so genannten Diagnosis Related Groups (DRG), die eine Vielzahl unterschiedlicher Diagnosen und Krankheitsarten zu einem Katalog von Abrechnungspositionen zusammenfassen. Die Zuweisung eines Falles zu einer Fallgruppe erfolgt dabei in einem definierten Verfahren, bei dem solche Behandlungsfälle zusammengefasst werden, die medizinisch ähnlich und hinsichtlich der Behandlungskosten möglichst homogen sind. Die Bezahlung der Kliniken orientiert sich also nicht mehr an der Aufenthaltsdauer des Patienten, sondern an der konkreten Behandlung. Für eine Blinddarmoperation bekommt jede Klinik einen Pauschalbetrag, gleichgültig ob der Patient fünf oder neun Tage behandelt wird. Ziel der Abrechnung nach dem diagnose-orientierten Fallpauschalensystem für Krankenhäuser ist es, durch gleiche Preise für gleiche Leistungen den Wettbewerb zwischen den Krankenhäusern anzuregen und die Kostenstruktur transparenter zu gestalten. Künftig wird also auch die möglichst schnelle Genesung des Patienten eine größere Rolle spielen als bisher.

Die verpflichtende DRG-Einführung für alle Krankenhäuser (mit Ausnahme psychiatrischer Kliniken) erfolgte am 1. Januar 2004. Das Lukaskrankenhaus begann übrigens schon im Jahre 2003, freiwillig nach dem DRG-System abzurechnen; damit war die Klinik von der Budget-Nullrunde 2003 ausgenommen. In der Einführungsphase bis Ende 2004 geschieht die Abrechnung noch ‚budgetneutral', das heißt, die Höhe des DRG wirkt sich zwar noch nicht auf das Krankenhausbudget aus, aber alle Krankenhäuser sind seit Januar 2004 verpflichtet, nach dem DRG-System abzurechnen. In den Jahren 2005 und 2006 folgt die so genannte Konvergenz-Phase, in der die krankenhausspezifischen Vergütungshöhen, und damit auch die Budgets, schrittweise an ein landesweites Vergütungsniveau angepasst und die Budgets schließlich abgeschafft werden. Ab 2007 zahlen die Krankenkassen dann landesweit die gleichen pauschalen Preise für eine bestimmte Behandlung im Krankenhaus, das heißt, alle Kliniken in Hessen oder Nordrhein-

Westfalen erhalten die gleiche Vergütung für eine Blinddarmoperation. Dieses System wird die Leistungen und Möglichkeiten der deutschen Krankenhäuser nachhaltig verändern, und vermutlich werden nicht alle Krankenhäuser dem wirtschaftlichen Druck standhalten. Absehbar ist, dass es zu Fusionen und Konzentrationen, und auch zu Schließungen einzelner Kliniken kommen wird.

Architektur: Das ‚Lukas' wird operiert

... lautete der Titel eines Folders aus dem Jahre 1998, in dem die Klinikleitung Patienten und Besuchern die künftigen umfangreichen Neubau- und Sanierungsmaßnahmen erläuterte. Doch zu diesem Zeitpunkt war die Verwirklichung der 1987 erarbeiteten ‚Ziel- und Gesamtplanung' schon weit fortgeschritten, aber sie sollte noch bis weit in das erste Jahrzehnt des neuen Jahrtausends dauern.

Schon im Jahre 1978 hatten der Sozial- und Gesundheitsausschuss und die zuständigen Gremien in der Stadtverwaltung über die

Das Versorgungszentrum fasst die ‚lebenswichtigen' Einrichtungen des Hauses zusammen.

Moderne, helle Architektur: das zentrale Verkehrsgelenk des Lukaskrankenhauses.

Errichtung eines Versorgungszentrums auf dem Gelände an der Preußenstraße nachgedacht. Das Versorgungszentrum sollte die lebenswichtigen Einrichtungen für die Klinik unter einem Dach zusammenfassen: Zentralküche, Zentrallager sowie das Archiv und die Einrichtungen zur Ver- und Entsorgung des Krankenhauses. Doch einige Jahre lang geschah nichts zur Verwirklichung des Projektes, da man der notwendigen Modernisierung des medizinischen Klinikbetriebes eine höhere Priorität beimaß. Außerdem waren die finanziellen Mittel der Stadt und des Landes NRW begrenzt. Doch 1986 war der Neubau des Versorgungszentrums unumgänglich geworden, denn mit der enormen Entwicklung im medizinischen und technischen Bereich hatte die Ver- und Entsorgung im Krankenhaus nicht Schritt gehalten. Außerdem mussten die Flure auf den Bettenstationen als Materiallager benutzt werden, und in der Speisenversorgung der Patienten gab es gelegentlich Probleme. Deshalb drängten die zuständigen städtischen Gremien die Landesregierung, das Neubauprojekt Versorgungszentrum mit einem veranschlagten Kostenvolumen von fast 25 Millionen Mark in das Jahreskrankenhausprogramm 1986 des Landes NRW aufzunehmen. Ebenso dringlich erschien der Neubau eines zentralen Verkehrsgelenkes im Hauptgebäude, das die einzelnen Gebäudeteile miteinander verknüpfen und die ‚Verkehrsströme' (Besucher und Patienten) in die einzelnen Abteilungen leiten sollte. Die vorhandenen Treppen und Fahrstühle reichten dafür jedenfalls nicht mehr aus.

Nachdem das Land NRW die erforderlichen 3,4 Millionen Mark für den Umbau des zentralen Verkehrsgelenkes genehmigt hatte, begannen zu Beginn des Jahres 1986 die Bauarbeiten im Hauptgebäude. Ein Jahr später stellte die Landesregierung auch die Mittel für den Bau des Versorgungszentrums in Aussicht: 13,4 Millionen Mark. Da ein Gebäude für 25 Millionen Mark nicht zu finanzieren war, hatte man die Planung auf ein zweigeschossiges Gebäude reduziert, dessen Gesamtkosten sich ‚nur noch' auf 15,8 Millionen Mark belaufen sollten.

Am 9. August 1989 konnte endlich der Grundstein für das Versorgungszentrum gelegt werden, Mitte März 1990 wurde Richtfest gefei-

Der Folder aus dem Jahre 1998, in dem die Klinikleitung Patienten und Besuchern die künftigen umfangreichen Neubau- und Sanierungsmaßnahmen erläuterte.

Grundsteinlegung für das Versorgungszentrum durch den damaligen Bürgermeister Dr. Berthold Reinartz am 9. August 1989.

Abriss des Bunkers aus dem Zweiten Weltkrieg. Ab 1992 entand hier das neue Bettenhaus Nord. Einweihungsfeier für das Bettenhaus mit einem Tag der offenen Tür war am 26. Juli 1998.

ert und am 16. Oktober 1991 fand in einer Feierstunde die offizielle Einweihung des Zentrums statt. Fast die Hälfte der rund 2.800 Quadratmeter großen Nutzfläche des Gebäudes nahm die Zentralküche im Erdgeschoss ein. Mit ihr war die Vollversorgung der Patienten und des Personals im Lukaskrankenhaus sichergestellt. Im Untergeschoss befanden sich großzügige Lagerräume, die ein für allemal den erwähnten Notstand auf den Bettenstationen aus der Welt schafften. Außerdem beherbergte das Untergeschoss Einrichtungen der haustechnischen Versorgung. Im Erdgeschoss und im Untergeschoss verbanden Gänge das Versorgungszentrum mit dem Hauptgebäude, dem Nordflügel und dem neu errichteten Verteilergebäude. Das neue Verteilergebäude übernimmt drei gleichrangige Aufgaben. Zunächst verbindet es das Haupthaus, das Versorgungszentrum, die Wäscherei, das Bettenhaus M6 / M7 und das neue Bettenhaus Nord und die zwei Intensivstationen; seine zweite Aufgabe ist die Verteilung der Verkehrsströme-Patiententransport mit Betten, Besucher, ambulante Patienten und der Ver- und Entsorgungsverkehr; die dritte Aufgabe besteht darin, die haustechnischen und medizintechnischen Medien gebündelt, begehbar und saniert an das Haupthaus heranzuführen.

Das dritte Großprojekt der Zielplanung war die Errichtung eines neuen Bettenhauses. Ziel dieses Projektes war nicht die Erhöhung der Bettenkapazität, sondern die Grundlage für eine umfangreiche Sanierung und Modernisierung der Pflegestationen. Dabei sollten die altehrwürdigen Drei-Bett-Zimmer in freundliche und modern ausgestattete Zwei-Bett-Zimmer umgewandelt werden. 23,3 Millionen Mark waren als Gesamtkosten veranschlagt; das Land NRW beteiligte sich mit 18,3 Millionen Mark, den Rest brachte die Stadt Neuss auf. Für diesen Neubau musste übrigens der aus dem Zweiten Weltkrieg stammende Bunker abgerissen werden. Nachdem die Finanzierung gesichert und die Baugenehmigungen erteilt worden waren, konnte Mitte November 1992 der Grundstein für das so genannte Bettenhaus Nord gelegt werden. Man rechnete mit einer Bauzeit von knapp vier Jahren, doch da zwei am Bau beteiligte Unternehmen in Konkurs gingen, mussten neue Ausschrei-

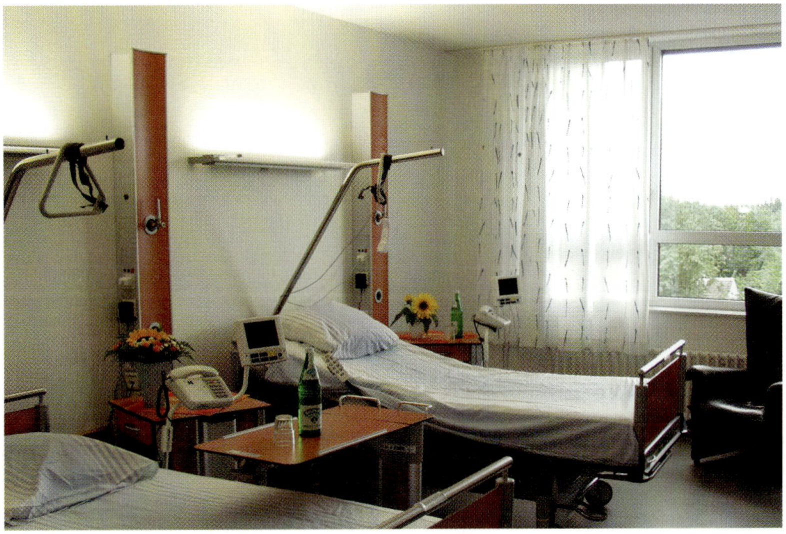

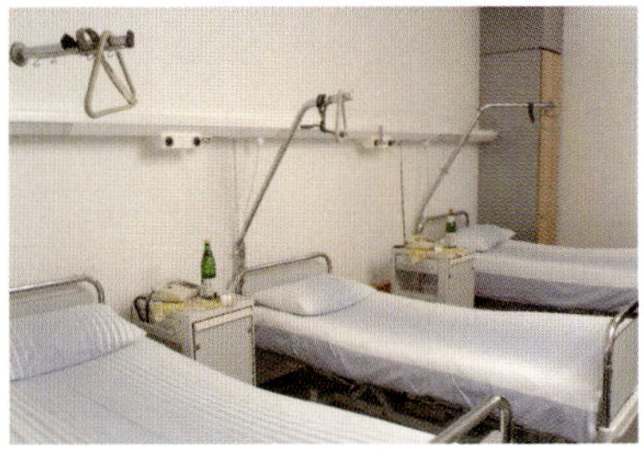

Zwei- und Drei-Bett-Zimmer
in den neugestalteten Zimmern,
mit neuem Bad und Balkon.

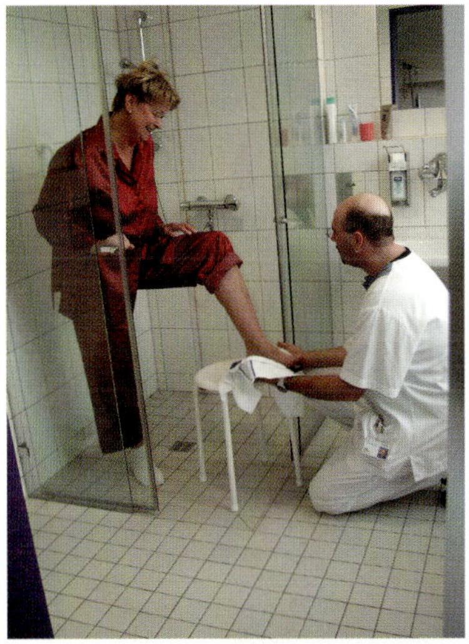

bungs- und Vergabeverfahren auf den Weg gebracht werden. Dies bedeutete eine Verlängerung der Bauzeit um gut ein Jahr. Hinzu kam das umständliche Verfahren zwischen dem Land NRW und dem Lukaskrankenhaus. Da das Land als Hauptfinanzierer und somit als Bauherr auftrat und kein Generalvertrag mit einem Unternehmer bestand, mussten alle Maßnahmen mit der Bezirksregierung abgestimmt werden. Ein zeitraubendes Verfahren, das jedoch zur Vermeidung von Unstimmigkeiten und zur Einhaltung des Kostenrahmens diente.

Sechseinhalb Jahre waren also von der Planung bis zur Fertigstellung vergangen, als das Bettenhaus am 26. Juli 1998 mit einem Tag der offenen Tür eröffnet wurde. Vor allem die hellen und modern gestalteten Patientenzimmer beeindruckten die Besucher; alle Zimmer waren zudem mit eigenem Bad sowie einer Fernseh- und Telefonanlage ausgestattet. Das fünfgeschossige und voll unterkellerte Gebäude schließt unmittelbar an den alten Nordflügel an. Auf einer Gesamtfläche von 6.140 Quadratmetern finden, aufgeteilt in acht Stationen, 111 Betten und 26 Neugeborenen-Betten Platz. Im Erdgeschoss ist die 20 Betten umfassende Intensivstation eingerichtet. Im ersten Obergeschoss befin-

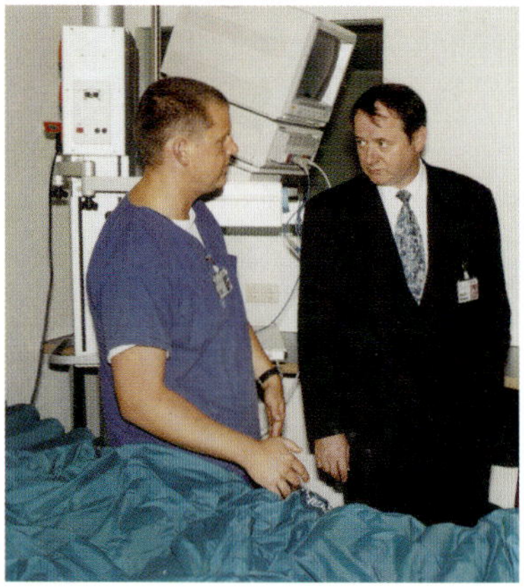

Eröffnung der Intensivstation.
Geschäftsführer Sigurd Rüsken im Gespräch mit dem Leitenden Pfleger Jürgen Lubrich.

Von links: Prof. Dr. med. Hans-Georg Schnürch, Annegret Deitmar-Hünnekens, Dr. Heinz Günther Hüsch, Irma Kehse und ganz rechts Prof. Dr. med. Peter E. Goretzki

Das Bettenhaus Nord schließt an den ‚alten Nordflügel' an.

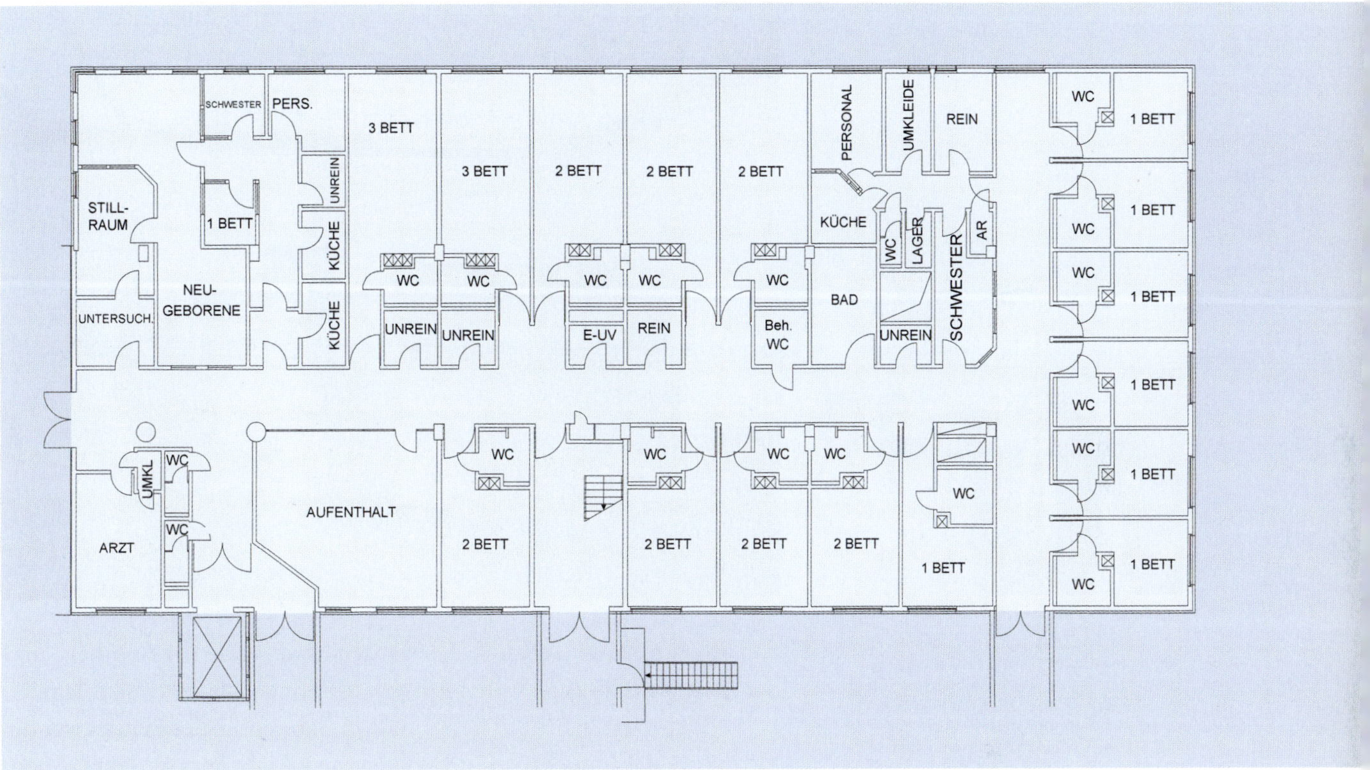

Grundriss Wöchnerinnen-Station
Bettenhaus Nord, 1 OG

den sich die Wöchnerinnen-Station und die Neugeborenen-Zimmer, in den übrigen Etagen sind allgemeine Pflegestationen sowie die Betten der Chirurgischen und der Urologischen Klinik untergebracht.

Doch mit der Eröffnung des Bettenhauses Nord waren die Neubaumaßnahmen noch nicht abgeschlossen. Etwa ein halbes Jahr später, im November 1998, wurde die in der überarbeiteten Ziel- und Gesamtplanung so genannte ‚Projektphase 0' in Angriff genommen, und zwar mit der Grundsteinlegung für das Gebäude der Apotheke und der Zentralsterilisation. Die ‚Projektphase 0' sollte innerhalb von 15 Monaten die technischen Voraussetzungen für die folgenden Sanierungsschritte

Die Onkologische Ambulanz macht nach ihrer Sanierung einen hellen und freundlichen Eindruck.

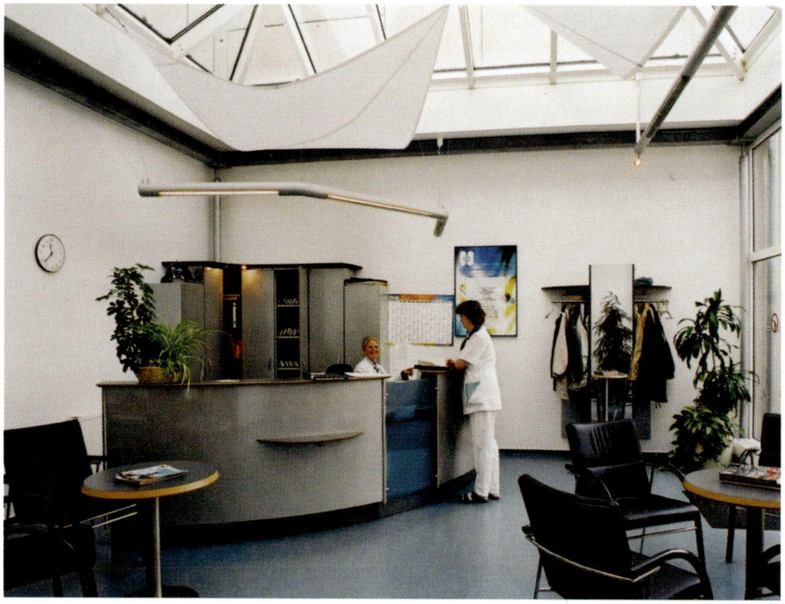

Die Eröffnung der umgebauten Onkologischen Ambulanz im Januar 1999 – v.l. Sigurd Rüsken, Pflegedienstleiter Heinz-Leo Nießen, ev. Seelsorger Pfarrer Reinhard Sommer, Pflegedienstleiterin Marie-Luise Knabe, Chefarzt der Kinderklinik Dr. Lothar Biskup, Leiter am Pathologischen Institut Prof. Dr. Cyrus Tschahargane und der Chefarzt der Klinik für Strahlentherapie/Radioonkologie Dr. Hermann Grauthoff.

Verwaltungsratsvorsitzender Dr. Heinz Günther Hüsch im Gespräch mit dem Ärztlichen Geschäftsführer Prof. Dr. med. Peter Czygan. Im Hintergrund des Bildes: der Neusser Bundestagsabgeordnete Hermann Gröhe.

der ‚Projektphase 1' schaffen. Die Kosten für den Bau der Apotheke und der Zentralsterilisation waren mit 19,5 Millionen Mark veranschlagt.

Ein erster Schritt in der ‚Rundum-Sanierung' des Hauses war die Eröffnung der umgebauten Onkologischen Ambulanz im Januar 1999, die einen wichtigen Schwerpunkt der Medizinischen Klinik II bildet. Bis zur Einrichtung der neuen Ambulanz mussten sich die rund 1.000 Tumorpatienten, die sich jährlich in der Onkologischen Ambulanz einer Chemotherapie unterzogen, mit einem schmalen Flur und einem langen, düsteren Behandlungsraum begnügen. Seit der Sanierung stehen ihnen hohe und lichtdurchflutete Räume zur Verfügung – ein durchaus positiver Umwelteinfluss, der sich auch günstig auf die Genesung der Patienten auswirken dürfte. Jede der Behandlungsliegen ist außerdem mit einem Mini-Farbfernseher versehen, mit dem auch jedes beliebige Radioprogramm empfangen werden kann. Zur angenehmen Atmosphäre der Räume trägt nicht zuletzt die Anmelde- und Wartezone bei, die in grau-blauem Design ansprechend gestaltet wurde. Die

Sanierung und Gestaltung der neuen Ambulanz wurde sowohl finanziell als auch ideell vom ‚Verein zur Förderung der Onkologie e.V.' unterstützt, den der Chefarzt der Medizinischen Klinik II, Prof. Dr. med. Peter Czygan im Jahre 1993 mit dem Ziel gegründet hatte, die Versorgung von krebskranken Patienten zu verbessern.

Seit die Zentrale Apotheke unter der Leitung von Ulrich Quack am 25. Februar 2000 eingeweiht wurde, besitzen die Städtischen Kliniken Neuss eine der modernsten Krankenhausapotheken in Deutschland. Diese Bewertung bezieht sich weniger auf die Architektur als vielmehr auf die computergesteuerte Arzneimittel-Kommissionieranlage, die erst zum zweiten Mal in einem deutschen Krankenhaus installiert wurde. Eine weitere Besonderheit ist die Kooperation der Apotheke in Neuss mit dem Krankenhaus Maria Hilf in Mönchengladbach, das heißt: Die Apotheke in Neuss beliefert beide Häuser, die zusammen 1.400 Betten und rund 150 Empfangsstellen für Arzneimittel besitzen. Der Umsatz der Zentralen Apotheke betrug im Jahre 2002 rund 7,6 Millionen Euro, und da die Apotheke vorausschauend geplant wurde, ist eine Zusammenarbeit mit anderen Krankenhäusern in der Region möglich. Die Kooperation der beiden Krankenhäuser führte zu erheblichen Vorteilen bei den Preisen für Arzneimittel. Dabei steckt in der Optimierung der gesamten Logistik rund um die Medikamente ein wesentlich größeres Potenzial als in den Arzneimittelpreisen, denn oft ist die Logistik teurer als das Medikament selbst.

Das Herzstück der Logistik in der Zentralen Apotheke ist die computergesteuerte Kommissionieranlage. Während bislang die Zusammenstellung der Lieferungen von Hand erfolgte, kann die neue Anlage die Arzneimittel automatisch einlagern und die Lieferungen für die einzelnen Krankenstationen und sonstigen medizinischen Bereiche automatisch zusammenstellen. Dazu erfasst zunächst ein Logistikassistent mit einem Handscanner den Bestand auf den Stationen, um den Bedarf der routinemäßig eingesetzten Präparate zu kalkulieren. Das EDV-System errechnet dann aus dem bisherigen Verbrauch die Bedarfsmengen und überträgt die Bestellung direkt in das EDV-System der

Bei der Grundsteinlegung für die Zentrale Apotheke 1998: Bürgermeister Herbert Napp, Dipl. Ing. Jürgen Stahlschmidt und Geschäftsführer Sigurd Rüsken

Einweihung der Zentralen Apotheke am 25. Februar 2000: Dr. Heinz Günther Hüsch, Verwaltungsratsvorsitzender

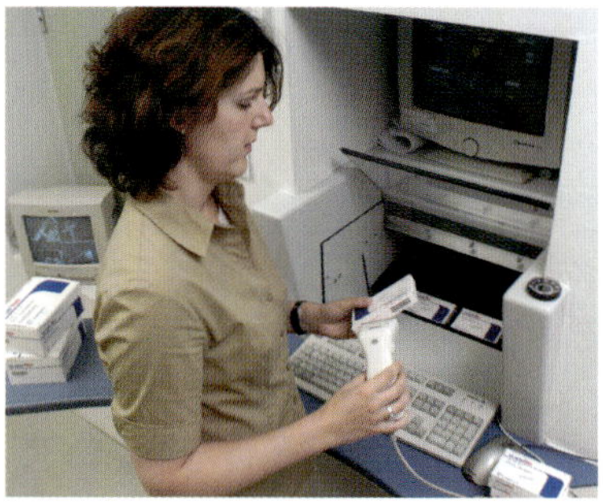

Die Apothekerin Sonja Koslowski-Schmidt erfasst den Bestand mit einem Handscanner.

Apotheke. Auf diese Weise läuft zwischen der Erfassung auf der Station und der Bereitstellung in der Apotheke alles automatisch ab.

Die Kommissionieranlage, die wie ein kleines Hochregallager aussieht, verfügt über eine Lagerkapazität von über 80.000 Arzneimittelpackungen durchschnittlicher Größe, die auf kleinstmöglicher Fläche untergebracht sind. Maximal 2.500 Medikamentenpackungen pro Stunde, also mehr als der Tagesbedarf der beiden Krankenhäuser, können von der Anlage kommissioniert werden. Die 80.000 Packungen teilen sich allerdings auf gut 1.000 verschiedene Präparate auf, die für die beiden Kliniken speziell ausgewählt wurden. Da die Apotheke mit der

Das Herzstück der Logistik in der Zentralen Apotheke ist die computergesteuerte Kommissionieranlage.

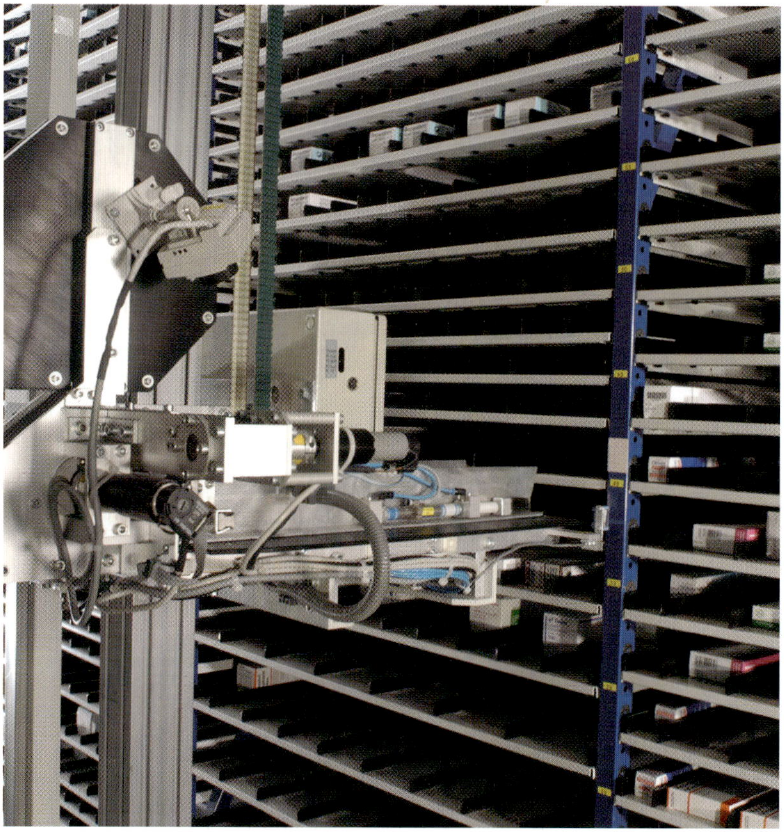

hochpräzise arbeitenden Anlage ein Vorbild im Hinblick auf die Ausstattung von Krankenhausapotheken einnimmt, sind seit der Inbetriebnahme zahlreiche Fachbesucher in großen Gruppen – sogar aus Japan! – zur Besichtigung ins Lukaskrankenhaus gekommen.

Die Technologie der Zentralen Apotheke entlastet die Mitarbeiterinnen und Mitarbeiter von Routineaufgaben. Dadurch ist die Information und Beratung der Ärzte und Pflegekräfte mehr in den Vordergrund gerückt. Dies ist unerlässlich, denn moderne Arzneimittel sind erklärungsbedürftige High-Tech-Produkte. Oftmals reichen die Angaben auf dem Beipackzettel nicht aus, und deshalb kann nur die Apotheke Informationen liefern, zum Beispiel über die Dosierung eines bestimmten Medikaments bei der Behandlung schwerkranker Patienten. Außerdem erschließt die Beratung der Ärzte durch den Apotheker bei der Verordnung teurer Medikamente eine hohes Potenzial der Kosteneinsparung – die Apotheke wird also zur ‚Einrichtung mit Einspareffekt'.

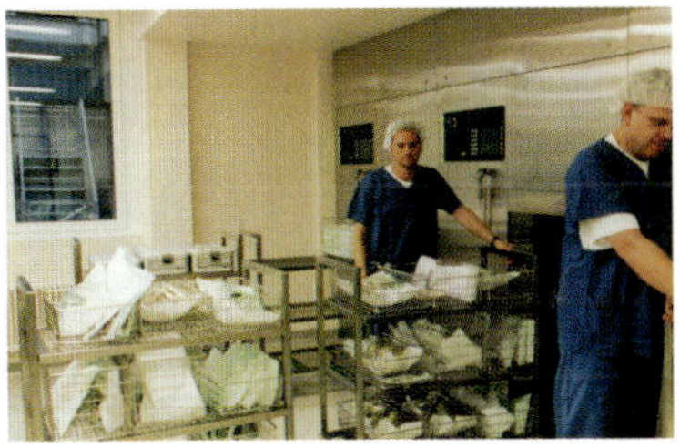

Die Zentralsterilisation nach dem Umbau im Februar 2000.

Mit einer ebenso funktionalen Ausstattung auf dem neuesten Stand der Technik präsentiert sich seit Februar 2000 auch die Zentralsterilisation, die im gleichen Gebäude wie die Apotheke untergebracht ist. Bei der räumlichen Konzeption wurde natürlich auf die strikte Trennung von reinem und unreinem Bereich großer Wert gelegt. Um den in

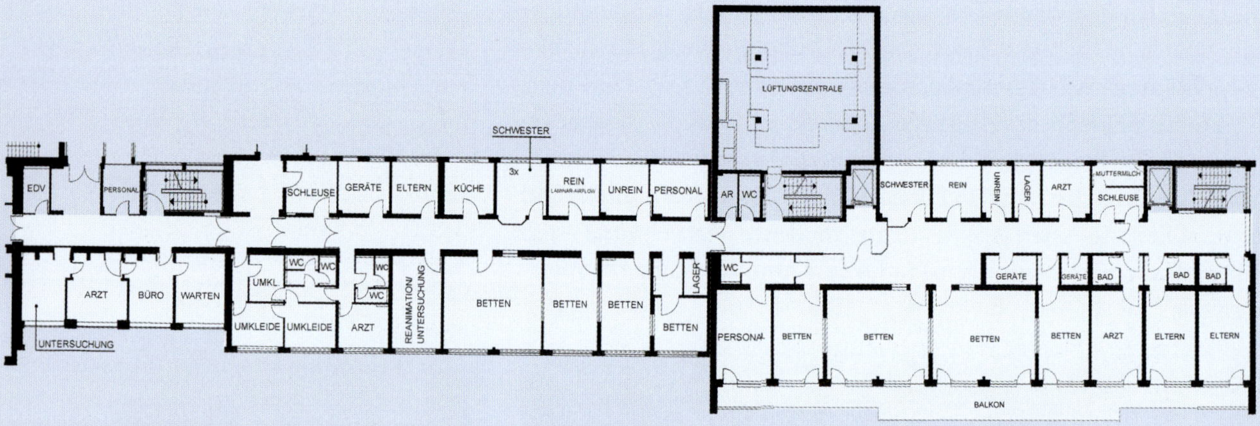

Grundriss Kinderintensiv
umgebauter Ostflügel Mitte, 1. OG

Lachende Gesichter bei der Einweihung der Kinderintensivstation: Prof. Dr. med. Hans-Georg Schnürch, Chefarzt der Frauenklinik (o.li.) und Chefarzt der Kinder- und Jugend-Klinik Prof. Dr. med. Peter Gonne Kühl. Unten: Ärztlicher Geschäftsführer Prof. Dr. med. Peter Czygan (li.) mit dem Verwaltungsratsvorsitzenden Dr. Heinz Günther Hüsch.

den zurückliegenden Jahren stetig ansteigenden Instrumentenbestand rationeller sterilisieren zu können, wurde unter anderem eine so genannte Taktwaschstraße installiert, die die Instrumente kontinuierlich säubert.

Der zweite Projektteil der Ziel- und Gesamtplanung, die ‚Projektphase 1', begann im Juni 1999 mit der Sanierung des alten Nordflügels, der an das neue Bettenhaus Nord angrenzt. Das Gebäude wurde vom ersten bis zum fünften Obergeschoss vollständig saniert. Dazu entfernte man die gesamte Haustechnik, also die Heizungs-, Sanitär-, Lüftungs- und Elektroanlagen. Alle Räume wurden in jeder Hinsicht dem Standard des neuen Bettenhauses Nord angeglichen. Das bedeutete, dass mehr als die Hälfte der Drei-Bett-Zimmer in Zwei-Bett-Zimmer mit entsprechenden sanitären Einrichtungen und einer modernen Telefon- und Fernsehanlage umgewandelt wurden. Nach Abschluss der Sanierungsarbeiten wurden im Nordflügel vier Pflegestationen und neue Kreißsäle eingerichtet. Der zweite Schritt in der ‚Projektphase 1', bestand in der Sanierung des mittleren Teils des Ostflügels.

Auch dieser Komplex wurde bis zum Sommer 2002 vollständig durchsaniert und mit einer neuen Haustechnik versehen. Dieser Maßnahme folgte die Sanierung des östlichen Ostflügels, die Ende 2003 abgeschlossen war. Dennoch bedeutete das Ende der Bauarbeiten nicht das Ende der Operation am ‚Lukas': Im Oktober 2003 begannen die Bauarbeiten für die zentrale Ambulanz für alle Fachabteilungen sowie für die Notfallaufnahme. Die Kosten für das letzte Bauvorhaben der Gesamtplanung auf dem Weg ins 21. Jahrhundert werden knapp neun Millionen Euro betragen, an denen sich das Land NRW mit 2,6 Millionen Euro beteiligt.

Dipl. Ing. Jürgen Stahlschmidt, Geschäftsführer Sigurd Rüsken, Verwaltungsratsvorsitzender Dr. Heinz Günther Hüsch und Prof. Dr. med. Hans-Georg Schnürch bei der Einweihung des neuen Kreißsaales

In der Zentralambulanz werden insgesamt sieben Ambulanzen zusammengeführt und mit einer Aufnahmestation verbunden. Auf 1.250 Quadratmetern werden dann 18 Behandlungs- und Untersuchungsräume bereitstehen. Der Patient wird in einen dieser Räume geleitet, und dort wird sofort mit Diagnostik und Behandlung begonnen, wobei Chirurgen, Internisten, Gynäkologen, Urologen und Anästhesisten nebeneinander Dienst tun. So kann schneller als bisher die Ursache des Problems erkannt und, falls notwendig, der Patient über die Aufnahmestation rasch der richtigen Klinik zugeführt werden. Sollte jedoch kein Klinikaufenthalt notwendig werden, kann der Patient nach der Untersuchung die Klinik wieder verlassen. Diese Struktur hat sich bereits in vielen anderen Krankenhäusern bewährt. Das heißt: Nach der Fertigstellung der zentralen Ambulanz – voraussichtlich im Jahre 2006 – wird das ‚Lukas' die Ansprüche seiner Patientinnen und Patienten also auch in Zukunft bestens erfüllen können.

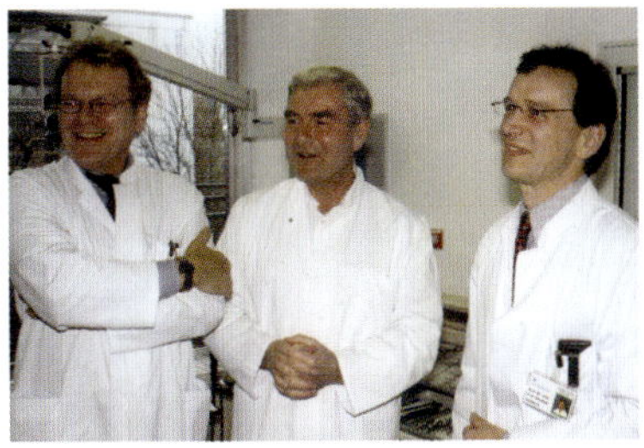

Einweihung der HNO-Ambulanz
Von links: Chefärzte Dr. med Hermann Grauthoff, Prof. Dr. med. Hans-Jürgen Schultz-Coulon und Prof. Dr. med. Peter E. Goretzki

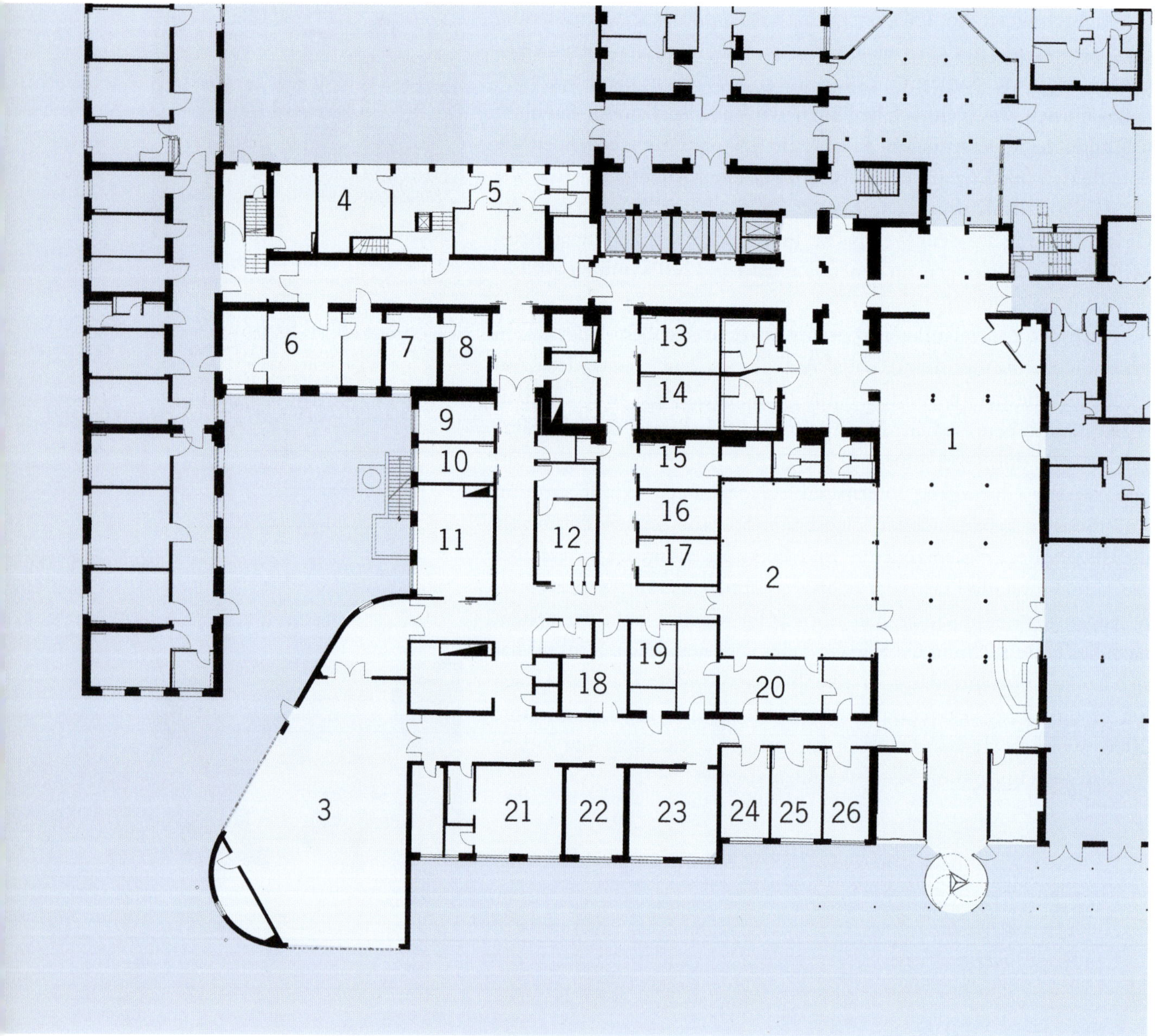
1
2
3
4
5
6
7
8
9
10
11
12
13
14
15
16
17
18
19
20
21
22
23
24
25
26

Architektenskizze des Neubaus

Grundriss des geplanten Ambulanzzentrums
Legende zum Plan linke Seite

1 Eingangshalle
2 Warteraum
3 Zufahrt Rettungswagen
4 Personalaufenthaltsraum
5 Umkleideraum
6 Warteraum Aufnahmestation / Anästhesieambulanz
7 Untersuchung Anästhesie
8-10 Untersuchung Innere
11 Reanimation
12 Röntgen
13 Untersuchung Urologie
15-16 Untersuchung
17 Untersuchung Ultraschall
18 Aufnahme Pflege
19 Arzt / Behandlung
20 Sekretariat
21 Aseptischer Eingriffsraum
22 Gipsraum
23 Septischer Eingriffsraum
24-26 Untersuchung Chirurgie

Technik: Linearbeschleuniger und Kernspintomograph

Im Mittelpunkt der Planungen und Investitionen stehen der Patient und die Wiederherstellung seiner Gesundheit. Diesem Zweck genügen jedoch nicht nur angenehme und freundliche Bettenstationen, schonende Operationstechniken und eine moderne, ganzheitliche Pflege, sondern dazu gehört auch die Nutzung der medizinischen Technik. Hierzu gehören vor allem große, aber leider auch teure Diagnose- und Therapiegeräte, die heute zum Beispiel aus der Krebstherapie oder der Behandlung von Herzleiden nicht mehr wegzudenken sind.

Angesichts der steigenden Zahl von Krebspatienten sah sich die Leitung des Lukaskrankenhauses im Jahre 1985 gezwungen, das Strahleninstitut des Hauses in eine diagnostische und eine therapeutische Abteilung zu trennen. Die therapeutische Abteilung heißt seit Dezember 1986 ‚Klinik für Strahlentherapie und Radioonkologie', die diagnostische Abteilung ‚Institut für Klinische Radiologie und Nuklearmedizin'. Mit der Klinik für Strahlentherapie war die zwölfte hauptamtliche Fachabteilung im Hause gegründet worden, zu ihrem Leiter wurde Dr. med. Hermann Grauthoff berufen. Die Strahlentherapie, also die Behandlung mit so genannter ionisierender Strahlung, ist neben der Chirurgie und der Chemotherapie eine der drei Säulen der Krebstherapie. Die Klinik besaß zwar seit langem ein Kobalt-60-Bestrahlungsgerät, doch dieses erschien angesichts der günstigen Entwicklung in der Anwendung ionisierender Strahlungen zu therapeutischen Zwecken längst nicht mehr zeitgemäß.

Mit der Einrichtung neuer Räume und der Anschaffung eines 2,7 Millionen Mark teuren Linearbeschleunigers war die Klinik schon bei ihrer Gründung auf dem neuesten Stand der Technik. In einem Linearbeschleuniger werden Elektronen beim Durchlaufen einer geraden Beschleunigungsstrecke in einem Hohlleiter beschleunigt. Die Umlen-

Bestrahlungsplanungssimulator

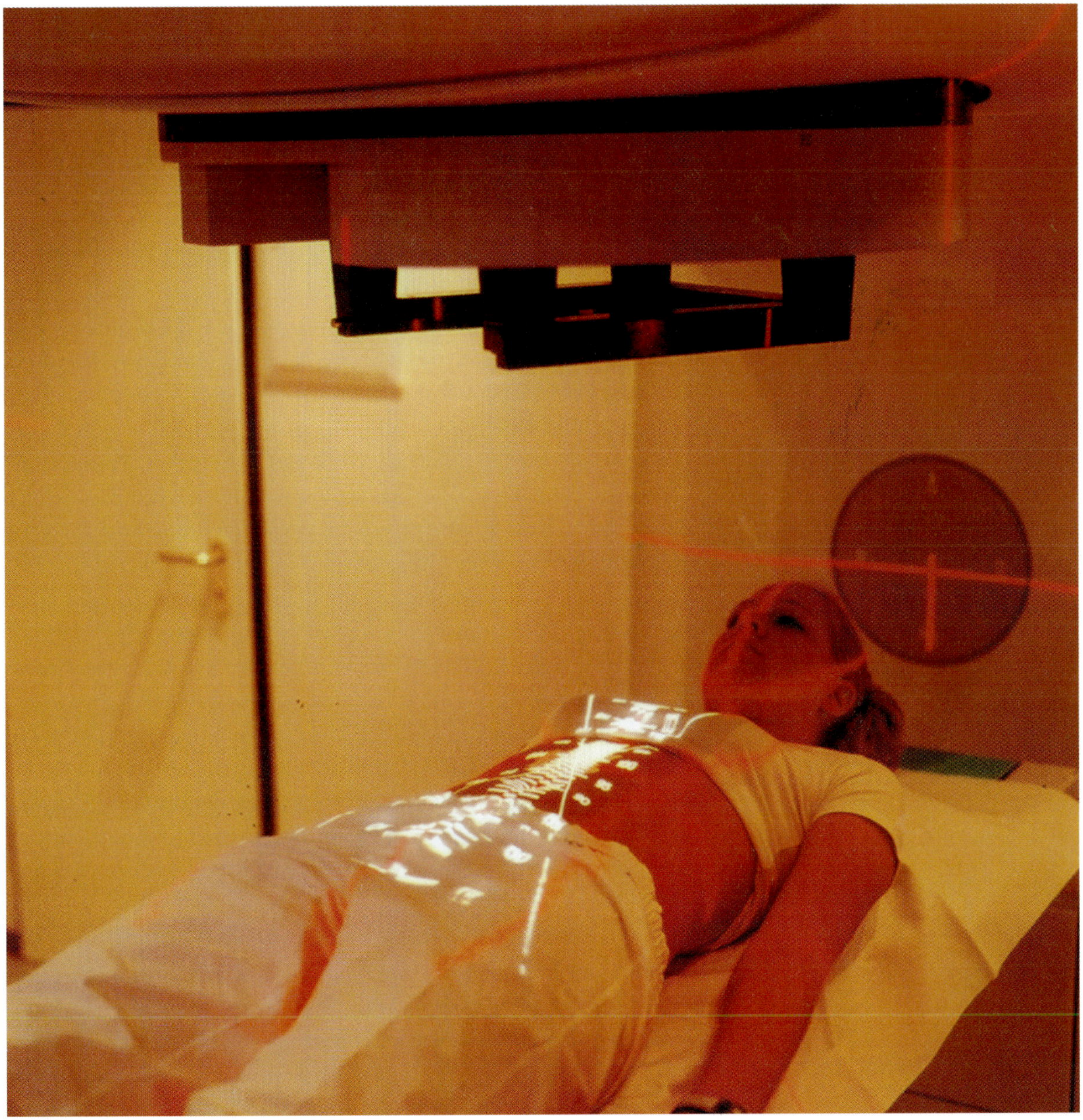

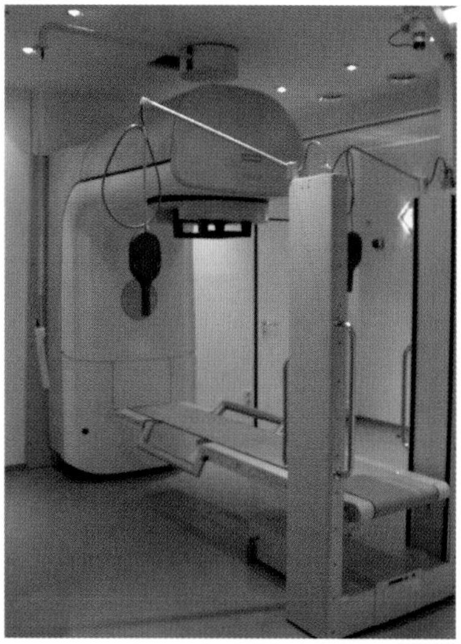

Der technisch verbesserte zweite Linearbeschleuniger des Lukaskrankenhauses.

kung der beschleunigten Elektronen am Ende der Strecke erfolgt durch einen Ablenkmagneten oder eine Anode. Dabei wird eine so genannte ultraharte Röntgenstrahlung erzeugt; dieser Elektronenstrahl verlässt den Beschleuniger mit einem Strahldurchmesser von ungefähr drei Millimetern, der je nach Bedarf mit Streufolien entsprechend aufgeweitet werden kann. Mit dem Linearbeschleuniger kann die Strahlung wesentlich präziser auf die entsprechende Körperstelle des Patienten ausgerichtet werden; außerdem lässt sich im Gegensatz zu den veralteten Kobalt-60-Geräten die Strahlungsstärke individuell regulieren. Damit ist also eine außerordentlich präzise Therapie möglich, die die Heilungschancen wesentlich erhöht und die Nebenwirkungen, beispielsweise die Zerstörung des neben einem Tumor liegenden gesunden Gewebes, so weit wie möglich reduziert.

Zehn Jahre später nahm die Klinik für Strahlentherapie den zweiten Linearbeschleuniger in Betrieb, da mit nur einem Gerät die Flut der Patienten nicht mehr bewältigt werden konnte. Wurden im Jahre 1986 noch genau 462 Patienten aufgenommen, so waren es 1994 schon 831. Die Anzahl der bestrahlten Felder betrug 1986 noch 16.723, acht Jahre später waren es 31.682, und diese Anzahl sollte bis zum Jahre 2003 auf über 60.000 ansteigen. Der zweite Linearbeschleuniger, der noch heute in Betrieb ist, arbeitet allerdings mit einer wesentlich niedrigeren Energie als der erste Apparat. Diese technische Verfeinerung erhöht die Genauigkeit und Sicherheit der Strahlenbehandlung, so dass eine bessere Bestrahlung von Tumoren im Kopfbereich, an der Brust und teilweise im Bereich der Knochen möglich ist. Der erste Linearbeschleuniger aus dem Jahre 1985 wurde Ende 1998 durch ein Gerät der neuesten Generation ersetzt.

Da die Erfolge einer onkologischen Therapie durch ionisierende Strahlung weitgehend von der Genauigkeit des zu bestrahlenden Sektors im Körper abhängen, erschien die Einrichtung eines so genannten Bestrahlungsplanungssimulators unumgänglich. Dies geschah im Jahre 1997. Das Simulationsgerät ist neben den Bestrahlungsgeräten das wichtigste Gerät in der Strahlentherapie, deshalb wird jeder Patient mit bösartigen Tumoren vor der eigentlichen Bestrahlung ‚simuliert'. Das Gerät dient einerseits zur präzisen Lokalisierung von Tumoren und zur Einstellung der Bestrahlungsfelder, andererseits zur Überprüfung der computerberechneten Bestrahlungspläne. Dazu ist das Röntgengerät mit einem Computer-Tomographie-Zusatz versehen, damit von einzelnen Gebieten des Körpers neben Röntgenaufnahmen auch computertomographische Bilder hergestellt werden können. Diese ermöglichen es, die Ausdehnung von Tumoren besser zu erkennen und die Bestrahlungsfelder präziser einzurichten. Da bei der Bestrahlung die gesunden Organe wenig oder keine Bestrahlung erhalten sollen, muss das Simulationsgerät eine hohe Qualität besitzen, um genaue Einstellungen zu garantieren.

Bereits 1985 war im Lukaskrankenhaus der erste Herzkatheter-Messplatz eingerichtet worden, der unter anderem mit einer Spende der Firma Pierburg in Höhe von 500.000 DM finanziert wurde. Da sich mit Prof. Dr. med. Wolfgang Merx ein ausgewiesener Spezialist in der akuten

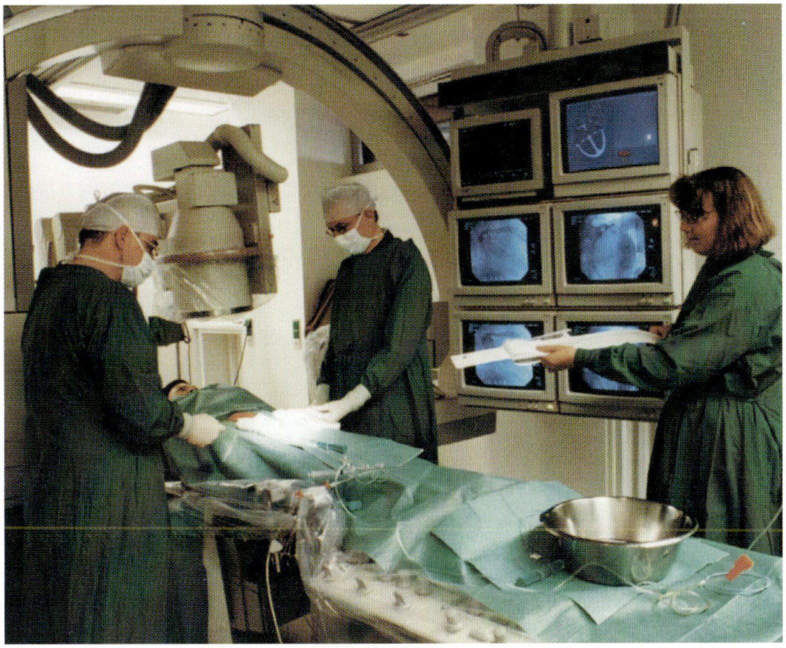

links: der Chefarzt der Med. Klinik I Prof. Dr. Wolfgang Merx, mitte: der Oberarzt der Med. Klinik I Dr. Raimund Müller, heute in Neuss niedergelassener Kardiologe und rechts: die Krankenschwester Herzkathetermessplatz Birgit Hammelstein.

Herzinfarktbehandlung um seine gefährdeten Patienten bemühte, nahm die Zahl der Behandlungen ebenso rasch zu wie die in der so genannten interventionellen Kardiologie ausgebildeten Spezialisten. Es war daher unvermeidlich, dass bei dieser Schwerpunktbildung die Anzahl der Notfalleingriffe und der Koronar-Dilatationen (Erweiterung der Herzkranzgefäße) rapide anwuchs. Deshalb wurde zwölf Jahre nach der Einrichtung des ersten Herzkatheter-Messplatzes ein zweiter dringend notwendig.

Dabei ging es allerdings nicht um eine Ausweitung der Kapazitäten, sondern um die Schaffung neuer Möglichkeiten. Denn Patienten, die nicht akut vom Herzinfarkt bedroht waren, und sich nur einer Herzsondenuntersuchung unterziehen sollten, mussten bis zu einem halben Jahr warten, weil der Herzkatheter-Messplatz wegen der Notfallbehandlungen mehr als ausgelastet war. Da eine Notfallbehandlung naturgemäß unvorhersehbar ist und auch bei den zahlreichen Koronar-Dilatationen der Eingriff oft länger dauert als geplant, kam es zwangsläufig dazu, dass immer öfter vereinbarte Untersuchungen auf einen späteren Zeitpunkt verschoben werden mussten. Der zweite Messplatz, an dem das Kardiologen-Team im April 1998 seine Arbeit aufnahm, brachte eine deutliche Entlastung. Auch andere, wegen des Zeitaufwandes und der starken Auslastung des ersten Herzkatheter-Messplatzes nur vereinzelt gemachte Untersuchungen, können nun bei Bedarf vorgenommen werden. Der zweite Messplatz befindet sich unmittelbar neben dem ersten; diese räumliche Anbindung und die Einrichtung entsprechender Überwachungs- und Auswertungs-Einheiten und der Laborplätze in einem Behandlungszentrum ermöglichen dem Team eine optimale Versorgung der Herzpatienten.

Für die exakte Planung von Bestrahlungstherapien oder operativen Eingriffen ist eine präzise Diagnose unerlässlich. Diese wird in den meisten Fällen durch sogenannte bildgebende Diagnoseverfahren vorgenommen. Dazu gehören neben der traditionellen Röntgen- und Ultraschalluntersuchung vor allem die Computer-Tomographie, die Digitale Substraktionsangiographie und die Kernspintomographie. Die computerunterstützten Verfahren erfordern einen hohen technischen

Aufwand, der sich jedoch lohnt: Die tomographischen Bilder sind mittlerweile von einer so hohen Präzision, von der vor 30 Jahren noch niemand zu träumen gewagt hätte. Diese technischen Möglichkeiten zur Diagnose und Therapie sind allesamt im Institut für Klinische Radiologie und Nuklearmedizin vorhanden, das mit allen Abteilungen des Lukaskrankenhauses zusammenarbeitet.

Neben dem Computer-Tomographen gehört seit 1997 eine leistungsfähige Digitale Substraktionsangiographie-Anlage (DSA) zur Ausstattung des Institutes; die neue Anlage ersetzte ein veraltetes Gerät aus dem Jahre 1985. Die DSA dient in erster Linie der Untersuchung von Gefäßen. Diese werden in den entsprechenden Körperregionen einmal ohne und einmal mit injezierten Kontrastmitteln aufgenommen. Der Computer kann aus den Unterschieden von beiden Aufnahmen ein Bild, auf dem anschließend die Gefäße sichtbar sind, detailgetreu erzeugen. Die Gefäße können sogar räumlich, also dreidimensional dargestellt werden. Mit der Anlage können aber auch Eingriffe direkt an den Gefäßen vorgenommen, Gewebeproben entnommen und Blutungsquellen gefunden, dargestellt und abgedichtet werden. Bei all diesen Möglichkeiten ist die Röntgenbelastung dank modernster Technik auf ein Minimum reduziert.

Etwa der Erfindung des Röntgenverfahrens vergleichbar war die Entwicklung der Kernspintomographie. Die ersten brauchbaren Konzepte zur diagnostischen Anwendung des sogenannten Kernspinresonanzverfahrens wurden im Jahre 1973 publiziert. Allerdings entschloss sich die Leitung des Lukaskrankenhauses erst zu Beginn der 1990er Jahre, einen Kernspintomographen im Hause einzurichten, denn mit 3,9 Millionen Mark, an denen sich das Land NRW mit nur 900.000 Mark beteiligte, war die neue Anlage einigermaßen kostspielig. Nachdem ein geeignetes Gebäude errichtet worden war und der Kernspintomograph im September 1998 in Betrieb ging, begann eine neue Phase der Diagnostik am Lukaskrankenhaus.

Der Kernspintomograph erzeugt Bilder des Körpers ohne Anwendung von Röntgenstrahlen. Ein Kernspintomograph setzt sich zusammen aus einem großen Magneten, hochempfindlichen Antennen zum Senden und Empfangen von Radiowellen sowie einem mit dem Untersuchungsgerät verbundenen Computersystem. Millionen von Atomen im menschlichen Körper reagieren wie einzelne Magnete, wenn sie einem magnetischen Feld ausgesetzt sind. Entlang der Magnetfeldlinien richten sie sich wie eine Kompassnadel aus. Durch die Einstrahlung von Radiowellen mit einer bestimmten Frequenz werden die winzigen Magnete aus der Feldrichtung ausgelenkt und nehmen dadurch Energie von Radiowellen auf. Nach dem Unterbrechen der Radiowellen kehren die Atome wieder in die Richtung des Magnetfeldes zurück und geben dabei die aufgenommene Energie in Form schwacher Hochfrequenzsignale ab. Eine hochempfindliche Antenne empfängt diese Signale, die im Computer zu einem Bild für die Diagnose umgewandelt werden. Die Kernspintomographie ermöglicht Untersuchungen nahezu aller Organsysteme des Körpers, denn kein anderes bildgebendes Diagnoseverfahren kann unterschiedliche Weichteilgewebe so präzise voneinander unterscheiden. Ähnlich wie bei der Computertomographie lassen sich mit den angeschlossenen Computern sehr gute Bildergebnisse erzielen, denn die dazu erforderliche Software ist in den letzten Jahren permanent optimiert worden. Der große Vorteil dieses Untersuchungsverfahrens liegt im Fehlen der Strahlenbelastung; nach heutigem Wissensstand verursachen die in diesem Verfahren angewendeten Magnetfeldstärken keine Schäden im menschlichen Körper. Der Nachteil liegt jedoch in der deutlich längeren Untersuchungszeitdauer sowie darin, dass alle Patienten mit einem Herzschrittmacher, Neurostimulator oder einem implantierten elektronischen Gerät nicht untersucht werden können.

Diese Patienten werden dann mit dem neuen Mehrzeilen-Spiral-Computer-Tomographen untersucht. Den ersten Mehrzeilen-Spiral-CT nahm das Institut für Klinische Radiologie und Nuklearmedizin im Juni 2001 in Betrieb. Eine weitere medizintechnische Großinvestition, die einschließlich des notwendigen Umbaus rund 2,5 Millionen Mark kostete und an der sich das Land NRW mit einem Zuschuss von 1,5 Millionen Mark beteiligte. Als der erste Mehrzeilen-Spiral-CT im Jahre 1999 auf den Markt kam, bedeutete dies einen außerordentlichen Quantensprung auf dem Gebiet der Computer-Tomographie. Das Mehrzeilen-

Verfahren liefert weitaus bessere Bilder, da pro spiralförmiger Rotation vier Schichten zur gleichen Zeit abgebildet werden. Diese vier Bilder oder Schichten erlauben dem angeschlossenen Computer eine weitaus genauere und plastischere Rekonstruktion der dreidimensionalen Strukturen im menschlichen Körper. Wie rasant und zukunftssicher die Entwicklung im CT-Bereich verläuft zeigt die Tatsache, dass der ‚Vierzeilen-Spiral-CT' im Lukaskrankenhaus mittlerweile durch einen ‚16-Zeilen-Spiral-CT' ersetzt wurde. Die Dicke der einzelnen abgebildeten Schichten beträgt im ‚16-Zeilen-CT' übrigens nur einen halben Millimeter, so dass sich aus den gewonnenen Bilddaten Bilder in jeder beliebigen Raumrichtung mit extrem hoher Genauigkeit berechnen lassen.

Auch für den Patienten bringt die neue CT-Technik einige Entlastungen. Während die Prozedur einer Computer-Tomographie früher zehn bis 15 Minuten dauerte, ist die Untersuchung heute meist nach Sekunden abgeschlossen. Auch eine Ganzkörperuntersuchung dauert nicht länger als eine Minute. Beim Mehrzeilen-Spiral-CT liegt der Patient wie früher auf einer Liege, die in eine ringförmige Öffnung hinein geschoben wird. Während die Liege früher schrittweise nach vorne geschoben wurde, wird sie heute ohne Unterbrechungen durch die Öffnung gefahren. Die Strahlendosis hat sich zwar nicht verringert, aber da die Bilder weitaus schärfer und detaillierter als früher sind, können wiederholte Untersuchungen weitgehend vermieden werden; so gesehen ist also eher von einer geringeren Belastung auszugehen.

KAPITEL IX

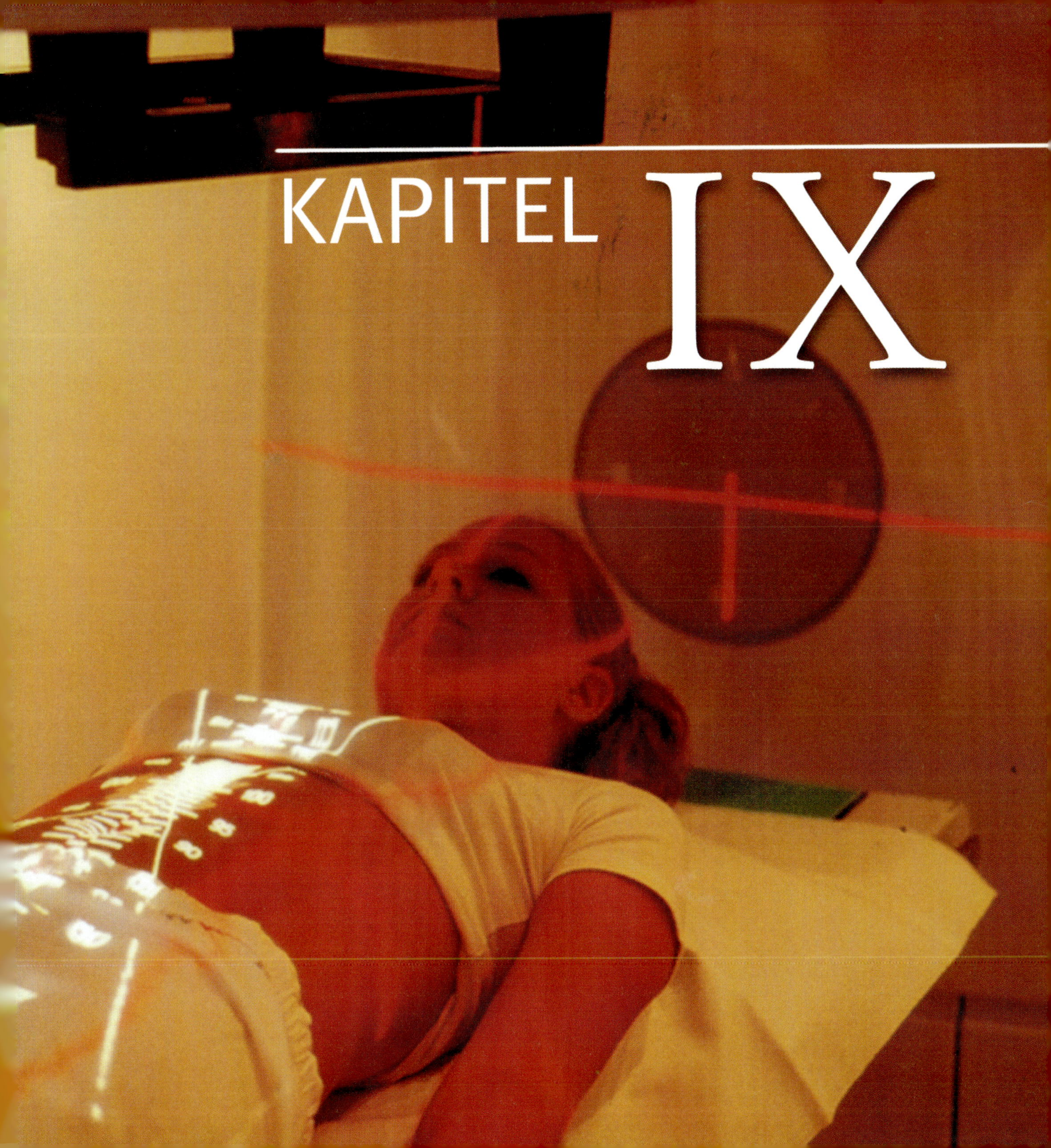

IX. DAS LUKASKRANKENHAUS HEUTE

Im vorangegangenen Kapitel ist viel von den ökonomischen und technischen Aspekten des Lukaskrankenhauses die Rede gewesen. Doch nichts davon würde zum Wohle der Patienten funktionieren, wenn Architektur, Ökonomie und Technik nicht von Menschen geplant, gelenkt und angewendet würden. In den Städtischen Kliniken arbeiten rund 1.180 Mitarbeiter, davon sind gut 350, also 30 Prozent, teilzeitbeschäftigt. Die Gesamtzahl der Mitarbeiter entsprach Ende 2003 umgerechnet 857 so genannten Vollkräften; vereinfacht gesprochen sind dies ‚ganze Planstellen', von denen viele mit mehreren teilzeitbeschäftigten Mitarbeitern besetzt sind. Mit 335 Vollkräften bildet der Pflegedienst die größte Berufsgruppe im ‚Lukas', es folgen der Ärztliche Dienst mit 128, der Medizinisch-Technische Dienst mit 120 und der Funktionsdienst mit 105 Vollkräften. Die Anzahl der Vollkräfte in der Verwaltung beträgt 59 und im Wirtschaftsdienst 42; hinzu kommen 39 Zivildienstleistende, 17 Vollkräfte in der Technik sowie 12 Stellen für Auszubildende. Der Status der Mitarbeiter teilt sich auf in 82 Prozent Angestellte, zehn Prozent Auszubildende und jeweils vier Prozent Arbeiter und Zivildienstleistende.

Vom so genannten Personalabbau ist auch die Belegschaft des Lukaskrankenhauses in den letzten Jahren nicht verschont geblieben: Die Zahl der Vollkräfte sank von 946 (1995) auf 857 im Jahre 2003; die Reduzierung der Stellen betraf alle Bereiche bis auf den Ärztlichen Dienst: Hier ist die Zahl der Stellen von 118 (1995) auf 128 im Jahre 2003 erhöht worden. Bemerkenswert ist auch die Veränderung der Altersstruktur: 1990 waren 72 Prozent der Mitarbeiter unter 40 Jahre alt, und nur 28 Prozent gehörten zur Gruppe der 40- bis 65-Jährigen; 2003 hingegen waren nur noch 57 Prozent der Mitarbeiter unter 40 Jahre alt, und der Anteil der Mitarbeiter an der Gruppe der 40- bis 65-Jährigen betrug 43 Prozent. Diese Altersstruktur hängt unter anderem mit der Dauer der Betriebszugehörigkeit zusammen: Die Fluktuation hat seit 1990 stark abgenommen, die Mitarbeiter bleiben ihrem Arbeitgeber länger treu, und 27 Prozent der Mitarbeiter arbeiten seit mehr als 15 Jahren im Lukaskrankenhaus.

Übersicht Lukaskrankenhaus

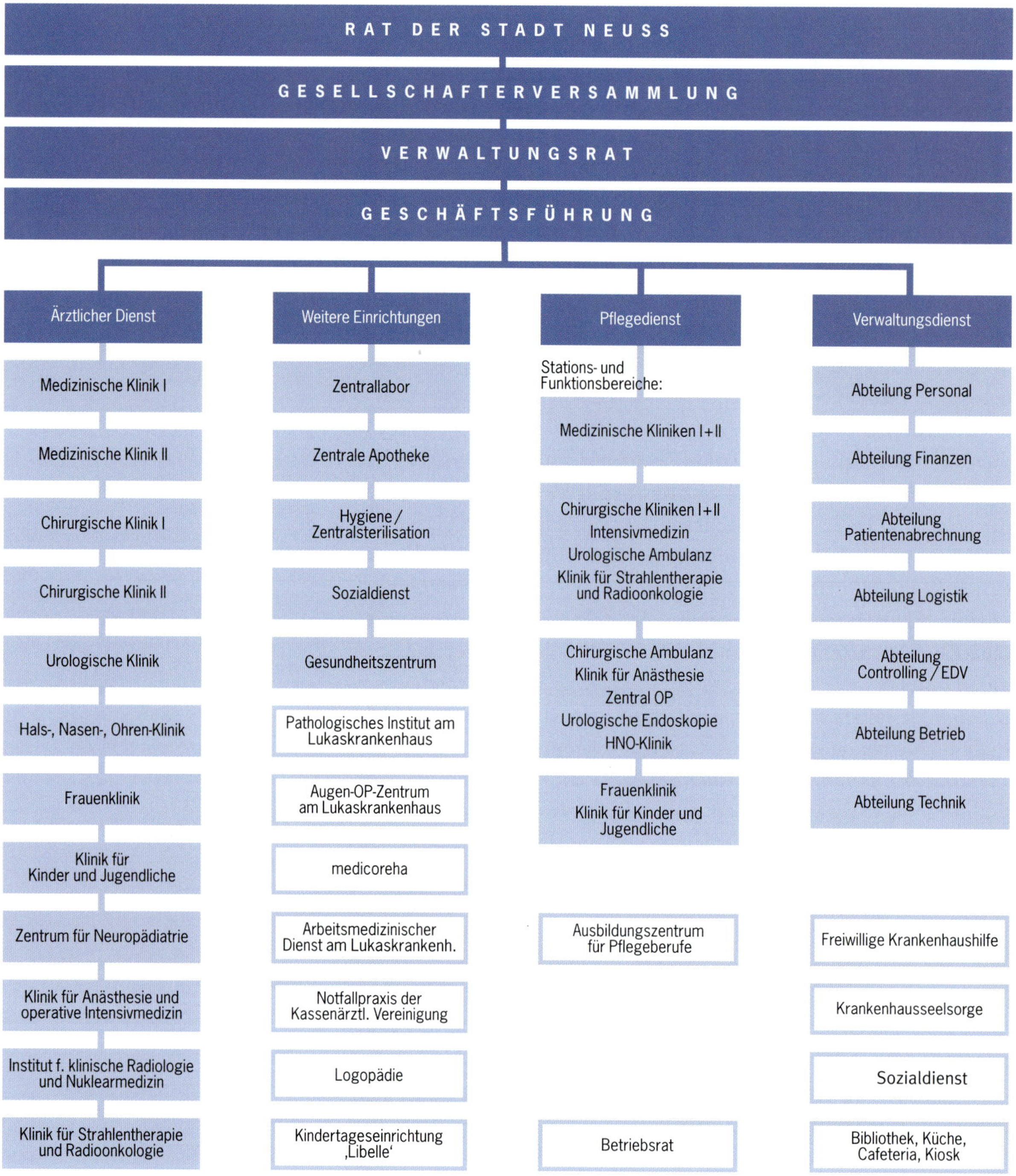

Die unmittelbare Begegnung zwischen Patienten oder Besuchern und den Mitarbeitern des Krankenhauses findet meist in den Kliniken, Instituten und medizinischen Einrichtungen des Hauses statt. Die Übersicht über die heute im Lukaskrankenhaus bestehenden Kliniken und Chefärzte beginnt am 1. April 1946, denn erst zu diesem Zeitpunkt wurde der erste hauptamtliche Chefarzt der Klinik eingestellt. Es gab zwar seit der Mitte des 19. Jahrhunderts angestellte Ärzte, doch diese übten ihren Beruf als Krankenhausarzt nur nebenamtlich aus, das heißt, ihre Haupterwerbsquelle war die eigene Praxis. Deshalb folgt die Auflistung der Kliniken entweder dem Jahr der Gründung oder dem Jahr der Verpflichtung des ersten hauptamtlichen Chefarztes. Im Laufe der letzten fünf Jahrzehnte haben viele Fachabteilungen oder Kliniken ihre Bezeichnungen geändert, außerdem sind drei Abteilungen geteilt worden: Die Chirurgische Klinik in die ‚Klinik für Allgemein- und Gefäßchirurgie' und die ‚Klinik für Unfall- und Wiederherstellungschirurgie' (1975), die Abteilung für Innere Medizin in ‚Medizinische Klinik I' und ‚Medizinische Klinik II' (1993) und das Strahleninstitut und die Radiologische Klinik in ‚Institut für klinische Radiologie und Nuklearmedizin' und die ‚Klinik für Strahlentherapie und Radioonkologie' (1996). Die Gründe für die Teilung dieser Kliniken waren einerseits das stetig wachsende Patientenaufkommen, andererseits die fortschreitende Differenzierung in immer umfangreichere Spezialgebiete innerhalb der medizinischen Wissenschaft. Dieser Entwicklung mussten auch die Krankenhäuser durch Strukturveränderungen Rechnung tragen. Doch heute ist wiederum eine verstärkte Zusammenarbeit der einzelnen Fachgebiete zu beobachten: Eine Verzahnung der unterschiedlichen Bereiche mit fließenden Übergängen hat am Lukaskrankenhaus bereits im Jahre 2003 durch die Einrichtung so genannter ‚interdisziplinärer Stationen' begonnen. Dies bedeutet, dass der Patient aufgrund einer Hauptdiagnose einer Klinik zugeordnet wird und dort von Ärzten aller erforderlichen Fachrichtungen behandelt wird; die erste interdisziplinäre Station wurde übrigens mit Tumorpatienten belegt.

Verzeichnis der hauptamtlichen Chefärzte und Leitungen seit 1946

1911 / 1946	**Innere Medizin** seit 1911 / 01.04.1946 – wurde 1983 in zwei medizinische Kliniken aufgeteilt	
	01.04.1946 – 30.09.1961	Dr. Kranz
	01.10.1961 – 30.09.1983	Dr. Otto Mühlenbrock
	Medizinische Klinik I 01.10.1983	
	seit 01.10.1983	Prof. Dr. Wolfgang Merx
	Medizinische Klinik II 01.10.1983	
	01.10.1983 – 31.10.1984	Prof. Dr. Wilhelm Atzpodien
	seit 01.11.1984	Prof. Dr. Peter Czygan
1911 / 1946	**Chirurgische Klinik** seit 1911 / 01.01.1956 – wurde 1975 in zwei chirurgische Kliniken aufgeteilt	
	01.01.1956 – 31.03.1975	Dr. Hanns Norpoth
	Klinik für Allgemein- und Gefäßchirurgie seit 01.04.1975	
	01.04.1975 – 30.06.1977	Dr. Hanns Norpoth
	01.07.1977 – 31.12.1977	Dr. Rolf Eicken
	01.02.1978 – 30.09.2003	Prof. Dr. Johannes Adolf Coburg
	seit 01.09.2001	Prof. Dr. Peter Goretzki
	Klinik für Unfall- und Wiederherstellungschirurgie seit 01.04.1975	
	01.04.1975 – 31.03.1991	Dr. Ulrich Boege
	seit 01.04.1991	Dr. Honke Georg Hermichen
1961	**Frauenklinik** seit 15.04.1961; ersetzt die seit 1920 bestehende Belegabteilung	
	15.04.1961 – 31.12.1974	Dr. Frischbier
	01.01.1975 – 31.10.1998	Prof. Dr. Johannes Bokelmann
	seit 01.01.1999	Prof. Dr. Hans-Georg Schnürch
1961	**Klinik für Kinder und Jugendliche** seit 01.11.1961	
	01.11.1961 – 30.06.1979	Prof. Dr. Norbert Urban
	01.07.1979 – 31.03.1981	Dr. Terheggen
	01.05.1982 – 31.07.2002	Dr. Lothar Biskup
	seit 01. 11.2000	Prof. Dr. Peter Gonne Kühl

Verzeichnis der hauptamtlichen Chefärzte und Leitungen seit 1946

Institut für Klinische Radiologie und Nuklearmedizin seit 01.05.1962		1962
01.05.1962 – 30.06.1984	Prof. Dr. Bernhard Swart	
seit 01.07.1984	Prof. Dr. Rainer Köster	

Klinik für Anästhesie und operative Intensivmedizin seit 01.01.1965		1965
01.01.1965 – 30. 09.1990	Dr. Eberhard Schlaak	
seit 01.10.1990	Dr. Maria Breulmann	

Institut für Pathologie seit 01.08.1968		1968
01.08.1968 – 30.06.1986	Dr. Matthias Haberich	
01.07.1986 – 10.10.1987	Dr. Maximilian Bohr	
seit 01.05.1988	Prof. Dr. Cyrus Tschahargane	

Urologische Klinik seit 01.01.1981		1981
01.01.1981 – 30.06.2004	Prof. Dr. Frank Boeminghaus	
seit 01.07.2004	Prof. Dr. Thomas Otto	

Klinik für HNO, Kopf- und Halschirurgie, plastische Operationen, Phoniatrie und Pädaudiologie seit 01.01.1984, ersetzt die seit 1923 bestehende Belegabteilung		1984
seit 01.01.1984	Prof. Dr. Hans-Jürgen Schultz-Coulon	

Klinik für Strahlentherapie und Radioonkologie seit 01.12.1985		1986
seit 01.12.1985	Dr. Hermann Grauthoff	

Augenklinik seit 01.12.2003, Belegabteilung		2003
seit 01.12.2003	Dr. Detlef H. Holzwig	

Zentrale Apotheke seit 01.05.1965		1965
01.05.1965 – 30.04.1991	Dr. Karl Heinz Lisken	
01.05.1991 – 30.06.1997	Gisela Brackmann-Krüger	
seit 01.10.1997	Ulrich Quack	

Der Neusser Bürgermeister Herbert Napp

Gesellschafter

Gesellschafter der Städtische Kliniken Neuss – Lukaskrankenhaus – GmbH ist die Stadt Neuss, die Gesellschafterversammlung ist der Hauptausschuss der Stadt Neuss unter Leitung des Bügermeisters Herbert Napp.

Verwaltungsrat

Vorsitzender des Verwaltungsrates
Dr. Heinz Günther Hüsch

Dem Verwaltungsrat gehören 15 Mitglieder an.

Der Rat der Stadt Neuss hat für die Wahlperiode 2004-2009 gewählt: Verwaltungsratsvorsitzender Dr. Heinz Günther Hüsch (CDU), Stv. Verwaltungsratsvorsitzender Thomas Nickel (CDU), Anna Maria Holt (CDU), Ingrid Schäfer (CDU), Dr. Hermann-Josef Kallen (CDU), Jutta Kelleter (SPD), Arno Jansen (SPD), Heide Broll (FDP), Michael Klinkicht (Bündnis 90/Die Grünen) und Frank Gensler.

Als Arbeitnehmervertreter des Lukaskrankenhauses: Dr. Anja Hennes (Frauenklinik), Gerhard Lehmann (Betriebsrat), Dr. Martina Müller-Kanz (Med. Klinik II), Peter Wolf (Med. Klinik I, Stat. M1) und Rainer Linke (Klinik für Allgemeinchirurgie, Stat. C3a).

Vor Dr. Hüsch waren Hans-Heinrich Grosse-Brockhoff (CDU) und Dr. Dr. Udo Kissenkoetter (SPD) die Vorsitzenden des Verwaltungsrates.

Geschäftsführung

Der Geschäftführung des Lukaskrankenhauses gehören an: Prof. Dr. med. Peter Czygan, seit 1998 Ärztlicher Geschäftsführer, außerdem Chefarzt der Medizinischen Klinik II, Annegret Deitmar-Hünnekens, seit 1992 Geschäftsführerin für den Pflegedienst, Dipl.-Kfm. Sigurd Rüsken, seit 1989 Kaufmännischer Geschäftsführer, und Assessor Peter Söhngen, seit 1992 Städtischer Geschäftsführer, Erster Beigeordneter der Stadt Neuss und Sozialdezernent.

Akademisches Lehrkrankenhaus

Das Lukaskrankenhaus ist seit den 1970er Jahren Akademisches Lehrkrankenhaus der Heinrich-Heine-Universität Düsseldorf und hat in dieser Zeit hunderte von PJ-Studenten erfolgreich ausgebildet.

Zur Zeit werden im Ausbildungskurs 2004/2005 insgesamt 20 Studentinnen und Studenten ausgebildet.

Im Lukaskrankenhaus Neuss beginnt die Ausbildung des Praktischen Jahres jeweils im Oktober und endet im letzten Quartal des Folgejahres mit einer ‚Mündlichen Prüfung im dritten Abschnitt der Ärztlichen Prüfung'. Dieser mündlich-theoretischen Prüfung geht am Tag zuvor eine praktische Patientenuntersuchung als Prüfungsbestandteil voraus.

Das Praktische Jahr selbst wird in drei ‚Trimester' von jeweils vier Monaten aufgeteilt und besteht aus zwei Pflichtfächern (Chirurgie und Innere Medizin) sowie einem Wahlfach, das der Student vor Beginn seiner praktischen Ausbildung selbst bestimmt hat.

Betriebsrat des Lukaskrankenhauses

Seit der GmbH-Gründung Anfang des Jahres 1987 wird im Lukaskrankenhaus ein Betriebsrat gemäß des Betriebsverfassungsgesetzes gewählt. Seine Aufgaben sind u.a., die Interessen aller Mitarbeiter gegenüber der Geschäftsführung zu vertreten, die Arbeitsbedingungen mitzugestalten und darauf zu achten, dass alle geltenden Gesetze, der Tarifvertrag (Bundesangestelltentarif BAT) und die arbeitsmedizinischen Erkenntnisse zum Wohle aller umgesetzt werden. Die vornehmste Aufgabe ist es jedoch, ein kompetenter und verständnisvoller Ansprechpartner für die individuellen Wünsche, Sorgen, Bedürfnisse und Probleme der Mitarbeiter zu sein, und im Rahmen der gesetzlichen Bestimmungen auch für den Einzelnen Lösungen zu erarbeiten und dessen Arbeitsbedingungen zu optimieren.

Betriebsratsvorsitzender Gerd Lehmann

Der Betriebsrat besteht am Lukaskrankenhaus aus 15 Mitarbeitern. Zum ersten Betriebsratsvorsitzenden wurde Adel Bishara gewählt, der noch in der ersten Amtszeit von Ralf Wollrab abgelöst wurde. Im Frühjahr 1990 fanden wieder reguläre Betriebsratswahlen statt, aus denen Käthe Heidemann als Vorsitzende hervorging. Von 1994 bis zu den Wahlen im Jahre 2002 war durchgehend Peter Wolf der Vorsitzende des Gremiums. Er wurde im Amt von Willi Ahlert abgelöst, der schon viele Jahre der Mitarbeitervertretung (MAV) als Vorsitzender angehörte. Nach dessen Ausscheiden wurde Herr Gerd Lehmann in das Amt des Betriebsratsvorsitzenden gewählt.

Einrichtungen des Lukaskrankenhauses

Medizinische Klinik I

Prof. Dr. med. Wolfgang Merx
Chefarzt seit 1. Oktober 1983

Oberärzte:
Dr. Franz-Peter Heinzler
Dr. Brigitte Halzl
Dr. Carsten Stoepel
Dr. Stefan Krüger

Rund 5.600 Patienten werden jährlich vom 20-köpfigen Ärzteteam der Medizinischen Klinik I behandelt. Die Schwerpunkte der Klinik bilden neben der Behandlung allgemeiner internistischer Krankheitsbilder die Intensivmedizin, Herz- und Kreislauf-Erkrankungen (Kardiologie), Nierenkrankheiten (Nephrologie) sowie Erkrankungen der Bronchien und Lungen (Pulmonologie). Die Klinik besitzt für die Fachgebiete Internistische Intensivmedizin, Kardiologie und Nephrologie die volle Weiterbildungsermächtigung.

Im Jahre 1998 nahmen die Intensivstationen ihren Betrieb auf; hier stehen den Patienten zehn internistische Intensivbetten zur Verfügung, die mit der neuesten Technik zur Überwachung und Aufzeichnung der Vitalparameter ausgerüstet sind. Mit unterschiedlichen Beatmungsgeräten sind alle Formen der Beatmung möglich. Dank des seit langem bestehenden nephrologischen Schwerpunktes der Klinik können auf der internistischen Intensivstation alle maschinenunterstützten Nierenersatzverfahren eingesetzt werden. Dazu gehören auch sämtliche Methoden zur Blutentgiftung.

Das kardiologische Team der Klinik ist auf die so genannte Interventionelle Kardiologie spezialisiert, das heißt auf die Dehnung und Rekanalisierung von verengten oder verschlossenen Herzkranzarterien sowohl im akuten Herzinfarktstadium als auch im chronischen Stadium der koronaren Herzkrankheit. Chefarzt Prof. Dr. med. Wolfgang Merx arbeitet bereits seit 1980 auf diesem Gebiet, und er gehörte zu den

Ersten, die die Wiederöffnung verschlossener Herzkranzarterien mittels eines Herzkatheters in den Klinikbetrieb einführten.

Das Herzkatheterlabor, das zur Behandlung von Notfällen rund um die Uhr besetzt ist, besteht hauptsächlich aus zwei Herzkatheter-Messplätzen, so genannten Koronarangiographieplätzen. Hier werden jährlich rund 2.700 diagnostische Untersuchungen und gut 1.000 Dehnungen der Herzkranzgefäße durchgeführt. Ebenfalls im Herzkatheterlabor werden jährlich rund 100 Herzschrittmacher implantiert, meist in Zusammenarbeit mit der Chirurgischen Klinik I.

Darüber hinaus umfasst das Leistungsspektrum der kardiologischen Abteilung alle diagnostischen und therapeutischen Möglichkeiten. Diese reichen von der 24-Stunden-Langzeit-EKG-Aufzeichnung über Ultraschall- und Sondenuntersuchungen bis zur Dehnung von verengten Herzkranzgefäßen und zur Implantation von Gefäßstützen, so

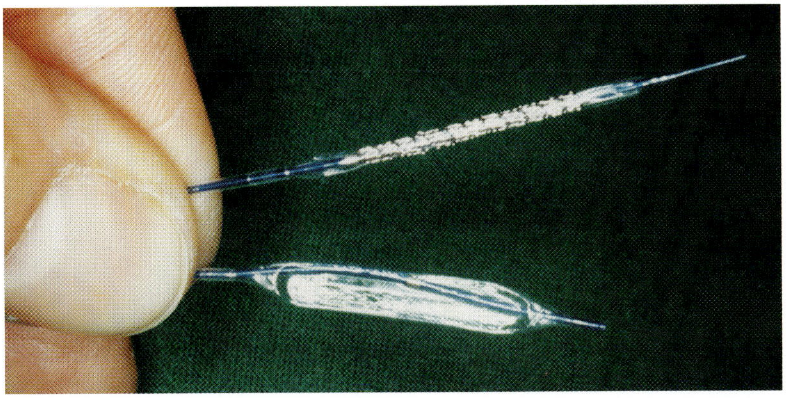

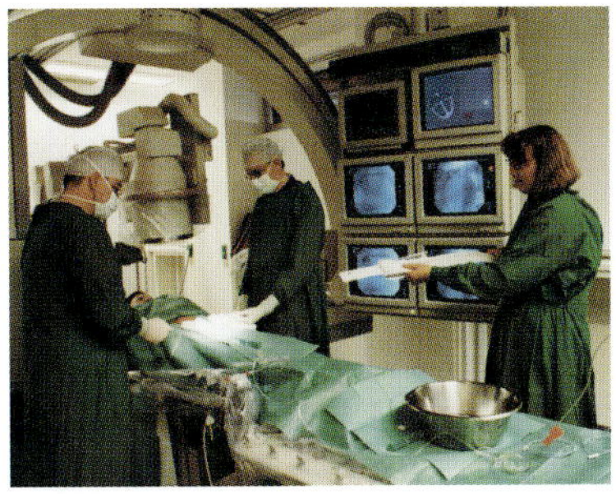

Bei Herzkrankheit ersetzen Ballonkatheter und Stents (großes Bild) immer häufiger die Bypaßoperation. Der Eingriff erfolgt im Herzkatheterlabor, dem Nervenzentrum der Klinik (kleines Bild).

genannten ‚Stents'. Besonders effektiv ist dabei die Zusammenarbeit mit dem Institut für Radiologie und Nuklearmedizin, denn hier werden schnelle und hochauflösende Computertomographien zur Beurteilung des Herzens und der Herzkranzgefäße hergestellt – die modernen bildgebenden Diagnoseverfahren haben schon vielen Patienten eine Herzsondenuntersuchung erspart.

Im September 1969, unter der Leitung des nephrologischen Oberarztes Dr. Wittmann, wurde am Lukaskrankenhaus die erste

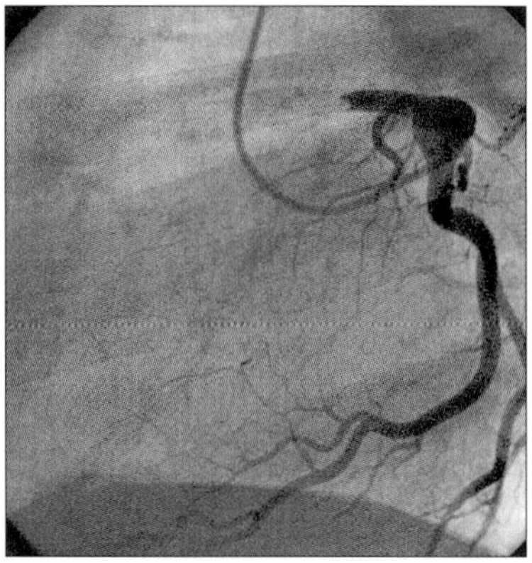

Vorderwandinfarkt mit komplettem Verschluss der linken Herzkranzarterie

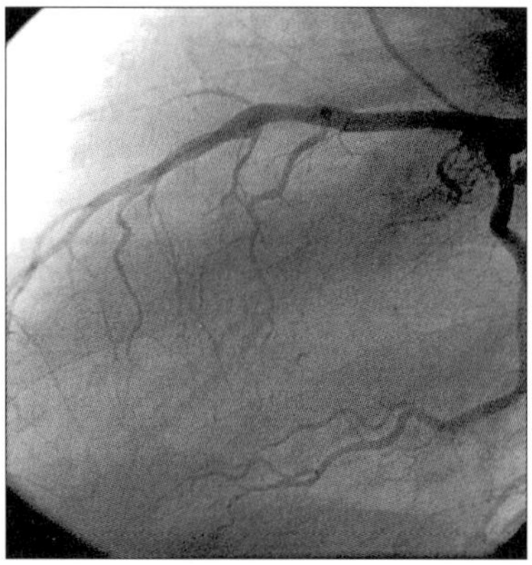

Vorderwandinfarkt – linke Herzkranzarterie wieder offen

Behandlung mit der ‚Künstlichen Niere' auf der internistischen Intensivstation durchgeführt. Dieser nephrologische Schwerpunkt wurde seitdem fortwährend ausgebaut und befindet sich heute auf dem neuesten Stand der Technik. Zu der eigenständigen Dialyseabteilung gehören 32 Klinikbetten. Zur Betreuung der vielen Patienten werden alle maschinenunterstützten Nierenersatz- und Entgiftungsverfahren angewendet. Das in seinen Ursprüngen sehr risikoreiche Behandlungsverfahren wandelte sich in den zurückliegenden 35 Jahren zu einer sicheren und unkomplizierten Behandlung. Stand anfänglich dieses eine Behandlungsverfahren im Vordergrund, werden heute Patienten mit komplexen schweren Krankheitsbildern, die auch einer Behandlung mit der „künstlichen Niere" bedürfen, behandelt.

In der pulmonologischen Abteilung der Medizinischen Klinik I werden hauptsächlich Patienten mit chronischen Atemwegserkrankungen wie Asthma und Lungenemphysem, Lungenentzündung, Tumoren der Lunge und des Rippenfells sowie Patienten mit schlafbezogenen Atemstörungen behandelt. Die Untersuchungsmöglichkeiten umfassen die große Lungenfunktionsmessung mit Bodyplethysmographie und einer Blutgasanalyse sowie die Messung des Atemzeitvolumens und des Verhältnisses von Sauerstoffaufnahme und Kohlendioxidabgabe (Ergospirometrie) und Ultraschalluntersuchungen der Lunge und des Rippenfells. Ein weiteres wichtiges Element der Diagnostik ist die Lungenspiegelung, bei der auch Gewebsproben aus den Bronchien und der Lunge entnommen werden können. Diese Untersuchungen werden in der Endoskopie der Medizinischen Klinik II durchgeführt. In der Therapie dient die Lungenspiegelung zum ‚Atemwegsmanagement' auf der Intensivstation sowie in starrer Technik unter Vollnarkose zur Entfernung von Fremdkörpern oder mittels Laser zur Wiederöffnung von tumorbedingten Verlegungen der Atemwege. Bei operativen Eingriffen an Lunge und Brusthöhle arbeitet die pulmonologische Abteilung eng mit der Chirurgischen Klinik I des Hauses zusammen; zu dieser Kooperation gehört auch die Erarbeitung eines interdisziplinären Therapieplans.

Medizinische Klinik II

Prof. Dr. med. Peter Czygan
Chefarzt seit 1. November 1984

Oberärzte:
Dr. Paul Greßnich
Dr. Johannes Streuff

Knapp 4.000 Patienten suchten im Jahre 2003 die Medizinische Klinik II zur Behandlung auf, die auf fünf Stationen mit 78 Betten von einem zehnköpfigen Ärzteteam und zahlreichen Pflegekräften betreut wurden. Die durchschnittliche Verweildauer in der Klinik sank von 10,6 Tagen (1990) auf 6,8 Tage im Jahre 2003. Zu den Medizinischen Kliniken I und II gehört übrigens eine Notaufnahme, in der jährlich über 8.000 Patienten rund um die Uhr versorgt werden.

Die medizinischen Schwerpunkte der Klinik bilden die Diagnose und Behandlung von Erkrankungen des Magen-Darm-Traktes, der Leber, der Gallenblase und der Bauchspeicheldrüse (Gastroenterologie, Hepatologie), von Stoffwechselerkrankungen wie Diabetes mellitus und Funktionsstörungen der Schilddrüse sowie die Diagnostik und Therapie von bösartigen Tumorerkrankungen (Onkologie).

Ebenso wie in allen anderen Kliniken und Instituten des Lukaskrankenhauses kommen auch in der Medizinischen Klinik II alle aktuellen Diagnose- und Therapieverfahren zur Anwendung. Hier ist an erster Stelle die Endoskopie zu nennen: In der Endoskopie der Medizinischen Klinik II wird das gesamte Spektrum diagnostischer, therapeutischer und interventioneller Maßnahmen im Bereich der Gastroenterologie und Pulmonologie durchgeführt. Die Entwicklung von hochflexiblen Videoendoskopen mit minimalen Durchmessern und darin liegenden Arbeitskanälen hat in der Endoskopie der Speiseröhre, des Magens, des Dünn- und Dickdarms sowie zahlreicher anderer Organe diagnostische und therapeutische Möglichkeiten eröffnet, die vor wenigen Jahren noch undenkbar waren. Dabei ist die Entwicklung auf diesem Gebiet noch lange nicht zum Stillstand gekommen. Der Vorteil der endoskopischen Untersuchungen gegenüber anderen bildgebenden Verfahren liegt in der Möglichkeit, bei einem Eingriff gleichzeitig die Diagnose zu stellen, Gewebsproben zu entnehmen und therapeutische Eingriffe wie Tumorabtragungen, das Einlegen von Stents oder Maßnahmen zur Blutstillung auszuführen. Ein endoskopischer Eingriff kann Ängste und Irritationen beim Patienten hervorrufen, die aber durch die Gabe eines Beruhigungsmittels auf ein annehmbares Maß reduziert werden.

Zahlreiche Möglichkeiten im Hinblick auf Diagnose und therapeutische Eingriffe bietet der Utraschall (Sonographie). Mit Hilfe des Ultraschalls werden beispielsweise nicht nur die Bauchorgane, Lymphknoten und die Schilddrüse untersucht, sondern es können auch ultraschallgesteuerte Organpunktionen zur Entnahme von Gewebe vorgenommen werden sowie Zysten und Abszesse unter Ultraschallkontrolle trocken gelegt werden. Ein hochentwickeltes Verfahren ist die Kombination von Endoskopie und Sonographie, die so genannte Endosonographie: Ein in die Spitze eines Endoskops eingesetzter Mini-Ultraschallkopf erfasst kleinste Veränderungen des Gewebes im Millimeterbereich. Im gastroenterologischen Funktionslabor werden mit unterschiedlichen Untersuchungsmethoden Fehlfunktionen und Erkrankungen der Speiseröhre und des Magen-Darm-Trakts diagnostiziert. Atemtests ermöglichen die Diagnose von bestimmten Durchfallerkrankungen, und mit dem so genannten ‚13C-Atemtest' wird der ‚Heliobacter pylori', der für die Entstehung von Magengeschwüren verantwortlich gemacht wird, ohne Eingriff nachgewiesen.

Ein zweiter Schwerpunkt der Medizinischen Klinik II ist die

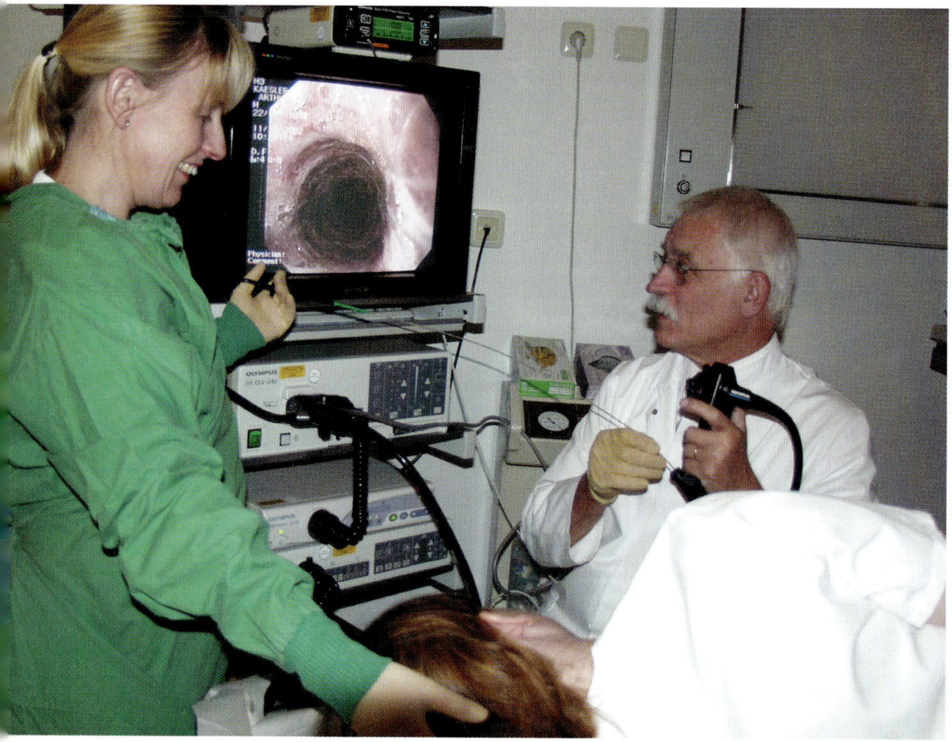

Der Chefarzt der Medizinischen Klinik II Prof. Dr. med. Peter Czygan und die leitende Endoskopieschwester Elke Priebe bei einer endoskopischen Untersuchung.

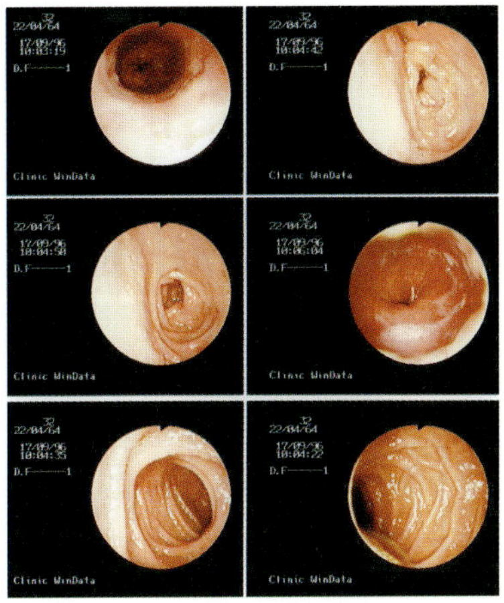

Betreuung von Patienten mit bösartigen Tumoren der Speiseröhre, des Magen-Darm-Trakts, der Leber, der Gallenwege, der Bauchspeicheldrüse sowie des Bronchialsystems, des Hals-Rachen-Raumes und der Lymphgefäße. Aufgrund der vielfältigen Komplexität der Krankheitsbilder und der damit verbundenen Therapiemöglichkeiten ist eine fachübergreifende Zusammenarbeit unabdingbar. Deshalb bildet die Medizinische Klinik II zusammen mit der Chirurgischen Klinik I, der Klinik für Strahlentherapie und den Instituten für Radiologie und für Pathologie eine funktionelle Einheit, die eine bestmögliche Versorgung der Tumorpatienten sichert. Die Arbeit dieser Einheit besteht nicht nur in täglichen Beratungen und wöchentlich stattfindenden Fallkonferenzen, sondern mündete in das im Jahre 2001 gegründete interdisziplinäre Tumorzentrum am Lukaskrankenhaus und der im Jahre 2003 eingerichteten integrierten Tumorstation. Im Rahmen einer wöchentlich abgehaltenen interdisziplinären Tumorkonferenz erarbeiten die Ärzte der beteiligten Kliniken ein individuell auf die Krebserkrankung des Patienten zugeschnittenes Behandlungskonzept, in das auch die niedergelassenen Ärzte eingebunden sind.

Die Onkologische Ambulanz der Medizinischen Klinik II, 1999 großzügig renoviert und im Januar 2000 wieder eröffnet, liegt unmittelbar neben der Onkologischen Station. In der Ambulanz werden jährlich über 1.200 Patienten betreut; zu denen, die sich hier einer Chemotherapie unterziehen, gehören auch Patientinnen mit gynäkologischen und urologischen Tumoren, die im Rahmen der interdisziplinären Zusammenarbeit gemeinsam mit der Frauenklinik und Urologie behandelt werden.

Krebspatienten und ihre Angehörigen bedürfen im Umgang mit der Erkrankung des psychologischen Beistandes. Auch dieser wird seit 1996 in der onkologischen Abteilung der Klinik angeboten, und zwar mit finanzieller Unterstützung des 1993 von Prof. Dr. med. Peter Czygan gegründeten ‚Vereins für Onkologie am Lukaskrankenhaus', der sich die Verbesserung der Betreuung krebskranker Patienten zum Ziel gesetzt hat.

Chirurgische Klinik I

Prof. Dr. med. Peter E. Goretzki
Chefarzt seit 1. September 2001

Oberärzte:
Dr. Bernhard Lammers
(Oberarztsprecher)
Dr. Thomas Sarwas
Dr. Hinrich Böhner

Das Team der Chirurgischen Klinik I ist auf sechs Bereiche der Chirurgie spezialisiert: die Allgemeinchirurgie, die Viszeralchirurgie, die Thoraxchirurgie, die endokrine Chirurgie, die Laparaskopie und die Gefäßchirurgie. In der Allgemeinchirurgie werden Erkrankungen wie Hämorrhoiden oder Fisteln sowie Erkrankungen der Weichteile operiert. Besonders häufig sind Operationen des Leistenbruchs; dabei wird je nach Befund vor der Operation entschieden, ob der Bruch direkt verschlossen oder über eine Netzimplantation stabilisiert wird. In vielen Fällen kann der Eingriff auch laparoskopisch ausgeführt werden.

Die Viszeralchirurgie umfasst die Behandlung von Erkrankungen und Tumoren der Speiseröhre, des Magen-Darm-Traktes sowie der Leber und der Bauchspeicheldrüse. Dabei müssen überwiegend bösartige Tumore behandelt werden, was zu einer stetig steigenden Anzahl von Patienten geführt hat. Im Rahmen der interdisziplinären Tumorkonferenz sind auch die Chirurgen der Klinik an der Erarbeitung eines individuellen Therapiekonzeptes für Tumorpatienten beteiligt.

Die Thoraxchirurgie befasst sich mit der operativen Behandlung von Erkrankungen der Brustorgane mit Ausnahme des Herzens und der Brustkorbwand. Zu den Brustorganen gehören die Lunge und die Bronchien, das Lungen- und das Rippenfell sowie die Luftröhre. Ein hilfreiches Instrument bei Operationen ist die so genannte Video-Thorakoskopie, mit der vor allem kleinere Veränderungen im Brustkorb gut erkannt und behandelt werden können. Auf dem Gebiet der endokrinen Chirurgie hat sich Chefarzt Prof. Dr. med. Peter E. Goretzki bereits internationales Ansehen erworben, außerdem betrachtet er dieses Spezialgebiet als wichtiges Ausbildungsfach für angehende Chirurgen, da die Organe und Tumore meist besonders klein sind. Dabei werden vor allem Erkrankungen der Hormone bildenden Organe operativ behandelt, unter anderem die Schilddrüse, die Nebenschilddrüse, die Nebennieren und die Bauchspeicheldrüse.

Unter Laparoskopie versteht man die Bauchspiegelung, die auch als ‚Schlüssellochchirurgie' bekannt ist. Durch kleine Schnitte in der Nähe des Nabels und der Bauchdecke werden eine Kamera und chirurgische Instrumente in die Bauchhöhle eingeführt. Damit können der gesamte Bauchraum untersucht und die erkrankten Organe präpariert werden. Diese Technik findet hauptsächlich Anwendung bei der Entfernung der Gallenblase und der Nebennieren, aber auch bei der Behandlung von Zwerchfellbrüchen. Je nach Befund wird sie auch bei der Ent-

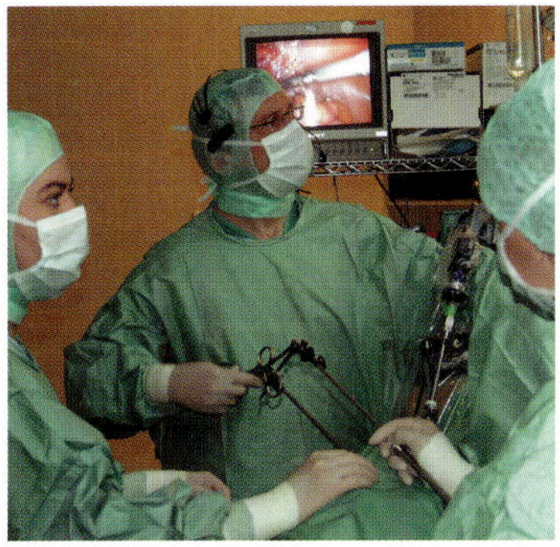

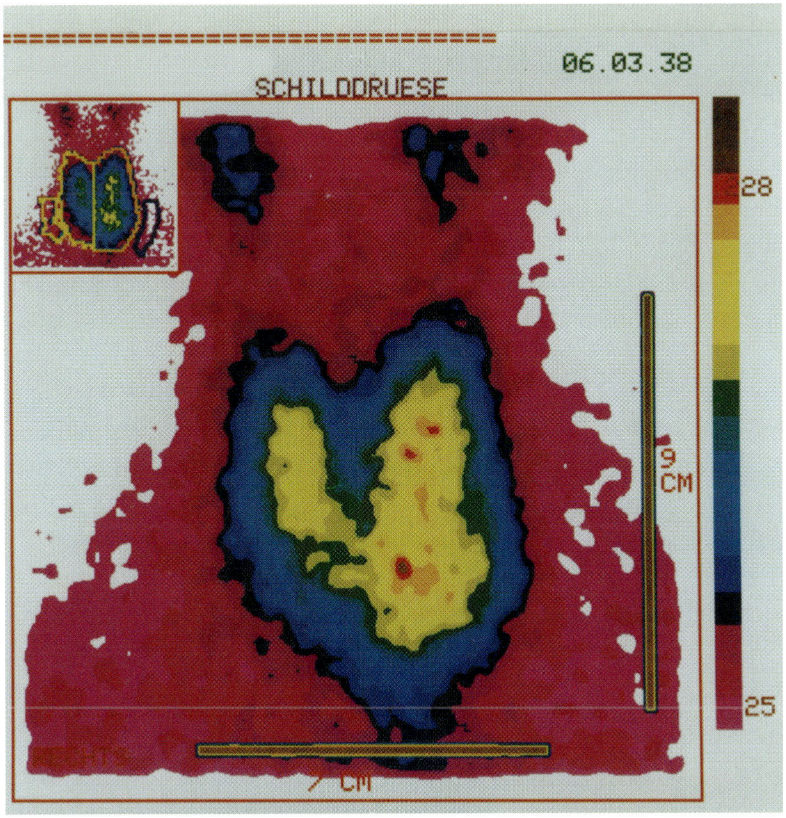

fernung des Blinddarms und bei der Behandlung von Leistenbrüchen angewendet.

Der Schwerpunkt der Gefäßchirurgie liegt bei den arteriellen Eingriffen, die beispielsweise bei Erweiterungen der Körperschlagader, aber auch bei Verschlusserkrankungen der Beine oder der Hirnschlagadern notwendig werden, einzige Ausnahme bilden Eingriffe im Brustkorb. Die Gefäßchirurgen bedienen sich dabei der modernen minimalinvasiven Kathetertechnik, häufig in Kooperation mit dem Institut für Radiologie und Nuklearmedizin. Außerdem werden Patienten mit Krampfaderleiden operiert; dabei werden unter anderem die kosmetischen Aspekte berücksichtigt.

Zu den Chirurgischen Kliniken I und II gehören sieben Ambulanzräume für die Aufnahme von Notfällen sowie die vor- und nachstationäre Behandlung. Bei vielen Notfällen ist eine rasche chirurgische Therapie erforderlich. In der Ambulanz kann sofort eine Sonographie des Bauches erfolgen; falls notwendig, werden weitere Röntgenuntersuchungen oder eine Computertomographie in der Klinik für Radiologie angefordert. In die Behandlung mehrfach verletzter Patienten werden die Ärzte der Unfallchirurgie (Chirurgische Klinik II) einbezogen. Die vorstationäre Behandlung schließt unter anderem vorbereitende Untersuchungen, meistens in Abstimmung mit dem Hausarzt, und eine Vorstellung in der Anästhesieambulanz ein. Dadurch wird der Krankenhausaufenthalt weitgehend verkürzt. Die nachstationäre Behandlung geschieht ebenfalls in der chirurgischen Ambulanz; dazu gehören beispielsweise Verbandswechsel nach einer Operation und Befundkontrollen, die in der Regel dem behandelnden Hausarzt übermittelt werden.

Chirurgische Klinik II

Klinik für Unfall- und Wiederherstellungschirurgie

Rund 2.000 Patienten jährlich betreut das zehnköpfige Ärzteteam der Chirurgischen Klinik II. Die Klinik ist seit 1991 eine selbstständige Unfallklinik, von denen es rund 200 in Deutschland gibt. Die meisten Patienten kommen mit frischen Verletzungen in die Klinik; dazu gehören vor allem Knochenbrüche, Bänderrisse, Weichteilverletzungen und komplexe Handverletzungen. In der stark frequentierten Unfallambulanz werden sie erstbehandelt, die weitere Versorgung geschieht dann entweder durch die Hausärzte oder die niedergelassenen Chirurgen und Orthopäden. Wurde ein Patient im Lukaskrankenhaus stationär behandelt, so kann er in bestimmten Fällen für einige Wochen – in Absprache mit dem behandelnden Arzt – in der Chirurgischen Klinik betreut werden. Überhaupt ist die Zusammenarbeit mit den niedergelassenen Ärzten im Einzugsbereich der Klinik unerlässlich, um eine gute Qualität in der Versorgung der Patienten zu gewährleisten. Dies gilt auch für den regelmäßigen Kontakt mit den Kostenträgern.

In Kooperation mit anderen Kliniken und Instituten des Hauses werden auch Patienten mit schwersten Verletzungen, so genannten Polytraumata, gründlich versorgt. Die Klinik besitzt die volle Zulassung für das so genannte Schwerverletztenartenverfahren der Berufsgenossenschaften. Mit diesem Verfahren ist die Qualität in der Versorgung von Arbeitsunfallverletzten gesichert, denn die Berufsgenossenschaften lassen nur bestimmte Kliniken mit qualitativ hoch stehenden Verfahren zur Behandlung zu. Dabei muss sich die Klinik einer permanenten Qualitätskontrolle unterziehen. Außerdem besitzt Chefarzt Dr. med. Honke Georg Hermichen die volle Weiterbildungsermächtigung im Schwerpunkt Unfallchirurgie.

Neben der akuten Unfallchirurgie stellt die Wiederherstellungschirurgie den zweiten Schwerpunkt der Klinik dar. Zur Wieder-

Dr. med. Honke Georg Hermichen
Chefarzt seit 1. April 1991

Oberärzte:
Dr. Hanno Alef
Dr. Oliver Hubert
Dr. Guido Lentzen

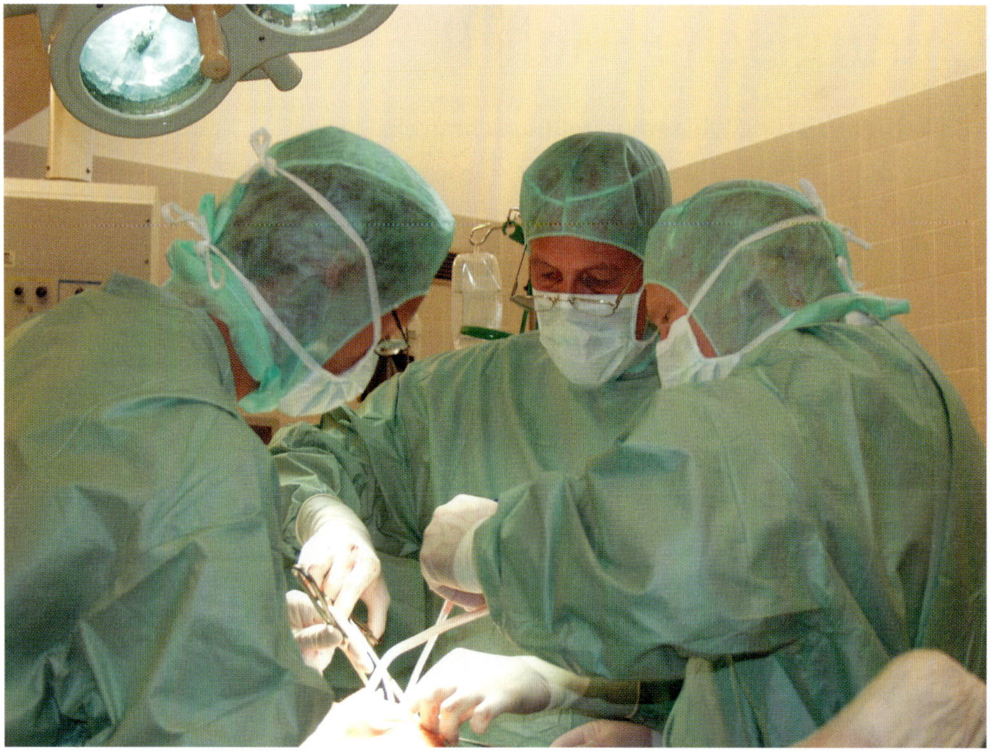

Der Chefarzt der Klinik für Unfall- und Wiederherstellungschirurgie, Dr. Honke Georg Hermichen bei einer Operation mit zwei ärztlichen Assistenten.

herstellungschirurgie gehören unter anderem Korrekturen an den Extremitäten bei Fehlstellungen, Bandplastiken bei Instabilitäten sowie die Implantation von künstlichen Gelenken an Schulter-, Knie- und Hüftgelenken. Dabei bedienen sich die Ärzte neuester Operationstechniken mit computernavigierten Verfahren sowie zementierter oder zementfreier Verankerung von Endoprothesen. Hinzu kommen viele arthroskopische Eingriffe an den großen Gelenken und Wirbelsäulenoperationen, die entweder im Rahmen der Akutverletzungen oder bei sekundär auftretenden Schäden vorgenommen werden.

Es besteht eine enge Zusammenarbeit mit der Medizinischen Klinik II sowie der Klinik für Strahlentherapie und Radioonkologie. Hier werden Patienten mit Knochenmetastasen operativ behandelt.

Diese Eingriffe müssen gelegentlich prophylaktisch durchgeführt werden, um einer so genannten pathologischen Fraktur vorzubeugen.

Der moderne Unfallchirurg empfindet sich als ‚Hausarzt der verletzten Patienten'. Dabei geht es ihm um die richtige Weichenstellung für Folgebehandlungen wie Krankengymnastik, stationäre Rehabilitationsbehandlungen oder Hilfsmittelversorgungen. Als gutes Beispiel ist die Kooperation mit dem am Hause befindlichen Rehabilitationszentrum ‚medicoreha' zu nennen, das eine intensive physiotherapeutische Behandlung der Patienten auch an Wochenenden garantiert.

Da die Behandlung verletzter Kinder einen weiteren großen Schwerpunkt der Klinik darstellt, hat sich das Team in den letzten Jahren sehr in der Behandlung verletzter Kinder aus Krisengebieten engagiert. Die Kinder kommen über das Friedensdorf Oberhausen in das Lukaskrankenhaus und werden in der Chirurgischen Klinik II interdisziplinär behandelt. Sowohl die Ärzte als auch das Krankenhaus verzichten dabei auf jegliche Erstattung der Kosten. Erfreulicherweise unterstützen Lions-Clubs aus Neuss die Behandlung der Kinder durch großzügige Spenden.

Urologische Klinik

Prof. Dr. med. Thomas Otto
Chefarzt seit 1. Juli 2004

Oberärzte:
Dr. Klaus Schwartmann
Dr. Dietmar Betz

Die Urologische Klinik gehört zu den jüngeren hauptamtlichen Fachabteilungen des ‚Lukas', denn sie besteht erst seit dem 1. Januar 1981. Ihr erster Chefarzt, und damit verantwortlich für den Aufbau der Klinik, war Prof. Dr. Frank Boeminghaus, der zum 30. Juni 2004 in den Ruhestand trat. Aus zunächst bescheidenen Anfängen hat sich bis heute eine 49 Betten umfassende Klinik entwickelt, in der jährlich rund 2.500 Patienten betreut und gut 2.300 Eingriffe vorgenommen werden. Da der gute Ruf der Klinik weit über die Region Neuss hinaus bekannt ist, suchen auch zahlreiche ‚auswärtige' Patienten die urologische Abteilung auf. Dabei liegt die durchschnittliche Verweildauer der Patienten meist unter fünf Tagen.

Die Urologie befasst sich mit Erkrankungen der Nieren und Nebennieren sowie des Harnleiters, der Blase, Prostata, Harnröhre und männlichen Genitale. Neben der Behandlung und Entfernung von gutartigen und bösartigen Tumoren in den genannten Organen werden auch mikrochirurgische Operationen zur Wiederherstellung der Zeugungsfähigkeit, konservative und operative Behandlungen der Impotenz und Operationen zur Behebung von Inkontinenz vorgenommen. Die Behandlung erfolgt im Prostata-Zentrum im Rahmen der integrierten Versorgung. Die Wiederherstellung der Harn- und Stuhlkontinenz erfolgt im interdisziplinären Kontinenzzentrum. Die kinderurologische Behandlung erfolgt interdisziplinär mit Pädiatern und Urologen. Im Vordergrund stehen Diagnostik und Therapie der kindlichen Harninkontinenz sowie die operative Behandlung von Harntransportstörungen, Fehlfunktionen und Tumoren.

Die medizinisch-technische Ausstattung der Klinik zur Diagnose und Therapie urologischer Befunde lässt kaum Wünsche offen. Mit dem neuen Ultraschallgerät werden die Nieren und Nebennieren sowie der Bauchraum, die Blase, die Prostata und die äußeren Genitale untersucht. Zusätzlich können dopplersonographische Analysen zur Bestimmung des

Blutflusses in den Gefäßen, beispielsweise in den Nieren und im Penis, erstellt werden. Ein weiteres diagnostisches Medium der Klinik ist die digitale Röntgenanlage, deren Bilder digital verarbeitet und gespeichert werden und so die Strahlenbelastung für die Patienten auf ein Minimum reduziert.

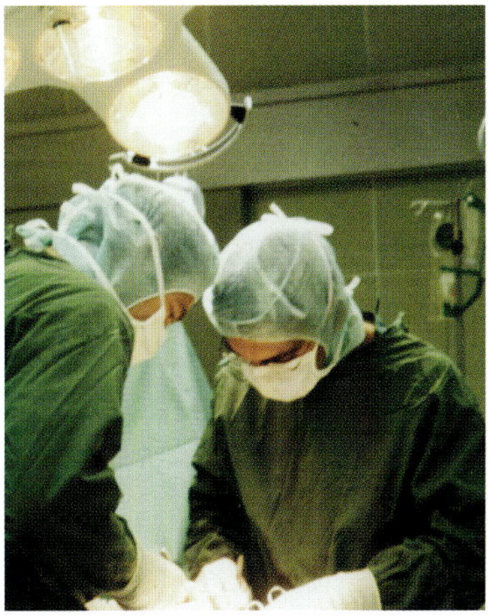

Zur Entfernung von Nieren- und Harnleitersteinen besitzt die Urologische Klinik ein Gerät zur so genannten Extrakorporalen Stoßwellenlithotripsie (ESWL). Mit diesem minimal-invasiven Verfahren können die Steine ohne Operation entfernt werden. Der Stoßwellenlithotripter erzeugt Ultraschallwellen von sehr hoher Intensität, welche die harten Steine durch die übertragenen mechanischen Schwingungen zerstören. Eine besondere Spezialität der Urologischen Klinik besteht in den endoskopischen Operationen an Harnleitern und Nieren. Seit vielen Jahren wurden diese Verfahren hier fortentwickelt und heute in sehr großer Zahl durchgeführt.

Die Schmerz auslösenden Steine in Harnleitern sind durch die endoskopische Operation minimal invasiv entfernbar, so dass der Patient in der Regel nach zwei Tagen steinfrei wieder nach Hause geht. Mit dem gleichen Verfahren erfolgt auch die Tumordiagnostik in Nieren und Harnleitern und gegebenenfalls deren Entfernung mit Hilfe des Lasers.

Für größere Steine im Nierenbecken erfolgt der endoskopische Zugang durch die Haut, indem eine kleine Öffnung vom Durchmesser eines Kugelschreibers zur Niere angelegt wird. Endoskopisch wird durch diesen Kanal die gesamte Operation in der Niere durchgeführt. Selbst sehr große Steine, die das ganze Nierenbecken ausfüllen, können auf diese Weise zerkleinert und sofort entfernt werden.

Diese Verfahren wurden hier über Jahre intensiv vorangetrieben. Mit dem Vorteil der sofortigen Steinfreiheit beim endoskopischen Vorgehen, und der Möglichkeit einer Stoßwellenbehandlung von außen, bietet das Lukaskrankenhaus seinen urologischen Patienten eine außerordentlich breite und wirkungsvolle Behandlung des Steinleidens.

Durch eine großzügige Spende von 200.000 Euro konnten im Dezember 2004 durch die Anschaffung von drei neuen Geräten die Möglichkeiten des Prostata-Zentrum erheblich ausgebaut werden.

Prof. Dr. med. Hans-Jürgen Schultz-Coulon
Chefarzt seit 1. Januar 1984

Oberärzte:
Dr. Matthias Meisel
Dr. Thoralf Stange

Klinik für Hals-, Nasen- und Ohren-Heilkunde

Kopf- und Halschirurgie, plastische Operationen, Phoniatrie und Pädaudiologie

Die 1984 gegründete HNO-Klinik hat heute einen ungewöhnlich langen Namen, um ihr breites medizinisches Leistungsspektrum deutlich zu machen. Dieses umfasst die Diagnostik ebenso wie die konservative und operative Behandlung aller im Hals-Nasen-Ohren-Bereich vorkommenden Krankheiten einschließlich der angeborenen und erworbenen Stimm-, Sprech-, Sprach- und Hörstörungen.

Auf HNO-chirurgischem Gebiet gibt es neben den Routineeingriffen wie Mandel- und Polypenentfernung oder Nasenscheidewandoperationen besondere Schwerpunkte. Hierzu gehören zunächst die hörverbessernde Mikrochirurgie des Mittelohres, die navigationsgestützte mikroskopisch-endoskopische Nasennebenhöhlenchirurgie und die Funktionserhaltung und Funktionswiederherstellung durch plastisch-rekonstruktive Operationsverfahren im Rahmen der Tumor- und Verletzungschirurgie. Einen weiteren Schwerpunkt bildet die primäre Wiederherstellung der Stimmfunktion nach Kehlkopfentfernung; dies geschieht entweder durch die Implantation von Stimmprothesen oder durch den Wiederaufbau einer so genannten ‚Neoglottis' mittels frei transplantierter Hautlappen, deren feine Versorgungsgefäße an entsprechend große Halsgefäße mikrochirurgisch angeschlossen werden. Im Rahmen der Tumorchirurgie stehen dabei moderne Hilfsmittel wie CO_2-Laser und Ultraschallmesser zur Verfügung.

Zu den besonderen Spezialitäten der Klinik gehört die funktionell-ästhetische Korrektur der inneren und äußeren Nase, insbesondere die funktionell äußerst wichtige Rekonstruktion der durch Operation oder Unfall zerstörten Nasenscheidewand, dem so genannten ‚Nasenseptumsdefekt'. Auf diesem Gebiet hat die Klinik weltweit die bei weitem umfangreichste und erfolgreichste Statistik: In über 400 Fällen ist es Prof. Dr. med. Hans-Jürgen Schultz-Coulon und seinen Mitarbeitern mittels einer äußerst schwierigen Operation gelungen, unter dem Mikroskop die Beschädigungen der Nasenscheidewand zu beheben – mit einer Erfolgsquote von nahezu 100 Prozent! Deshalb genießt die HNO-Klinik des Lukaskrankenhauses einen besonders guten Ruf, der Patienten aus dem gesamten Bundesgebiet und aus dem Ausland zu Operationen nach Neuss reisen lässt. Eine weitere Spezialität ist die operative Behandlung von ange-

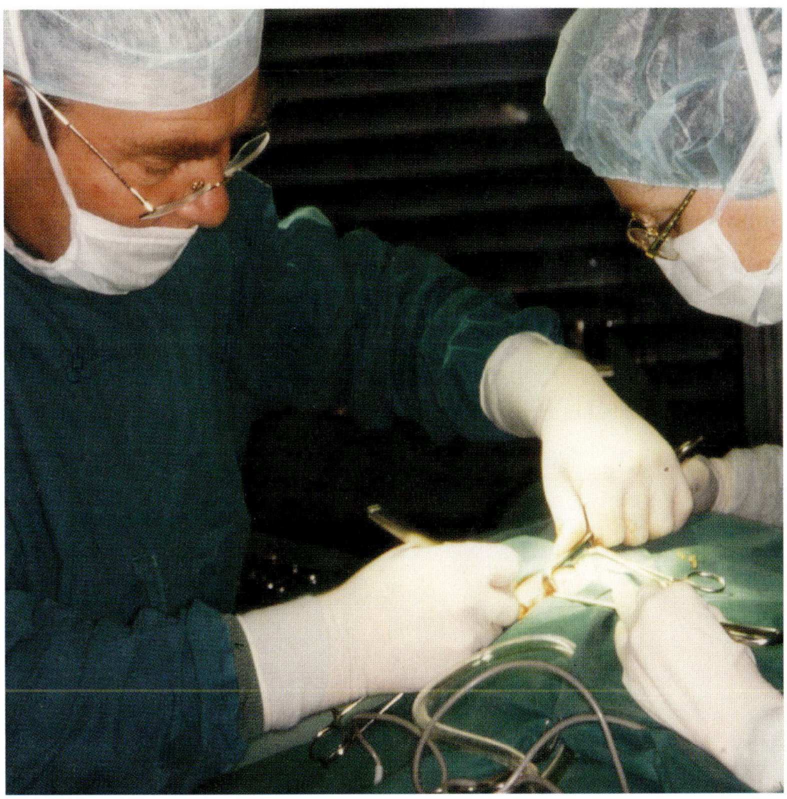

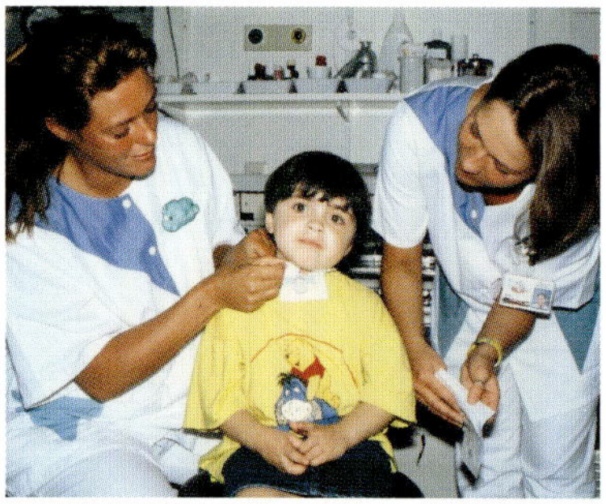

Die Kinderkrankenschwestern Claudia Kairis und Anja Knobs mit der kleinen Patientin Lisa.

borenen und erworbenen Kehlkopf- und Luftröhrenverengungen bei kleinen Kindern.

In der neu gestalteten HNO-Ambulanz stehen alle modernen Untersuchungsmethoden für die Diagnostik von Hör- und Gleichgewichtsstörungen sowie von Sprech-, Sprach- und Stimmstörungen bei Kindern und Erwachsenen zur Verfügung. Die Behandlung der Sprech-, Sprach- und Stimmstörungen erfolgt in enger Zusammenarbeit mit der am Lukaskrankenhaus eingerichteten logopädischen Praxis. Mit den dort tätigen Logopäden und Logopädinnen findet wöchentlich eine gemeinsame logopädisch-phoniatrische Sprechstunde für gemeinsam behandelte kommunikationsgestörte Patienten statt. Weitere Sondersprechstunden bietet die Klinik an für die Tumornachsorge und für die Nachbehandlung nach gehörverbessernden Mittelohroperationen.

Sehr viel Wert wird seitens der Klinikleitung auf Fortbildung gelegt. So hat sich das traditionsreiche Neusser HNO-Kolloquium, das von der HNO-Klinik seit 1985 jährlich veranstaltet wird, zu einer bekannten überregionalen Fortbildungsveranstaltung für Hals-Nasen-Ohren-Ärzte entwickelt. Darüber hinaus beteiligen sich die ärztlichen Mitarbeiter aktiv an nationalen und internationalen Fachkongressen. Im Mai 2004 leitete Prof. Dr. med. Hans-Jürgen Schultz-Coulon als Präsident der Deutschen Gesellschaft für Hals-Nasen-Ohren-Heilkunde, Kopf- und Halschirurgie die 75. Jahresversammlung der Deutschen HNO-Gesellschaft in Bad Reichenhall.

Frauenklinik

In die Klinik für Gynäkologie und Geburtshilfe werden jährlich etwa 2.600 Patientinnen aufgenommen und über 4.000 Patienten entlassen – das heißt, in den vier Kreißsälen erblicken fast 1.500 Kinder das Licht der Welt. Ein Team aus zehn Ärztinnen und Ärzten, 15 Hebammen und zahlreichen Pflegekräften betreut die Patientinnen ambulant und stationär.

Den Schwerpunkt der Gynäkologie bildet die operative Therapie von Erkrankungen der äußeren und inneren Genitalorgane sowie der Brust. Mit minimal-invasiven Methoden werden Operationen an den Eierstöcken, Eileitern und der Gebärmutter vorgenommen; hinzu kommen korrigierende Eingriffe bei Gebärmuttersenkung und Harninkontinenz sowie die großen Eingriffe bei Tumorbefunden. Bei der Behandlung dieser bösartigen Erkrankungen ist die Frauenklinik in das interdisziplinäre Team des Tumorzentrums im Lukaskrankenhaus eingebunden; hier werden Radiologen, Pathologen, internistische Onkologen und Strahlentherapeuten von der Diagnose bis zur Therapieplanung einbezogen.

In Zusammenarbeit mit den niedergelassenen Gynäkologen und der Medizinischen Klinik II wird die Onkologische Ambulanz bei der Chemotherapie und der allgemeinen Betreuung angeboten. Die Behandlung von Mammatumoren erfolgt nach den Leitlinien der Fachgesellschaften, wobei die Erhaltung der Brust Vorrang hat. Da Chefarzt Prof. Dr. med. Hans-Georg Schnürch seit langem an der Erforschung und Behandlung des Brustkrebses arbeitet, sind er und sein Team in das ‚Netzwerk gegen Brustkrebs im Rhein-Kreis Neuss' eingebunden, das im März 2003 als Verein eingetragen wurde. Das Netzwerk bildet erstens eine so genannte Sektor übergreifende Kooperation, das heißt, es sind niedergelassene Ärzte und Krankenhausärzte gleichberechtigt tätig. Zweitens bildet das Netzwerk eine fachübergreifende Zusammenarbeit,

Prof. Dr. med. Hans-Georg Schnürch
Chefarzt seit 1. Januar 1999

Oberärzte:
Dr. Peter Brucke
Dr. Anja Hennes
Dr. Ulla Woschée

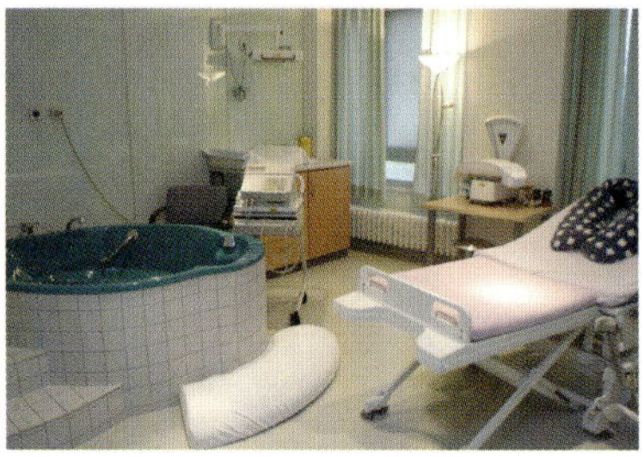

Die Kreißsäle

in der Gynäkologen, Pathologen, Radiologen, Radiotherapeuten und Onkologen gemeinsam aktiv sind. So findet in der Stadt Neuss jeden Montag eine gemeinsame Konferenz der beteiligten Ärzte statt, in der jede wichtige Patientensituation demonstriert und besprochen wird und die einzelnen medizinischen Maßnahmen abgestimmt werden. Diese Besprechung ist eine außergewöhnliche Veranstaltung, weil dabei alle Kenntnisse gebündelt werden und alle Fachrichtungen bereits vor der Therapie beteiligt sind.

Die geburtshilfliche Abteilung der Frauenklinik bildet mit der Kinderklinik den geburtshilflich-perinatologischen Schwerpunkt, der über sieben Beatmungsbetten in der Kinderintensivstation verfügt. Der Anteil an Risikoschwangeren und Mehrlingsschwangeren ist überdurchschnittlich hoch. Für das sichere Wohlbefinden von Mutter und Kind sorgen rund um die Uhr 38 Hebammen und Schwestern auf der Wochenstation. Die integrierte Wochenpflege fasst das Know-how von Kinderschwestern, Hebammen und Wochenstations-Pflegekräften zusammen. Besonderer Wert wird auf die Anleitung zum Stillen und auf die Atmosphäre in der Wochenstation gelegt. In einer Elternschule werden den Eltern schließlich viele Informationen rund um die Entbindung vermittelt.

Die Hebammen gehören zum Kern unseres Teams: immer positiv gestimmt.

Klinik für Kinder und Jugendliche

Die Klinik für Kinder und Jugendliche des Lukaskrankenhauses besteht seit 1962. Die drei allgemeinpädiatrischen Stationen und die Aufnahme sind im 1966 bezogenen sechsstöckigen Gebäude der Kinderklinik untergebracht. Die Intensivstation und die Früh- und Neugeborenenstation sind 2002 in vollständig renovierte, geräumige und ansprechend gestaltete Räume im Haupthaus des Lukaskrankenhauses umgezogen.

Die Klinik für Kinder und Jugendliche des Lukaskrankenhauses ist die einzige pädiatrische Akutklinik des Kreises Neuss und stellt die stationäre Behandlung aller Kinder und Jugendlichen vom Früh- und Neugeborenen bis zum Alter von etwa 18 Jahren sicher. Pro Jahr werden bei 69 Betten rund 3000 Patienten stationär behandelt.

Für die weit überwiegende Mehrzahl der in diesen Altersgruppen auftretenden Erkrankungen verfügt die Klinik über optimale diagnostische und therapeutische Möglichkeiten, die eine kompetente und dem modernsten Stand der Pädiatrie entsprechende Behandlung gewährleisten. Für seltende Erkrankungen und spezielle Fragestellungen gibt es enge und bewährte Kooperationen mit den umliegenden Universitätskinderkliniken und anderen Spezialkliniken, die auch in diesen Fällen eine bestmögliche und umfasssende Behandlung der Patienten gewährleisten.

Mit ihrem vorwiegend stationären Angebot arbeitet die Klinik innerhalb eines dichten Netzwerkes, zu dem die niedergelassenen Kinder- und auch Hausärzte, das Zentrum für Neuropädiatrie am Kivitzbusch, die Kinder- und Jugendpsychiatrische Ambulanz des Alexiuskrankenhauses, der schulärztliche Dienst des Gesundheitsamtes, das Jugendamt sowie spezielle Betreuungs- und Beratungsangebote freier Träger gehören. Regelmäßige Kontakte und enge patientenbezogene Kommunikation bilden die Grundlage dieses Netzwerkes.

Prof. Dr. med. Peter Gonne Kühl
Chefarzt seit 1. November 2000

Oberärzte:
Dr. Michael Gerigk
Dr. Bettina Benek
Dr. Rüdiger Wentzell

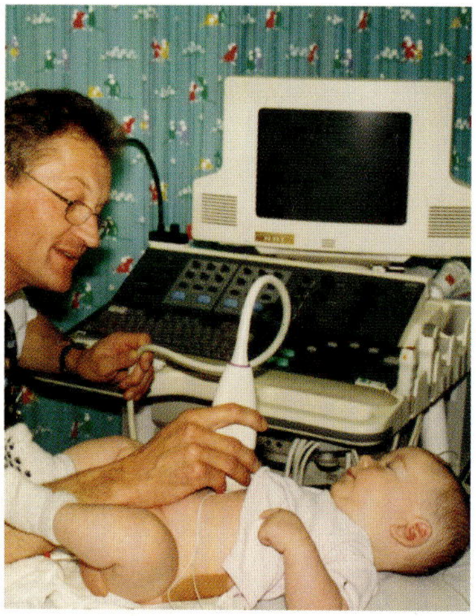

Außerhalb der Sprechzeiten der niedergelassenen Ärzte garantiert die Klinik zusammen mit dem kinderärztlichen Notdienst die ambulante Notfallversorgung akut erkrankter Kinder. Pro Jahr wird die Notfallambulanz von etwa 6000 Patienten aufgesucht. Das ambulante Angebot wird ergänzt durch Spezialambulanzen, in die Patienten durch ihre betreuenden Kinder- und Hausärzte für spezielle Untersuchungen überwiesen werden können. Spezialambulanzen gibt es für Kinder mit Krampfleiden (Epilepsie), Asthma und allergische Erkrankungen, Diabetes mellitus, aber auch für konsiliarische Untersuchungen (z.B. Röntgendiagnostik, Schädelsonographie, Schweißtest).

Unter der Leitung von Chefarzt Prof. Dr. med. Peter Gonne Kühl arbeitet ein Team von 18 Ärzten, von denen 8 Fachärzte für Kinder- und Jugendmedizin und 10 Ärzte in Weiterbildung sind. Im Schwerpunkt Neuropädiatrie wird das Team der Kinderklinik durch Frau Dr. med. Ulrike Schara, die Leiterin des Zentrums für Neuropädiatrie am Kivitzbusch, unterstützt. Die kompetente kindgerechte pflegerische Betreuung liegt in den Händen von 96 ausgebildeten Kinderkrankenschwestern, darunter 50 in Teilzeitarbeit, unter der Leitung von Manuela Keller.

Im Rahmen der räumlichen Möglichkeiten werden Eltern großzügig zusammen mit ihrem Kind aufgenommen, damit das Kind im Krankenhaus nicht auf vertraute Bezugspersonen verzichten muss. Die Eltern nehmen dieses Angebot sehr gerne wahr und leisten dafür dann auch einen Verzicht auf Komfort und Bequemlichkeit. Bis auf wenige medizininisch begründete Ausnahmen gelten liberale Besuchszeitregelungen für Geschwister, Großeltern, andere Verwandte und Freunde.

Die Intensivstation für Früh-, Neugeborene und Kinder umfaßt 7 Beatmungs- und 6 Intensivüberwachungsplätze. Die angrenzende Früh- und Neugeborenenstation mit 12 Betten betreut nicht intensivpflichtige Früh- und Neugeborene. Wichtig ist dabei neben einer kompetenten und liebevollen Pflege und Behandlung die Einbeziehung und Anleitung der Eltern als Vorbereitung für die Entlassung nach Hause.

Ärzte und Intensivschwestern stehen jederzeit rund um die Uhr für den Baby-Notarztwagen bereit, um vital bedrohte Neugeborene bereits in der Entbindungsklinik intensivmedizinisch zu behandeln und damit das Risiko bleibender Schädigungen zu minimieren.

Als dritte Säule neben der qualifizierten ärztlichen Betreuung der Früh- und Neugeborenen und der Pflege durch ein kompetentes Pflegeteam bieten Frau Dipl. Soz. Päd. Alexandra van Megen und Frau Gaby Jansen-Wetzels (Fachkinderkrankenschwester und Gestalttherapeutin) in ihrer Elternschule und im Elterncafé Beratung, Begleitung und Betreuung der Familien, die sich durch die Geburt eines frühgeborenen oder kranken Kindes oft in einer psychischen Notlage befinden.

Frau Dr. med. Ulrike Schara leitet den Schwerpunkt Neuropädiatrie der Klinik für Kinder und Jugendliche und das Zentrum für Neuropädiatrie am Kivitzbusch (s.S. 292) in Personalunion. Kindern mit Erkrankungen des Zentralnervensystems, neuromuskulären Erkrankungen sowie manifesten oder drohenden Entwicklungsstörungen kann damit eine qualifizierte integrierte Versorgung angeboten werden, die je nach dem individuellen Bedarf ambulante und stationäre Elemente sowohl in der Diagnostik als auch in der Behandlung umfasst.

Der hohe Standard der Klinik für Kinder und Jugendliche wurde und wird nicht zuletzt durch die Unterstützung des Fördervereins der Kinderklinik, die „Aktion Luftballon", gewährleistet. Der Förderverein wurde 1995 gegründet und hat durch die vielfältige Öffentlichkeitsarbeit und zahlreiche Aktionen seiner ehrenamtlichen Mitglieder beträchtliche Spendensummen eingeworben.

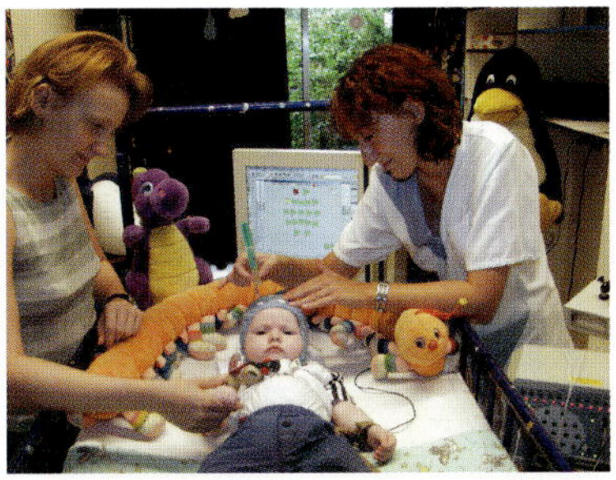

Gehirnstrommessung bei einem Säugling, durchgeführt von der Kinderkrankenschwester Kathrin Piel.

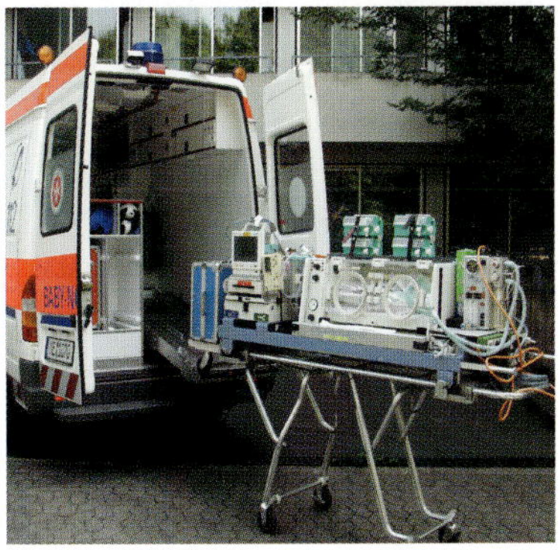

Baby-Notfallwagen

Zentrum für Neuropädiatrie

Dr. med. Ulrike Schara
Leitende Ärztin des Zentrums für Neuropädiatrie

Der ‚Zappelphilipp', der seine Bewegungsimpulse nicht steuern kann, die ‚Träum-Suse', die aus Abwehr von zu vielen Bewegungsreizen abblocken muss, der ‚tölpelhafte Hans', dessen Feinmotorik nicht ausreichend entwickelt ist – Kindern mit Bewegungs- oder Entwicklungsstörungen wird am Zentrum für Neuropädiatrie am Kivitzbusch geholfen, den Weg des Lernens über Wahrnehmung, über Bewegung zum Handeln und Spaß an der Schule, am Spiel und am Leben zu finden.

Die unter Prof. Dr. Herbert Brüster aufgebaute ambulante Einrichtung besteht seit 1969. Die Trägerschaft für das ursprünglich ‚Institut für Neurophysiologische Therapie der Stadt Neuss' und später ‚KinderTherapieZentrum am Kivitzbusch (KTZ)' genannte Zentrum übernahm im Jahre 2000 das Lukaskrankenhaus. Es wird seit dem 1. Januar 2004 von Dr. med. Ulrike Schara, Fachärztin für Kinder- und Jugendmedizin und Kinderneurologie, geleitet. Zum multidisziplinären Team am Zentrum für Neuropädiatrie gehören Therapeutinnen für Physiotherapie, Heilpädagogik, Sprachheiltherapie, Ergotherapie und Motopädie sowie eine Psychologin. Das Team betreut jährlich mehr als 400 junge Patienten – vom Neugeborenen bis zum 18-Jährigen –, die an verschiedenen Entwicklungsstörungen oder neurologischen Erkrankungen leiden. Zu den angebotenen Leistungen des Zentrums gehören die Betreuung und Therapie von Risiko-Früh- und Neugeborenen, die Diagnostik und Therapie bei Entwicklungsstörungen, Lern- und Leistungsstörungen sowie die Diagnostik und Therapie bei Störungen der Motorik und die Behandlung von Kindern und Jugendlichen mit Muskel- und Nervenerkrankungen.

Um eine individuell auf den Patienten zugeschnittene Therapie erarbeiten zu können, werden die Kinder und Jugendlichen zunächst eingehend untersucht. Dabei gehört zur neurologischen Untersuchung vor allem eine umfassende Eigen-, Familien- und Sozialanamnese. Diese wird bei Verdacht auf eine zugrunde liegende neurologische Erkrankung durch eine labordiagnostische Untersuchung ergänzt, bei Verdacht auf Muskel- oder Nervenerkrankungen kommt eine Ultraschall-Untersuchung hinzu. Neurophysiologische Untersuchungen, also funktionelle Untersuchungen am Muskel oder an den Nerven sowie die EEG-Diagnostik in Zusammenarbeit mit der Epilepsie-Ambulanz der Klinik für Kinder und Jugendliche geben weiteren Aufschluss über Art und Ursache der Störung oder Erkrankung. Die ärztliche Untersuchung kann je nach Fragestellung durch Befunde der Therapeutinnen des Teams ergänzt werden.

Im Anschluss an die Untersuchungs- und Befundphase erfolgt die individuelle Besprechung des einzelnen Patienten oder der Patientin, bei der ein individuelles Konzept für das weitere Vorgehen erarbeitet wird. Dabei können sich zwei Möglichkeiten ergeben: 1. Die bisherige Diagnostik erweist sich als ausreichend; entsprechend der erarbeiteten Diagnose wird ein Therapiekonzept erstellt, mit dem nach Bewilligung der Kosten durch die Krankenkasse begonnen werden kann. 2. Die bisherige Diagnostik beschreibt nur die Problematik; ein Förderkonzept kann erstellt werden, womit nach Sicherung der Kostenübernahme durch die Krankenkassen begonnen werden kann. Es sind aber noch weitere Untersuchungen für die ursächliche Abklärung notwendig, die in der Klinik für Kinder und Jugendliche erfolgen. Die enge Zusammenarbeit gewährleistet einen lückenlosen Informationsfluss und eine Konstanz der ärztlichen Betreuung. Zu den ergänzenden Untersuchungen gehören zum Beispiel ein Wach- und Schlaf-EEG, eine Kernspintomographie des Schädels, weitere Untersuchungen des Blutes und der Körperflüssigkeiten bei Verdacht auf Defekte des Stoffwechsels, ein EKG, eine Echokardiographie sowie Lungenfunktionsmessungen, Schlaflaboruntersuchungen und Röntgen- oder Ultraschalluntersuchungen.

Durch die differenzierten Untersuchungen entsteht ein vollständiges Bild des Kindes, auf das sich die erforderlichen Therapien genau abstimmen lassen; dabei werden die Eltern in den Therapieplan als ‚Co-Therapeuten' einbezogen. Mögliche Therapien können dann sein: Krankengymnastik, Ergotherapie, Heil- und Sprachpädagogik, Psycho- und Graphomotorik. Eine enorm hohe Nachfrage besteht nach dem Konzentrations- und Strategietraining. Dieses Training in Kleinstgruppen von zwei bis drei Kindern ab dem zweiten Schuljahr ist auf Schulkinder mit Aufmerksamkeits- und Konzentrationsschwierigkeiten ausgerichtet. Hierbei werden die Sinnessysteme geschärft, und eine Verbindung von Handeln, Merken und Beschreiben stellt eine Kombination von Anforderungen dar, die trainiert werden können. Schließlich wird die Verbesserung der Aufmerksamkeit durch Ausprobieren verschiedener sensorischer Angebote erzielt. Welche der vielen angebotenen Therapien auch immer ein Kind oder Jugendlicher in Anspruch genommen hat – fast alle jungen Patienten konnten seit Bestehen des Zentrums mit gutem Heilerfolg entlassen werden.

Klinik für Anästhesie und operative Intensivmedizin

Der Anästhesist ist heute längst kein ‚Narkosearzt' mehr. Seit der Gründung der Klinik für Anästhesie im Jahre 1965 hat diese medizinische Fachdisziplin erhebliche Fortschritte gemacht – so sind viele Operationen und Operationstechniken erst durch verbesserte Narkosemethoden überhaupt möglich geworden. Heute besteht das Fachgebiet Anästhesie aus vier Säulen, die in der Klinik für Anästhesie einen guten Stand haben: Anästhesie, Intensiv- und Notfallmedizin sowie Schmerztherapie.

Auf der operativen Intensivstation werden jährlich rund 900 Patienten versorgt. Die neun Bettenplätze der Station sind allesamt mit Beatmungsgeräten und Monitoranlagen ausgestattet, die eine lückenlose Überwachung aller Paramenter wie Herzfrequenz, Blutdruck und Atmung ermöglichen. Neben der Überwachung der wichtigsten Körper- und Organfunktionen können die Geräte auch einige Funktionen unterstützen und wenn nötig sogar für einen begrenzten Zeitraum ganz übernehmen. Auf der Intensivstation werden vor allem Patienten nach großen Operationen, mit schwierigen Vorerkrankungen oder mit schweren Verletzungen versorgt.

Vor größeren Eingriffen, bei denen mit einem höheren Blutverlust gerechnet werden muss, besteht für den Patienten die Möglichkeit, einige Wochen vor der Operation eigenes Blut zu spenden. Dabei werden bei zwei bis drei Terminen jeweils 500 Milliliter Blut abgenommen und anschließend kühl gelagert bis zum Zeitpunkt der Operation. Allerdings eignet sich nicht jeder Eingriff für die Eigenblutspende, und auch nicht jeder Patient kann Blut spenden. Rund 400 Patienten nehmen diesen Service jedes Jahr in Anspruch.

Dr. med. Maria Breulmann
Chefärztin seit 1. Oktober 1990

Oberärzte:
Dr. Ralph-Eric Hansen
Dr. Klaus Reinartz
(stellv. Oberarztsprecher)
Dr. Parthena Zoumpoulidou
Dr. Ulrike Seeliger-Ollmann
Dr. Andreas Kremer

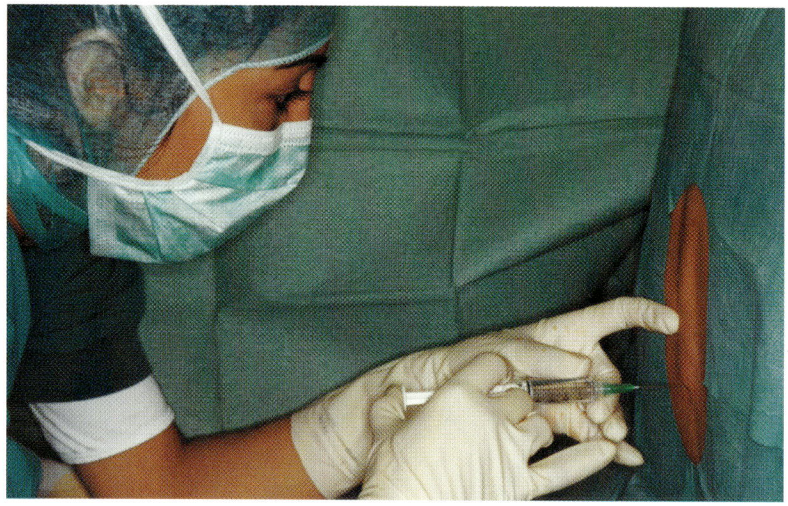

Rückenmarksnahe Anästhesie

Die zweite Säule ist die Anästhesie, also die Narkose und die Betreuung des Patienten vor, während und nach der Operation. Die Anästhesisten der Klinik führen jährlich rund 9.000 Anästhesien durch, davon sind ein Drittel örtliche Betäubungen. In einem Gespräch mit dem Patienten wird vor der Operation, unter Berücksichtigung der Vorerkrankungen, das optimale Narkoseverfahren ermittelt. Dabei gibt es zwei Wege, eine Anästhesie zu erzielen: Die Vollnarkose, bei der das Bewusstsein ausgeschaltet wird, und die Regionalanästhesie, bei der das Bewusstsein erhalten bleibt. Während der Vollnarkose ist der Patient bewusstlos und wird bis zum Ende des Eingriffs künstlich beatmet. Verabreicht werden die dafür notwendigen Medikamente entweder als Narkosegase (‚Inhalationsanästhesie'), oder sie werden intravenös zugeführt (‚TIVA', total intravenöse Anästhesie). Bei der Regionalanästhesie werden die entsprechenden Nervenbahnen entweder rückenmarksnah oder peripher durch ein Medikament vorübergehend blockiert (Leitungsanästhesie). Welches Verfahren oder welche Kombination aus beiden Verfahren für den Patienten in Frage kommt, wird individuell für jeden Patienten und vor jeder Operation entschieden. Nach der Operation betreut der Anästhesist den Patienten im Aufwachraum, bis er wieder völlig wach ist, so dass einer Verlegung auf die Station nichts mehr im Wege steht.

Zum Fachgebiet Anästhesie gehört auch die Bekämpfung und Linderung von Schmerzen. Zur herkömmlichen Schmerztherapie mit Spritzen, Tropfen und Tabletten gibt es eine Reihe von wirksamen Alternativen. Patienten, denen nach der Operation starke Schmerzen drohen, werden entweder mit einem Schmerzkatheter oder mit ‚PCA-Pumpen' (‚patient controlled analgesia') versorgt. Hierbei kann der Patient den Zeitpunkt der Schmerzmittelgabe selbst bestimmen, indem er einen Knopf drückt und so eine zuvor programmierte Menge Schmerzmittel in die Vene abgibt. Im Jahre 2003 wurden etwa 1.000 Schmerzkatheter gelegt, gut 2.000 PCA-Pumpen an Patienten ausgegeben und vom Akutschmerzdienst der Klinik betreut.

Schließlich gehört zu den Aufgaben der Klinik für Anästhesie die Bereitstellung von Ärzten und Ärztinnen für die notärztliche Versorgung der Stadt Neuss. Das Neusser Notarzt-System besteht seit 1980 aus einer Vereinbarung zwischen der Stadt, dem Lukaskrankenhaus und dem Johanna-Etienne-Krankenhaus sowie dem Malteser Hilfsdienst, der Organisation und Logistik garantiert. Die Notärzte am Lukaskrankenhaus, ausschließlich Anästhesisten, rücken während ihrer 24-Stunden-Schicht durchschnittlich 15 Mal aus, zu Einsätzen in Neuss, Kaarst und im Osten Korschenbroichs. Die meisten Einsätze betreffen Patienten mit akuten Erkrankungen wie Schlaganfall oder Herzinfarkt. Während der Fahrt zum Krankenhaus wird der Patient bereits versorgt – in dieser so genannten präklinischen Behandlung konnten die Notärzte übrigens schon viele Leben retten.

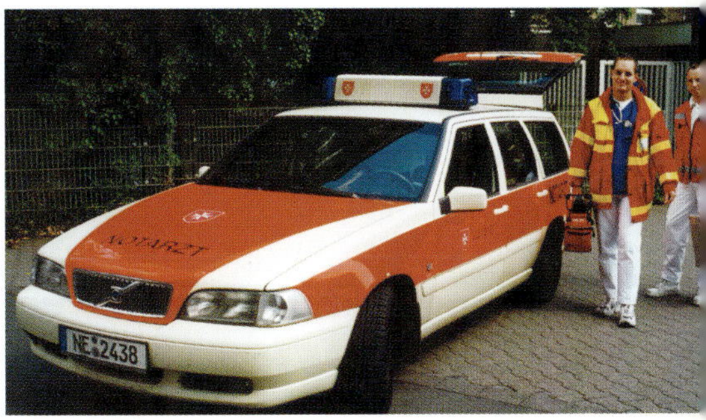

Notarzt-Wagen

Institut für Klinische Radiologie und Nuklearmedizin

Prof. Dr. med. Rainer Köster
Chefarzt seit 1. Juli 1984

Oberärzte:
Dr. Lothar Mansfeld
Dr. Frank Steidle
Dr. Babett Arntz

Das Institut für Klinische Radiologie und Nuklearmedizin arbeitet nicht nur mit allen Einrichtungen des Lukaskrankenhauses zusammen, sondern auch mit anderen Krankenhäusern der Region sowie mit den niedergelassenen Ärzten. Im Institut werden alle nichtinvasiven und minimal-invasiven diagnostischen und therapeutischen radiologischen und nuklearmedizinischen Verfahren angewendet, da es über eine apparative Ausstattung verfügt, die sich stets auf dem neuesten Stand der Technik befindet. Die Schnittbildtechniken stellen dabei den Schwerpunkt des Institutes dar; verfügbar sind leistungsfähige Geräte für alle Schnittbildverfahren wie Ultraschall, Kernspintomographie, Computertomographie sowie für tomographische nuklearmedizinische Untersuchungen.

Die Technik der Kernspintomographie und der Computertomographie wurde bereits im vorangehenden Kapitel ausführlich erläutert. Das Ultraschallgerät ist unter anderem für Blutflussuntersuchungen sowohl in den großen Gefäßen als auch in Organen wie Niere, Leber, Milz und Bauchspeicheldrüse geeignet. Eine der vielen Aufgaben des Institutes ist die radiologische Diagnostik und der Einsatz spezieller radiologischer Behandlungsverfahren. Hierzu gehört die so genannte Digitale Substraktionsangiographie-Anlage, ein Untersuchungsgerät für konventionelle invasive Gefäßdarstellungen. Dazu werden über Katheter Kontrastmittel in die darzustellenden Gefäße eingeführt. Zunächst werden Bilder der entsprechenden Körperregion ohne Kontrastmittel, dann mit Kontrastmittel angefertigt. Anschließend berechnet der Computer durch Substraktion der Bilder ohne Kontrastmittel von den Bildern mit Kontrastmittel Aufnahmen, auf denen ausschließlich die Gefäße detailgetreu zu sehen sind; neben der ebenen Darstellung können Gefäße auch dreidimensional abgebildet werden. Außerdem dient die Anlage der problemlosen Durchführung von Eingriffen direkt an den Gefäßen, beispielsweise zur Wiederöffnung von verschlossenen Gefäßen oder dem gelegentlich notwendigen Verschließen von Gefäßen. Hinzu kommen noch andere radiologische minimal-invasive Eingriffe wie durchleuchtungsgesteuerte Punktionen zur Gewinnung von Gewebsproben für histologische und zytologische Untersuchungen oder die Auffindung, Darstellung und Abdichtung von Blutungsquellen. Die hochauflösende Technik und die besondere Durchleuchtungsstrom-Steuerung der Digitalen Substraktionsangiographieanlage ermöglicht Untersuchungen mit minimaler Röntgenbelastung.

In das Gebiet der Nuklearmedizin gehört die Diagnostik mit der SPECT-Gamma-Kamera. Mit ihr werden alle gängigen und speziellen, statischen und dynamischen Untersuchungen vorgenommen, wobei Herzuntersuchungen einen besonderen Schwerpunkt darstellen. Nach der Aufnahme von gering radioaktiven Substanzen in den Körper wird mit der Gamma-Kamera die Strahlung, die aus dem Körper austritt, gemessen und mit dem angeschlossenen Computersystem in planare Bilder umgewandelt. Der so genannte SPECT-Zusatz der Kamera

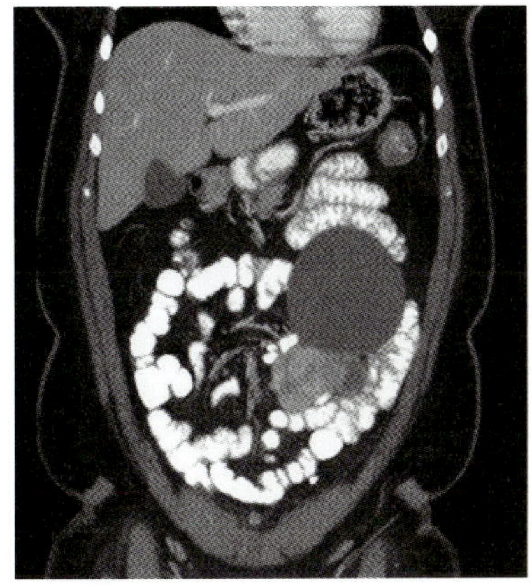

Darstellung der Bauchorgane nach Rekonstruktion aus Querschnittbildern der CT-Untersuchung

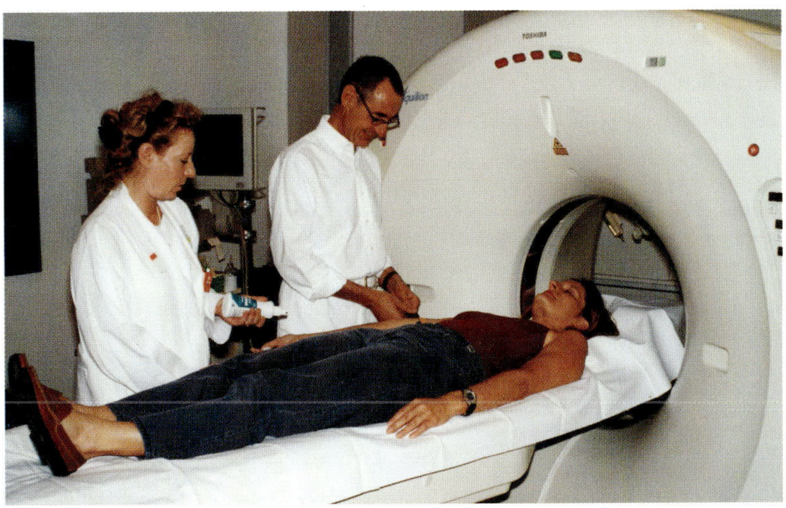

ermöglicht es, auch Querschnittbilder aus dem Körper anzufertigen. Diese erleichtern die genaue Zuordnung zu Strukturen im Körper. Mit dieser Technik werden neben Herzuntersuchungen vor allem Diagnosen der Schilddrüse, der Knochen und der Nieren wie auch von hormonaktivierten Tumoren angefertigt.

Die meisten der im Institut vorhandenen Geräte erzeugen somit Bilder mittels digitaler Techniken, um den Weg zum film- und papierlosen Krankenhaus zu ebnen. Deshalb sind alle Arbeitsplätze des Institutes miteinander vernetzt, um eine Optimierung der Funktionalität, eine fortwährende Verbesserung der interdisziplinären Betreuung der Patienten und eine möglichst rasche Übermittlung an die klinischen Partner zu gewährleisten. Mittelpunkt der ärztlichen Arbeit ist jedoch der Patient: Neben einer unkomplizierten Terminvergabe und einer kurzfristigen Verfügbarkeit der Befunde steht ein gesundes Maß an menschlicher Zuwendung, um ihm die Angst vor der Technik zu nehmen.

Klinik für Strahlentherapie und Radioonkologie

Seit dem 1. Dezember 1986 besteht die Klinik als selbstständiges Institut am Lukaskrankenhaus, und seitdem hat die Zahl der behandelten Patienten, die meist an bösartigen Tumoren leiden, stetig zugenommen: Von rund 700 auf gut 1.400 Patienten im Jahre 2003, gleichzeitig ist auch die Zahl der Bestrahlungsfelder auf mehr als 60.000 angestiegen. Die meisten Patienten werden in Kooperation mit den Kliniken des Hauses und den niedergelassenen Ärzten ambulant behandelt. Für Patienten, denen eine ambulante Behandlung nicht zugemutet werden kann, stehen Betten in der Klinik zur Verfügung. Da sich Krebspatienten und ihre Angehörigen in einer schwierigen Lebenssituation befinden, legen die Ärzte und Pflegekräfte der Klinik für Strahlentherapie auch besonderen Wert auf die psychologische Betreuung der Patienten.

Zentrales Therapieinstrument der Klinik sind zwei Linearbeschleuniger, mit denen alle gut- und bösartigen Erkrankungen behandelt werden. Zu diesen Geräten gehören ein so genannter Bestrahlungsplanungssimulator und ein Bestrahlungsrechner, um eine dreidimensionale Bestrahlungsplanung zu erstellen. (Die Funktionsweise dieser Geräte wurde bereits im vorangehenden Kapitel erläutert.) Zur Planung der Bestrahlungstherapie werden in der Regel die Ergebnisse der Computer- und Kernspintomographien des Institutes für Klinische Radiologie und Nuklearmedizin herangezogen.

Die Klinik ist also auf die Strahlenbehandlung aller bösartigen Tumore spezialisiert. Hier ist vor allem die Behandlung von bösartigen Tumoren der weiblichen Brust zu nennen, denn die Klinik für Strahlentherapie und Radioonkologie ist ebenso wie die Frauenklinik in das bereits beschriebene ‚Netzwerk gegen Brustkrebs im Rhein-Kreis Neuss e.V.' eingebunden. Hinzu kommt die interdisziplinäre Kooperation mit

Dr. med. Hermann Grauthoff
Chefarzt seit 1. Dezember 1985

Oberärzte:
Dr. Katrin Hamburg
Dr. Andrea Gneiting
Dr. Catalina Hoffmann

Der leitende Physiker der Klinik für Strahlentherapie und Radioonkologie, Dr. Hans-Christian Herbert, bei einer Bestrahlungsplanung.

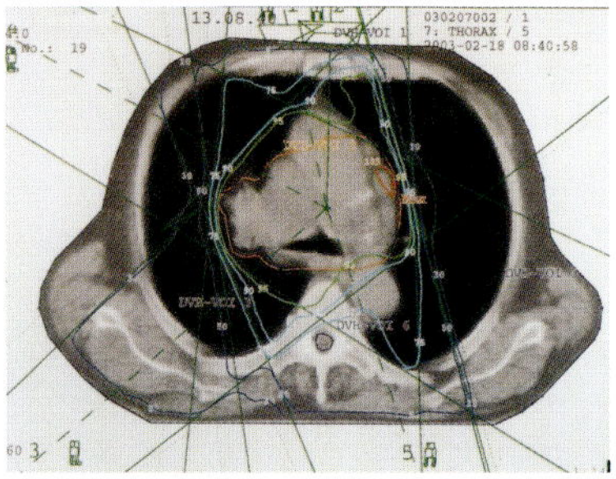

den medizinischen und chirurgischen Kliniken des Lukaskrankenhauses im Rahmen der wöchentlich stattfindenden Onkologischen Konferenz.

Ein weiterer wichtiger Schwerpunkt ist in Zusammenarbeit mit der Urologischen Klinik die Behandlung von Prostatakrebs. Dabei werden radioaktive Substanzen, in diesem Falle kleine Titanium-Kapseln, die Jod 125 enthalten, in die Prostata eingeführt. Die Strahlung dieser Kapseln zersetzt den Tumor gleichsam von innen, ohne die sonst auftretenden Nebenwirkungen wie Impotenz und Inkontinenz hervorzurufen. Ganz ähnlich funktioniert das so genannte Afterloading-System, das ebenfalls zur Behandlung von Tumoren angewendet wird: Radioaktive Substanzen werden in den Körper eingebracht, die jedoch nach kurzer Zeit wieder entfernt werden. Diese Therapie dient unter anderem zur Behandlung von gynäkologischen Tumoren, von Lungen- und Speiseröhrenkrebs sowie von Hals-, Nasen- und Ohrentumoren.

Schließlich ist die Klinik für Strahlentherapie und Radioonkologie Mitglied des Tumorzentrums Neuss, in der sich alle Kliniken organisiert haben, deren medizinisches Spezialgebiet die Behandlung bösartiger Tumore ist. Das Tumorzentrum Neuss dient nicht nur als Forum für den wissenschaftlichen Gedankenaustausch, sondern auch zur öffentlichkeitswirksamen Darstellung neuer Möglichkeiten der Tumorbehandlung.

Zentrallabor

Dr. Wolfgang Dick
Leiter des Zentrallabors
seit 1. August 1975

Das Zentrallabor, das unter der Leitung der Medizinischen Klinik II steht, ist für die labormedizinische Versorgung der ambulanten und stationären Patienten aller Kliniken des Lukaskrankenhauses zuständig. Darüber hinaus versorgt das Zentrallabor die Patienten mit Blutkonserven und anderen Spezialpräparaten, die vom Deutschen Roten Kreuz in Breitscheid hergestellt und geliefert werden.

Rund eine Million labordiagnostische Untersuchungen werden jährlich im Zentrallabor des Lukaskrankenhauses ausgeführt. Die Analysen der höchst unterschiedlichen Proben bilden einen unerlässlichen Bestandteil für die Diagnose und Therapie der Patienten. Um das umfangreiche Untersuchungsspektrum der Labordiagnostik abdecken zu können, steht dem Zentrallabor eine moderne Ausstattung mit allen notwendigen Geräten zur Verfügung. Die Bandbreite der Untersuchungen und Analysen reicht von der klinischen Chemie über Blutanalysen bis zur Mikrobiologie.

Zum Bereich der klinischen Chemie gehören unter anderem Untersuchungen zur Bestimmung des Blutzuckers, des Fettstoffwechsels und zur Diagnostik des Herzinfarktes. Auch Untersuchungen zum Nachweis von Leberentzündungen (Hepatitis) sowie von Störungen der Nierenfunktion und des Eisenstoffwechsels gehören in das Gebiet der klinischen Chemie.

In der Immunologie werden spezielle Eiweiße im Blut oder im Urin untersucht. Diese sind von Bedeutung beispielsweise bei der Diagnostik von Allergien, entzündlichen Erkrankungen, Rheumatismus und angeborenen Immundefekten. Bei der Virusdiagnostik handelt es sich um den Nachweis von Viren oder Antikörpern gegen die entsprechenden Erreger. Auf diese Weise werden unter anderem die verschiedenen Formen der Leberentzündung (Hepatitis A, B und C) sowie Immunschwächekrankheiten wie HIV nachgewiesen.

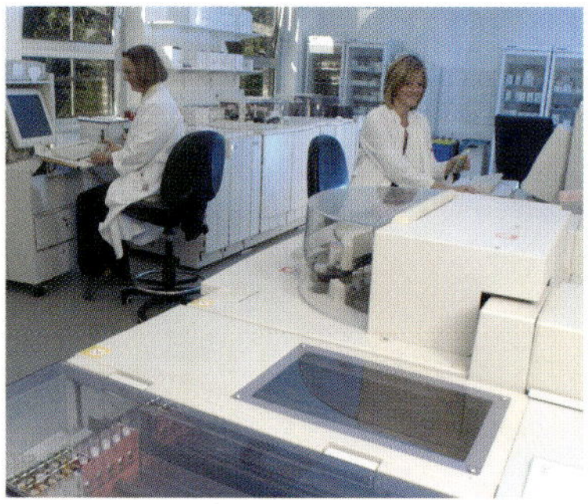

Die Methoden der Tumordiagnostik beruhen auf der Tatsache, dass eine Vielzahl von Tumoren Zellen oder andere Stoffe ins Blut abgeben. Diese Stoffe sind in der Mehrzahl charakteristisch für bestimmte Tumore und eignen sich deshalb als Grundlage einer genauen Diagnose. Auf dieser Grundlage kann dann die Festsetzung der Therapie erfolgen. In der Hämatologie untersucht man Art und Anzahl der im Blut vorkommenden Zellen, zum Beispiel die roten und weißen Blutkörperchen. Diese Untersuchungen sind für alle entzündlichen Erkrankungen, bei Tumoren des Blutes (Leukämien) und zur Therapie von Tumoren anderer Organe, unerlässlich. Unter Hämostaseologie versteht man die Lehre von der Blutgerinnung. Zur Beurteilung der Gerinnungsfähigkeit werden verschiedene Gerinnungsfaktoren untersucht, denn auf diese Weise können angeborene oder erworbene Störungen der Blutgerinnung festgestellt werden. Außerdem sind diese Untersuchungen notwendig zur Kontrolle verschiedener therapeutischer Maßnahmen, beispielsweise bei der Behandlung mit Macumar. In der Blutbank schließlich werden die Blutgruppen bestimmt und auf eventuell vorhandene Antikörper untersucht. Außerdem wird hier die Verträglichkeit von Blutkonserven für den Patienten getestet.

In der Urin- und Stuhldiagnostik wird der Urin mit Teststreifen, mit dem Mikroskop und mit chemischen Methoden untersucht. Diese Untersuchungen dienen der Erkennung von Erkrankungen der Niere und der Leber sowie von Diabetes. Die parasitologische Diagnostik besteht überwiegend in der Untersuchung des Blutes auf Malariaerreger im Blut sowie Wurmeiern im Stuhl. In der Mikrobiologie werden beispielsweise Blut, Urin oder Stuhl auf das Vorhandensein von Bakterien untersucht. Nach dem Nachweis bakterieller Krankheitserreger wird darüber hinaus getestet, welche Medikamente (Antibiotika) für eine wirksame Therapie geeignet sind.

Zentrale Apotheke

Ulrich Quack
Leitender Apotheker
seit 1. Oktober 1997

Eine Krankenhausapotheke unterscheidet sich in mancherlei Hinsicht von einer öffentlichen Apotheke, denn sie ist in erster Linie für die Versorgung der einzelnen Stationen des Krankenhauses mit Arzneimitteln, Infusionslösungen, Sondennahrungen, Röntgenkontrastmitteln und Desinfektionsmitteln zuständig. Nach den gesetzlichen Vorschriften dürfen an ambulante Patienten nur Arzneimittel abgegeben werden, soweit sie in den Ambulanzen des Krankenhauses verabreicht werden. Rezepte von niedergelassenen Ärzten dürfen nicht eingelöst werden und es dürfen auch keine Medikamente an Privatpersonen verkauft werden.

Die neue gemeinsame Zentrale Apotheke für das Lukaskrankenhaus und die Kliniken Maria Hilf in Mönchengladbach befindet sich seit 1. Februar 2000 auf dem Gelände und in der Trägerschaft des Lukaskrankenhauses. Der Betrieb entstand aus den zuvor getrennten Apotheken der beiden Häuser und umfasst 14 Vollzeitstellen für Apotheken-Fachkräfte. In beiden Häusern zusammen gibt es zurzeit 1.400 Betten und es werden täglich rund 150 verschiedene medizinische Empfangsstellen versorgt. Der Umsatz betrug im Jahre 2002 etwa 7,6 Millionen Euro.

Das Herzstück der Zentralen Apotheke ist die computergesteuerte Arzneimittel-Kommissionieranlage, die bereits im vorangehenden Kapitel ausführlich vorgestellt wurde. Da die Planung der Zentralen Apotheke mit weitsichtigem Blick in die Zukunft erfolgte, können auch künftig weitere Aufgaben oder die Versorgung anderer Krankenhäuser in der Region übernommen werden. Dies wird unter den veränderten ökonomischen Bedingungen bald eher die Regel als die Ausnahme sein, da eine solche Kooperation gut und kostengünstig zu realisieren ist. Denn eine leistungsfähige Apotheke kann alle Aufgaben abdecken, die einer Apotheke in verschiedenen Häusern zugeordnet sind.

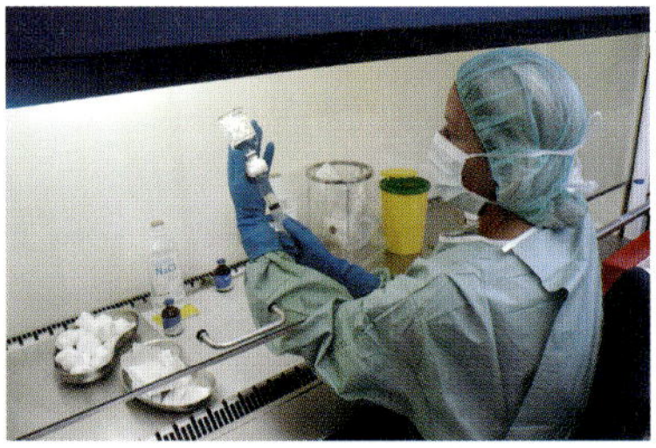

Vorbereitung von Zytostatika-Infusionslösungen durch eine Mitarbeiterin der Apotheke unter einer LAF-Werkbank.

Zu den besonderen Aufgaben der Apotheke gehört in Krankenhäusern von der Größe des ‚Lukas' die Zubereitung von Zytostatika. Zytostatika sind Medikamente zur Behandlung von Krebsleiden. Da sie zellwachstumshemmend wirken, erfolgt die Vorbereitung zur Anwendung aus Gründen des Personalschutzes in einer besonderen Werkbank mit Luftfiltern (Laminar-Flow-Bank). Zum Schutz der Patienten steht diese in einem Raum, der so steril wie ein OP ist. Dort werden Mischungen angefertigt, die nach Angaben der Ärzte genau auf den einzelnen Patienten abgestimmt sind. Mehrfache Kontrollen schließen Irrtümer aus. Optimale Sicherheit für das Personal und Therapiesicherheit für den Patienten wird dadurch erreicht, dass die erforderlichen technischen Einrichtungen an einer zentralen Stelle des Krankenhauses installiert sind und spezialisierte Apothekenmitarbeiter die Zytostatika zur Anwendung herrichten. Außerdem werden in der Apotheke Infusionslösungen zur parenteralen Ernährung von Frühgeborenen produziert, da es diese Produkte nicht in geeigneter Form aus industrieller Produktion gibt.

Eine besondere Anerkennung erfuhren die Mitarbeiter der Zentralen Apotheke von der Apothekerkammer: Diese beauftragte sie mit der Funktion einer Regionalen Arzneimittelinformationsstelle (AIS) für pharmakologisch-wissenschaftliche Fragen. An die AIS können sich andere Apotheken, aber auch Behörden, Selbsthilfegruppen oder Medienvertreter im Raum Düsseldorf – Mönchengladbach – Neuss wenden. Dieser Auftrag der Apothekerkammer ist nicht nur eine Bestätigung der fachlichen Qualifikation, sondern trägt auch zum guten Image der Apotheke des Lukaskrankenhauses bei.

In der Praxis werden moderne technische Anlagen eingesetzt.

Pflegedienst

Der Pflegedienst ist mit 448 Mitarbeitern die größte Berufsgruppe am Lukaskrankenhaus. Die einzelnen Abteilungen des Pflegedienstes sind in 21 Stationen, sechs Ambulanzen, einen Zentral-OP, die Endoskopieabteilung und den Herzkatheter-Messplatz aufgeteilt.

In ihrem so genannten Pflegeleitbild, dem alle Pflegekräfte verpflichtet sind, wird die Zielsetzung der Pflege im Lukaskrankenhaus definiert: hohe Qualität einhergehend mit hoher Patientenzufriedenheit und ein gutes Image der Pflege nach außen. Um diesen Anforderungen gerecht zu werden, wird auf kontinuierliche Aus-, Fort- und Weiterbildung großer Wert gelegt. So werden alle Stationsleitungen ein Jahr lang für ihre speziellen Aufgaben geschult, und auf jeder Station stehen Schülern und neuen Mitarbeitern Mentoren zur Seite, die ebenfalls für diese Aufgabe ausgebildet sind. Im Ausbildungszentrum für Pflegeberufe bietet das Lukaskrankenhaus in jedem Jahr 120 Ausbildungsplätze an.

Annegret Deitmar-Hünnekens
Leiterin des Pflegedienstes
seit 1. Januar 1987
und Geschäftsführerin

Das innere und äußere Bild des Krankenhaus-Pflegedienstes hat sich in den letzten Jahrzehnten stark gewandelt. Den Veränderungen in der Gesundheits- und Krankenpflege hat nicht zuletzt die Novellierung des Krankenpflegegesetzes zum 1. April 2004 Rechnung getragen. Dabei hat sich nicht nur die Berufsbezeichnung in ‚Gesundheits- und Krankenpfleger' und ‚Gesundheits- und Kinderkrankenpflegerin' geändert, sondern das Krankenpflegegesetz unterstreicht auch die vielfältigen Aufgaben der Krankenpflege. Demnach gehört zu den Aufgaben der Pflegekräfte nicht nur die Unterstützung des Patienten bei der Genesung von einer aktuellen Krankheit, sondern auch das Anleiten zu gesundheitsförderndem Verhalten. Dieser Anforderung können die Pflegenden nur in einer so genannten ganzheitlichen Pflege gerecht werden. Das bedeutet, dass die Pflege den Körper, die Psyche und das sozia-

v.l. Schwester Doris Esser, die Geschäftsführerin für den Pflegedienst Annegret Deitmar-Hünnekens, Schwester Elfriede Reschke, die Stationsleiung der C1 Irmgard Netter und der Pfleger Olaf Linke.

le Umfeld eines Menschen umfasst und auf deren wechselseitige Beziehungen achtet.

Die Pflege ist zu einem Dienstleistungsberuf mit eigenständigen Verantwortungsbereichen geworden, die weit über die Unterstützung der Ärzte bei der Diagnostik und Therapie hinausgehen. Beruhend auf dem ganzheitlichen Menschenbild ist die moderne Pflege Kopfarbeit, Handwerk und Beziehungsarbeit mit helfenden, aktivierenden und therapeutischen Qualitäten.

Dies hat im Lukaskrankenhaus zu einer grundlegenden Strukturveränderung des Pflegedienstes geführt – von der Funktionspflege zur ganzheitlichen, patientenzentrierten Bereichspflege. In der funktionellen Pflege führt eine Pflegekraft nur eine Handlung bei mehreren Patienten aus, beispielsweise misst eine Krankenpflegerin das Fieber, eine andere wechselt die Verbände. Der Patient muss also für jede Tätigkeit eine neue Pflegeperson kennen lernen. In der Bereichspflege wird eine Station in mehrere Bereiche (Gruppen) eingeteilt, die jeweils von einer Pflegekraft verantwortlich betreut werden. Das heißt, eine Pflegeperson wäscht, bettet und lagert den Patienten, sie misst seinen Blutdruck und verbindet seine Wunde. Dabei kann durch die längere Kontaktzeit zwischen Patient und Pflegekraft ein Vertrauensverhältnis wachsen. Das ganzheitliche Pflegekonzept stellt also hohe Anforderungen an die Qualifikation der Pflegenden, da sie alle Tätigkeiten beherrschen müssen. Die Bereichspflege ist Standard auf allen Stationen des Lukaskrankenhauses, und sie hat sich nicht zuletzt in der Ausbildung der Pflegeberufe bestens bewährt.

Der Pflegedienst arbeitet eng mit allen am Lukaskrankenhaus tätigen Berufsgruppen zusammen. So nehmen die Pflegedienstleitungen kontinuierlich an verschiedenen Projektgruppen teil, zu nennen sind hierbei die Projektgruppe zum Aufbau der Zentralambulanz, zur Einführung eines EDV-gestützten Dienstplans, zur Entwicklung von Behandlungsstandards sowie die Arbeitsgruppe Materialkommission.

Ausbildungszentrum

Brigitte Hahn
Leiterin des Ausbildungszentrum
seit 1. Juli 2000

Das Ausbildungszentrum unter Leitung von Brigitte Hahn bildet zur Gesundheits- und Krankenpflegerin, zum Gesundheits- und Krankenpfleger und zur Gesundheits- und Kinderkrankenpflegerin aus. Junge Menschen werden hier kompetent auf ihren Beruf vorbereitet. Dazu wird praxisorientierter Unterricht angeboten, der sich an der veränderten Wissensvermittlung innerhalb der Pflegeausbildung mit Hilfe von Schlüsselqualifikationen orientiert. Die Auszubildenden werden in ihrer sozial-kommunikativen und methodischen Kompetenz, in ihrer personalen und fachlichen Kompetenz geschult. Dabei werden ihnen auch die neuen Arbeitsfelder der Pflege nahe gebracht. Trotz modernster Technik, trotz Computertomographie und Datenautobahn steht der Mensch im Mittelpunkt. Für die Betreuung kranker Menschen wird weiterhin Einfühlungsvermögen, Gefühl, Kreativität und soziales Engagement benötigt.

Das Lukaskrankenhaus verfügt über etwa 120 Ausbildungsplätze, aufgeteilt auf die Fachbereiche Gesundheits- und Krankenpflege und Gesundheits- und Kinderkrankenpflege.

Gesundheitszentrum

Seit 1994 werden Übergewichtige im Gesundheitszentrum des Lukaskrankenhaues dabei unterstützt, ihr überschüssiges Gewicht zu reduzieren und dadurch mehr Lebensqualität zu erlangen.

Seit Juni 1999 ist das modifizierte Therapiekonzept des OPTIFAST®-Programms fester Bestandteil des Behandlungsangebotes. Es hat sich als ambulantes Behandlungskonzept in der Adipositastherapie

Anke Detlefsen
Leiterin des Gesundheitszentrum
seit 1. Januar 2001

erfolgreich bewährt, denn nicht nur der Abnahmeerfolg zählt, sondern auch diesen langfristig zu stabilisieren. Um dies zu erzielen, unterstützen Ärzte, Bewegungstherapeuten, Ernährungsberater und Psychologen die Teilnehmer während der Umstellung ihres Ernährungs- und Bewegungsverhaltens. Die schwindenden Pfunde wirken sich ebenfalls positiv auf mögliche Nebenerkrankungen aus, wie erhöhter Blutdruck, Gelenkbeschwerden oder Diabetes mellitus.

Bis vor sechs Jahren richtete sich das Behandlungsangebot des Gesundheitszentrums nur an Erwachsene. Doch immer häufiger sind bereits die Jüngsten unserer Gesellschaft stark übergewichtig und behandlungsbedürftig. Die Annahme, das Gewicht normalisiere sich durch das Körperwachstum, bewahrheitet sich meist nicht. Daher erweiterte das Zentrum sein Behandlungsangebot im Oktober 1998 um das ambulante Programm für übergewichtige Kinder und Jugendliche, das FITOC-Programm. Jährlich finden meist zwei Kurse für die Kinder und Jugendlichen statt, die im Frühjahr und im Herbst starten.

Seit 2001 bietet das Gesundheitszentrum ebenfalls Kurse zur Entspannung nach Jacobson an, und ein separates 10-wöchiges Programm zur Ernährungsumstellung („Abnehmen mit Genuß und Köpfchen"). Anfang 2005 startete zusätzlich noch das OPTIFAST-II-Kurzprogramm für leichter Übergewichtige sowie ab Herbst das OPTIFAST-Junior-Programm für Jugendliche und junge Erwachsene.

In den verschiedenen Sportprogrammen des Aktivangebotes finden Interessenten unterschiedliche Trainingsschwerpunkte: Gesundheitstraining (Rückenschule, Krafttraining, Stretching, Aerobic), Walking/Lauftraining, Konditions- und Krafttraining und ‚New Games', Sport für Kinder und Jugendliche.

Einrichtungen am Lukaskrankenhaus

Pathologisches Institut

am Lukaskrankenhaus

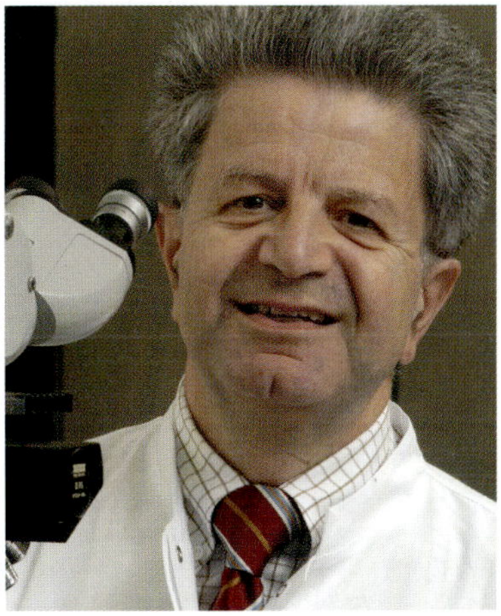

Prof. Dr. med. Cyrus Tschahargane
Leiter des Instituts
seit 1. Mai 1988

Das im August 1968 gegründete Institut für Pathologie ist heute eine selbstständige Einrichtung, die in erster Linie für die Analyse von Gewebsproben zuständig ist. Das Institut versorgt nicht nur das Lukaskrankenhaus mit Gewebsuntersuchungen, sondern auch die Krankenhäuser in der Region und die niedergelassenen Ärzte in der Stadt und im Kreis Neuss.

Das Team des Pathologischen Institutes kann innerhalb von wenigen Minuten bis Stunden präzise Diagnosen zu dem eingesandten Untersuchungsmaterial erstellen. Das Aufgabengebiet besteht darin, anhand der Analysen von Gewebsproben, Körperflüssigkeiten oder Operationspräparaten eine exakte Aussage über die Erkrankung zu machen, das heißt, ob es sich um eine Krebserkrankung, einen entzündlichen Prozess oder um eine Abnutzungserscheinung (Degeneration) handelt.

Während einer Operation wird anhand einer so genannten Schnellschnittuntersuchung innerhalb von wenigen Minuten eine mikroskopische Untersuchung von Gewebe vorgenommen, darin wird die Gutartigkeit oder Bösartigkeit des Zellenwachstums festgestellt. Diese Aussage hilft bei der Planung des weiteren Vorgehens. Mit entsprechenden Spezialmethoden wird außerdem das Tumorstadium, also die Wachstumsrate der Tumorzellen, exakt bestimmt. Nicht zuletzt werden im Institut für Pathologie die klinischen Obduktionen durchge-

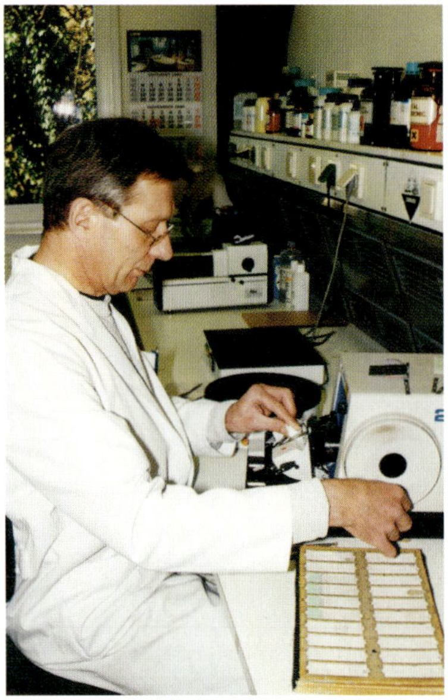

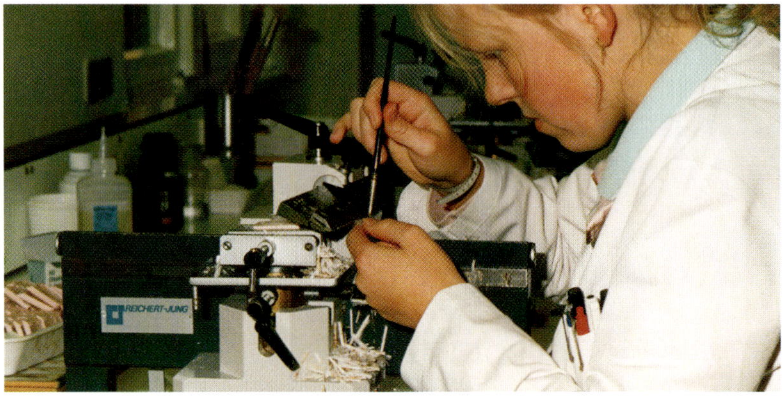

Laborarbeit benötigt große Sorgfalt.
oben: Laborleiter R. Laubach beim Anfertigen von Stufenschnitten.

führt, welche nur mit Einverständnis der Angehörigen des Verstorbenen erfolgen. Dies dient der Feststellung der definitiven Todesursache sowie der Erkenntnis über die Zusammenhänge der Erkrankungsfolgen und die Wirkung der Therapien.

Neben den histologischen und zytologischen Standardmethoden wird die gesamte Palette der Antikörper immunhistochemisch angewendet. Mit lasergesteuerter Durchflusszytometrie wird die Wachstumsrate einer Tumorzellenpopulation exakt bestimmt; damit können die Prognose und die therapeutischen Möglichkeiten sehr genau eingeschätzt werden. Für Spezialuntersuchungen am Knochenmark sowie an bestimmten bösartigen Tumoren dienen sowohl Hormonrezeptoren wie auch spezielle Methoden wie Immunzytochemie oder Oberflächenmarker. Im Zuge der molekularbiologischen Entwicklungen finden flowzytometrische Techniken wie auch monoklonale Antikörper eine besondere Stellung in der Diagnostik seltener Tumoren. Bei diesen Methoden werden anhand von monoklonalen Antikörpern antigentragende Zellbestandteile markiert und so die Phänotypisierung von Zellen in einem Gewebe ermöglicht. Diese Methoden finden insbesondere Anwendung in der Leukämiediagnostik, Knochenmarkstransplantation oder Chemotherapie bei Brustkrebs.

Augen-OP-Zentrum

am Lukaskrankenhaus

Dr. med. Detlef Holzwig
Leiter des Augen-OP-Zentrums
seit 1. Dezember 2003

Die Idee, am Lukaskrankenhaus eine Augenklinik einzurichten, bestand bereits seit langem, doch der landesweite Krankenhausbedarfsplan verweigerte eine solche Erweiterung. Dennoch fand die Leitung des Krankenhauses einen Weg: Man ermöglichte einem niedergelassenen Arzt für Augenheilkunde die Operationstätigkeit am ‚Lukas'. Seit Dezember 2003 befindet sich im sechsten Stock der Kinderklinik das erste Augen-OP-Zentrum in Neuss, das von Dr. Detlef Holzwig geleitet wird. Das Augen-OP-Zentrum ist eine Tagesklinik, in der nahezu alle Augenoperationen ambulant ausgeführt werden. Dabei wenden Dr. med. Detlef Holzwig und sein Mitarbeiter Dr. med. Volker Biermann alle zeitgemäßen Diagnose- und Therapiemethoden der Augenheilkunde an. Diese umfassen die vollständige Untersuchung des vorderen, mittleren und hinteren Augenabschnittes mittels Laser-, Ultraschall- und Videoverfahren sowie Operationen im Bereich der Lider, der Tränenwege, der Hornhaut und der Linse.

Die augenärztlichen Untersuchungen erfolgen an zwei Untersuchungseinheiten, die auch die Behandlung behinderter Patienten ermöglichen. Hornhautbedingte Fehlsichtigkeiten werden mit einem Hornhaut-Topographiegerät mit Lasermesstechnik analysiert, weitere Diagnosen der Augenfunktionen können mittels elektrophysiologischer Untersuchungen wie ERG, EOG und VEP ausgeführt werden.

Zur Früherkennung des Grauen Stars, also einer Störung der Augeninnendruckregulation (Glaukom), wenden die Ärzte der Augenklinik neben den Tonometrieverfahren zur Augeninnendruckkontrolle und Perimetriemethoden zur Diagnose des Gesichtsfeldes auch Ultraschalluntersuchungen zur Hornhautdickenmessung und elektrophysiologische Analysen an. Dabei dokumentiert eine Digitalka-

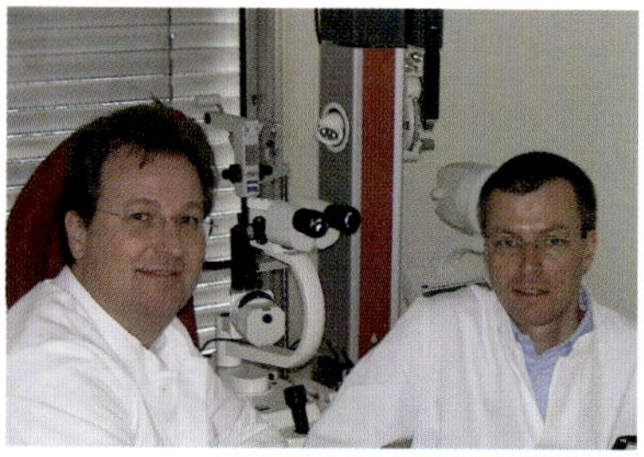

Dr. med. Detlef Holzwig und
Dr. med. Volker Biermann

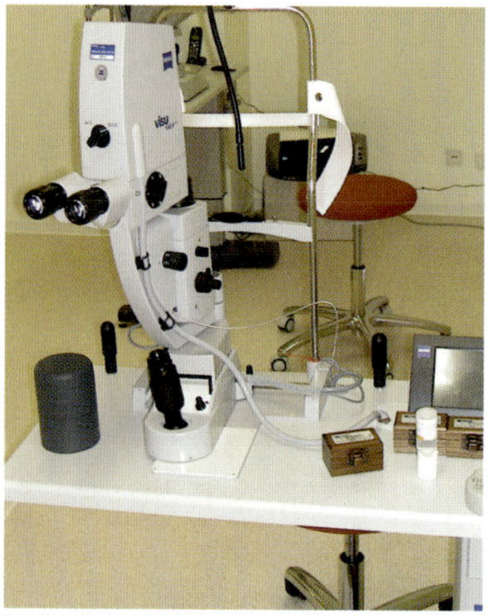

Laserarbeitsplatz

mera die Netzhaut- und Sehnervbefunde, für bildgebende Verfahren dient eine Fluoreszenzangiographiekamera mit digitaler Bildverarbeitung.

Chirurgische Eingriffe bei diabetischen Netzhauterkrankungen, Venenthrombosen der Netzhaut und bei der Behebung von Netzhautlöchern werden mittels eines thermischen Lasers (Argon-Laser) vorgenommen. Plastische Lidkorrekturen sowie die chirurgische Sanierung der ableitenden Tränenwege und die Korrektur von Stellungsfehlern der Augen (Schieloperationen) werden, wie alle Augenoperationen in Zusammenarbeit mit einem Team von Anästhesisten durchgeführt.

Zu den häufigsten Operationen in der Augenklinik gehört die chirurgische Entfernung des Grauen Stars, einer Trübung der Augenlinse (Katarakt). Der Augenarzt bedient sich dabei der Ultraschalltechnik, die Nachbehandlung erfolgt mit einem so genannten YAG-Laser. Die Operation, bei der Kleinschnittmethoden und moderne Faltlinsentechnologie Anwendung finden, erfolgt auf einem hohen technischen Standard und bietet dem Patienten ein hohes Maß an Sicherheit, sowohl während des Eingriffes als auch nach der Operation.
Eine Spezialität des Augen-OP-Zentrums ist die Behandlung von Fehlsichtigkeiten durch Laserverfahren. Bei dem angewendeten LASIK-Verfahren, der zurzeit bewährtesten Methode, wird die Hornhaut durch Laserstrahlen verändert. Mit dem gewebeschonenden und schnellen Hochleistungslaser können Fehlsichtigkeiten von –12 Dioptrien Kurzsichtigkeit bis hin zu +6 Dioptrien Weitsichtigkeit sowie Hornhautverkrümmungen bis zu 6 Dioptrien korrigiert werden. Dieses freilich nicht ganz billige Verfahren hat es schon vielen Patienten ermöglicht, die Brille ein für allemal im Etui zu lassen.

medicoreha

am Lukaskrankenhaus

Angesichts des ökonomischen Wandels im Gesundheitswesen erscheint die Verzahnung von Gesundheitsdienstleistungen als zukunftsträchtiges Modell. Ein gelungenes Beispiel für die Vernetzung in der medizinisch-therapeutischen Versorgung ist die Zusammenarbeit der medicoreha Welsink GmbH mit dem Lukaskrankenhaus und den Ärzten in der Region. Das eigenständige Unternehmen ‚medicoreha', unter der Geschäftsleitung von Dieter Welsink, bezog im September als Mieter seine über 2.000 Quadratmeter großen Geschäftsräume auf dem Gelände des Lukaskrankenhauses; seitdem sind dort neben dem Rehabilitations- und Gesundheitszentrum auch zahlreiche Arztpraxen verschiedener Fachrichtungen untergebracht.

Die ambulante Rehabilitation stellt einen Schwerpunkt der Arbeit der medicoreha dar. Die Erfahrung hat gezeigt, dass die meisten orthopädischen und viele kardiologische Erkrankungen ebenso gut ambulant wie stationär rehabilitiert werden können. Die ambulante Rehabilitation bietet zudem den Vorteil, dass der Patient nicht seine häusliche Umgebung und seine Familie verlassen muss. Das Leistungsspektrum der medicoreha entspricht dem Angebot einer guten stationären Rehabilitation, denn zum Team gehören Ärzte, Sport-, Physio- und Ergotherapeuten, Masseure, Ernährungsberater, Psychologen und Sozialberater. Dabei haben der

Kooperationsärzte:

Dr. med. W. Lemken,
Arzt für Sportmedizin
Preussenstraße 84a · 41464 Neuss
Telefon 0 21 31/890-100

Dr. med. Gabriele Wöbker,
Ärztin für Neurologie und Anästhesiologie
Preussenstraße 84a · 41464 Neuss
Telefon 0 21 31/890-190

Dr. med. Irmgard Gürtler
Ärztin für Innere Medizin und Rheumatologie
Preussenstraße 84a · 41464 Neuss
Telefon 0 21 31/890-350

Dr. med. Thomas Bruns
Arzt für Orthopädie und Sozialmedizin
Preussenstraße 84a · 41464 Neuss
Telefon 0 21 31/890-310

Dr. med. Franz Heusgen,
Arzt für Anästhesiologie
und Schmerztherapie,
Psychotherapie
Preussenstraße 84a · 41464 Neuss
Telefon 0 21 31/890-150

ganzheitliche Ansatz und die fachliche Kompetenz des Teams das gute Image des Zentrums weit über die Grenzen von Neuss bekannt gemacht; außerdem ist die medicoreha Vertragspartner aller Träger der gesetzlichen und privaten Kranken-, Renten- und Unfallversicherung.

Patienten, die nicht schwer erkrankt oder verletzt sind, können physio- oder ergotherapeutische Betreuung auch auf ärztliche Verordnung in Anspruch nehmen. Hinzu kommen medizinische Gesundheitsprogramme unter ärztlicher und therapeutischer Leitung für Menschen, die unabhängig von Krankenkassenleistungen auf professionelle Beratung und Unterstützung in der gesunden Lebensführung setzen.

Eine besondere Gruppe von ‚Kunden' des Zentrums sind Menschen geworden, die in hohem Maße auf ihre geistige und körperliche Leistungsfähigkeit angewiesen sind: Sportler. Gerade Sportler stellen besonders hohe Ansprüche an die Therapie und physiotherapeutische Trainingsbegleitung. Das medicoreha-Team betreut freilich nicht nur Leistungssportler bis in die höchsten Spielklassen, sondern auch verantwortungsbewusste Freizeitsportler, die ihren Sport als Gesundheitsförderung betrachten.

Arbeitsmedizinischer Dienst

am Lukaskrankenhaus

Dr. Manfred Gedik
Leitender Arzt des Arbeitsmedizinischen Dienstes.

Der Arbeitsmedizinische Dienst am Lukaskrankenhaus unter der Leitung von Dr. Manfred Gedik leistet die arbeitsmedizinische Betreuung nach dem Arbeitssicherungsgesetz und der berufsgenossenschaftlichen Unfallverhütungsvorschrift für Unternehmen und Betriebe ohne eigenen Betriebsarzt.

Zum Serviceangebot zählt das gesamte Leistungsspektrum von der Strahlenschutzuntersuchung über die Führerschein- und Bildschirmuntersuchung bis hin zu Betriebsbegehungen, Schadstoffmessungen und Arbeitsbereichsanalysen.

Zum Leistungsspektrum des Arbeitsmedizinischen Dienstes gehört die Durchführung sämtlicher Aufgaben entsprechend § 3 des Arbeitssicherheitsgesetzes und der Unfallverhütungsvorschrift VBG 123 ‚Betriebsärzte': Sie beinhalten Untersuchungen bei Verdacht auf eine arbeitsbedingte Erkrankung, bei krankheitsbedingter Umsetzung und bei Neueinstellungen, nach den berufsgenossenschaftlichen Grundsätzen für arbeitsmedizinische Vorsorgeuntersuchungen, nach der Unfallverhütungsvorschrift, nach der Gefahrstoffverordnung, nach der Strahlenschutz-Röntgenverordnung, nach der Fahrerlaubnis-Verordnung von August 1998 einschließlich psychologischer Leistungstests und augenärztlicher Untersuchung.

Ebenso gehören zu den Aufgaben viele weitere Tätigkeiten: Impfungen, orientierende Schadstoff- oder Lärmmessungen, orientierende Messungen der elektromagnetischen Strahlung, Untersuchungen nach der EG-Bildschirmverordnung, Hilfe bei der Umsetzung der Gefahrstoff- und Biostoffverordnung und Unterstützung bei der Erstellung von Arbeitsbereichsanalysen.

Notfallpraxis der Kassenärztlichen Vereinigung

am Lukaskrankenhaus

Seit dem 1. Juli 2003 unterhält die Kassenärztliche Vereinigung Nordrhein, Kreisstelle Neuss im Rahmen ihres gesetzlich verankerten Versorgungsauftrages eine Notfallpraxis am Lukaskrankenhaus.

Bislang hatten die am Notdienst beteiligten niedergelassenen Ärzte an den Wochenenden ihren Notdienst in den eigenen Praxen versehen. Die Einrichtung der Notfallpraxis am ‚Lukas' hat die Notfallversorgung verbessert: Die Erstversorgung findet zwar in der Notfallpraxis statt, aber der behandelnde Arzt hat die Möglichkeit, bei Bedarf und ohne Zeitverlust die medizinischen Einrichtungen wie Röntgen- oder Laboruntersuchungen im Krankenhaus in Anspruch zu nehmen. Sollte eine ambulante Versorgung nicht ausreichen, kann eine sofortige Einweisung in die Klinik erfolgen. Die Erfahrungen zeigen, dass die Notfallpraxis der Kassenärztlichen Vereinigung bei der Neusser Bevölkerung vor allem an den Wochenenden gut angenommen worden ist. Außerdem hat die Notfallpraxis zu einer spürbaren Entlastung der chirurgischen und internistischen Ambulanzen des Krankenhauses geführt.

Im Rahmen der im ‚Lukas' geplanten Zentralambulanz, in der die chirurgische, internistische, urologische und gynäkologische Ambulanz räumlich und organisatorisch zusammengelegt werden, wird die Notfallpraxis unmittelbar eingebunden, so dass die gemeinsamen medizinischen Leistungen noch effektiver miteinander vernetzt werden können.

Logopädie

am Lukaskrankenhaus

Die Logopädie befasst sich mit Stimm-, Sprech-, Sprach-, Schluck- und Hörstörungen bei Kindern und Erwachsenen und bietet durch ausgebildete Logopäden in einem breit gefächerten Spektrum verschiedene Therapiemöglichkeiten. Durch eine gezielte Behandlung wird dabei die Kommunikations- und Hörfähigkeit verbessert oder wiederhergestellt. Bereits im Jahre 1997 machte sich Elke Dufrin mit ihrer Fachqualifikation und langjährigen Berufserfahrung im Bereich der Logopädie selbstständig. Mittlerweile beschäftigt sie in ihrer Praxis drei ausgebildete Logopädinnen, die sich individuell auf verschiedenen Tätigkeitsschwerpunkten tief greifende Kenntnisse angeeignet haben und engagiert und mit Teamgeist als Gemeinschaft zusammenarbeiten.

In der logopädischen Praxis Elke Dufrin erwartet die Patienten eine freundliche und warme Atmosphäre, die entscheidend dazu beiträgt, dass man sich wohl fühlen kann. Im ausführlichen Vorgespräch werden die Stimm-, Sprach- bzw. Sprech- oder Hörstörungen des Patienten erörtert und entsprechende Therapiemaßnahmen festgelegt. Dabei ist die häufigste logopädische Behandlungsform die Einzeltherapie. Das breite Wissensspektrum, das durch regelmäßige Fort- und Weiterbildungen stetig erweitert wird, versetzt die Praxis in die Lage, eine für den Patienten optimal angepasste und zielgerichtete Therapie zu ermöglichen.

Von besonderer Wichtigkeit für eine umfassende Behandlung der Patienten ist die enge Kooperation mit dem Lukaskrankenhaus. Kurze Wege und präzise Darstellung der Ursache der Kommunikationsstörung des Patienten sind durch vorhergehende Untersuchungen innerhalb des Klinikums möglich.

Die Kinder- und Jugendpsychiatrische Ambulanz

am Lukaskrankenhaus

Die Kinder- u. Jugendpsychiatrische Ambulanz des St. Alexius Krankenhauses (Augustinus-Kliniken) wurde 1989 am St. Alexius-Krankenhaus begründet. Seit Oktober 2000 befindet sich die Ambulanz in Räumlichkeiten des Lukaskrankenhauses in unmittelbarer Nähe zur Kinderklinik. Sie verfügt über ein multiprofessionelles Team, bestehend z.Zt. aus einer Fachärztin für Kinder- und Jugendpsychiatrie, einem Psychologen mit psychotherapeutischer Zusatzqualifikation, einer Diplom-Pädagogin, einer Krankenschwester und einer Sozialarbeiterin.

Es werden Kinder und Jugendliche aus dem gesamten Diagnosespektrum der Kinder- und Jugendpsychiatrie behandelt. Die ambulante kinder- und jugendpsychiatrische Behandlung umfasst eine ausführliche ärztliche und psychologische Diagnostik, eine psycho- (verhaltens- und tiefenpsychologisch fundiert) und systemisch-familientherapeutische Intervention sowie Elternberatung/Beratung der Bezugspersonen, ggf. medikamentöse Behandlung bei Entwicklungsstörungen oder Aufmerksamkeits- und Aktivitätsstörungen, bei emotionalen Störungen (Depressionen, Angststörungen), Ticstörungen / Zwangsstörungen und Störungen des Sozialverhaltens, bei Psychosen, posttraumatische Belastungsstörungen oder Essstörungen u.a.m.

Die Arbeit der Ambulanz steht in enger Kooperation mit den Schulen der Patienten und mit außerklinischen Trägern von Hilfsangeboten wie z.B. Jugendämtern, Beratungsstellen, Heimeinrichtungen und auch niedergelassenen Ärzten der verschiedenen Fachrichtungen sowie niedergelassenen Psychologen, Ergotherapeuten, Logopäden und Physiotherapeuten. Komplementäre Therapien wie ökologische Landwirtschaftstherapie, Tanz- und Musiktherapie aus dem allgemeinpsychiatrischen Bereich können ebenfalls in Anspruch genommen werden.

Beurteilungen zu teil- und vollstationären Behandlungsmaßnahmen werden gestellt und anschließende ambulante Weiterbehandlungen übernommen. Hierbei steht die Ambulanz in engem Kontakt zu den verschiedenen Kliniken für Kinder- und Jugendpsychiatrie sowie zu psychosomatischen Kliniken der Region und darüber hinaus.

Die Klinik für Kinder und Jugendliche des Lukaskrankenhauses wird konsiliarisch versorgt. Außerdem besteht eine Notfallsprechstunde einmal in der Woche vormittags.

Menschen-s-kinder

Elternschule am Lukaskrankenhaus

Gegründet wurde die Elternschule im Rahmen eines Pilotprojektes im Juli 2002. Sie wird von der Idee getragen, eine institutionalisierte Beratung, Begleitung und Betreuung für – werdende – Eltern im Krankenhaus zu konzipieren und anzubieten. Das Konzept stellt innerhalb des Gesundheitswesens eine Neuerung dar, welche sich weder auf etablierte Vorbilder, noch auf systematische Erfahrungen berufen kann. Sie ist entstanden aus der Beobachtung, dass sich heutzutage ein Fünftel aller Frauen im Verlauf ihrer Schwangerschaft vorübergehend in stationärer Behandlung befinden. Die Veränderungen, die mit der Geburt eines Kindes auf ein Paar zukommen, werden oft unterschätzt und selten als Entwicklungsphase betrachtet. Dennoch berichten viele Eltern von massiven Problemen bei dem Prozess, sich auf die neue Situation einzustellen. Wenn es dann auch noch zu Schwierigkeiten in dieser Zeit kommt, die werdende Mutter ins Krankenhaus muss, oder das Kind zu früh oder krank geboren wird, stellt das enorme emotionale Anforderungen an die sowieso schon neue Situation und an den Prozess Familie zu werden.

Aus diesen Überlegungen heraus sind Entwicklungsschritte nötig, um ein positives Selbstverständnis als Familie zu erreichen: Eine Familie, in der Mutter, Vater und Kind ihren Raum haben und ihre eigenständige Beziehung zueinander pflegen.

Aus diesen Werten ist das Ziel entstanden, die Eltern in diesen Situationen zu stärken und zwar in der kognitiven Handlungs- und Entscheidungskompetenz sowie der emotionalen Auseinandersetzung.

So bietet die Elternschule eine mittlerweile etablierte, individuelle Begleitung, Beratung und Betreuung bei Risikoschwangerschaften und auf der Intensiv- und Frühgeborenenstation an. Ein weiteres Angebot ist ein regelmäßiges „Elterncafé" auf der Intensivstation. Es bietet Möglichkeiten für einen persönlichen Austausch der Betroffenen.

Zur Nachbegleitung bietet die Elternschule „Babymassagekurse" zur Gesundheitsförderung und zur Stabilisierung der Eltern-Kind-Bindung an.

Seit Februar 2005 gibt es eine Frühförderungsgruppe, bei der zu früh geborene Kinder mit ihren Eltern nach der Entlassung durch besondere und individuell auf das einzelne Kind abgestimmte Spielangebote positiv gefördert werden.

Durch Spenden konnte darüber hinaus eine regelmäßige Sprechstundenzeit eingerichtet werden, in der Eltern auch vor und nach dem stationären Klinikaufenthalt in schwierigen Situationen individuell begleitet und beraten werden können. Dieses Angebot wird zunehmend auch von Eltern wahrgenommen, die ihr Kind in der Schwangerschaft oder auf der Intensivstation verloren haben.

So bietet die Elternschule eine umfassende Beratung, Begleitung und Betreuung rund um die Geburt in der Elternwerdung und -findung in schwierigen Situationen. Sie leistet somit einen präventiven Beitrag zur positiven Familien- und Bindungsentwicklung.

Ambulanz für Kinderschutz

Fachberatungsstelle am Lukaskrankenhaus

Seit Sommer 1994 besteht dieses Dienstleistungsangebot des Ev. Verein für Jugend- und Familienhilfe gGmbH auf dem Gelände des Lukaskrankenhauses in Neuss. Die Ambulanz für Kinderschutz – AKS – wurde 1988 auf Initiative des Jugendhilfeausschusses der Stadt Neuss in Trägerschaft des Evangelischen Vereins für Jugend- und Familie e.V. errichtet und unterstützt. Seit 1994 wird sie auch von den PolitikerInnen der im folgenden genannten Städte und Gemeinden als notwendige Maßnahme bürgernahen Kinderschutzes gewollt und als Solidargemeinschaft finanziert: Dormagen, Kaarst, Neuss, Rhein Kreis Neuss sowie seit 2002 auch die Stadt Grevenbroich.

Die AKS arbeitet konfessionell ungebunden und kostenfrei für BürgerInnen, HelferInnen und Institutionen dieser Städte. Das Thema ‚Missbrauch und Misshandlung von Kindern' macht nicht nur Fachleute, sondern gerade BürgerInnen ohnmächtig und lässt sie hilflos werden. Nur wenn das Angebot des AKS leicht und ohne Schwellenängste genutzt werden kann, kann den BürgerInnen die Unterstützung zuteil werden, die für sie und damit für den bestmöglichen Schutz der betroffenen Kinder unabdingbar ist. Die direkte Anbindung an das Krankenhaus ist bewusst gewählt, um eine zentrale Lage bei guter Erreichbarkeit im Kreisgebiet anzubieten. Gleichzeitig wird die enge Zusammenarbeit mit der Klinik für Kinder und Jugendliche, höchstmögliche Anonymität und Minderung von Schwellenängsten für Betroffene als tragfähige Säulen der Arbeit gegen Gewalt und Missbrauch sichergestellt.

Mittlerweile bis zu 650 Anfragen zur Schaffung von Kinderschutz erreichen die AKS pro Jahr: 80% davon zur Thematik des sexuellen Missbrauches an Kindern und Jugendlichen je 20% zu körperlicher Misshandlung und Vernachlässigung (Mehrfachnennungen waren möglich). Im Vergleich dazu gab es im Jahre 2000 nur 430 Anfragen. Allein im Jahr 2004 haben 450 Kinder und Jugendliche aus der Region direkt oder indirekt von der Hilfe, der Unterstützung und dem Schutz der Arbeit der AKS profitiert.

Das Team der Ambulanz für Kinderschutz besteht aus vier Diplompsychologinnen mit unterschiedlichen therapeutischen Ausbildungen, Schwerpunkten und Zeiteinsätzen sowie einem Koordinator. Eine Teilzeit-Bürokraft unterstützt das Team. Die formalen Kriterien zur offiziellen Anerkennung und Förderungsfähigkeit als Beratungsstelle entsprechend den Richtlinien des Ministeriums für Gesundheit und Soziales sind erfüllt.

Kindertageseinrichtung ‚Libelle'

am Lukaskrankenhaus

Schon viele Jahre vor der Eröffnung der Kindertagesstätte ‚Libelle' dachten die Angestellten des Lukaskrankenhauses über die Einrichtung eines Betriebskindergartens nach. Da der Bau einer vom Land NRW nicht bezuschussten Einrichtung kaum zu realisieren war, bildete sich im Jahre 1989 zunächst eine Interessengemeinschaft, aus der 1991 der Verein ‚Libelle Preußenstraße' hervorging. Zwei Jahre später konnte man endlich mit dem Bau eines Kindergartens hinter der Klinik für Kinder und Jugendliche beginnen; das Grundstück stellte die Lukaskrankenhaus GmbH für 50 Jahre zur Verfügung. Als die Kindertageseinrichtung im März 1995 von Landessozialminister Franz Müntefering eröffnet wurde, waren durch die Eigeninitiative der Eltern 60 neue Kindergartenplätze unter der Leitung von Eveline Bauduin und ihren sieben Kolleginnen geschaffen worden. Vor allem die zahlreichen ehrenamtlichen Helferinnen und Helfer waren dafür verantwortlich, dass die Kindertagesstätte

auf der Grundlage eines sehr kostengünstigen Finanzierungsmodells entstehen konnte: Fünf Prozent der Kosten trugen die Eltern, 50 Prozent das Land NRW und 45 Prozent die Stadt Neuss.

Der Verein ‚Libelle' trägt nach wie vor rund 20 Prozent der Unterhaltungskosten; alle anfallenden Organisations- und Verwaltungsarbeiten werden ehrenamtlich von den Mitgliedern des Vereins geleistet. Das Angebot richtet sich an die Anwohner und Mitarbeiter des Lukaskrankenhauses. Die Einrichtung befindet sich auf dem Gelände des Lukaskrankenhauses direkt hinter der Klinik für Kinder und Jugendliche. Die Eltern können in den Gremien mitwirken und im Kindergarten hospitieren, was auch der Kontaktpflege zwischen den Eltern dient. Und die von der Elterninitiative organisierten Feste, Veranstaltungen und Ausflüge sind nicht nur für die Kinder gesellige und vergnügliche Ereignisse.

Die Kindertageseinrichtung umfasst eine altersgemischte Tagesstättengruppe mit 15 Kindern im Alter zwischen vier Monaten und sechs Jahren, eine Kindergartengruppe im Alter von drei bis sechs Jahren und eine Tagesstättengruppe im Alter von drei bis sechs Jahren. Neben den gemütlichen Räumlichkeiten bietet das große Außengelände viel Platz zum Spielen. In den einzelnen Gruppen fördert das gut ausgebildete Team der Erzieherinnen vor allem das Selbstbewusstsein der Kinder und ihre individuellen Neigungen und Begabungen. Hinzu kommt die Vermittlung von Kenntnissen, um die Umwelt zu erfahren und verantwortungsvoll mit ihr umzugehen. Spiele und Bewegungserziehung, Gestalten, gesunde Ernährung, die Arbeit mit Entwicklungsmaterialien und die musikalische und rhythmische Erziehung fördern die Sprachentwicklung, die Schulfähigkeit und nicht zuletzt das soziale Verhalten der Kinder. Bildung bedeutet für die ‚Libelle' ganzheitliches Lernen und Gestalten. In Absprache mit den Eltern wird die Kindergartenzeit eines jeden Kindes in einer Bildungsdokumentation festgehalten. Dabei ist ‚Libelle' mehr als nur ein Name: Es ist das Sinnbild für die verschiedenen Kinder in der Einrichtung, die ähnlich der Vielfalt der Libellen, die am Wasser spielen und leben, gemeinsam mit Eltern und Erzieherinnen den Alltag gestalten.

Sonstige Einrichtungen

Freiwillige Krankenhaushilfe

Die Damen der freiwilligen Krankenhaushilfe haben es sich zur Aufgabe gemacht, Ärzte und Pflegepersonal in der Betreuung und Versorgung der Patienten zu unterstützen. Dies gilt vor allem dann, wenn Patienten in schwierigen Situationen auf sich alleine gestellt sind. Die freiwilligen Helferinnen möchten ihnen in der ungewohnten Umgebung des Krankenhauses das Gefühl von Geborgenheit geben. Die ‚Gelben Engel'

begleiten die Patienten zu Untersuchungen, vor denen sie Angst haben und nicht gern allein sein wollen. Auch das Besorgen von Kleinigkeiten und das Briefeschreiben gehören zu ihren Aufgaben. Wenn Patienten allein stehend sind, kümmern sie sich auch um die Wohnung und gießen die Blumen. Die Schwestern und Pfleger vermitteln den Patienten gerne den Besuch der ‚Gelben Engel'. Die Leiterin und Gründerin Karin Bichel erhielt für ihre Arbeit das Verdienstkreuz am Bande vom Bundespräsidenten.

Krankenhausseelsorge

Die Krankenhausseelsorgerinnen und -seelsorger möchten dem Patienten und deren Familie während des Krankenhausaufenthaltes zur Seite

stehen und helfen. Zum Team gehören die katholischen Seelsorger Pater Siegmund Malinowski OSCam, Brigitte Neuheisel und die evangelische Seelsorgerin Pastorin Angelika Ludwig. Gottesdienste finden in der Hauskapelle statt. Die katholischen Gottesdienste finden zur Zeit donnerstags, samstags, sonntags und feiertags, der evangelische Gottesdienst findet einmal im Monat statt.

Sozialdienst

Da sich persönliche Ängste und Sorgen ungünstig auf den Heilungsprozess auswirken können, versuchen die Mitarbeiter des Sozialdienstes Nina Benken und Mario Kessels bei der Bewältigung von Problemen Hilfestellung zu leisten. Der Sozialdienst führt persönliche Gespräche mit den Patienten und ihren Angehörigen. Sie stellen Kontakte zu Beratungsstellen und Behörden her und leiten in Absprache mit dem Arzt Anschlussheilmaßnahmen ein. Desweiteren wird Hilfe und Beratung bei der Suche eines Heimplatzes angeboten und ambulante und häusliche Pflege vermittelt.

Patientenfürsprecherin

Seit Juli 1988 ist Karla Groove verdiente ehrenamtliche Patientenfürsprecherin im Lukaskrankenhaus. Sie wurde vom Rat der Stadt Neuss mit dem Stadtsiegel ausgezeichnet und erhielt das Bundesverdienstkreuz am Band.

Bibliothek

‚Eine Bibliothek ist ein Hospital für den Geist' – Diese Inschrift konnte man an der alten Bibliothek in Alexandria lesen. Im Gegensatz zu dieser bedeutendsten Bibliothek des klassischen Altertums, die zerstört wurde, steht den Patienten die Bibliothek täglich zur Verfügung. Durch einen Besuch der ehrenamtlichen Krankenhaushilfe oder einen Anruf werden die gewünschten Bücher ans Krankenbett gebracht. Oder die Bücher werden bei einem Besuch der Bibliothek persönlich ausgeliehen. Von der Unterhaltungsliteratur über Werke der so genannten Weltliteratur bis hin zu Sachbüchern vieler Gebiete reicht das Angebot der Bibliothek.

Küche

Das Küchenteam um Hans-Jörg Olyschlaeger bereitet für die Patienten eine abwechslungsreiche, vollwertige und wohlschmeckende Verpflegung zu. Angeboten wird eine Menü-Wahlverpflegung als Vollkost und vegetarische Vollkost. Mit dem Speisenbestellsystem wird das Frühstück, Mittag- und Abendessen nach Wahl zusammengestellt. Benötigt der Patient eine Diät, so wird sie vom Arzt verordnet. Das Speisenangebot richtet sich nach der ärztlichen Verordnung, Wahlmöglichkeiten bestehen für Brot und Getränke. Sonderdiäten können nach Absprache mit dem behandelnden Arzt und der Ernährungsberaterin zusammengestellt werden.

Speisehaus

Zufriedene Mitarbeiter sind gute Mitarbeiter. Nach diesem Grundsatz hat das Lukaskrankenhaus schon seit vielen Jahren dafür gesorgt, dass die Mitarbeiter auch im Hause die Möglichkeit haben, sich mit Speisen zu versorgen. Im Jahre 1987 wurde das Speisehaus komplett umgebaut und renoviert. Die in der Küche erstellten Speisen werden dort Mitarbeitern, Patienten und Besuchern angeboten. Im Angebot finden sich täglich 3 verschiedene Gerichte, davon ist ein Gericht immer vegetarisch. Zusätzlich steht eine Salatbar den Gästen zur Verfügung. An der Mittagsverpflegung nehmen täglich etwa 150 Personen teil.

Cafeteria

Das Café Diamant erhielt nach dem Umbau neue helle und zentral gelegene Räumlichkeiten. Es bietet Erfrischungsgetränke, Schoko- und Kaffeespezialitäten, belegte Baguettes, Snacks für den kleinen Hunger und Salate mit Dressing nach Wahl. Ein Angebot, das gleichermaßen von Patienten und Besuchern gern genutzt wird.

Kiosk

Integriert in die Cafeteria ist ein Kiosk, der das Angebot des Cafés um die kleinen Dinge des täglichen Bedarfs ergänzt.

Verwaltung und Technik

Ein großes Krankenhaus wie das Lukaskrankenhaus kann nur gelingen, wenn eine leistungsfähige Verwaltung und ein zuverlässiges technisches Personal im Krankenhaus arbeiten. Das Lukaskrankenhaus kann sich auf die ca. 120 Mitarbeiter, die in diesem Bereich tätig sind, verlassen.

Förderung und Zuwendungen

Das Lukaskrankenhaus ist eine gemeinnützige Einrichtung. Es kann für Zuwendungen Spendenbescheinigungen ausstellen. Neben dieser zentralen Zuwendung an das Krankenhaus gibt es viele Fördervereine und Unterstützungen im Bereich der verschiedenen Kliniken. Sie alle tragen zu der sehr guten Ausstattung des Lukaskrankenhauses bei.
Darüberhinaus zu erwähnen ist die Aktion ‚Luftballon', die selbständig außerhalb des Lukaskrankenhauses tätig ist und erhebliche Fördermittel, besonders für die Kinder- und Jugendarbeit im Lukaskrankenhaus, zur Verfügung stellt.

Haupteingang

KAPITEL X

X. DIE ZUKUNFTSPERSPEKTIVEN

Den Wandel gestalten.

Angesichts des tief greifenden Strukturwandels, in dem sich das deutsche Gesundheitswesen zurzeit befindet, erscheint die Frage nach dem Krankenhaus der Zukunft mehr als berechtigt. Seit dem Ende der 1980er Jahre stehen die Krankenhäuser unter dem Zwang, Kosten zu senken. Hinzu kamen die Forderungen nach Transparenz und Vergleichbarkeit der Kosten und der erbrachten Leistungen. Damit war der Weg zu einem grundlegenden Umbruch im ‚System Krankenhaus' bezeichnet. Früher galt die von Ärzten definierte Maxime der stetig zu verbessernden Behandlung der Patienten – ‚nichts auslassen, was helfen könnte'; die Ressourcen für dieses Behandlungskonzept stellten die Solidargemeinschaft und die Krankenhausträger bereit. Heute hingegen verwandelt sich das Krankenhaus in ein wirtschaftlich ausgerichtetes Dienstleistungsunternehmen, das seinen Platz am Gesundheitsmarkt durch wettbewerbsorientierte Angebote finden und behaupten muss.

Dieser grundlegende Wandel ist zweifellos notwendig, um auch in Zukunft medizinischen Fortschritt im Rahmen der sehr guten Gesundheitsversorgung in Deutschland – mit den ausgezeichneten Krankenhäusern – zu ermöglichen und finanzierbar zu halten. Dabei reicht es nicht, einzelne Teile des ‚Systems Krankenhaus' herauszugreifen und zu verbessern. Selbst wenn dies kurzfristig Erfolge zeigt, so ist damit eine fundamentale Veränderung des Systems nicht zu erreichen. Denn im Krankenhaus verflechten sich wie kaum in einer anderen Einrichtung medizinische, ethische, psychologische, soziale und ökonomische Aspekte. Deshalb ist ein grundlegender Wandel nur durch ein langfristiges interdisziplinäres Vorgehen zu erreichen: Dabei werden alle Problemfelder und ihre Verknüpfungen analysiert und unter Anwendung aller beteiligten Wissenschaften – Medizin, Technik, Ökonomie, Psychologie, Ethik usw. – zu einer Synthese zusammengefasst. Aus dieser

Die Mitarbeiterinnen und Mitarbeiter des Lukaskrankenhauses am 1. Januar 2005

Jana Ackermann, Britta Ager, Annie Agnes-Withoeft, Rezlan Ajmida, Susanne Albert, Andrea Albrecht, Pelin Aldemir, Dr. Hanno Alef, Otmar Alles, Doris Allgaier, Marion Alter, Elfriede Althoetmar, Maria Alves, Annegret Amels, Friedemann Anger, Parviz Ansari, Marita Ant, Katrin Aps, Thomas Arens, Ursula Aretz, Ahmet Argun, Katrin Arlt, Anita Arndt, Christian Arndt, Dr. Babett Arntz, Barbara Assing, Rosa Autullo, Daphnie Averkiou, Alexandra Bach, Elisabeth Bader, Jens-Willem Bagner, Mauro Bagnoli, Nejla Bakirdoeven, Tanja Baro, Doris Bartetzky, Doris Bartsch, Suhra Baryalei, Irene Bastisch, Christiane Baudisch, Uwe Baum, Vera Baumann, Verena Baumann, Martin Beck, Angela Becker, Birgitt Becker, Mareike Becker, Ursula Becker, Joerg Beerkotte, Gisela Befeld, Sabine Begisholli, Sarah-Noelia Behle, Angelika Behrens, Dr. Bettina Benek, Nina-Gabriele Benken, Carsten Benning, Friedel Bensberg, Linda Bensberg, Birgit Benske, Tanja Benson, Dr. Claudia Bente, Claudia Benthake, Dominik Benz, Alexandra Berentzen, Markus Bergen, Patricia Berger, Claudia Berg-Pelzer, Andreas Bergs, Antonio-Carlo Berndzen, Frank Bernhoeft, Karin Berten-Borgs, Annette Bertling, Gisela Beth, Dr. Dietmar Betz, Christina Beuth, Cornelia Beyen, Nicole Biel, Dr. Bjoern Bielefeld, Claudia Birke, Patrizia Birkenfurth, Antje Birkenstock, Anne-Kathrin Bittner, Damian Blach, Dorothee Blaesius, Margarita Blank, Beate Blex, Gabriela Block, Elisabeth Bluemel, Barbara Blum, Ingrid Blumenstein, Michael Bode-Wohlfahrtstaett, Gerhard Boeck, Anja Boehm, Thomas Boehm, Dr. Hinrich Boehner, Brigitte Boemer, Katharina Boenigk, Dr. Norbert Boesing, Michaela Bogie, Nicholas Bohnert, Maren Bolten, Katja Borck, Anne-Katharina Borowitz, Sandra Bovie, Dagmar Bracht, Michael Brand, Nicola Brand, Dr. Carla Brand-Stenmanns, Monika Brass, Christina Braukmann, Gisela Braun, Dr. Matthias Breise, Claudia Breuer, Melanie Breuer, Patricia Breuer, Stephanie Breuer, Dr. med. Maria Breulmann, Stefanie Brings, Josef Brinker, Beate Broich, Doreen Bronisch, Arthur Brost, Peter Brucke, Norbert Bruegge, Lothar Bruske, Sigrid Bua, Peter Buddenberg, Silke Buechen, Simone Buehner, Helene Buengener, Heiko Buesgen, Beata Bujara, Annemarie Bungter, Christel Burbrink, Karl Burger, Karin Burow, Maria-Therese Burzyk, Ute Busch, Baerbel Buschhausen, Gabriele Buschhueter, Sonja Buschhueter, Stephan Buschhueter, Martina Butrym, Gabriele Butt, Teslime Caglayan, Dr. Britta Cauvet, Tuncay Caylak, Massimo Ceglia, Rosemarie-Karin Chlench, Nunu Nina Chopikashivili, Martina Clemens, Vera Coellen, Heike Conrad, Carlos Alberto Correia Freitas, Catarina Correia Geraldes, Katrin Corsten, Margarete Corsten, Petra Cremer, Elke Cremer, Pia Cremer, Marga Cuomo, Reinhildis Czarnowski, Prof. Dr. med. Peter Czygan, Lara Fadua Daghistani, Petra Dahl, Ines Dahmen, Renate Dahmen, Dr. Carsten Damm, Kristiane Dammann, Angelika Dann, Anke Daugsch, Margarethe Daumen, Monika Dederichs, Hubertus Degen, Sophia Degner, Christine Dehl, Christa Deichgraeber, Annegret Deitmar-Huennekens, Dilek Demirci, Cornelia Derrez, Anke Detlefsen, Dagmar Deutschmann, Andrea Deyke, Dr. Rer. Nat. Wolfgang Dick, Britta Dicken, Gisela Dicken, Cordula Diekmann, Ulrike Dierker-Bewer, Silvia Dierks, Holger van Diest, Melis Dindar, Barbara Dingel, Ursula Dissmann-Handschuh, Dr. Martin Ditges, Birgit Dittmar, Kathleen Doberstein, Diane Doerner-Aberle, Juergen Dohr, Yakup Dolas, Jennifer Doll, Heike Donde, Anja Dongowski, Martina Dorando, Hariola Dorn, Michael Dors, Angela Dreier, Gabriele Drewing, Cilly von den Driesch, Karin Drohen, Danielle Dubnitzki, Christa Duering, Stephanie Duisberg, Marianne Duong, Dr. Sabine Dustmann, Peter-Johannes Dutzki, Christian Dylla, Heike Ebel, Christel Eberhardt, Sebastian Ebertz, Janina Eck, Marianne van Eck, Ruth Eckardt, Martina Eckert, Holger Eckhardt-Mosko, Eva Eibach, Ursula Eich, Tanja Eigenbrodt, Anett El Bassyouni, Beate Emler, Ulrike Emmerich, Hiltrud Enderle, Andrea Engels, Monika Engels-Abdalla, Christina Enriquez, Yvonne Erken, Katja Esche, Hatice Esen, Doris Esser, Jessica Esser, Christel Essers, Teresa Fabisiak, Nasser Fahami, Dr. Hermann Fahlenbrach, Michael Falke, Jolanta Farris, Hans-Dieter Fassbender, Oliver Felix, Klaus Fest, Maria-Elisabeth Feuser, Maren Feuster, Silvia Fiedler-Bourgeois, Michael Fier, Rita Filler, Heidrun Finke, Brigitte Fischer, Ralf Fischer, Sandra Fischer, Elke Fitilidis, Margret Flores, Elke Foerster, Gabriele Forst, Gerhard Frach, Maria Frank, Marianne Franke, Friedrich-Wilhelm Franken, Monika Franken, Elisabeth Frantzen, Christian Franz, Claudia Frenken, Britta Freudenau, Ute Frinken, Helga

Fritzen, Irmgard Fromm, Doris Fuchs, Ulrike Fuchs, Simone Fuecker, Dr. Stephanie Gabriel, Hannelore Galkowski, Markus Galles, Marion Gande, Katharina Veronika Ganswich-Hofer, Stephanie Ganswindt, Dr. Andrea Gante, Gabriele Gastes, Margarete Gatnar, Natali Geinez, Ronja Geisel, Mihriban Gencoglan, Nicoltharayil George, Nadine Gerdon, Annegret Gerhard, Dr. Michael Gerigk, Irmgard Gerull, Firdes Geyhan, Paul Gier, Claudia Glaenzel, Dirk Glaser, Brigitte Glomb, Magdalena Glonke, Andrea Gneiting, Theresa Gnyp, Tanja Goder, Dr. Natalja Goesmann, Sonja Goettsch, Dorothea Gogol, Aida-Maria Gomes Pereira Braz, Maria de Gomes-Jesus, Marion Goretzki, Prof. Dr. med. Peter Erich Goretzki, Sigrun Gostynski, Heike Graeber, Michael Graef, Dajana Gramm, Irmgard Gramzow, Dr. med. Hermann Grauthoff, Markus Granrath, Monika Gregor, Dr. Paul Gressnich, Karl-Heinz Grimm, Ursula Groenert, Gabriela Gross, Andreas Grossmann, Hanna Groszewska, Kristina Gruber, Peter Grundke, Gudrun Gruschwitz, Brigitte Gruszczynski, Rene Guddack, Norbert Guertler, Michael Guhlmann, Magdalena Gurek, Jamila Gursch, Udo Haak, Irina Haase, Ulrike Habbig, Monika Hack, Nicole Hacker, Karola Haedrich, Gabriele Haefner-Cramer, Jutta Haeming, Monika Haenschen, Gisela Haertl, Miriam Hager, Bozica Hahn, Brigitte Hahn, Renate Hahn, Henrik-Tarek Halboni, Anja Halupka, Dr. Brigitte Halzl, Anja Hamacher, Lydia Hamacher, Dr. Katrin Hamburg, Birgit Hammelstein, Rijalka Hanke, Dr. Ralph-Eric Hansen, Veronika Hansen, Werner Hansen, Elke Hanuschik, Danyela Harder, Elisabeth Hartmann, Elena Hassels, Mechthilde Havers, Joerg Hegewald, Birgit Heidbuechel, Baerbel Heidenreich, Ursula Heiduk, Heike Heimes, Petra Heinisch, Annemarie Heinrichs, Gisela Heins, Christoph Heinz, Dr. Franz-Peter Heinzler, Maria-Eugenie Heitmann, Julia Held, Susanne Hemmelgarn, Ursula Henkel, Nicole Hennen, Janin Hennerici, Dr. Anja Hennes, Sylvia Henzel, Jutta Herber, Dr. Hans-Christian Herbert, Kerstin Herkenrath, Ines Hermann, Dr. med. Honke-Georg Hermichen, Carmen Hesch, Harald Hess, Karin Hess, Thomas Hesse, Ralf Heupts, Elisabeth von der Heyde, Dr. Christian Heyer, Attila Hildebrand, Heike Hildebrandt, Christa Hilgers, Nicole Hilgers, Christiane Hillmann, Ralf Hinfner, Anja Hinsen, Stefanie Hinsen, Sylvia Hintzen, Sabine Hirchenhain, Maria Hirschka, Marlies Hladin, Julia Hobrecht, Helga Hodissen, Dr. Emilia Hoeller-Tellez, Martina Hoelschermann, Margret Hoenisch, Karin Hoerkens, Ursula Hoeyng, Dr. Catalina Hoffmann, Marit Hoffmann, Katrin Hohmann, Maria Holstein, Anita Holtstieger, Kristin Holtz, Silke Hoppe, Nazmije Hoxha, Dr. Oliver Hubert, Gisela Huebner, Bernadette Huecklekemkes, Rolf Huelskaemper, Waltraud Huelskaemper, Alice Hueting, Marlies Hundeck, Gunda Hundt, Monika Hustede, Rosa Hutzfeld, Huong Huynh-Thi-my, Stephanie Ihling, Agnes Illgner, Dr. Jochen Immel, Patricia Immisch, Maria Inselberger, Helena Ische, Manuela Iske, Britta Jacobi, Karin Jacobs, Birgit Jaeppelt, Cornelia Jahn, Lisanne Jahn, Bernhard Janik, Danuta Janik, Alexandra Jankowski, Herbert Jans, Astrid Jansen, Brigitta Jansen, Caecilia Jansen, Gudrun Jansen, Gabriele Jansen-Wetzels, Cornelia Janss, Hildegard Janssen, Violetta Jaskowiec, Natalia Jerg, Angelika Jinkertz, Tamara Joerg, Celine John, Anna Jordan, Leontina Jorissen, Jose Joseph, Ljupco Jovanov, Sabine Juecker-Lerch, Irene Juelich-Abele, Gabriele Jund, Katja Jung, Patrick Just, Annett Kaatz, Samira Kaddouri, Knut Kaempfer, Claudia Kairies, Despina Kalaitzidou, Andrea Kalb, Nadine Kalitzky, Fani Kamani, Monika Kannen, Steffi Kapitola, Dr. Roman Karig, Linda Karim, Heike Karrenbauer, Benedikt Kasprzyk, Jutta Kasprzyk, Marlies Kastner, Judith Kauff, Anette Kausen, Stefanie Kautz, Silja Kaweh Mehr, Irma Kehse, Manuela Keller, Claudia Kelm, Margarita Kembel, Gesa Kemmerich, Annemarie Kern, Tanja Kertscher-Lohwasser, Gerda Kessel, Klara Kessel, Mario Kessels, Ilona Kessler, Cornelia Kiener, Dr. Boris Kiesewalter, Agnes Killen, Stefanie Killius, Mi-Ja Kim, Jennyfer Kirsch, Dr. Oliver Kirschberg, Volker Kistemann, Daniel Kistermann, Engelbert Kistermann, Kristin Kistermann, Mechthild Kistermann, Kerstin Klamant, Susanne Klann, Susanne Klarmann, Petra Klaus, Michaela Klein, Susanne Klein, Annegret Klinder, Jutta Kluge, Felicitas Kluth, Katharina Kluth, Marie-Luise Knabe, Rene Knauer, Sigrid Knauerhase, Deetje Knaus, Anja Knops, Christa Knueppel, Anke Koch, Monika Koczur, Luisa-Maria Koenigs, Sabine Koenigs, Larissa Koepplin, Larissa Koepplin, Annegret Koester, Arne Koester, Prof. Dr. med. Rainer Koester, Matthias Koetting, Beate Kohlhoefer, Elisabeth Koll, Stefan Koll, Janina Kollmann, Karin Kollmann, Nathalie Kondziela, Inge Konrad, Sabine Kopsch, Margret Korbmacher, Christel Korda, Dr. Anne-Verena Koschel, Sonja Koslowski-Schmitt, Marion Kothes, Chrysoula Koutziampasi, Jelka Kovacic, Birkhild Kowarzik, Regina Kox, Marlena Koziatek, Elke Kozlik, Constanze Kraus, Ruth Maria Krause-Paulus, Bernhardine Kreidler, Dr. Andreas Kremer,

Cilli Kremer, Frank Kremers, Dr. Dagmar Kreuseler, Ursula Kritzer-Bell, Claudia Kritzler, Birgit Krohe, Dr. Nicola Krombach, Jens Kroop, Annegret Kruck, Marion Krueger, Dr. Stefan Krueger, Christa Kruell, Dr. Sabine Kruppa, Meike Kubny, Sabine Kueffner, Prof. Dr. med. Peter Gonne Kuehl, Janine Kuehle, Heike Kuempel, Manuela Kuepper, Annette Kueppers, Christine Kuester, Sabine Kuester, Doris Kuestner-Mumm, Elke Kuhnert, Dorothea Kukla, Ursula Kulczycki, Claudia Kull, Bernd Kullenberg, Bianca Kunz, Helen Jayne Kurth, Annette Kurzel, Melek Kutlu, Gudrun Kux, Monika Laarmanns-Sticker, Hedwig Lambertz, Dr. Bernhard Johannes Lammers, Elisabeth Lammers, Christa Lamp, Jutta Lamprecht, Imke Landwehr, Stefan Lang, Horst Lange, Ulrike Lange, Ute Lange, Heike Langen, Sabine Langlotz, Monika Lapatki, Ketevan Lashkhi, Rolf Laubach, Elke Laubmayer, Natalia Lauk, Katrin Launert, Katrin Lause-Kuempel, Gum-Za Lee-Geisler, Katharina Leenen, Dagmar Leffke, Gerhard Lehmann, Christine Lehnen, Sinja Lehr, Gaby Leibeck, Valentina Leis, Beate Lemm, Heidi Lenerz, Dr. Guido Lentzen, Sabine Lenzo, Beate Lex, Franca Ley, Brigitte Lichtenfeld, Iris Lichter, Thomas Lickfeld, Andrea Lienhard, Michaela Liesen, Claudia Limburg, Brunhilde Lindemann, Monika Linden, Maxina Linder, Christine Lindner, Olaf Link, Rainer Linke, Frank Littek, Barbara Lochner, Sabine Lodderstedt, Tariq Lodin, Marc Loewenbrueck, Andrea Logtenberg, Michaela Lohmann, Sylvia Lohmann, Kristina Loncar, Sina Lorencic, Nathalie Lubrich, Ursula Ludwig, Gisela Luebben, Ute Lueckhof, Ingrid Lueddemann, Kerstin Luerken, Heike Lukes, Irene Luma, Jan Lutz, Elena Maisner, Eleonore Majewski, Vera Makiol, Shkendiza Maloku, Farid Mameghani, Dr. Cornelie Mampe, Dr. Lothar Mansfeld, Kai Marcus, Edith Marr, Veikko Marr, Oliver Marx, Malika Masatou, Iris Matsanis, Dr. Peter Johann May, Silke May, Sven Mayer, Patricia Mebes, Galina Meier, Dr. Matthias Meisel, Astrid Menk, Cornelia Menk, Hedwig Menze, Manuela Merkens, Prof. Dr. Wolfgang Merx, Alfred Meurer, Anke Meyer, Karin Meyer-Czok, Thomas Meyer, Hans-Juergen Michalowski, Andrea Michels, Karin Michels, Thomas Michniowski, Dr. Nico Mitsch, Halina Molczanski, Andrea Moll, Margret Moll, Silke Moll, Christoph Mondry, Rebekka Monissen, Stephan Mono, Angelina Montino, Holger Montino, Melanie Moritz, Anna Mrachatz, Branka Mrazovic, Nenad Mrazovic, Martina Muehlhaus-Schmitz, Angela Mueller, Bettina Mueller, Monika Mueller, Thomas Mueller, Ute Mueller, Dominika Mueller-Hadaschik, Dr. Martina Mueller-Kanz, Claudia Muenker, Natalija Nadgornaja, Petra Naegler, Antje Nammert, Heike Nass, Halina Nawrath, Armanouhi Nazarian, Gabriele Nepold, Irmgard Netter, Niels Neumann, Danny Tho Nguyen, Claudia Nienhoff, Heinz-Leo Niessen, Dirk Niezold, Simone Nikolai, Olga Nikolaidou, Theodora Nikolaidou, Ankica Nikolic, Therese Nocon, Dietmar Noisten, Georgios Nomikos, Britta Nork, Ruth-Elfriede Nowack, Elisabeth Nowak, Ingrid Nuerenberg, Andrea Numrich, Maria Nunes, Ursula Oberguenner, Birgit Odenhoven, Safida Oezcan, Kornelia Oezel, Roald Oezelli, Nuray Oezkul, Muelkye Oeztuerk, Andrea Offer, Marion Offermanns, Dr. Monika Ohlings, Andrea Okon, Rosa Okroschnick, Petra Olschok, Sabine Olschok, Hans-Joerg Olyschlaeger, Anja Optendrenk, Wencke Orban, Ulrich Orlowski, Hella Otte, Katja Otte-Schiffer, Heike Otto, Prof. Dr. med. Thomas Otto, Simone Paar, Nicole Paashaus, Rudolf Paetzold, Ursula Pandel, Lilli Panin, Anna Papatriantafillou, Wolfgang Papenfuss, Angelo Pappalardo, Kurt-Dieter Pasemann, Stefanie Pasemann, Annamma Pathicheril, Gheevarughese Pathicheril, Maria-Theresa Paulicke, Margret Paulus, Renata Pavlovic, Silvia Pawlowsky, Iwona Pawolka, Marion Peiffer, Lisa Peltzer, Cornelia Pelzer, Maria Pereira-Bernardino, Edelgard Pergens, Monika Peristeridis, Bettina Persch, Dr. Anette Peters, Franz Peters, Heike Peters, Ulrike Peters, Jolanta Petzold, Ortrud Pfeiffer, Susanne Pfestorf, Melanie Pfilf, Petra Pfilf, Ulrike Philippen, Birgit Phlippen, Beate Piecha, Sarah Piechowiak, Ulrike Piefer, Jolanta Piekarsky, Gisela Pieper, Annette Pietza, Anneliese Pitrasch, Ralf Platte, Martin Kristof Ploch, Denise Poestges, Martina Poetzsch, Dr. Peter Pohl, Liane Polke, Martina Polke, Roland Popp, Laura Potthoff, Edyta Prakosay, Dr. Natalie Preuss, Elke Priebe, Dr. Carsten Prigge, Ingrid Proosten, Dr. Ulrike Prophet, Kirsten Pruefer-Schoenfeld, Ursula Przewodnik, Jennifer Puellen, Udo Purwin, Toka Pusic, Helene Putzke, Kasturi Puvanarajan, Matthias Puzik, Ulrich Quack, Hubert Quadflieg, Sonja Quast, Ines Rabenstein, Annemarie Radtki, Georg Radtki, Ute Randerath, Kerstin Raschmann, Andrea Raukes, Susanne Recke, Claudia Reckmann, Carina Rehpoehler, Andrea Reibner, Helga Reichert, Joachim Reichert, Dr. Klaus Reinartz, Juergen Reinders-Kueppers, Birgit Reissmann, Stefan Rennefeld, Elfriede Reschke, Thorsten Rhode, Daniela Richter, Kristina Richter, Heike Richterich, Halina Riemel, Regina Riemel, Nelli Rinas, Elena Riol suarez, Dorothee Rippers, Tim Ripplinger, Sabine Risadelli, Anja Rissmann, Janine Roa, Nadia de Rocker-Dickmanns, Andrea Roeder, Monika Roedig, Mareike Roeger, Irma Roehrig, Monika Roesler, Marion Roesner, Sonia Rollo, Swetlana Romanaouskas, Judith Lea Roos, Nicole Rosenberger, Anna Rosenland, Carmen Rudloff, Katrin Ruebel, Lydia Ruebler, Sigurd Ruesken, Daniela Ruetten, Eva Rulf, Susanne Rust-Droege, Annette-Silvia Rutkowski, Andrea Ryczek, Dr.(TR) Bahar Saatci, Taner Sahin, Kerstin Sahnen, Marija Sakic, Vasfiye Salcik, Cornelia Salisch, Rita Salzburg, Anke Sandquist, Dr.

Thomas Sarwas, Petra Sasse-Adrians, Dr. Bettina Sassenfeld, Sherrine Saverimuthu, Sonja Schade, Rita Schaefer, Anna-Lisa Schaellig, Peggy Schaffrinna, Gerlinde Schaffrinski, Christina Schafhaus, Lisa-Marie Schalis, Dr. med. Ulrike Schara, Ursula Scheerbarth, Regina Scheffler, Simone Schejnoha, Hubertus Schellong, Carsten Scheper, Gabriele Schiebel-Auen, Hildegard Schiemenz, Ute Schiffer, Mechthild Schildmeyer, Christoph Schillings, Anja Schindler, Ute Schindler, Manfred Schlaeger, Susanne Schlangen, Nadja Schlebusch, Klaus Schlegel, Hedwig Schleifer, Tanja Schlenger, Ilona Schlenz, Gabriele Schlun, Ingolf Schlusche, Dr. Gudrun Schmid, Beate Schmidt, Helga Schmidt, Irena Schmidt, Juliane Schmidt, Kaethe Schmidt, Aurica Schmidt-Hollmann, Claudia Schmidtke, Lilia Schmidtke, Volker Schmidtke, Dr. Norbert Schmieder, Helmut Schmitz, Hildegard Schmitz, Karin Schmitz, Nadine Schmitz, Saskia Schmitz, Tanja Schmitz, Dr. Brigitte Schmitz-Kesseler, Anja Schneider, Friedbert Schneider, Tanja Schneider, Senta Schnierle, Prof. Dr. med. Hans-Georg Schnuerch, Yvonne Schoene, Jan Schoenewolf, Melitta Schoenle, Marcus Schoennenbeck, Carmen Scholz, Erna Schon, Katja Schooldermann, Anita Schouren, Maren Schouw, Petra Schrader, Ulrike Schrader, Detlef Schroeder, Karl-Heinz Schroeder, Miriam Schroeder, Peter Schroeder, Dr. Susanne Schroeder, Hildegard Schroer, Christine Schubert-Krause, Irene Schuldeis, Nannette Schulenburg-Strumpen, Andrea Schuetz, Karin Schulist, Dr. Ursula Schulte, Manuela Schultz, Prof. Dr. med. Hans-Juergen Schultz-Coulon, Gudrun Schulwandt, Heike Schulz, Maria-Anna Schulze, Heike Schumacher, Ulrike Schumacher, Waltraud Schumann, Karin Schuster, Sina Schuster, Elisabeth Schwalm, Dr. Klaus Schwartmann, Beata-Maria Schwarz, Christa Schwarz, Katharina Schwarz, Wibke Schwarz, Ute Schweigert, Nicole Schwellenbach, Petra Schwendel, Petra Schwerbel, Suzanne Scott, Arianna Seddighi, Dr. Ulrike Seeliger-Ollmann, Gabriele Seidel, Gabriele Selzner, Brunhild Sembene, Gabriele Seng, Christian Senkowski, Monika Siemers, Ursula Simon, Nevenka Sindjic, Eugenia Singer, Blazenka Skelin, Sabine Slominski, Peter Soehngen, Claudia Spang, Dagmar Spies, Monika Spies, Tobias Spies, Ramona Spinger, Ingeborg Sprenger, Kinga Stachowski, Tanja Stadler, Juergen Stahlschmidt, Anne Anke Stamm-Schmitz, Dr. Thoralf Stange, Ute Stappen, Edelgard Starke, Elke Stefen, Ralf Steffen, Ingeborg Stehling, Dr. Frank Steidle, Ilse Stein, Vera Steinbeck, Daniela Steinfort, Elisabeth Steins, Johannes Stelker, Manuela Stelzer, Elke Stepanescu, Josefine Stich, Christian Stoecker, Dr. Carsten Stoepel, Cornell-Martina Strassburger-Saettler, Birgit Strathmann, Dr. Johannes Streuff, Bernd Strickstrok, Jennifer Strub, Gabriele Struik, Beate Struzik, Barbara Stuertzer, Dr. Stefan Stuhrmann, Josefine Stuppy, Anda Suchantke, Reiner Suessenbecker, Margarete Swiatek, Agata Szostakowski, Andrea Tabatowski, Birgit Taube, Karin Taulin, Brigitte Tebbe, Yvonne Teitink, Eva Teplica, Gertrud Teppe, Luise Terhorst, Nils Teroerde, Waltraud Thara, Heike Thewald-Mikitisin, Kathrin Thiel, Guenther Thiele, Johanna Thiele-Schevers, Ursula Thielen, Monika Thomas, Renate Thomas, Martina Thum, Martine Tobschall, Rita Toporzysek, Sabine Tschaikowsky, Fatma Tuerksever, Angelika Turowski, Elisabeth Tusker, Stephannette Unnebrink, Therese Urban, Sakibe Urungu, Frank Uschkamp, Clara Uwazie-Becker, Dr. Stephanie van Emden, Christa Veh, Alexandra Veiser, Norbert Veittes, Niklas Verfuerth, Monika Vitting, Carola Voelker, Gert Vogt, Ines Vogt, Barbara Voigt, Pia Voigt, Silke Voigt, Anja Voit, Bernd von Cube, Petra Vossen, Andrea Vosshal, Georg Votava, Doris de Vries, Vesna Vucic, Marija Vukusic, Ulrike Karin Waehrisch, Michael Wagner, Karina Walter, Brigitte Walz, Antje Weber, Henriette Weber, Susanne Weber, Eva-Maria Weeger, Wendelina Wefers, Nicole Weidemann, Petra Weiers, Norbert Weinelt, Heidemarie Weinem, Dr. Stephan Weise, Gerlinde Weiss, Karl-Heinz Weiss, Claudia Weitz, Marion Wende, Brigitte Wendemuth, Dr. Ruediger Wentzell, Guenter Werheit, Andreas Heinrich Werner, Dirk Werner, Nicole Werner, Walter Werner, Margot von Wersch-Duennewald, Anna-Luise Wesp, Marianne Wess, Dagmar Wessel, Anne Wessendorf, Anna Widera, Claudia Wiedeler, Claudia Wiegand, Andrea Wild-Engelke, Heike Wilms, Susanne Wilms-Coopmans, Jens Windeck, Anita Winkels, Manuela Winkels, Ralf Winkels, Jennifer Winkler, Kay Winkler-Parciak, Claudia Winterling, Ingrid Winzen, Rudolf Wismann, Ursula Wissing, Michaela Witt, Heike Witte, Ljudmila Wolf, Peter Wolf, Sandra Wolf, Renate Wolfgarten, Gisela Wollschlaeger, Anna Wons, Dr. Ulla Woschee, Eleonore Wuester, Antonette Wurm-Shimamura, Marion Wuttke, Yeliz Yarcan, Andrea Yilmaz, Hayrunisa Yueksel, Elvira Zeiger, Ulrich Zernack, Gert Zielke, Dr. Peter Zielonka, Hartmut Zieser, Bernd Zimmer, Irina Zimmermann, Pia Zimmermann, Viktoria Zimmermann, Agnes Zimolong, Stefanie Zinnall, Borka Zorica, und Parthena Zoumpoulidou ganzheitlichen Synthese können dann der Weg und das Ziel für den zukunftsgerechten Wandel des Krankenhauses abgeleitet werden.

Bereits heute ist der Alltag einer Klinik als ein Prozess zu sehen, in dessen Mittelpunkt der Patient steht. In diesem Prozess sind verschiedene interne Dienstleistungen miteinander verknüpft und kooperieren mit unterschiedlichen Partnern außerhalb des Krankenhauses – niedergelassenen Ärzten, ambulanten Einrichtungen oder Forschungsinstitutionen. Diese Zusammenarbeit wird im künftigen Gesundheitswesen eine weitaus größere Rolle spielen als bisher.

Die verstärkte Kooperation zwischen Krankenhäusern und externen Einrichtungen ist nicht erst mit Einführung des neuen Abrechnungssystems für Krankenhäuser, den diagnosebezogenen Fallpauschalen (DRG) zustande gekommen. Die DRGs werden entscheidenden Einfluss auf die Krankenhausversorgung haben, denn der Patient soll zwar schneller und kostengünstiger, aber auf gleich bleibendem Qualitätsniveau betreut werden. Dies wird zunächst einen Rückgang der Verweildauer in den Kliniken zur Folge haben, und in vielen Häusern werden auch die Patientenzahlen zurückgehen. Schon im vergangenen Jahrzehnt sind viele medizinische Behandlungen aus dem stationären in den ambulanten Bereich und in die Rehabilitation verlagert worden. Erfahrungen aus anderen Ländern zeigen, dass dies zu einem erheblichen Abbau der Bettenkapazitäten führt. Dabei wird der Anteil schwer erkrankter Patienten künftig höher liegen.

Die verringerte Auslastung der Bettenkapazitäten und die einheitlich festgelegten Entgelte für definierte medizinische Leistungen zwingen die Krankenhäuser, künftig mit spitzer Feder zu rechnen, damit für alle auch auf Dauer die Kosten der Krankenbehandlung erschwinglich bleiben. Sie müssen sich dabei auch mit der Frage auseinander setzen, wie sie in Zukunft ihr Versorgungsangebot bei rückläufigem Bedarf neu ausrichten wollen. Aus der Sicht der – bereits heute gut informierten – Patienten wird die Leistungsfähigkeit des Krankenhauses zum entscheidenden Auswahlkriterium werden. Denn die veränderte ökonomische Situation bedeutet auch für den Patienten eine größere Eigenverantwortung – er muss mehr in seine Gesundheit und in die medizinische Versorgung investieren.

Unter diesen Rahmenbedingungen werden die Krankenhäuser ihre inneren Strukturen verändern. Dazu müssen zunächst alle Betriebsabläufe und Organisationsformen auf den Prüfstand. Zu diesen gehören auch die in manchen Häusern stark zersplitterten Fachabteilungen, die wieder zusammengeführt werden müssen. Durch die Einrichtung so genannter Kompetenz-Zentren können mancherorts überflüssige Einrichtungen abgebaut werden. Da in den interdisziplinären Kompetenz-Zentren das medizinische Problem des Patienten im Vordergrund steht, wird der Informationsfluss zwischen den Ärzten beschleunigt und eine Steigerung der Effizienz erreicht. Dies gilt auch für die zentrale Notaufnahme, an der künftig alle wichtigen Fachbereiche beteiligt sein werden: Notfall-Patienten werden deshalb zügiger und gezielter behandelt werden als bisher.

Mit der Übernahme der Rheintor Klinik Anfang 2005 hat das Lukaskrankenhaus nicht nur sein Angebot erweitern können, sondern auch einen wichtigen beschäftigungspolitischen Beitrag in Neuss geleistet. Die Arbeitsplätze der Anfang 2005 in der Klinik arbeitenden Mitarbeiter im Pflegedienst, im Operationsaal, im Röntgenbereich, im technischen Dienst und in der Verwaltung bleiben erhalten.

Die zentrale Ambulanz des Lukaskrankenhauses wird im Jahre 2006 fertig gestellt sein. Damit wird die Klinik ihrem Ziel, zum führenden medizinischen Zentrum im Rhein-Kreis Neuss zu werden, einen großen Schritt näher gekommen sein. Gleichzeitig werden auch die Leistungs- und Serviceangebote des Hauses zugunsten der Patienten erweitert. Ein weiterer bedeutender Schritt auf dem Weg in die Zukunft ist die Vernetzung der Krankenhausleistungen mit der Versorgung durch die niedergelassenen Ärzte. Nur so können die Behandlung beschleunigt und die Qualität der medizinischen Versorgung verbessert werden. Krankenhausaufenthalte werden verkürzt, die Patienten können rascher in ihre vertraute, familiäre Umgebung und die Betreuung des Hausarztes zurückkehren. Daneben wird das ‚Lukas' seine wesentlichen Kompetenzen im medizinischen Sektor ausbauen und in der Basisversorgung die Arztpraxen verstärkt einbinden.

Auf dem Gelände an der Preußenstraße werden weitere medizinische Einrichtungen und Praxen eingerichtet werden. Damit ist eine umfassende Versorgung bis hin zur Rehabilitation und zur Vor- und Nachsorge in unmittelbarer Nähe der Klinik möglich. Abgesehen davon, dass mit diesem Konzept vorhandene Einrichtungen des Hauses effizient genutzt werden, erspart die räumliche Nähe unterschiedlicher medizinischer Dienstleister den Patienten entbehrliche Wege und damit Zeit. Diese Bündelung wird die Attraktivität der Klinik weiter erhöhen.

Dennoch kann das Lukaskrankenhaus auch in Zukunft nicht alle heute möglichen und erforderlichen Leistungen bereitstellen. Deshalb wird es die Zusammenarbeit mit den anderen Krankenhäusern im Rhein-Kreis Neuss verstärken, um in einem leistungsstarken Verband allen Bürgern der Region die bestmögliche medizinische Versorgung anbieten zu können. Damit sind die Ziele definiert, und die ersten großen Schritte auf dem Weg in die Zukunft sind heute schon gemacht.

Quellen und Literatur

1. Quellen

Stadtarchiv Neuss
Bestand bis 1794:
VII 178a, VII 219.

Aktenbestand Französische Zeit (1794-1814):
A 2-417, 433, 444, 445, 446, 449, 450, 451.

Aktenbestand Preußische Zeit (1814-1945):
A 3-197, 935, A 1447; die meisten hier ausgewerteten Akten zum Gesundheitswesen befinden sich allerdings im unverzeichneten Bestand A 3.
Ratsprotokolle A 702a / 18, 19, 20.
A 1400 / 2840; A 1400 / 3873d.
Verwaltungsberichte der Stadt Neuss 1904 bis 1911.
Bericht über den Stand und die Verwaltung der Gemeindeangelegenheiten der Stadt Neuß vom 1. April 1913 bis 31. März 1924.
Bericht über den Stand und die Verwaltung der Gemeindeangelegenheiten der Stadt Neuß vom 1. April 1924 bis 31. März 1928.

Nachkriegs- und Besatzungszeit:
A 60 / 1; A 150 / 188, 192, 215, 217.
Verwaltungsberichte der Stadt Neuss 1945 bis 1949, 1950 bis 1952, 1953.

Fotoarchiv.
Bestand Karten und Pläne.

Kreisarchiv Neuss
Jahresgesundheitsberichte des Kreisarztes ab 1921 und Gesundheitswesen der NS-Zeit:
B 899, B 900, B 904, B 905, B 907, B 908, B 910, B 913, B 922, B 1199.

Archiv der Neusser Augustinerinnen – Genossenschaft der Barmherzigen Schwestern nach der Regel des heiligen Augustinus, Kloster Immakulata, Neuss
Ausgewählte Akten aus dem unverzeichneten Bestand.

2. Literatur

Engels 1986
Wilhelm Engels, Geschichte der Stadt Neuss. Die preußische Zeit 1814/15 bis 1945, Neuss 1986 (Schriftenreihe des Stadtarchivs Neuss 10, Teil 3).

Goerke 1984
Heinz Goerke, Arzt und Heilkunde. Vom Asklepiospriester zum Klinikarzt. 3000 Jahre Medizin, München 1984.

Kater 2002
Michael H. Kater, Ärzte als Hitlers Helfer, (Tb.-Ausgabe) München 2002

Kolata 2001
Gina Kolata, Influenza. Die Jagd nach dem Virus, Frankfurt/M. 2001.

Lipps 1934
Elfriede Lipps, Das Medizinalwesen im alten Neuss, Med. Diss. Düsseldorf, Münster 1934.

Murken 1988
Axel Hinrich Murken, Vom Armenhospital zum Großklinikum. Die Geschichte des Krankenhauses vom 18. Jahrhundert bis zur Gegenwart, Köln 1988.

Preuschoff 1995
Susanne Preuschoff, Das Gesetz zur Verhütung erbkranken Nachwuchses vom 14. Juli 1933. Praxis und Besonderheiten der Durchführung in der Stadt Neuss von 1933 bis 1943, in: Landschaftsverband Rheinland [Hrsg.], Folgen der Ausgrenzung. Studien zur Geschichte der NS-Psychiatrie in der Rheinprovinz, Köln 1995, S. 41-66.

Sittel 1913
Die neuen städtischen Krankenhausanlagen in Neuss a. Rh., in: Zeitschrift für Krankenanstalten, IX. Jg. 1913, Heft 13, Sp. 209-216; Heft 14, Sp. 225-232; Heft 15, Sp. 241-247.

Tücking 1890
Geschichte der kirchlichen Einrichtungen der Stadt Neuss, Neuss 1890.

Van der Meulen 1938
Eduard F. W. van der Meulen, Das Sanitätswesen der Stadt Neuss zur Franzosenzeit, Med. Diss. Düsseldorf, Bottrop 1938.

Vasold 2001
Manfred Vasold, Artikel ‚Medizin', in: Wolfgang Benz, Hermann Graml, Hermann Weiß [Hrsg.], Enzyklopädie des Nationalsozialismus, München 42001, S. 235-250.

Welfens 1993
Geschichte der Stadt Neuss unter nationalsozialistischer Herrschaft (1933-1945), Neuss 1993 (Schriftenreihe des Stadtarchivs Neuss, Band 12).

Wisplinghoff 1975
Erich Wisplinghoff, Geschichte der Stadt Neuss. Von den mittelalterlichen Anfängen bis zum Jahre 1794, Neuss 1975 (Schriftenreihe des Stadtarchivs Neuss 10, Teil 1).

Wisplinghoff 1987
Erich Wisplinghoff, Geschichte der Stadt Neuss. Teil 2: Neuss unter französischer Herrschaft 1794-1813, Neuss 1987 (Schriftenreihe des Stadtarchivs Neuss 10, Teil 2).

Personenregister

Bildnachweis

Archiv Lukaskrankenhaus/Almuth Schmidt:	Umschlag, 109, 184/185, 191, 192(2x), 193, 194, 195, 196(2x), 197, 198(2x), 200, 216, 230, 231, 238(3x), 239(2x), 240(2x), 241, 242(3x), 243(2x), 245(2x), 246(3x), 247(2x), 248, 251, 252, 253, 258/259, 267, 271(2x), 272(2x), 274, 275, 277(2x), 280, 283, 284, 285, 286, 287, 288(3x), 290(2x), 291(2x), 296, 297, 299(2x), 300, 302(2x), 307, 308, 312(2x), 314(2x), 315, 316, 317, 326(2x), 327, 328, 329(2x), 332(2x)
Archiv Neusser Augustinerinnen:	87, 89, 117, 118, 119, 122/123, 125, 127, 128(2x) 129, 130(2x), 131, 135, 139, 160/161(2x), 163, 165, 167, 169, 174, 175(2x), 176(3x), 177(2x), 178-179(5x), 180(2x)
Baumeister (1963):	181, 182(2x)
Hüsch & Hüsch:	10/11, 16, 224/225, Collagen der Kapitelseiten
Bernhard Moll:	5, 6, 228, 232, 235, 236(2x), 239(2x), 240, 244(3x), 249, 266, 267(2x), 269, 270, 273, 276, 279, 282, 289, 292, 295, 298, 301, 303, 304, 305, 306(2x), 309, 311, 313, 318, 332, 334/335(4x)
Stadtarchiv Neuss:	29, 30, 31, 43, 44, 45, 63, 67, 68, 69(2x), 74, 75, 76, 77, 78(2x), 84, 95, 100(2x), 160/161
Stadtarchiv/Foto Hüsch & Hüsch:	24/25, 36/37, 80/81
Stadtarchiv Neuss/Sammlung Lange:	50
Stadt Neuss – Amt für Presse- und Öffentlichkeitsarbeit:	266, 267
Privat:	49, 57, 145, 146, 147, 148, 310
Zeitschrift für Krankenanstalten (1913)/Dr. Frommert:	90, 91(2x), 92, 93, 94, 97, 99, 102, 103, 105, 107, 108